中国社会科学院文库
哲学宗教研究系列
The Selected Works of CASS
Philosophy and Religion

中国社会科学院文库·**哲学宗教研究系列**
The Selected Works of CASS · **Philosophy and Religion**

思语迹
——李铁映自选集
TRAIL OF THE MIND

下 册

李铁映 著

中国社会科学出版社

目 录

下 册

社会科学与自然科学交叉融合

（2001 年 3 月 25 日）……………………………（397）

科学要走在时代的前列

（2001 年 5 月 19 日）……………………………（400）

人类文化生态的多样性

（2001 年 5 月 28 日）……………………………（424）

千年文明论

（2001 年 6 月 18 日）……………………………（432）

携手同行，共创美好

（2001 年 6 月 20 日）……………………………（465）

开创马克思主义的新境界

（2001 年 6 月 25 日）……………………………（478）

价值观研究

（2001 年 9 月 20 日）……………………………（504）

历史研究

（2001 年 9 月 28 日）……………………………（512）

辛亥革命研究

——为纪念辛亥革命 90 周年而作

（2001 年 10 月）…………………………………（525）

学风与文风
　　（2001 年 11 月 20 日）……………………………………（538）
关于社会科学的几个问题
　　（2001 年 12 月 10 日）……………………………………（545）
发展与创新
　　（2001 年 12 月 14 日）……………………………………（564）
关于民主理论的几个问题
　　——《论民主》一书的绪论
　　（2001 年 12 月）……………………………………………（571）
自己的经验是最宝贵的
　　（2002 年 2 月 4 日）………………………………………（592）
双重探索
　　（2002 年 3 月 5 日）………………………………………（599）
思想的对话
　　（2002 年 6 月 18 日）………………………………………（608）
文化的创新
　　（2002 年 7 月 18 日）………………………………………（618）
苏联兴衰的历史经验
　　（2002 年 8 月 23 日）………………………………………（625）
关于精神文明建设
　　（2002 年 9 月 10 日）………………………………………（634）
中国经济学要有一个大发展
　　（2002 年 9 月 17 日）………………………………………（646）
把握时代　创新哲学
　　（2002 年 10 月 8 日）………………………………………（653）
与时俱进，创造新文化
　　——纪念郭沫若同志诞辰 110 周年
　　（2002 年 11 月）……………………………………………（658）
法、法治、法学研究
　　（2003 年 1 月）………………………………………………（668）

国体和政体问题

 （2003 年 2—3 月）…………………………………………（672）

关于劳动价值论的读书笔记

 （2003 年 5 月）……………………………………………（683）

哲学是一把圣火

 （2003 年 8 月）……………………………………………（715）

双重探索

 （2003 年 11 月 19 日）……………………………………（725）

哲学的解放与解放的哲学

 ——在"中国哲学大会"上的发言

 （2004 年 8 月 9 日）………………………………………（735）

反法西斯战争胜利 60 周年

 （2005 年 7 月）……………………………………………（750）

长征精神光照千秋

 ——在纪念长征胜利 70 周年座谈会上的讲话

 （2006 年 10 月 19 日）……………………………………（766）

法是地平线

 （2006 年 12 月 13 日）……………………………………（777）

发展必须节约　节约才能发展

 ——对节约节能问题的几点思考

 （2007 年 1 月 2 日）………………………………………（785）

伏羲祭

 （2007 年 6 月 22 日）………………………………………（802）

青年企业家的使命

 （2007 年 8 月 25 日）………………………………………（804）

改革开放无止境

 （2008 年 1 月）……………………………………………（812）

天难凝铸中国精神

 ——汶川地震感怀

 （2008 年 5 月 16 日）………………………………………（817）

超越自我，孜孜于学
  (2008年9月27日) ………………………………………… (819)
中国的改革
  (2008年10月15日) ………………………………………… (823)

社会科学与自然科学交叉融合

(2001年3月25日)

早在150多年前,马克思就曾预言过自然科学与社会科学的相互渗透和融合的发展趋势。他在《1844年经济学哲学手稿》中指出:"自然科学往后将包括关于人的科学,正象关于人的科学包括自然科学一样:这将是一门科学。"① 1914年,列宁在《又一次消灭社会主义》这篇文章中,把自然科学与社会科学的相互渗透和融合的发展趋势,称为"从自然科学奔向社会科学的强大潮流"。他说:"大家知道,从自然科学奔向社会科学的强大潮流,不仅在配第时代存在,在马克思时代也是存在的。在二十世纪,这个潮流是同样强大,甚至可说更加强大了。"②

纵观历史,自然科学和社会科学,从来就是人类社会前进之两轮,携手共进,共同推动着历史的前进。凡是两轮协调共进之时,人类社会就健康迅速发展;凡是不协调时,进步、发展就受到阻碍。不仅社会不健康,而且发展滞缓。这是一个在历史中反复出现的现象。

当今,社会科学与自然科学的紧密结合与合作,已经成为发展的大趋势和强大的世界潮流。

当代社会历史进程的空前复杂性,社会实践问题本身的高度综

---

① 《马克思恩格斯全集》第42卷,人民出版社1979年版,第128页。
② 《列宁全集》第20卷,人民出版社1958年版,第189页。

合性，决定了科学研究的综合化发展。当代任何重大的科学技术问题、经济问题、社会发展问题、环境问题，乃至国际政治与军事问题等，都具有空前复杂和高度的综合性质，不仅要求自然科学和社会科学的各主要部门进行多方面的广泛合作，综合运用多学科、跨学科的知识和方法，而且要求把自然科学和社会科学知识紧密结合成为一个创造性的综合体系。当代人类面临的各类问题的高度综合性和跨学科性质，决定了当代自然科学必须与社会科学相互配合，协同攻关。这是当今社会历史发展和科学发展的新趋势和新特点。

我国社会主义现代化建设的伟大实践，呼唤着自然科学家、技术专家与社会科学家密切合作、协同攻关。实现我国国民经济发展"十五"计划的各项任务，需要采取有效的组织形式和切实的步骤，把自然科学和社会科学这两支大军联合起来，共同研究解决一系列重大课题，以保证我国科技、经济、社会和环境的协调与可持续发展。西部大开发、青藏铁路建设、南水北调工程、环境生态建设、加快高新产业发展与产业结构调整、农业发展与城市化等诸多问题，都需要自然科学与社会科学的密切合作研究。

迎接21世纪知识经济的挑战，需要创新，包括知识创新、体制和管理创新、理论创新。这也需要自然科学与社会科学的紧密结合。科技创新需要有体制和管理创新加以保障，由社会科学知识提供的体制和管理创新能力，可以激励和推动科学技术的创新和发展。知识经济是高技术与高文化相结合的经济。当今时代具有竞争力的产品和劳务，不仅具有高科技含量，也具有高文化含量，提高产品和劳务的文化含量与提高科技含量同样重要。作为当今时代最重要战略资源的"知识"，不仅包括自然科学知识，而且包括社会科学知识。

一个国家的综合国力，是由科技、经济和军事等方面的"硬实力"，与国家的政治、理论、文化和社会管理等方面的"软实力"

紧密结合形成的。全球性战略的策划能力、重大挑战的应对能力、制定国际规则的参与能力，是一个国家和民族生存力、竞争力的体现。社会科学在参与国家与企业的战略决策，增强"软实力"方面具有不可替代的作用，它与自然科学紧密配合，在增强综合国力的竞争中共同发挥作用。

社会科学是研究如何提高人类运用自然科学、自然力量和一切社会资源之能力（特别是政治、经济、军事、文化）的科学。谁掌握了它，谁就能充分有效地利用自然科学、自然力量、自然资源，谁就能充分合理地整合社会，创建先进的制度，保证国家和民族的持续、稳定、健康发展，谁就能掌握人类历史发展的方向，掌握历史发展的舵轮。可以说，社会科学就是历史航船的驾驶学。落后不仅要挨打，还将被淘汰出局。

21世纪，将是自然科学与社会科学创造性融合的时代。自然科学与社会科学相互渗透、紧密结合，形成了一系列时代性的、需要共同研究的重大课题。这些课题具有高度综合和跨学科的性质，这些问题的解决，将会对社会经济发展产生巨大的积极作用，并可以带来关于科技、经济和社会发展的有用的新知识，开拓新的科学研究领域，产生出新的学科。这种跨学科的研究对于取得高质量的研究成果是至关重要的，不但可以提高科学研究的效率，而且可以保证研究成果具有广泛的应用性。

科学要走在时代的前列[*]

（2001 年 5 月 19 日）

老师们、同学们，同志们、朋友们：

今天，我应邀来到中国人民大学，参加"面向 21 世纪的人文社会科学论坛"，感到非常高兴。借此机会，我谨向在人民大学教学和研究岗位上辛勤耕耘的老师们，向在人民大学刻苦学习的莘莘学子，表示亲切的慰问。

中国人民大学是我国著名的以人文社会科学为主的综合性大学，是中国共产党亲手创办的诞生于革命战争年代的大学。它有着光荣的历史和革命的传统。新中国成立 50 多年来，中国人民大学为党和国家培养了大批优秀的干部和理论专家，为马克思主义在中国的传播和普及，为中国的社会主义革命和建设，为中国哲学社会科学的繁荣与发展，都做出了重大贡献。中国人民大学已经成为中国人文社会科学领域最重要的人才培养和科学研究基地之一。我衷心祝愿中国人民大学越办越好，成为以人文社会科学为主的世界一流学府。

我今天不是来做学术报告的。我只是想向大家汇报一下我到中国社会科学院以后，对人文社会科学的重要地位和作用的更进一步的认识，就此谈一谈我自己的一些看法，和大家共同讨论。

今年是中国共产党建党 80 周年。回顾我们党走过的 80 年的奋斗历程，我们可以看到，这 80 年是马克思主义在中国的传播、发展

---

[*] 这是作者在中国人民大学"面向 21 世纪的人文社会科学论坛"的演讲。

并与中国的具体实际相结合而取得巨大成就的 80 年，是中华民族寻求独立和解放并最终站起来的 80 年，也是中华民族开始走向全面振兴的一个新的历史时代。这里要特别强调的是，在这一时期，中国的人文社会科学也取得了突飞猛进的发展，为中华民族的解放和振兴提供了理论支持和精神动力。

我是学自然科学的，具体讲是学物理的。现在走到这样一个岗位上，当然是得益于哲学社会科学，得益于马克思主义。我也深知，在这个方面，我的学识还有待不断充实和丰富。因此，在新的时代，新的世纪，我愿和大家共同努力。发展和繁荣人文社会科学，是我们所面临的一个时代性的大课题。

下面，我谈三个方面的问题。

一　哲学社会科学的历史地位和作用

现在被我们称作人文社会科学或哲学社会科学的知识体系，在人类历史上经历了长期的发展过程。"社会科学"这个概念，是 19 世纪中叶在欧洲产生并逐渐传播开来的。到 20 世纪初，历史学、经济学、社会学、政治学、人类学等，都得到了广泛的社会承认。由哲学、自然科学、社会科学和人文科学组成的人类知识体系已基本形成。

一般来说，人们对社会科学有广义和狭义两种理解。狭义地使用"社会科学"一词，通常不包括人文科学。今天我要在这里讲的社会科学是指包括哲学、人文科学在内的广义的社会科学，即我们经常说的哲学社会科学或人文社会科学。

哲学社会科学是揭示人类社会发展及其规律的学问，是人类认识世界、改造世界和完善自身的强大思想武器。哲学为人们提供世界观、认识论、价值观、方法论，社会科学为人们提供关于社会和人的存在与发展的知识和理论。因此，我们在重视自然科学和技术的同时，绝不能轻视或忽视哲学社会科学。自然科学帮助我们掌握自然规律，但我们还需要掌握社会历史发展的规律。研究和认识人与社会本身，其价值不亚于研究和认识自然界，甚至在某种意义上可以说，这是更重大、更艰巨的课题。

哲学社会科学的历史地位和作用主要表现在以下几个方面：

（一）哲学社会科学是实现社会变革、创建制度文明的理论先导

社会的进步，表现为在生产力发展的推动下生产关系和上层建筑的变革，即社会制度的变革。在人类社会的历史发展进程中，当生产力获得了新的水平，而生产关系和上层建筑构成的社会制度成为生产力发展的障碍时，生产关系和上层建筑的变革、制度文明的进步就显得更为重要、更为迫切了。这时，人们要推进社会变革，创建新的制度文明，又必然在很大程度上取决于哲学社会科学对当时社会的认识水平。因此，哲学社会科学的理论发展是制度变革和体制创新的重要前提。历史唯物主义就是工人阶级及其政党改造旧世界、创造新世界的精神武器。

唯物史观认为，社会制度的变革，有赖于人们对生产力与生产关系、经济基础与上层建筑之间的矛盾运动的认识。而这种对社会制度革故鼎新要求的认识，往往首先是由那个时代代表一定阶级的先进的哲学家和思想家提出来的。他们提出的新思想、新理论，便成为社会变革的先导。自近代社会科学产生以来，特别是马克思主义创立以来，哲学社会科学开始通过对社会矛盾和社会发展规律的认识、把握和应用，使人们的社会变革活动逐渐由自发趋向自觉，以创建符合社会发展规律并反映本阶级利益的理想的社会制度。没有高度发达的哲学社会科学，要实现对社会的自觉调节和科学管理是不可能的。

纵观古今中外的历史，哲学社会科学在不同的历史时期都起着不可替代的作用。在欧洲中世纪时期，封建专制、经院哲学、宗教迫害、禁欲主义等，严重阻碍了历史的进步。在冲破这个黑暗铁幕的历史过程中，文艺复兴运动以及后来的资产阶级思想启蒙运动，发挥了十分重要的作用。当时，资产阶级思想家、理论家，如但丁、培根、洛克、卢梭、孟德斯鸠等，用人文主义作武器，批判教会和封建贵族的特权与禁欲主义，用资产阶级的自由、民主、平等、博爱、人权等口号，呼唤资本主义，从而为行将到来的资产阶级革命做了思想和舆论准备。如果没有文艺复兴和近代欧洲思想启蒙运动，也就没有近几百年的西方资本主义文明。

19世纪马克思主义的诞生，使哲学社会科学发生了根本性的变革。马克思、恩格斯创立了唯物史观和剩余价值理论，使社会主义由空想变成科学，从而唤起了国际无产阶级的觉醒，也由此出现了轰轰烈烈的国际共产主义运动。列宁则把马克思主义理论应用于帝国主义时代和俄国的实际而发展为列宁主义，并成功地领导了十月革命，建立了世界上第一个社会主义国家，开创了人类历史的新纪元。事实证明，马克思主义是有史以来最伟大、最科学的哲学社会科学理论，其影响是任何其他理论所无法比拟的。马克思被全世界公认为千年来最伟大的思想家，是当之无愧的。

中国近现代100多年的历史，同样证明了哲学社会科学的重要性。

自鸦片战争以来，中国人民为争取民族独立、人民解放和国家富强进行了艰苦卓绝的斗争，产生了诸如洪秀全、康有为、梁启超、孙中山等一大批思想家。尤其是在辛亥革命前后，以孙中山为代表的一批民族主义革命家，对推动近代中国的历史发展起到了重大的作用。

五四运动以及后来的新民主主义革命，之所以一开始就以新的面貌出现，并一步步走向胜利，就是因为有了科学理论的指导，这个科学的理论就是马克思主义。以李大钊、陈独秀为代表的一批先进知识分子，最早接受和传播了马克思主义。以毛泽东为代表的中国共产党第一代领导人，把马克思主义基本原理与中国革命的具体实践相结合，形成了中国化的马克思主义——毛泽东思想。可以这样说，毛泽东思想就是代表中国那个时代最高水平的社会科学理论成果；没有毛泽东思想的正确指导，就没有中国新民主主义革命的胜利；没有毛泽东思想作为中国工人阶级及其先锋队——中国共产党的行动指南，也就没有中华人民共和国的诞生和社会主义制度在中国的确立。中国人民用鲜血写就的革命历史的理论结晶，就是毛泽东思想。

十年"文革"，几乎使我国的经济陷入崩溃的边缘。在"文革"结束之初，党内外一些人思想僵化，"左"的影响仍很严重。由哲学社会科学界首先发起、邓小平等同志给予大力支持的关于"实践是检验真理的唯一标准"的大讨论，产生了深远的历史影响。这场讨论对于重新确立党的解放思想、实事求是的思想路线，起到了至关重要的作用，为党的十一届三中全会的召开，做了思想和舆论上的准备。如果没有这场大讨论和党的十一届三中全会的召开，就不可能有今天改革开放和社会主义现代化建设的大好局面。

在改革开放的实践过程中，邓小平同志以一位伟大政治家的敏锐眼光，分析中国的现实，借鉴其他社会主义国家的成败得失，克服种种阻力，科学地回答了"什么是社会主义，怎样建设社会主义"这一根本问题，形成了我们这个时代具有指导性的理论，即邓小平理论，从而开创了建设有中国特色的社会主义道路。

以江泽民同志为核心的第三代中央领导集体，不仅对丰富和发展邓小平理论做出了重要贡献，而且对发展我国的哲学社会科学事业给予了极大关怀和支持。江泽民同志1991年2月在同中国社会科学院的科学工作者座谈时指出：社会科学研究方向的正确与否，社会科学发展状况如何，对人们的思想意识和社会道德风尚，对经济建设，对社会稳定和发展，都会产生巨大而深刻的影响，甚至关系到中华民族的兴衰和社会主义的命运。[①] 1994年，江泽民同志在为中国社会科学院作的题词中写道：把中国社会科学院建成马克思主义的坚强阵地。在党的十五大报告中，江泽民同志指出：积极发展哲学社会科学，对于探索有中国特色社会主义的发展规律，增强我们认识世界、改造世界的能力，有着重要的意义。[②]

因此，我们可以说，马列主义、毛泽东思想、邓小平理论，以及在新形势下以江泽民同志为核心的第三代中央领导集体的有关重要思想，是对社会实践经验的科学概括和总结，是在不同时期形成的具有指导意义的科学的思想理论体系。

历史和现实的经验充分证明：马克思主义科学理论，是社会主义制度的建立、发展和体制创新的指南，是这种制度文明的灵魂；而以马克思主义为指导的各门社会科学，如哲学、经济学、社会学、政治学、法学和史学等学科，都在各自学科领域，以其对社会发展之某个侧面的特殊本质和规律的认识，对社会主义制度的确立、发展和完善，提供了理论依据、精神动力和智力支持。

（二）哲学社会科学是解放和发展社会生产力、创建物质文明的强大动力

生产力的发展、物质文明水平的提高，必然要求并带来哲学社会科学的繁荣和发展。与此同时，哲学社会科学对发展社会生产力、创造物质文明也有着巨大的、多方面的推动作用。在科学技术突飞猛进的当今世界，这一推动作用不但没有减弱，而且呈现越来越强

---

① 参见《人民日报》1991年2月24日第1版。
② 《江泽民文选》第2卷，人民出版社2006年版，第34页。

的趋势。

从社会范围内看，没有现代的、科学的管理，就没有现代社会的有序运行；不仅没有效率，还将陷入混乱。社会管理主要是政府对经济社会活动的宏观管理。生产力的发展在很大程度上取于管理科学的突破，取决于社会科学各个相关领域的突破，人文社会科学为国家经济管理体制、科技教育体制和技术创新体制等方面的改革，提供理论指导和智力支持，是实现社会主义现代化建设宏伟目标的重要保障。

为此，《关于国民经济和社会发展第十个五年计划纲要》中提出，要促进自然科学与社会科学的交叉融合，推动管理科学发展；要重视发展哲学社会科学，推进理论创新。

人是生产力中首要的和最活跃的因素。企业职工乃至全民族的思想文化和科学素质的提高，已成为现代社会生产力发展的基石。新中国成立50多年来的实践一再证明，科技和教育是兴国之本。在实现科教与生产力的紧密结合，在全面提高职工素质和国民素质方面，哲学社会科学具有不可替代的作用。党中央适时提出实施"科教兴国"战略，也给哲学社会科学提出了新的时代任务。

（三）哲学社会科学是创建精神文明、实现人的全面发展的重要支柱

建设有中国特色的社会主义，实现社会主义现代化，不仅要建设有中国特色的社会主义的政治和经济，而且要建设有中国特色社会主义的文化；不仅要有高度的物质文明，而且要有高度的精神文明。决定我国精神文明的性质和发展方向的，是社会主义的思想和道德。马克思主义及其指导下的哲学社会科学，是社会主义精神文明的核心内容和主导成分。

马克思主义哲学作为自己时代精神的精华和"文明的活的灵魂"，代表先进文化前进的方向，对于实现人的全面发展，推进社主义精神文明建设，发挥着独特而重要的作用；经济学以其对经济运行规律的探索和理性把握，指导人们更好地从事经济活动，更有效地调控社会经济的发展；政治学和法学通过揭示政治、法律与现实生活的本质联系，帮助我们对社会秩序实施有效的调控和管理；伦理学借助于对人际关系的伦理基础和道德准则的研究与阐释，帮助人们提高道德境界，并正确体认和实践伦理道德规范；而文学理论和美学，有助于人们提高审美意识和审美情趣，以陶冶人的情操，净化人的心灵；史学帮助人们总结历史经验，揭示历史规律，汲取历史智慧；如此等等。

质言之，哲学社会科学对于"以科学的理论武装人，以正确的舆论引导人，以高尚的精神塑造人，以优秀的作品鼓舞人"，对于培育一代又一代的"有理想、有道德、有文化、有纪律"的社会主义新人，对于提高中华民族的思想道德和科学文化素质，起着极为重要的作用。

（四）在未来的经济社会发展中，哲学社会科学的作用将更加重要

在人类社会发展早期，尤其是在原始社会、奴隶社会和封建社会，生产工具和科学技术极不发达，人类基本上是直接面对自然，哲学社会科学对人类的作用不是那么明显。而今科学技术迅猛发展，人与自然的关系彻底改变了，我们正在面临一个新的时代。随着现代科学技术的迅猛发展，不仅人类的生产方式、交往方式、生活方式和财富分配方式要改变，而且人们的历史观、时空观、价值观等也会发生变化；不仅经济全球化进程在加速，而且多极化矛盾也在加剧，世界格局将变得更为复杂。

我在和外宾谈话的时候，他们都说，现在的世界是个"地球村"，地球越来越小。我说，我有不同的看法，不是地球越来越小，而是越来越大，为什么呢？因为原来我们从不和外界其他国家接触，而现在我们看到了过去从未看到的世界，了解了许多从未了解的东西，面对的是更加复杂和迅速变化的世界。从科学的意义上讲，地球不是变小了，而是变大了。

在这样的宏观背景下，中国既面临难得的发展机遇，也面临亘古未遇的严峻挑战。要回答和解决国际国内重大的战略性、全局性的问题，离开哲学社会科学是不可能的。随着经济的迅速发展、社会的不断进步和人类自身的全面发展，哲学社会科学独特的地位、作用和社会功能愈加凸显，愈加重要。

近年来，我接触了一些世界知名的社会科学家和自然科学家。他们几乎一致认为，在21世纪争夺科学的制高点，社会科学和人文科学将是最重要的领域。在西方发达国家，对社会科学和人文科学，对文化和价值理论，呈现出越来越重视的趋势。学习这方面知识的大学生越来越多，研究领域不断扩大，新概念、新语言层出不穷。

因此，我们必须从战略的高度，从人类历史发展的高度，来认识哲学社会科学的重大意义和历史地位。要在全社会营造重视哲学社会科学的良好氛围。人文社会科学素质和自然科学素质同样重要，都是现代民族所必须具备的基本素质。

这里，我想重点谈一下自然科学和社会科学的关系问题。

马克思说过，"科学就在于用理性方法去整理感性材料"[1]。人文社会科学的主要任务，就是从社会各个领域的纷繁复杂的现象和感性素材中，揭示社会现象的本质，探求人类社会发展的规律，并以此指导人们的社会实践。因此，人文社会科学具有与自然科学同样的科学本质和功能。正如邓小平同志所说，"科学当然包括社会科学"[2]。以马克思主义为指导的我国哲学社会科学，已经成为我国整个科学事业不可分割的重要组成部分。

---

[1] 《马克思恩格斯全集》第2卷，人民出版社1956年版，第163页。
[2] 《邓小平文选》第2卷，人民出版社1994年版，第48页。

现在社会上有一种轻视哲学社会科学、忽视理论的倾向。我认为，这种倾向不仅是错误的，而且是危险的，对我们的社会主义现代化建设事业，对我国经济社会的发展，是有害的。现代科学的发展已经证明，自然科学与哲学社会科学犹如车之两轮、鸟之两翼，两者构成完整的科学体系。只有两轮共转，协同前行，两翼共振，携手同飞，才能推动整个科学事业的全面发展和繁荣，才能共同为人类社会的发展提供指导和动力。折一翼而不能飞翔，损一轮而不能前进！

自然科学作为技术之母和首要生产力，是推动哲学社会科学发展必不可少的物质技术条件，但自然科学对哲学社会科学的需求也是多方面的。哲学社会科学是自然科学技术转化为生产力不可缺少的中间环节，为自然科学技术在实践中的应用提供合理性的论证，为自然科学的发展提供必要的知识和理论，帮助自然科学家正确选择科学技术的价值方向，正确理解那些处于社会和人的活动严重影响下的研究对象。其他如自然科学人才的培养、战略的选择等，都离不开哲学社会科学。

当今人类社会，一方面科技迅猛发展，另一方面面临着生态失衡、环境污染、土地沙漠化和资源枯竭等全球性危机。要解决这些全球性问题，必须采取自然科学与人文社会科学多学科交叉的研究方法，单靠自然科学，或单靠社会科学，都是难以胜任的。

在刚刚过去的20世纪，我们曾经有许多沉痛的教训。在现代及未来社会，科学技术的每一项新的发明，科学技术的每一个进步，都与人类社会自身的生存和发展密切相关。核技术、信息技术、生命科学，特别是现在引起广泛争论的克隆技术和基因工程技术等高科技的发展和进步，无疑会给人类社会带来巨大的利益，但是，它们的实际应用可能给人类社会所带来的负面影响和产生的伦理道德难题，却是科学技术本身无法克服和解决的。这就需要哲学社会科学的参与，以发挥其"校正"的功能。只有自然科学家和哲学社会科学家的携手与合作，人类才会有光明的前景。可以说，社会科学是关于自然科学之力的运用和把握，是关于生产力的解放和发展的科学。

早在20世纪初，列宁就曾指出：出现了一个"从自然科学奔向社会科学的强大潮流"。这个潮流在20世纪中一直发展着。从20世纪下半叶开始，自然科学家越来越深切地认识到了解社会和人本身的重要性，出现了社会科学奔向自然科学的潮流。在21世纪，这两种潮流一定会更加进一步地融汇。

当前，科学研究的整体性趋势正在进一步增强。当代，在传统学科的基础上，分蘖出大量分支学科；在传统学科相互接壤的领域，出现了大量边缘学科，以及以具有高度普遍性的整体性课题为对象的一系列综合性学科。科学的变革揭示了事物之间的普遍联系，打破了各学科之间壁垒分明的界限，为社会科学与自然科学更加紧密的联盟创造了条件。因此，自然科学技术和哲学社会科学是人类物质文明和精神文明前进的两大动力，两者相辅相成，缺一不可。

尤其需要指出的是，在自然科学与社会科学的关系中，哲学提供了认识这种关系的世界观和方法论，在更高层次上指导人们对自然和社会的探索和认识，促进了自然科学和社会科学的完善和发展。正如恩格斯所说，一个民族想要站在科学的最高峰，就一刻也不能没有理论思维。[①] 离开了辩证的思维方法，科学的发展和实践应用就难免有片面性，难免走弯路。

二 新中国哲学社会科学的发展

我国哲学社会科学，是党的思想理论和科学文化事业的重要组

[①] 参见《马克思恩格斯选集》第4卷，人民出版社1995年版，第285页。

成部分，历来受到党和政府的高度重视。

我原来在国务院工作，但对哲学社会科学理论很有兴趣，对其重要性也有所认识。到中国社会科学院这三年，我向诸位学者、专家、教授学了很多，也看了一些书。我也到过一些国家，发现他们都很重视哲学社会科学。到了一些大学，我就问他们学生的比例怎样，到底是学自然科学的多呢，还是学人文社会科学的多。他们告诉我，学人文社会科学的正在超过学自然科学的人。对此，我感到比较奇怪。为什么会出现这种情况呢？是不是他们忽视自然科学和技术呢？他们说不是。科学技术发展到今天，最大的问题是人们如何运用科学技术这个生产力，协调管理社会，促进社会的发展，以造福于人类。当然，我们还有许多未被认识的领域。今天，在西方国家，不是说科学技术少了，落后了，而是如何正确地使用科学技术的力量，来造福于人类和社会。他们已经看到了许多因不合理地使用科学技术而给社会造成的危害和遗憾。

我曾经与乌克兰科学院的院长巴德先生进行过一次谈话。巴德先生曾是苏联科学院的副院长。我问他：在21世纪，什么科学是最重要的？他是一个电焊专家，但是他说，是社会科学。我问他为什么，他说，如果没有发达的哲学社会科学，人类就不知道自己要干什么，如何走向未来。所以，哲学社会科学不仅是人类发展自己的科学，而且是健康地调整自己并正确地把握和使用"自然力"的科学。

中国共产党从诞生之日起，就把马克思列宁主义作为自己的指导思想，致力于马克思列宁主义与中国具体实际的结合，就高度重视哲学社会科学。早在延安时期，党领导优秀的知识分子开展了自然科学和哲学社会科学的研究，建立了有关的研究和教学机构，逐渐形成了以马克思主义为指导的科学文化生力军。新中国的哲学社会科学事业，是在马克思主义的指导下，以这支生力军为骨干，在建设新中国的实践中，逐步形成和发展起来的。尽管在前进的道路上有过曲折、反复，但新中国的哲学社会科学事业发展到今天，已形成人才济济、学科齐全、硕果累累、繁荣昌盛的大好局面，为推进改革开放和社会主义现代化建设事业做出了不可磨灭的历史贡献。

回顾50多年来新中国哲学社会科学事业的发展，大体可分为三个阶段：

第一阶段：奠基起步阶段。1949年至1965年。这是新中国哲学社会科学的初创、奠基阶段。这一阶段工作的重点是：确立了马克思主义的指导地位，形成新的科研体系构架，创建科研和教学机构，培养新一代科研人才。

第二阶段：严重挫折阶段。1966年至1976年。这一阶段是我国哲学社会科学事业遭受严重破坏的时期。"文化大革命"在理论和实践两个方面都把"左"的错误推向了极端，使新中国哲学社会科学事业遭到空前浩劫。

第三阶段：发展繁荣阶段。1978年至现在。这一阶段哲学社会科学发展的主要特点是：冲破"左"的束缚，排除了右的干扰，从恢复走向繁荣。哲学社会科学对我国改革开放和现代化建设，对物质文明和精神文明建设，产生了积极的推动作用。改革开放以来的20余年，成为新中国成立以来哲学社会科学事业发展最快、气氛最活跃、成果最丰硕和社会效益最显著的时期。

经过新中国50余年特别是改革开放20多年来的发展，我国哲学社会科学事业目前已基本形成以马克思主义为指导、学科门类较为齐全、研究队伍已具相当规模的科研体系，具备了较好的发展基础。主要体现在以下几个方面：

（一）研究机构和队伍已具有相当规模

形成了社会科学院系统、高校文科系统、党政部门系统、党校系统和军队系统科研机构组成的五路研究大军。其中，中国社会科学院现有31个研究所，4000多人；全国五大系统从事哲学社会科学教学和研究活动的人员超过30万人，研究机构2000多个。

（二）形成了比较完整的哲学社会科学学科体系

传统的文、史、哲学科得到拓展和深化；适应社会主义现代化建设主战场的需要，经济学科蓬勃发展，形成了庞大的学科群；政治学、法学、社会学、人口学、民族学、宗教学、行政学、新闻学、管理学和国际问题研究等学科飞速发展。边缘学科和交叉学科也不断涌现。已形成以数百个学科为基础、门类齐全的社会科学体系。各学科基础理论研究成果丰硕，成就显著，有中国特色的哲学社会科学学科体系和理论体系初步形成。

（三）研究方法取得重大突破和创新

数学方法、案例分析、实证研究、模型模拟、综合集成、对比分析、系统研究等方法被广泛采用，传统的手工收集整理资料和写作的方式正逐步被现代化的电子技术手段所取代，自然科学与人文社会科学相互渗透，人文科学与社会科学紧密结合，等等，都使我国的哲学社会科学研究面貌一新。考古学界、史学界的"夏商周断代工程"就是一个典型的代表。

（四）与海外建立了广泛的学术交流和合作关系，国际声誉日益提高

改革开放以来，学术界向国内比较全面地介绍了国外的学术思想、理论和方法，同时我国许多学术著作也被译介到国外。对外学术交流规模不断扩大，与世界各国学术机构建立了广泛的联系。在对外学术交流中，我国许多著名专家学者获得了国外政府和学术权威机构授予的学术荣誉称号和奖励，表明我国哲学社会科学已在国

际学术界受到重视并产生了一定的影响。

（五）哲学社会科学研究取得了一系列重要理论成果

这些年来，我国哲学社会科学界围绕改革开放和社会主义现代化建设做了一系列理论探索和创新。如马克思列宁主义、毛泽东思想特别是邓小平理论的研究，社会主义初级阶段、社会主义市场经济、依法治国、农村改革和发展、"一国两制"和对外开放、中华文明的传承和社会主义精神文明的建设等一系列重大理论和现实问题的研究，都取得了突破性的进展，为改革开放和社会主义现代化建设提供了有力的理论和智力支持，为我们肩负起新的时代使命打下了良好的基础。

新中国哲学社会科学，经过50多年的曲折发展，积累了宝贵的历史经验，基本明确了发展和繁荣的主要原则：第一，必须坚持以马列主义、毛泽东思想特别是邓小平理论为指导，坚持正确的政治方向、理论方向和科研方向。第二，必须坚持"二为"方向：为人民服务，为社会主义服务；坚持为我国的社会主义现代化建设服务，为中华民族的全面振兴服务。第三，必须坚持解放思想，实事求是，实践是检验真理的唯一标准，勇于理论创新。第四，必须坚持"双百"方针，鼓励科研人员进行大胆探索，活跃学术气氛，开展健康的学术争鸣。"十五"期间，我们必须继续坚持这些原则，确保学术研究的正确方向和重大方针政策的贯彻执行。

面对新世纪的新形势、新任务，我们应该清醒地看到，与党和人民对哲学社会科学的殷切期望相比，与时代的飞速发展相比，我国哲学社会科学事业的发展还存在一些不足和问题。

一是对哲学社会科学的重要性认识不足。

虽然党和国家一再强调重视哲学社会科学，但在社会上忽视哲学社会科学的现象仍然普遍存在，哲学社会科学在"科教兴国"战略的实施、决策的民主化和科学化中没有发挥应有的作用。这种现象，妨碍了哲学社会科学研究与国家发展目标、经济社会发展需要的有机结合，制约了哲学社会科学功能的充分发挥。

二是全国哲学社会科学研究布局不够合理。

哲学社会科学的机构、学科设置雷同，优势学科少，缺乏特色。传统学科所占比重较大，新兴学科、交叉学科发展不够。不少课题研究重复低效，而改革开放和社会主义现代化建设急需的某些重大课题，又往往没有得到应有的重视和研究。上述状况的存在，造成了全国哲学社会科学研究资源一定程度的浪费。

三是科研队伍整体水平不高。

在一些研究人员中，不同程度地存在知识结构不合理，对国内外学术动态缺乏全面透彻的了解，缺乏实际经验，研究手段和方法落后，创新意识和能力不强，学风不好、研究态度浮躁，不少研究成果质量不高等缺陷，研究工作不能充分满足社会的需求。当然，这不是社会科学界的普遍现象。

理论的实现程度，取决于它满足一个国家需要的程度，取决于它满足人类社会发展需要的程度。当前，我国社会科学的状况表现出两个不适应：一是不适应国际形势的迅速的变化，一是不适应国家建设的需要。此外，还存在科研体制改革滞后、经费投入不足、使用不善等一系列问题。

解决我国哲学社会科学事业发展中存在的上述种种问题，加强科研体制改革，实现科学研究手段的现代化，是我国哲学社会科学"十五"规划的重要任务。

我在这里提出三条：一条是改革体制；一条是实现科学研究手段和方法的现代化；一条是增加投入，创建世界一流的现代化研究机构。在21世纪初，应该对此予以高度重视和解决，否则就会影响我们国家在国际上的竞争力。

三 新世纪面临的新形势与新课题

人类社会已经跨入 21 世纪。当今世界，风云变幻。世界的和平与发展、中国的发展和繁荣都处在一个关键时期。相应地，马克思主义的发展、社会主义的发展也处于一个关键时期。审时度势，指定相应的战略和政策，对一个国家、民族的生存和发展至关重要。

国家的政治、理论和社会管理等方面的"软实力"，与经济、科技和军事等方面的"硬实力"紧密结合，构成一个国家的综合国力。哲学社会科学在增强国家综合国力、参与国家的战略决策等方面，具有不可替代的作用。

21 世纪将是人类社会深刻变革的时代，是中华民族全面振兴的时代，也是中国哲学社会科学大发展的时代。

马克思曾说过，每个时代总有属于它自己的问题，问题就是时代的声音。[①] 准确地把握并解决这些问题，就会把人类社会大大地向前推进一步。21 世纪的中国哲学社会科学，必须紧紧把握新世纪我们党、国家和民族所面临的一系列重大问题，并给予科学解答。

（一）从国际方面看，要研究时代发展的趋势、特征及当代世界的重大问题

邓小平同志讲过，和平与发展是当今世界的两大主题，但至今一个也没有解决。这就对我们哲学社会科学工作者提出了艰巨的任务，为此，需要研究以下几个重大问题。

一是要研究世界政治格局多极化发展趋势。

21 世纪初期，世界的天平到底是向单极方向偏，向霸权主义方

---

① 参见《马克思恩格斯全集》第 1 卷，人民出版社 1995 年版，第 203 页。

向偏，还是走向和平，向多极化方向发展？当前，国际形势总体上趋向缓和，但是天下仍然很不太平，霸权主义、强权政治的威胁依然存在。世界是朝着多极化还是单极化方向发展，成为国际政治斗争的焦点。现实的国际形势表明，多极化格局的最终形成将是一个充满复杂斗争的长期过程。如何对事关全局的时代本质特征进行准确判断，如何有力推动世界向多极化的方向演进，维护世界的和平、稳定与繁荣，如何为我国的经济社会发展争取更为有利的国际和平环境和良好的周边安全环境，等等，是我们面临的重大历史性课题。

二是要研究经济全球化趋势。

当前经济全球化的发展趋势日益加深。但经济全球化是一柄"双刃剑"，它既有可能形成国际范围内资源的优化配置，又有可能使发展中国家在竞争中面临更加严峻的挑战，使其经济安全成本急剧增长。所谓经济全球化，就是全球范围市场资源的配置。谁的市场，谁有权配置，如何应对，是时代性的大课题，关系到我们的生存和发展。面对这一新的复杂形势，迫切需要制定与新形势相适应的公正、合理的国际贸易和国际金融运作规则与机制。这就提出了一系列亟待探索和解决的重大理论问题和战略问题，需要我们社会科学工作者加以研究解决。

三是要研究世界科学技术革命带来的影响。

21世纪的经济乃至综合国力的竞争，将集中体现为科学技术的竞争。例如，目前世界范围内正经历着一场前所未有的"互联网"信息产业革命，这是人类从未遇到的事情。人类正以互联网的名义，重新分析几乎所有的社会资源，包括生产力、权力、财富、话语权、影响力等，所有传统产业、社会事物，无一例外都将受到深刻影响。传统产业部门正在经历着急剧的转型与变革，这个趋势正在全球各地加速进行，中国也不可回避。

我国是一个发展中国家，科学技术相对落后，国家创新工程刚刚启动，这是提高国家竞争力的重大战略举措。国家创新体系不仅包括自然科学研究的突破、工程技术的创新，而且包括运行机制、管理制度的创新和思想观念的更新，这就需要社会科学的研究和支持。科技革命将给人类社会、产业结构、生产方式、交往方式、生活方式，乃至学习方式和思维方式等，带来哪些变化，如何应对，等等，都需要我们认真深入研究。

四是要研究各种文化碰撞、交融的发展态势，批驳西方"新霸权主义"意识形态理论。

伴随着经济全球化的浪潮和信息网络技术的飞速发展，出现了世界各种文化碰撞、交融、多样化发展的态势。人们在消费其他国家和民族的产品的同时，也就潜移默化地受到浓缩其中的意识形态、价值观念等文化因素的影响。文化的主体性问题将凸显出来。如何继承和弘扬民族优秀传统文化，借鉴和吸纳其他民族的优秀文明成果，创造具有鲜明时代特征和中国特色的社会主义新文化，是新时代我们面临的又一任务。

近年来，一些西方国家为了谋求世界范围内经济、政治、高新科技和军事等的霸权地位，精心炮制出了诸如"文明冲突论"、"合法的人道主义国际干预论"、"人权高于主权"、"主权有限论"、"为价值观而战"等花样翻新的意识形态"软武器"；继政治、经济、军事斗争之后，在文化和意识形态领域开辟了所谓"第四战场"，进行"文化战"和"意识形态战"。这是一场新的没有硝烟的战争。

它们发动这样一场战争的目的在于，把它们的价值观和以这个价值观为基础的民主、自由和平等观念推广到全世界，谋取它们的最大利益。美国人自己都声称，这是美国外交政策的重要组成部分，是关乎美国国家利益的根本性问题。他们把东欧剧变和苏联的解体，看成是他们进行意识形态战、政治战和价值观之战的一场胜利。在他们看来，现在剩下的最后一个对手就是中国。中国还没有臣服，还在沿着自己的道路前进。他们要中国成为符合美国利益的中国，问题在于，这样的中国是否符合中国人民的利益呢？

美国独占世界不仅是一种野心，而且是一种可能性。霸权主义不仅是一种政治，而且是一场世界性的战争。揭穿和批驳上述"新霸权主义"理论的欺骗性、荒谬性，对他们在意识形态上的挑战和进攻做出有力的回应，无疑是我国哲学社会科学工作者一项十分紧迫而又重大的战略任务。

美国独占全球，无论是接触，还是遏制，无论是通过演变，还是通过武力，或者其他形式，总之，都是想把中国变成它的附庸，符合它们的利益，即使你搞了资本主义，也不例外！我们现在还看不清，这场斗争和较量在21世纪会怎样发展，但值得中国年轻一代警觉和思考。脑子必须清醒啊！看到困难，看到风险，看到危机，我们不会垮台。但是，看不到危险，则是真正的危险。过高地估计自己的成绩，甚至沾沾自喜，把社会主义看得太易，把资本主义看得太轻，那就会出大问题。

邓小平同志讲，中国将长期处于社会主义初级阶段。对此，我们要保持清醒的头脑。韬光养晦，是中华民族全面振兴过程中必须长期坚持的战略思想。21世纪将会有很大的变化，有些事情我们现在谁都难以预料，正像19世纪的人们无法完全预料20世纪的事情一样。但是我们相信一条，即中华民族必将走向全面振兴。现在，没有什么力量能够遏制中华民族走向未来、走向振兴的步伐。因此，要抓住时代的大课题。时代性的大问题应当是哲学社会科学研究的重点。

五是要系统地研究世界社会主义和资本主义的发展变化和趋势。

从英国资产阶级革命起，资本主义在世界上至少有360年的历史了。社会主义只有80多年的历史，认真地研究和总结世界社会主义的历史经验，为我国社会主义现代化建设提供理论上的借鉴，是我们哲学社会科学的重要任务。

社会主义制度的建立和发展是 20 世纪最重大的事件，苏联解体、东欧剧变也是 20 世纪社会主义最惨痛的教训，但它并不意味着整个社会主义的终结和失败。21 世纪有可能是社会主义在曲折和逆境中重新走向兴盛的世纪。刚刚过去的一百年，社会主义和资本主义发展的历史，为人类留下了宝贵的思想遗产。我国哲学社会科学工作者必须认真研究和总结这份遗产，以推动 21 世纪社会主义的健康发展。

（二）从国内方面看，要研究改革开放和现代化建设中深层次的重大课题

当前，我国改革开放和社会主义现代化建设正处在关键时期。国民经济要保持持续、快速、健康发展，经济体制改革要有新的突破，政治体制改革要继续积极稳妥地推进，精神文明建设要切实加强，社会各方面要实现全面进步，等等，这都对社会科学研究工作提出了更为艰巨的任务和更高的要求。为此，必须对一些关系我国前途和命运的全局性、战略性、前瞻性、基础性的重大问题，进行深入的分析研究。

一是在经济建设方面，需要着力研究如何具体落实中央提出的西部大开发战略，促进东、中、西部地区经济、社会、环境等的协调发展；如何实现经济增长方式的根本性转变，以提高社会经济的效率与效益；如何推动产业结构的调整和升级；如何实现科技与经济相结合；怎样更好地实施"科教兴国"战略和"可持续发展"战略等问题。

二是在经济体制改革方面，如何建立和完善社会主义市场经济体制，实现公有制与市场经济的有机结合；怎样实现国有经济的结构性调整与国有企业的战略性改组，使国有经济彻底走出困境；如

何进一步改革劳动就业与社会保障体制，缓解就业压力，维护社会稳定；如何建立健全宏观间接调控体系；如何深化对社会主义市场经济理论的研究，为我国经济体制改革提供坚实的理论依据；如何进一步扩大对外开放，应对加入WTO后的挑战；等等，都需要深入研究。

三是在政治体制改革和建设社会主义法治国家方面，如何更好地坚持和完善中国共产党领导下的人民民主专政和人民代表大会的根本政治制度，又不照搬西方的政治制度模式；怎样从中国的国情出发，深入进行政治体制改革，进一步发展社会主义民主，健全社会主义法制，建设社会主义法治国家；如何进一步转变政府职能，提高政府部门的办事效率；如何使政治体制与社会主义市场经济体制相适应；如何有效遏制和克服腐败现象；等等，都值得研究。

为了更好地推进社会主义民主政治建设，我们认为，提出衡量社会主义民主政治建设成败得失的若干基本标准是很有必要的。这样的基本标准有四个：第一，要看它是否有利于坚持四项基本原则，真正实现人民当家作主；第二，要看它是否有利于解放和发展生产力，促进经济发展；第三，要看它是否有利于维护国家统一、民族团结和社会稳定；第四，要看它是否有利于增强党和国家的活力，调动一切积极因素，实现社会的全面进步。

四是要着力研究建设社会主义精神文明、发展社会主义先进文化中的理论和实践问题。"精神文明"一词是中国的创造，它科学地概括了与物质文明相应的思想理论、文化和社会文明的诸方面。精神文明是一个国家、民族的灵魂，是一个国家综合国力的重要组成部分。如何实现物质文明和精神文明的协调发展，实现人的全面发展；如何进一步提高全体国民的科学文化素质、思想道德素质和身心健康素质；如何有效地抵御和克服一切腐朽、落后的文化的影响，以社会主义先进文化、共同理想凝聚和激励人民，为实现中华民族的伟大复兴而奋斗；等等，需要研究。

五是就国家安全体系而言，要着力研究如何适应国际国内新形势的要求，建立国家政治、经济、军事、社会等方面的安全体系与预警系统。要进一步研究国内外分裂势力的新动向，以维护国家的安全和领土完整，最终实现祖国的和平统一等。

上述这些问题都是涉及我国改革、发展、稳定大局的重大课题。在探索解决这些问题的努力中，哲学社会科学可以大有作为。

（三）深入学习和研究邓小平理论，进一步开创马克思主义的新境界

马克思主义的发展总是与社会变革息息相关，随着时代和实践的发展而发展。马克思主义是80多年来指导党和人民振兴中华的科学的理论体系。发展马克思主义，是中国共产党及其领导下的中国哲学社会科学工作者在新世纪所面临的光荣而艰巨的历史任务。没有马克思主义的发展，我们的理论就会枯竭，党和国家就会失去生命力。

邓小平理论是当代中国的马克思主义，是马克思主义在中国发展的新阶段。在当代中国，只有把马克思主义同当代中国实践和时代特征结合起来的邓小平理论，而没有别的理论能够解决社会主义的前途和命运问题。离开了邓小平理论的指导，我们就会失去前进的方向。

我们在谈到这个问题的时候，经常会说，不用这个理论，那用什么理论？不用我们自己从实践中得出的理论，又用谁的理论呢？除了我们自己，还有谁能制造出一个理论体系来解决中国的问题呢？社会实践是理论的源泉，理论产生于实践，最后由社会实践来证明其正确与否。我们自己的理论是最宝贵的，最具有科学性的。

坚持以邓小平理论为指导，就要深入、全面、科学地研究这个理论体系，把马克思列宁主义、毛泽东思想特别是邓小平理论的学习、宣传和研究，提高到一个新的阶段和新的水平上来。同时，要在实践中不断丰富和发展邓小平理论。这既是重大的政治任务，又是重大的理论任务。在这方面，社会科学界的同志理应挑起这副重担。

总之，高举邓小平理论伟大旗帜，全面贯彻党的十五大精神，从哲学、政治经济学、科学社会主义等各个角度，深入学习、研究邓小平理论，研究和总结我国人民在以江泽民同志为核心的党中央领导下，在继续开拓建设有中国特色社会主义宏伟事业中所进行的历史性创造，以新的实践经验丰富和发展邓小平理论体系，开创马克思主义发展的新境界，把中国的事情办好，这将是中华民族对人类做出的新的重大贡献，也是我国哲学社会科学工作者的崇高历史使命。

新的世纪、新的时代呼唤着社会科学理论的创新。理论的一个重要作用在于，通过对未来发展的洞察力和预见能力，帮助人们开辟一条通向美好未来的道路。人类社会要达到一个崇高的理想境界，必然要走过一条漫长、曲折、艰辛的道路，探索和揭示社会真理的道路，同样是漫长、曲折和艰辛的。

我国哲学社会科学工作者应携手合作，不畏艰难险阻，解读时代课题，繁荣和发展中国的哲学社会科学，共创人类美好未来。

我衷心希望，在新的世纪，在马克思主义的指导下，中国人民大学必将为国家、为人民，为建设有中国特色的社会主义事业，为繁荣和发展中国的哲学社会科学，做出新的贡献。

人类文化生态的多样性^{*}

（2001 年 5 月 28 日）

各位来宾，女士们、先生们：

今天，第 75 届国际科学院联盟大会在北京隆重开幕了，请允许我代表中国社会科学院向来宾们表示诚挚的欢迎，代表中国 30 万人文科学和社会科学学者向大会致以热烈的祝贺！

一

当今社会，人类的物质生活和精神生活都在发生着日新月异的变化。中国古代思想家孔子，站在滚滚东流的大江之畔，曾感叹说："逝者如斯夫，不舍昼夜。"在最近的几百年中，这种变化尤其显著，涉及社会的经济、政治、科学、文化各个领域和从宏观到微观的多个层面。对此，外国人说是大变革（great transformation），用我们中国人的话说，是世事沧桑。

在这种巨大的社会变革面前，特别是在信息技术和生物技术飞速发展和广泛应用的今天，人类在过去几千年中所积累和形成的文明形态和文化价值如何传承？古往今来，先哲们所憧憬的所谓"大同"的社会理想，在新的经济全球化浪潮冲击下是否还是可能的，如何才是可能的？我们怎样开启和拓展人文社会科学学者思维和想

---

* 这是作者在第 75 届国际科学院联盟大会上的开幕词。

象的空间？怎样通过我们的不断探索，在一个文化多样性的世界上，走出各具自己特色的发展道路？这一类问题，我愿意在这里提出来与大家一起讨论。

关于人类未来发展的问题，我们没有现成的答案，却有许多未知的必然王国。但是，我们应该有积极健康的讨论和争论。我想，这类问题本身，是我们不能也不应该回避的。否则，人文社会科学学者和人文社会科学学科也就失去了存在的意义。

二

参加我们这次会议的各位学者，来自不同的学科和不同的学术文化传统。我们应当承认，每一种文化传统和文明形态，都有其独特的历史和价值，都对整个人类文明做出了贡献。今天，一方面，经济、科技、信息全球化的趋势愈益明显；另一方面，不同文明和文化也越来越呈现出互相沟通和交融的趋向，但也间有摩擦或碰撞。有一种观点认为，冷战结束后，我们将迎来文明冲突的时代。这种观点，如果说是一种担心和忧虑，是可以理解的。

但是，问题在于：不同的文明和文化之间存在差异，是否一定要通过冲突乃至战争的形式来解决它们之间的问题？我们有无可能在尊重文明和文化多样性的前提下，建立起融洽的沟通渠道和平等的对话关系？有差异，为什么一定要冲突呢？人类的文明和文化发展到今天，已经遭受了太多的曲折和痛苦，也应该有足够的智慧来齐心协力避免使它们毁于一旦。文明和文化是多样性的，也应该是协调的、互补的。历史是现实和未来的一面镜子。如果我们的人文学者能够坐下来，冷静思考造成以往文化摩擦的历史根源，以史为鉴，对于探讨在今后减少冲突、化解矛盾的可能性，的确是很有必要，很有意义的。

正是由于人类文明形态的多样性,才使我们今天的世界如此丰富多彩,使一代又一代的后来者得以领略、欣赏、继承这些文明中蕴含的丰富宝藏,并使它们发扬光大或重放异彩。离开了这些丰富性和多样性,就谈不上共识、统一、大同,也就没有人类文化的整体。如果说自然界不可能只有一种色彩,人类社会也不可能只有一种文化。求同存异,异中见同,交融互补,共同提高,才是不同文明共存共荣、共同发展的重要条件。多样性是自然界和人类社会发展的客观规律。我们既要关注自然生态的多样性,更要注意保护人类文化生态的多样性。搞单一化,不仅违背客观规律,而且会造成自然界和人类社会的毁灭。

三

如果说各种文明之间应该相互沟通和交流,共同寻求通往人类和平之道,那么,各个学科之间、各种学派之间,就更应相互学习,取长补短。百花齐放,各呈其艳;百家争鸣,各鸣其声。我们强调自然科学与人文社会科学之间的联盟,同样,我们也要重视人文社会科学各学科之间的结合。学科虽有不同的类别和划分,但关注人与社会的发展,是一切有良知的科学家共同的责任。

中国几千年优秀的文化传统,向来主张百花齐放,注重海纳百川。历史上,我们有过在中国文化内各种文化传统相互交往、彼此交融的经历,也有过与各种文化交流共处的经验。先秦时期,中国的儒家、法家、道家、墨家之间彼此争鸣和相互渗透。后来,中华民族大家庭内各民族文化之间相互吸收和相互影响,中国文化对外来的佛教文化、伊斯兰文化和基督教文化等也持有相当宽容和包容的态度。这也是中国文化作为世界上最古老的文明和文化形态能够连绵不断,至今仍然保持着活力的原因之一。多彩繁荣是人文社会科学的基本特点，因为人类社会本身就是丰富多彩的。

四

毫无疑问，学术上的宽容精神和文化上的包容态度，是以严格的治学为前提的。我注意到，这次前来参加第75届大会的学者，有历史学家、语言学家、哲学家、考古学家、文学史和艺术史学家，也有经济学家、人口学家、人类学家。各位所专攻的这些领域和学科，有的已经非常古老了，有的相对年轻一些。不论什么学科，之所以能走到今天，并不断壮大和繁荣，都是同一代又一代学者们孜孜不倦的辛勤耕耘和新老传承密不可分的。

通过文化传承，既把知识留下来了，成为培育人们的道德情操和精神气质的宝贵财富，也把学风留下来了，成为后来一批又一批学子们走入知识和科学大门的起点。今天，虽然科技日新月异、社会突飞猛进，但如果没有学风上的踏实和严谨，没有知识上的周密和系统性，就不能保证我们能够适应任何一种变化，更不能确保我们能够理解这些变化。

我们的先哲强调要以"学而不厌"、"三省吾身"的态度对待学术。孔子说："知之为知之，不知为不知，是知也。"[①] 苏格拉底也说过，"我只知道我的无知"。这里不只是谦虚为学、谨慎为人的问题，而是在更久远的意义上，说明了我们现在所掌握的知识，对于未被认识的必然王国来说，其实还是一个很小的部分。这样才有"三人行，必有我师焉"[②] 的道理。

我想，来宾们之所以能够在各自的领域中取得突出的成就，也正是因为你们一直遵循着先哲们的教诲。我希望，通过这次大会，

[①] 《论语·为政》。
[②] 《论语·述而》。

通过你们的言传身教，我们的年轻学者们能够感受到严谨的治学态度，并能够从中受益良多。

五

我们讲治学要严谨，指的是不能华而不实、花拳绣腿，而要以前人为师，以历史为鉴，一步一个脚印，进行艰苦而漫长的攀登，即所谓"路漫漫其修远兮，吾将上下而求索"[①]。但另一方面，我们又必须以实践为师，实事求是，理论联系实际，破除迷信，破除教条。世界之大，变化之快，决定了我们不可能有什么现成的包医百病的灵丹妙药。

在中国近现代历史上，我们曾经有过备受教条之苦的经历。虽然我们也怀着探索真理的热诚，但是忽略了具体国情，以为只要是书上讲的就是原则，就是"圣经"，这给了我们很多教训。现在，中国人民正在推进建设有中国特色的社会主义事业。20多年来，我们的一条重要经验，就是一切从中国的实际出发，不唯书，只唯实。外国的经验，我们要学习、借鉴，但要以解决我们自己的问题为出发点和归宿。

邓小平先生曾引用中国农民"不管白猫黑猫，能抓住老鼠就是好猫"的朴素语言来说明实事求是的重要性。我想，我们是不是也可以说，不管什么学问、什么理论，能够解决人类面临的问题的，就是好学问、好理论。如今流行的说法很多，时髦的理论也很多，判别它们是不是好的，也就是看它们能不能抓住"老鼠"，即能否解决人类面临的问题。而对于中国来说，就是看它们能不能抓住中国的"老鼠"，解决中国的问题。

---

① 屈原：《离骚》。

当然，这里有个眼前和长远、直接和间接的问题。有的研究，不是马上就能看到效果的；有的学术，不是可以直接加以应用的。我们必须要有战略的眼光和开阔的眼界。学问不是一朝一夕能够搞成的，研究也不是急功近利能够做出来的。所谓做学生要十年寒窗，做研究也要十年磨一剑。但不论治学的道路多么漫长，能否从实际出发，实事求是，总是成败的关键。

如今，"全球化"正在成为越来越多的人关心的话题。对于"全球化"，我们也要冷静地分析。我们需要做的，是从具体情境入手，分析到底哪些东西正在全球化，哪些仍然是区域化、地方化的，还有哪些东西不会全球化。还要看到，全球化也是多样性的全球化，不能理解为归一化、同一化。

六

我们要有理论创新的勇气和信心。学术传承和理论创新，是一个铜板的两面。如果没有传承当然不可能有创新，但是如果没有创新，传承也就不是真正的传承，而是抄袭、重复。当代的许多现象，比如多媒体技术和转基因技术，的确给传统的道德价值和生活方式提出了新问题，甚至在一定程度上构成了挑战。这种情况下，我们是以不变应万变，还是审时度势，理性地直面这些挑战，使它们转化为积极的机遇，这不仅是一个个人选择的问题，而且是涉及未来人类"是生存还是毁灭"的问题。这迫切要求我们做出创新性的探索，既在体制上，也在理论上有所发现、有所发明、有所创造、有所前进。

要在学术领域内有所创新，就要有一定的学术制度和学术氛围来保证，这也就是我们中国人所说的"百花齐放、百家争鸣"。就是说，在风格上，我们要百花齐放；在理论上，我们要百家争鸣。学术上我们有各种学科，学科内我们有各种学派。学术问题，理论问题，都要经过反反复复的争论、争鸣，才能探索出具有真理性、原创性的东西。在人类学术和思想的漫长里程中，经常有这样的现象：一开始的时候，富有创见的东西被视为异端，真理也在少数人手里。经过了讨论、交流、辩论甚至是激烈的思想斗争，创见才慢慢地被更多的人所认识，真理才逐渐被更多的人所接受。

七

我们提倡积极的讨论和交流，建设性的辩论和争鸣。学术上的分歧，学派上的差异，不应该是阻碍我们成为朋友的理由。相反，经过学术上的交流和辩论，我们可以成为挚友和诤友。

中国社会科学院是中国人文社会科学研究的最高学术研究机构，它以学科齐全、人才集中和资料丰富为优势，以坚持"百花齐放、百家争鸣"为基本方针。中国社会科学院现有教授级研究员1500多人，其中既有一批享有盛誉、造诣高深的老学者，也有一批崭露头角的中青年骨干。我院在历史学、考古学、语言学、宗教学、民族学、文学理论和哲学等方面在全国处于领先地位，在经济学、财贸学、法学、社会学和国际关系研究等方面也为中国社会科学研究事业的繁荣，为国家有关政策和决策的制定做出了巨大的贡献。

中国社会科学院的国际学术交流越来越频繁，越来越活跃。这些交流活动，对开阔中国社会科学院学者的视野，增进我院学者与海外同仁的联系和合作起到了很好的作用。在此，我愿再次重申，我们将继续加强与各国学者的学术交往，互相学习，取长补短，共同切磋，共同提高。

各位学者和朋友，国际科学院联盟成立至今已经有80多年了，中国社会科学院加入国际科学院联盟也有20多年，而在中国举行国际科学院联盟大会,还是首次。中国古代伟大的思想家孔子说过,"有朋自远方来,不亦乐乎!"[①] 我们是怀着喜悦心情,本着认真的态度来筹备和组织这次大会的。我们也真诚地希望,通过这次大会,不同国家和地区的人文社会科学学者能够增进交流与合作,既切磋学问,也交流感情,建立和巩固学者、学科之间的平等、融洽关系,营造良好的国际学术文化氛围,为21世纪人类的知识创新和文明进步,做出富有创造性的贡献。

[①] 《论语·学而》。

千年文明论[*]

（2001年6月18日）

　　中华文明又走进新的千年。这个"又"字包含着沉重的分量，包含着过去五千年的灿烂辉煌，包含着百数十年的艰难曲折，更包含着远绍汉唐盛世、实现中华民族全面振兴的意气轩昂。

　　历史赋予各个民族千差万别的命运，而各个民族在应对机遇与挑战的过程中，表现出千姿百态的民族性格和民族精神。作为人类世界最古老的文明之一的中华文明，在公元前的三千年中就已留下坚实而辉煌的足迹。大量的古陶器、甲骨文字、青铜器物以及宫城遗址，显示了一个伟大民族在公元前三千年至公元前一千年间独立创造文明的惊人智慧。

　　降至公元前一千年以后，周王朝以礼乐治世，春秋战国诸子百家创造了异彩纷呈的理论主张和精神文化。秦汉统一中国，开创了只有比它略晚出现的罗马帝国才能相比拟的大国气象。在公元后的头一个千年，中国人把中原文化与南北少数民族文化、本土文化与外来佛教文化相融合，经过隋唐的统一，在西方世界尚处在动乱不已的时候，创造了"贞观之治"和盛唐气象。也就是说，在公元前、后的两个千年间，古老的中国在综合国力和文明程度上都处在世界领先的地位，为全人类的上古文明和中古文明做出了杰出贡献，也为中国在公元一千年以后的发展提供了具有深厚历史文化内涵的民

---

[*] 此文最初发表于山东大学《文史哲》2001年第6期，收入本书时，个别文字有改动。

族根源。

值此千年交替之际,登高望远,考察和反思过去一千年我们民族的生存状态、命运遭际和文明收获,深化和重释"以古为镜,可以知兴替"[1]的历史意识,从中可以探寻重振大国雄风的精神动力和历史经验。

一 纷哉万象的千年历程

公元1000年,西方世界尚有不少区域未脱离分裂战乱的状态,欧洲各地陷入"千禧恐惧",连一些帝国公牍也用"兹以世界末日行将来临"一类语调开头。意大利的威尼斯城举行与亚德里亚海的结婚仪式,把精制的戒指投入海中,自称是海洋后裔。

而在东方文明古国,这一年是中国宋真宗咸平三年,时值北宋开国不久,正呈现着一派文明昌盛的景象。世界上最早的纸币——北宋交子,也在这个时期发行了,其社会学和经济学的价值是不言自明的。到11世纪后期,华北已经拥有炼铁工业,每年生产约125000吨,主要供应军队和政府使用。这个生产数字,比17世纪英国工业革命早期的铁产量还要多得多。因此,美国学者保罗·肯尼迪在《大国的兴衰》一书中这样写道:"近代以前时期的各种文明中,没有哪一种比中国的文明更先进,更优越。"[2]

由此可知,这一千年编年史的帷幕,是在东西方民族生存方式具有强烈反差的状态下揭开的。在以后的岁月中,中华文明经历了比以往的几个千年都更加严峻的挑战和巨大的转折,云诡波谲、纷哉万象。但是它往往绝处逢生,成为一艘不沉的东方之舟。这是我

---

[1] 在一代名臣魏征死后,唐太宗悼念他时说:"夫以铜为镜,可以正衣冠;以古为镜,可以知兴替(盛衰得失);以人为镜,可以明得失。……今魏征殂逝,遂亡一镜矣。"(《旧唐书·魏徵传》)

[2] [美]保罗·肯尼迪:《大国的兴衰》,中国经济出版社1989年版,第4页。

们民族生命史上的旷世奇迹。

两宋三百年面临着改革发展以及如何处理与辽、金、西夏诸少数民族政权的关系这样两大课题。于是有了范仲淹和王安石领导的"庆历新政"和"熙宁新政"。在相对武弱文昌的现实格局中，国势虽蹙，经济犹能发展，文化上更具时代特色。张择端的《清明上河图》，描绘了中原名都的繁华与昌盛。包拯与岳飞，成为家喻户晓的铁面无私的清官和精忠报国的英雄典型，对中国人的气质品格起到巨大的潜移默化的建设作用。

文化是一个民族的灵魂和精神标志，早在《易经》中就有"观乎人文，以化成天下"[①]的说法。在这千年间，辽、金、西夏、元、清诸朝，均为少数民族统治者当政，而元、清两代又曾入主中原，但他们无不根植于华夏文明的博大精深的土壤，在融合多民族文化中变得丰富多彩、枝繁叶茂。13世纪，一代天骄成吉思汗率蒙古诸部崛起于北方，其后破金灭宋，结束了中国长达几百年的南北对峙局面。世居金朝中都、博览中华群书的耶律楚材，在行军施政中受到重用，推进了南北各民族文化的融合。从成吉思汗开始的三度西征，到马可·波罗的万里东来，东西方文明的剧烈撞击反而促进了彼此间的热切交往。明代建国之初，以强权统治为基础，依然保持着领先于世界的优势。

就当时衡量综合国力水平的人口而言，中国已有一亿多人，而欧洲仅五千多万人。15世纪前半叶，中国依然出现了当时堪称"世界之最"的全书逾两万卷的《永乐大典》；依然出现了云南回族出身的郑和率领大型船队七下西洋，交通亚非三十余国的旷世盛举。戚继光大败倭寇的战将雄风，尤其是郑成功率师驱逐荷兰殖民者，收复台湾的壮举，均给这段历史添光增色。当然，殖民者东来也传

[①] 《周易·贲·彖辞》。

递了一个令有识之士不无担忧的信息：对比欧洲文艺复兴以后的体制更新和科技发展，这个文明古国在专制主义的政治积弊和保守主义倾向的文化暮气的拖累下，逐渐放弃了海外拓展的历史良机，转而闭关自守，竞争意识与探险精神阻塞不畅。从此，以往一直领先于世界的优势开始丧失，令人产生一种暮色苍茫的悲凉。

中华民族以其强大的凝聚力维护着祖国的统一。在这一千年中，尽管也曾出现过分裂的局面，但是，它始终把维护领土完整、主权独立，视为国家尊严的一个基本标志。因此，中华民族的生命力在"统一"二字中获得了崇高而实在的证明。我们不时也听到某些人对"大一统"的传统观念说三道四，那么试问：没有国家的统一和社会的安定，怎么谈得上经济的充分发展？又怎么谈得上人民的安居乐业？就全球范围而言，那些整日在民族仇恨和权力争夺中生活的人群，由于缺乏一种长时期在多民族和睦相处状态下的生活经历，自然也很难体会到视民族团结、国家统一为生命线的强烈意识。

17世纪，满族势力入关主政，在血与火的搏斗中，平定三藩之乱，收复台湾，稳定西北，完成了中华民族统一的版图。其间虽然有多民族间的猜忌和笼络，甚至出现"文字狱"暴政，但是所谓"康乾盛世"，在本质上还是体现了中华文明的集大成气象。出现过《古今图书集成》，出现过《四库全书》，出现过《红楼梦》，都属于中华文化之"最"的行列。当然，从整个王朝文化发展历程来看，称当时集大成有余而创新机制不足，确也是一种事实。历史进入19世纪，曾是中国人发明的指南针和火药，到后来却被英国殖民者用来制造炮舰，输出鸦片和战争，王朝国门被炮舰政策轰毁，古老帝国陷入半殖民地、半封建的深渊。在一百多年间，割地赔款，统一的版图面临着被瓜分的危险。

中国人民不甘心俯首称臣，不甘心永远沉沦。面对着乘硝烟而降的西方强势文化，在经历了一连串丧权辱国的惨重教训之后，中华文明越来越深刻地走上自我更新的历程。从洋务运动到戊戌变法，再到"五四"新文化运动，中华文明在实业、政体和文化自身的日益深刻的层面上，汲取近代世界科学和民主的成果，推进自身由封建、半封建社会向现代社会的历史转型。这种现代转型是付出了血的代价的。

19世纪末的谭嗣同说："各国变法无不从流血而成，今中国未闻有因变法而流血者，此国之所以不昌也。有之，请自嗣同始。"[①]在探求强国之路的艰难历程中，20世纪的中国出现了孙中山、毛泽东、邓小平三位世纪伟人。早在1894年，孙中山先生就提出"振兴中华"这一响亮的口号，体现了无数爱国者的共同心声，树立了一代又一代中国人民为之前仆后继、奋斗不息的雄伟目标，成为20世纪最振奋人心的时代主题。

以毛泽东同志、邓小平同志为杰出代表的中国共产党人，更是为"振兴中华"这一口号赋予了新的内容，把"振兴中华"的共同理想变为现实。毛泽东同志以前所未有的气魄率领中国人民推翻了压在头上的三座大山，建立了强大的社会主义国家；邓小平同志高瞻远瞩、审时度势，确立了在社会主义初级阶段始终坚持"一个中心、两个基本点"的基本路线，将社会主义现代化建设推向崭新的阶段。

革命领袖的学说与实践，为中华民族的生命力拓展了全新的境界。他们以旷世智慧和过人胆略，领导中国人民化艰难困苦为壮丽辉煌，使中华民族在迎接新千年之际，保持着东方巨龙腾飞的强劲势头。诚如江泽民同志在《2000年贺词》中所说："中华民族没有屈服，而是前仆后继地进行艰苦卓绝的斗争。以毛泽东同志为代表的中国共产党，坚持把马克思主义基本原理同中国革命具体实际相

---

① 戊戌变法失败后，谭嗣同拒绝了日本人的劝告，不肯逃亡，并对来人说了所引的这段话。

结合，领导人民经过伟大的革命，终于在本世纪中叶建立了新中国。中国从此进入了建设社会主义的新时代。现在，中国人民沿着邓小平同志开创的改革开放之路，正在向现代化的彼岸阔步前进。"[1]

这千年中国，有一个文明昌盛的开端，又有一个气壮山河的收束。其间如长江大河，在蜿蜒曲折中考验生命，在惊涛骇浪中显雄力，在九派汇流中趋于壮阔，在凯歌高奏中走向辉煌。

二 震撼世界的三大发明

20世纪著名史学家陈寅恪先生曾这样描述公元1000年初始阶段的宋代文化："华夏民族之文化，历数千载演进，造极于赵宋之世。"[2] 中国人引以为自豪的四大发明，其中有火药、印刷术、指南针三项发明广泛运用于宋代。这三项发明连同汉代发明的造纸术对于世界文明的巨大贡献无论怎么评价都不过分。

美国学者卡特（Thomas Francis Carter）在《中国印刷术的发明和它的西传》序论中说："欧洲文艺复兴初期四种伟大发明的传入流播，对现代世界的形成，曾起重大的作用。造纸和印刷术，替宗教改革开了先路，并使推广民众教育成为可能。火药的发明，消除了封建制度，创立了国民军制。指南针的发明，导致发现美洲，因而使全世界，而不再是欧洲成为历史的舞台。这四种以及其他的发明，中国人都居重要的地位。"四大发明不仅深刻地影响了人类的科学技术和社会制度的历史变迁，而且深刻地改变了人类精神世界的视野，以此为出发点，人类逐渐走出各自的区域，开始认识到全世界之所谓"全"的意义所在。也就是说，中国的四大发明为人类世界整体观念的革命提供了潜在的动力。

---

[1] 参见《人民日报》2000年1月1日第1版。
[2] 陈寅恪：《金明馆丛稿二编》，生活·读书·新知三联书店2001年版。

古代中国的发明往往取之迩，行之远，从日常生活中体验着天地法则，渐渐地给整个社会历史发展提供了深远的推动力。众所周知，火药的主要成分是硝石、硫黄和木炭，西汉以来的炼丹士在用这三种原料炼丹时，有时由于操作不慎而引发起火爆炸的现象。于是，人们注意到这种配方的独特效果。唐代医学家孙思邈所作《丹经》一书，就保留了火药配制的方剂。唐末，已经用它来"飞火"向敌人射击。北宋初年，冯继升始用火药制成"火箭"，把火药应用到军事方面。北宋首都开封设立的兵工场里有专门制造火药的作坊。宋仁宗时，曾公亮、丁度等人奉命编写的《武经总要》一书中，有三种制造火药的配方，还记载了十几种火药武器名称。经过改造，到南宋时又发明了爆炸性的"铁火炮"或"震天雷"。以后又发明了叫作"突火枪"的管型武器，就有点像近代的枪了。12世纪，火药和火炮的制造方法经过中亚而传至欧洲。

马克思在《1861—1863年经济学手稿》中指出："火药、指南针、印刷术——这是预告资产阶级社会到来的三大发明。火药把骑士阶层炸得粉碎，指南针打开世界市场并建立了殖民地，而印刷术变成新教的工具。总的来说变成科学复兴的手段，变成对精神发展创造必要前提的最强大的杠杆。"[①] 恩格斯在《德国农民战争》1875年版的自注中说："现在已经毫无疑义地证实了，火药是从中国经过印度传给阿拉伯人，又由阿拉伯人和火药武器一道经过西班牙传入欧洲。"[②] 他在《反杜林论》中也说："火药从阿拉伯人那里传入西欧……它使整个作战方法发生了变革。……以前一直攻不破的贵族城堡的石墙抵不住市民的大炮；市民的枪弹射穿了骑士的盔甲。贵族的统治跟身披铠甲的贵族骑兵队同归于尽了。"[③]

---

① 《马克思恩格斯全集》第47卷，人民出版社1979年版，第427页。
② 《马克思恩格斯全集》第10卷，人民出版社1998年版，第468页注。
③ 《马克思恩格斯选集》第3卷，人民出版社1995年版，第510页。

经典作家的论述充分说明，四大发明传入欧洲，不仅在生产方面、军事方面起到了推进作用，而且震撼了欧洲的封建制度。它们不仅对欧洲文艺复兴提供了物质契机和客观条件，更是为精神发展创造了必要的前提，从而促进资本主义的发生和发展。换一句话说，欧洲从封建社会过渡到资本主义社会的划时代的变革，是和我国四大发明的西传分不开的。从这个意义上说，四大发明从根本上改变了世界文明的进程。

以四大发明为标志，在15世纪之前，中国科学对欧洲的贡献，远远大于西方科学对中国的影响。据1975年出版的《世界自然科学大事年表》记载，15世纪以前世界上重要的创造发明和重大科学成就有300多项，中国175项，占总数的58%以上。据专家统计，欧洲从中国引进的重大发明和创造就多达20多项。这种东学西渐的状况一直持续到17、18世纪欧洲启蒙运动，他们所提出的重要理论主张，多以中国为榜样，或者说，吸收了中国传统科学文化中的精神特质。

从人类文明发展史上看，中国传统的物质文明与精神文明是世界文明的重要组成部分。在相当长的一段历史时期内，它们深深地影响着世界文明的发展。随着时间的流逝，中国传统的科学逐渐和欧洲近代科学融在一起，以至于人们几乎忘记了它们的来源，尤其对欧洲中心论者来说，他们以为中国是一个在各个方面都不如欧洲的国家。虽然它有着古老的文明，但这种文明早就衰落了，近代中国的先进东西几乎都是从欧洲引进的。稍有历史知识就会发现，这是一种无视历史事实的偏见。现代西方中国科技史专家李约瑟博士客观地指出："倘若没有中国古代科技的优越贡献，我们西方文明的整个过程，将不可能实现。试问若无火药、纸、印刷术和罗盘针，我们将无法想像，如何能消灭欧洲的封建主义而产生资本主义。"[①]

[①] 转引自李云泉主编《中西文化关系史》，泰山出版社1997年版，第124页。

人类的文化成果需要横向的交流和纵向的传承，而指南针、印刷术的发明为这种交流和传承提供了可能和便利，从而使人类文化成果在纵横两个方向，即时间和空间的不同维度上得以保存和增值。中原与西域相交通的陆地丝绸之路，由于辽、西夏和金等王国长时间与宋处于交战状态，第二个千年伊始就开始受到阻隔，因而借助于指南针开通海上丝绸之路，成为中国与世界相交往的重要方式。我国海外交通，可以追溯到东汉初年，以后历朝均有发展。宋代在广州及福建的泉州并设市舶司，而南宋的市舶所入几乎占了国库收入的一半。

海外交通这样发达，与指南针的发明当然有着直接的关系。据沈括《梦溪笔谈》记载，当时已经有人造磁石的"指南鱼"和"指南针"。《萍洲可谈》和《梦粱录》都明确记载，北宋末叶，我国航海船只已经使用罗盘针。一方面，说明这一仪器的发明，极大地促进了人类的海上交通；另一方面，由于海运的发展，又推进了我国的造船技术。宋元时代的造船技术在当时世界是首屈一指的，仅宋真宗天禧五年（1021年）官方造船就多达2916艘。近年在泉州出土的南宋海船，长24.2米，宽9.15米，排水量370吨。据《马可·波罗游记》记载，当时世界多国海船在刺桐城（今泉州）打造。海船连同商品运来的是友谊和文化，中国输出丝绸、瓷器、茶叶，进口珠宝、香料。

明成祖派郑和七下西洋，交通亚非三十余国，许多国家派遣使者来建立邦交和进行贸易。郑和的同行者马欢所著《瀛涯胜览》、费信所著《星槎胜览》、巩珍所著《西洋番国志》等，记载了所至各国的情况，丰富了中国人民的世界知识。万历、天启年间，徐光启从意大利耶稣会士利玛窦学习天文、历算、火器等，成为当时理解西洋并掌握西洋文化的第一人。指南针所带来的航海发达，拓展了中国人的视野，为中国文化的进一步开放奠定了坚实的基础。

印刷术把人类智力创造加以物化，对于知识创新、整理、积累和传播发挥了巨大作用，因而在实质意义上提高了人类的文明水平。雕版印刷术出现于唐代。今天尚能看到的唐人刊刻的金刚经画像，就是唐代咸通九年（868年）印制而成的，说明当时雕版技术已广泛应用，而且达到很高水平。北宋初年，雕版印刷日益兴盛，仅1005年国子监书版就多达十万余片，经史皆具。至今保存下来的北宋早期刻本，在国内外各大图书馆中成为镇馆之宝。但是，这种刻版，每一页都单刻木版，每一本书都要单独雕刻，既费时，成本又高。随着文化普及的需要，书籍的流通越发频繁多样，这样，传统的雕版印刷业显然已不能满足时代的需求。宋仁宗庆历年间（1041—1048年），平民毕昇发明了更为便利的活字印刷术。据《梦溪笔谈》记载，其方法是："用胶泥刻字，薄如钱唇，每字为一印，火烧令坚。先设一铁板，其上以松脂、蜡和纸灰之类冒之。欲印，则以一铁范置铁板上，乃密布字印，满铁范为一板，持就火炀之；药稍熔，则以一平板按其面，则字平如砥。若止印三二本，未为简易；若印数十百千本，则极为神速。""神速"工作效率，"简易"降低了成本。毕昇发明的活字印刷给文化传播带来极大方便，使书籍文化走向民众、走向市场成为可能，因此它的更深远的意义，是创造了文化的新类型，并将传统文化推向新的阶段。

中国社会科学院"中国活字印刷术的发明和早期传播"课题研究，通过大量的首次发布的珍贵实物图片和文献资料，展现了目前所见世界上最早的西夏文活字印刷品和敦煌回鹘文木活字实物。这些实物无可争辩地告诉世人：活字印刷术是中国人发明创造的成果。这项成果问世之后很快就传到日本、朝鲜，并经由西夏、波斯传到埃及和欧洲，14世纪末，欧洲出现了木板雕印的纸牌、圣像、经典和拉丁文课本，德国古腾堡在1456年率先在欧洲用活字印刷《圣经》。小小的泥、木、锡制活字，加速了人类文明的车轮。这是中国人民为世界文明创立的又一不朽功绩。

三大发明对于世界文明的贡献，犹如杠杆的功效，轻轻一撬，竟然使得人类文明一跃而跨越到新的世纪舞台。诚如哲学家弗朗西斯·培根所说："因为这三大发明首先在文学方面，其次在战争方面，第三在航海方面，改变了整个世界许多事物的面貌和状态，并由此产生无数变化，以致似乎没有任何帝国、任何派别、任何星球，能比这些技术发明对人类事务产生更大的动力和影响。"[1]

三 原创包容的文化品格

江泽民同志指出："创新是一个民族进步的灵魂，是国家兴旺发达的不竭动力。"[2] 先秦时代的百家争鸣、汉唐盛世的文学艺术、宋元以后的程朱理学乃至当今建设具有中国特色的社会主义理论，无一不是中华民族适应时代要求，对于世界文明所做出的原创性理论贡献。

中华文明的原创性与其强大的包容性紧密相连，在原创中包容，在包容中创新。这是中华民族的文化性格，也是中华民族千古一贯的文化哲学。

宋代以后的思想文化领域，占主导地位的是盛行一时的理学。当时的理学有所谓"濂、洛、关、闽"之分。"濂"是指原居道州营道濂溪的周敦颐。"洛"是指洛阳的程颢、程颐兄弟。"关"是指陕西的张载。"闽"是指讲学于福建的朱熹。此外，还有陆九渊、王阳明的"心学"，别开生面；陈亮"永康学派"、叶适"永嘉学派"，讲求实际。这些学说，其着眼点和出发点，各不相同。但是在维护封建等级制度这一点上，大体还是相通的。对此，我们可以举出种

---

[1] ［英］弗朗西斯·培根：《新工具》，商务印书馆1986年版，格言129条。
[2] 《十四大以来重要文献选编》，人民出版社1997年版，第1389页。

种理由，说明它的弊端，但是有一点不能否认，即宋明理学并非完全恪守孔孟之道，而是吸收融合了佛教、道教中的一些观点而加以融会贯通。因此，这一学说创立伊始，就表现出一种兼容并蓄的特点。

此外，宋明理学讲究学行一致、表里如一，讲究文以载道、积极入世，也并非一无是处。"为天地立心，为生民立命，为往圣继绝学，为万世开太平。"① 张载的这句名言，鲜明地表现了东方哲学与西方哲学迥然有别的特点，注重人的精神修养和历史责任感。在中国周边一些国家，特别是地处儒家文化圈的东亚诸国，至今还可以看到经过理学家改造后的儒家学说的深刻影响。这种文化思想在与其他文化派别接触中，往往表现出一种雍容尔雅、博大兼容的君子风度。

元明以后，各种思想学说，各种宗教教义，纷至沓来。佛教、道教、基督教、伊斯兰教、犹太教等，在不同时期、不同程度上，都对中国的思想界产生过影响。尽管如此，正像汤因比在《历史研究》中所说，还没有一种学说完全取代以儒家思想为正宗的传统文化。这说明，不同的思想、不同的学说，如果是处在一种共处而互借的地位，彼此之间可能会有冲突，甚至对抗，但是在碰撞中，往往又会激发新的思想，进而取长补短，达到彼此间新的融合、新的发展。中华民族传统文化中这种能兼始博、有容乃大的品格，是一笔重要的精神财富，对于提高人类生存竞争和知识创新的境界，具有重要的价值。

中国是世界上最重视教育的国家之一。春秋战国时代的私学、汉代的太学、隋唐以后的科举制度、宋代以后的书院等，不仅培养了一代又一代的政治家、军事家、科学家、文学家等，更重要的是，

---

① 据《张子语录》记载，原文为"为天地立志，为生民立道，为去圣继绝学，为万世开太平"。参见《张载集》，中华书局1978年版，第320页。

中国的教育思想，历来强调道德修养与知识传授的统一，历来追求经世致用与天人合一并重的原则，这些思想对于我们民族心理与文化品格的形成与发展，起到了重要的作用。

应该充分认识到，一个人口众多的文明古国，这千年的文化创造，绝不是几位、几十位思想家沉思冥想的结果，更多的是广大知识者、劳动者在生产实践和社会实践中，用智慧和汗水培育出来的。这一千年，上承数千年的文明积累，不断地汲取民间能工巧匠的智慧和外来的学理工艺，从而使这一千年的中国文化在许多领域取得了举世公认的发展。与中国的西文名字相关联的瓷器，精美绝伦，举世赞叹。宋代有官窑、汝窑、定窑、钧窑、哥窑五大瓷窑。相传北宋真宗景德年间（1004—1007年）派员在江西新平监烧瓷器贡品，连地名也因此改称景德镇。元代在此设立"湖田瓷局"，其后又赢得了"有明一代，至精至美之瓷，莫不出于景德镇"的美誉。清代康熙年间的青花瓷、五彩瓷，雍正、乾隆年间的粉彩瓷、珐琅彩瓷，精美程度又超过明代。类似这样的例子不胜枚举，说明我们的工艺技术在这千年中确已达到很高的境界。

通观千年文化的演变，汪洋博瞻，气象万千，倘若择其要者，除上述内容外，不妨再提炼出四个系列，即典籍文化、医药文化、建筑文化和文学艺术。管窥蠡测，摄取神韵，可以透视中华文明千年演变之一斑。

由于知识的积累和印刷术的发达，在这一千年文明进程中，典籍文化获得极大的发展。其中，最引人注目的便是宋元以后对中国典籍的集大成式的整理。我们知道，在中国文化传播史上，有三个重要的时期值得铭记：第一是汉代对于先秦典籍的汇总，第二是宋代对于汉唐典籍的整理，第三是清代对于整个古代文化的全面清理。

今天能够看到唐及唐前的典籍，汉人之外，最主要的功臣是宋人。他们编纂了许多文学总集、史部汇编及大型工具书，至今仍然是学人案头或公共图书馆必备的典藏，如《文苑英华》、《太平御览》、《太平广记》、《太平寰宇记》、《元丰九域志》、《册府元龟》、《乐府诗集》、《资治通鉴》、《建炎以来系年要录》、《三朝北盟会编》等都出自宋人之手。与此同时，他们还大量刻印前代史书、文集及众多先秦两汉诸子著作。宋代对于古籍的刊刻和研究，对于中国文化的传播起到承前启后的重要作用。

清代近三百年对于中国古典文献的整理更是远迈古人。他们编纂的《古今图书集成》、《四库全书》、《全唐诗》、《全唐文》、《全上古三代秦汉三国六朝文》、《通志堂经解》、《皇清经解》及《皇清经解续编》等都是影响深远的著作。此外，清人对于经学、史学、文字音韵学、金石学、舆地学、天文历算学、目录校勘学等也做了总结性的研究，其成就可以说达到了封建社会的顶峰。中国传统文化生生不息，作为知识载体的文献典籍在传播文化方面所起的重要作用，日益巨大。推终原始，汉代、宋代、清代的劳动人民、知识分子无疑是文化传播的功臣。历史上文化传播的三个重要时期，有两个出现在这一千年中。为此，我们应当时时怀着感激的心情重温这段历史。

中国医药文化自成体系。它把人体看作自然界整体的一部分，又把人体自身看作有机整体，诊疾求本，辨证施治，造福于人类，举世为之赞叹。医学书籍之有刻本始于北宋仁宗天圣五年（1027年），官方校订医书，摹印颁行。清代乾隆年间修《四库全书》时收集到历代医书96部，其中宋代人著述就多达30部，其数量居历代医书之冠。

这里应当特别提出的是针灸学的发展。我国针灸学有着悠久的历史，针灸学著作和针灸图在宋代以前早已出现，但是没有人体标本。到天圣五年，就在官方校订医书的同时，太医王惟一用铜铸人体模型，上钻各种穴位，并成《新铸铜人腧穴针灸图经》三卷。这部《图经》曾摹刻于石，由宋仁宗题写碑额。其印本更是广为流传，不仅大大便利了针灸的实际操作，而且极大地丰富了祖国医学的宝库。20世纪50年代北京开掘地基时发现了碑刻的残石，足以证明历史的记载信而有征。

金元时代有所谓四大家名医之说（刘完素、张子和、李杲、朱震亨）。至明代，以李时珍《本草纲目》为杰出代表的中国医药学，在总结前人成果的基础上，将我国药物学的研究推向新的阶段。传统中医药学外，地处青藏高原的藏医学从15世纪开始，以《四部医典》为依据，形成南北两大学派，也以其独特的理论和疗效别树一帜，世所瞩目。

中国的建筑文化蕴含着丰富的哲学思想、深邃的宗教理念和精美的工艺技巧。它以丰富多彩的空间造型，给世人留下无限的美感。现存古建筑物，多为这一千年所建，譬如宋代修建的开封铁塔和太原晋祠圣母殿，辽代修建的蓟县独乐寺、应县木塔等就是杰出典范。卢沟桥始建于金代，同一时期出现的云南景洪县傣族飞龙白塔堪称精品。元代的居庸关也异常精美。今存明清建筑，更是佳构如云。明代重新修复的长城为地球上最大型的建筑物，明清两代递修的北京紫禁城，也是世界各国帝王宫殿中规模最大的一座。清初重建的拉萨布达拉宫，雄伟豪华，宫殿与山丘浑然一体，相得益彰，堪称艺术杰作。

此外如明十三陵，清东陵、西陵，承德避暑山庄、圆明园、颐和园，北海白塔和静心斋，以及天坛祈年殿，还有民国年间建于南京紫金山的中山陵，都在其规模、结构上有巧夺天工之胜。即使是民居建筑如北京的王府花园和久负盛名的四合院，山西平遥的深宅大院，江南的贵族园林以及云南丽江的古城街道等，无不透露着悠久而又丰富的文化底蕴。北宋初年喻皓的《木经》及其后李诫的《营造法式》，清朝初年李渔的《闲情偶寄·居室部》以及雍正年间的《工程做法则例》，直至20世纪梁思成的《中国建筑史》，都从不同角度总结了建筑艺术的理论、技术和历史。

这千年的建筑艺术以其独特的结构体系和高超的造型装饰，成为中国历史不曾消逝的载体和中国人民聪明才智的象征，是矗立在东方大地上的令人叹为奇观的丰碑。

四　精神享受的四大名牌

文学艺术是一种审美的精神文化。一个民族是否有美化的心灵，雅化的素质，净化的聪明和刚强的意志，不妨看一看它的文学艺术。千年中国的文学艺术虽然也出现过泥古守旧、萎靡不振的现象，但其中的优秀之作对于鼓舞中国意志，陶冶中国情趣，提高中国生活质量，丰富中国心灵，发挥了不可替代的作用。表现形式，千姿百态；名篇杰作，脍炙人口，长期浸润着人们的智慧和人格。经过漫长的历史考验，文人画、书法、古典诗词和京剧，成为最富有特征和魅力的中国艺术样式，成为中国人精神享受的四大名牌。

宋以后的文学艺术史中不乏被誉为诗书画"三绝"的奇才。北宋的苏轼、文同；元代的赵孟頫、倪瓒、王冕；明代"吴门四家"中的文徵明、唐寅以及徐渭；清初四画僧中的八大山人和石涛，其后"扬州八怪"中的郑板桥，近人则有吴昌硕。他们工诗、善书、能画，成为众所倾慕的文化素质雅博高明的象征。

书法是汉字的舞蹈，也是一种抽象的艺术，令高雅的中国人在诗化的线条中陶醉。继唐代欧、颜、柳的端庄严整之后，宋代苏、黄、米、蔡四大家以意运笔，韵味超逸。元代赵孟頫端丽妩媚，圆熟沉着。直至今人毛泽东体，俊爽豪迈，荡漾着一股磅礴千古、笔削山岳的气势。清人梁巘《评书帖》说："晋尚韵，唐尚法，宋尚意，元明尚态。"王澍《论书剩语》说："唐以前书，风骨内敛；宋以后书，精神外拓。"可见这千年的书法艺术出手不俗，别出蹊径而造诣深厚。

千年画史中，自然也不应排除宋徽宗赵佶那种工细华贵的花鸟、人物画，不应排除宫廷画师张择端的《清明上河图》、王希孟的《千里江山图》，以及历朝的工笔人物、花鸟、山水画。自然更不应忘记散布于全国各地的壁画，如新疆高昌回鹘王国宫廷寺院的壁画；不应忘记流布于民间的木刻年画，如杨柳青、桃花坞、杨家埠、朱仙镇的年画。但最能显示出中国士人才气的，却是从宋代就形成传统的文人写意画，它的诗化特征与西方文艺复兴后绘画的写实化特点，形成了东西方各具千秋的两大潮流。

自从北宋的全才型文豪苏轼推崇王维作品"诗中有画"、"画中有诗"之后，文人画风追求诗趣和意境逐渐成为习尚。元代钱选、赵孟頫承接文人画风的血脉，而被画史称为"元四大家"的黄公望、吴镇、倪瓒、王蒙进一步强化了笔情墨韵。直到明代"吴门四家"沈周、文徵明、唐寅、仇英，又拓展文人画技法，灵动中融入精细；徐渭满纸淋漓的花果写意画也影响深远。董其昌的"南北宗"画论，又为文人画推波助澜。

清初的"遗民画家"以八大山人朱耷的大写意最为有名，石涛的山水兰竹也别有一股奇气。其后"扬州八怪"借梅竹禽鸟抒写胸间愤懑。清末海上画家任伯年、吴昌硕，或师法造化，或以金石书法入画，都开辟了文人画的新境界。直至近代的齐白石、徐悲鸿，或才气清逸，花鸟虫鱼饶有神韵；或吸取西洋技法，奔马人物咸具功力。这些画家作了一千年的画，却是借画面结构和线条写了一千年的书法，作了一千年的诗，从而使中国文化洋溢着诗的神韵和画的色彩。

汉族文人古典诗歌发展到中唐时代，开始由过去一统天下的局面，演变成三分天下而有其一的现实。所谓三分天下，首先是由于韩、柳古文运动的蓬勃发展，推动了古典散文创造的繁荣；其次，起源于民间的小词也逐渐登上文坛，引起文人重视，并尝试拟作，不到几十年时间，便波浪推涌，汇为奔流的江河。唐诗过后，虽然宋诗颇盛，向来有唐宋并称的美誉，但作为时代性标志的文体，无疑已是宋词的天下。

词原本是配乐的诗歌，唐代称为曲子词。翻开《全唐诗》，发现许多诗也是可以入乐的，为了演唱的需要，在原有的四言、五言，甚至七言诗的基础上，加进一些衬字，使其变得长短不一，便于演唱。词又称长短句，在五代时出现的《花间集》和敦煌石室的《云谣集》中已经定型。至李后主出，把词从花间酒席引上抒发作者真情实感的创作道路。宋词发展的主流是倾于婉约，柳永、周邦彦、李清照、姜夔，是其中翘楚。当然，宋代也有人在词作中输入豪放气质，范仲淹、王安石、苏轼等就是如此。可惜他们所开创的词风在北宋并没有得到应有的回应。

南宋以后，当民族矛盾空前尖锐、半壁江山沦为异族统治之际，以岳飞、陆游、辛弃疾、张元幹、张孝祥、刘克庄、刘辰翁、刘过、陈亮等为杰出代表，以"收复中原"相号召，唱出时代的强音，一扫柔靡轻丽之风，将宋词创作推向高峰。辛弃疾之后，虽然作家辈出，名作也不少，在艺术上也有发展，但是从俊爽豪放上说，没有人能超越北宋苏轼和南宋辛弃疾所创立的两座高峰。尔后，词作为时代标志性文体就让位于元曲了。

元曲实际包含两种文体，一种是散曲，一种是杂剧。这两种文体均起源于南宋及金代，是一种综合了前代多种文学艺术形式而成的新型文体。尤其是元杂剧，代表了元代文学的高峰。据《录鬼簿》等文献考证，元代有姓名可考的剧作家多达一百余人，作品五百余种，现在还保留一百六十多种。出现了关汉卿、王实甫、白朴、马致远等杰出作家，以及《西厢记》、《窦娥冤》、《梧桐雨》、《汉宫秋》和《赵氏孤儿》等著名作品。与杂剧相互辉映的南戏，则出现了《琵琶记》。进一步衍化为明清两代的传奇，则以汤显祖"临川四梦"，尤其是《牡丹亭》以及清康熙朝洪昇的《长生殿》、孔尚任的《桃花扇》最为著名。

清乾隆年间四大徽班进京，广泛吸取各种戏曲的精华，适应北京的语言风俗，逐渐发展成影响全国的大剧种——京剧。到20世纪前中期，京剧舞台上出现了以梅兰芳等"四大名旦"为代表的诸多流派的杰出表演艺术家，饮誉海内外。由于他们的贡献，中国传统的表演艺术当之无愧地跻身世界三大表演体系之一，成为国宝级的艺术品种。

中国小说也许是世界上最长寿的文学形式，战国时代发其端，汉魏六朝分道扬镳，形成志怪、志人、杂史诸门类，到唐朝就出现名叫"传奇"的小说精品。但是以后千年与以往千年的小说，存在着实质上的差异。宋元小说接受了佛教俗讲的影响。由说话人在勾栏瓦舍表演，因而走向市场，并吸收了民间智慧，这就为这种文体的长足发展提供了深厚的社会和文化的源泉。宋元以后虽然还出现过属于志怪、传奇类型的《聊斋志异》这样的短篇杰作，但是源于民间说话，其后又有文人不同形式参与的章回体长篇和话本体短篇，已经逐渐成为最有成就的文学部门。明清时代的《三国演义》、《水浒传》、《西游记》、《金瓶梅》、《儒林外史》、《红楼梦》六大古典小说名著，成为古代叙事文学的里程碑。晚清小说出现变异，讽刺或谴责之风极盛。

"五四"新文学运动以后，现代白话小说脱颖而出，以鲁迅为先驱，出现了茅盾、老舍、巴金、李劼人、沈从文、丁玲、赵树理等文学巨匠。20世纪中后期，又出现了《红旗谱》、《青春之歌》等文学名著。金庸的武侠小说也拥有众多的读者。中国少数民族文学也是中华文明的重要组成部分。在这一千年间有《格萨尔》、《江格尔》和《玛纳斯》三大史诗崛起于少数民族地区,至今仍被惊叹为人类史诗发展史上的奇观。

这一千年文学艺术的发展表明,中华民族是世界上拥有最丰富文学艺术资源和最精深文化传统的民族之一,它的精神文化创造能力也是第一流的。

五 千年文明的四大特点

中华文明的千年演进,给人以丰富的启示。这里既有光彩夺目的辉煌,也有惊心动魄的危难。辉煌与危难交替并存,使千年"中华文明经验"蕴含着深刻的"文化哲学"。一个曾经为人类提供指南针、火药、造纸术和印刷术"四大发明",并且继续创造着典籍文化、医药文化、建筑文化和文学艺术"四大奇观"的古老民族,相对于近代西方文明的巨大变革,17世纪以后日益显得滞后、滑坡、衰落,甚至陷入深重的危机。如此世事沧桑的巨大反差,难道真的如孟夫子所说,"彼一时,此一时也。五百年必有王者兴,其间必有名世者"?难道真的有什么"宿命"吗?

我们被历史规定着,我们又在能动地创造着历史。任何漠视和割断历史的做法,都是不足取的。孟夫子说过:"君子不怨天,不尤人。"我们需要做的是对千年历史的经验教训,进行深入的总结和反省,用以作为创造新历史的理智支持和精神动力。这就是我们的"历史自审意识",其中充溢着一种卧薪尝胆、发愤图强的顽强精神。

中华文明一千年的发展变化,其中所蕴含着的深刻哲学意义,上文已经有所论述。这里还想就中华文明所具有的四个明显特点,并由此而产生的三重疑惑作进一步的阐述,并就新世纪所面临的新课题略抒管见。

第一,中华文明具有强大的民族亲和力。这种亲和力底蕴深厚,源远流长,在东方文明起源之初,就包容黄河、长江、漠北、岭南的多元区域文明,并在其历史发展进程中,呈现出向中原内向汇聚以及中原文化向四周辐射的双向认同趋势。隋唐五代以后,辽、金崛起于北方,元、清统一中国。尽管是少数民族占据最高统治地位,但是他们依然继承、发展并推进着中华文明的不断前进,从而避免了世界其他地方发生过的文明传承中的断裂悲剧。

辽代疆域极盛时期,实行北南两面官制,"以国制治契丹,以汉制治汉人"。元代开国统治集团采纳耶律楚材的主张,"以儒治国,以佛治心"。忽必烈的周围形成儒士幕僚集团,甚至他本人也被尊为"儒教大宗师"。清代虽然是少数民族统治,但在"收拾世道人心"方面也采取了一种崇儒重道的积极政策。

纵观千年文明发展的历史,每当改朝换代、民族冲突转剧之际,中华文明总是适时地起到了民族精神黏合剂的作用,互借所长,融合再生,使整个民族文化在痛苦中重获新的希望,走向新的辉煌。

第二,中华文明表现出强大的兼容性。对待不同文化的智慧,乃至纷繁复杂的宗教派别,中华文明总是以其中和的气质和集美的胸襟,兼收并蓄,容纳百川。从公元1世纪到10世纪,中华文明充分吸收了以印度西域佛教为主要成分的外来文化,同时又改造了外来文化,极大地促进自身的传统文化更快、更丰富、更健康地向前发展。

中国地域辽阔、民族众多,各民族的精神信仰有很大的区别。没有文化上的兼容哲学,势必国无宁日。凭据着中华文明的中和精神和兼容哲学,各种文明模式和宗教流派往往能够在长期的共存和冲突中,逐渐发现和汲取对方的长处,寻找和重释相互可以沟通的精神脉络,在某种特殊的文化张力和渗透中探寻共同发展的可能。魏晋玄学实现了儒道合流,唐代三教并重,为大唐帝国的高度繁荣奠定了思想基础。此后,作为中国文化重要派别的儒、佛、道三教在宋代走向融合。这个时期，逐渐成为官方意识形态的程朱理学，"出入于释、老，反求诸六经"，从各种思想中吸取养分，这是人所共知的事实。

金、元时代与儒者关系极深的道教全真派，创教之初就"欲援儒、释为辅"，丘处机拜会成吉思汗时，建议向儒者垂询治国之道，"以敬天爱民为本"。并不是说他们创造的教派和学理有何等高明之处，而是说中国文化的本质中存在着化解冲突、走向共存的因素。尤其在民族冲突、宗教冲突、文化冲突日益成为困扰当代世界的焦点问题的时候，这种兼容精神必将成为一种世界性的精神财富而被发扬光大。

第三，中华文明具有自己独特的原创品格。这种独特性主要表现在向外拓展和形式转移的强大功能上，从而为自己拓宽了可供利用的智慧资源。以文学发展为例，一种文体发展到极致而转向僵化、衰落的时候，往往有一批敏锐的、有才华的文人把目光转向民间，从尚未定型的文体中汲取养分，开创新的天地。正如鲁迅所说："旧文学衰颓时，因为摄取民间文学或外国文学而起一个新的转变，这例子是常见于文学史上的。"

作为时代性文体的宋词，最初在隋朝不过是把西域胡人的俗乐转化为燕乐，初盛唐时期渐渐流传于教坊，无名氏依曲填词，中晚唐诗人参与其事，最终大盛于两宋。元代戏曲源于"近代教坊院本"。所谓"院本"，就是流行于伶人聚居的行院中的戏曲底本，可见也是民间艺术形式刺激了文人创作"新声"的灵感。成为明清时代标志性文体的小说，在晚唐五代接受了佛教俗讲的影响，在宋元时期流行于民间，最后由文人加工定型，出现了《三国演义》、《水浒传》、《西游记》和《金瓶梅》"四大奇书"。

这一系列重大的由俗入雅、以雅化俗的文体转移和创新现象，说明中华文明最具有创造性的部分不是封闭的，而是开放的，向不同的文化层面开放。这一点，与"五四"新文化运动以后，中国文化向外国文化开放，从而推动自身现代化进程，可以说先后呼应。

　　第四，中华文明讲究事物的整体性和有机性。它注意事物的内在联系和外部关系，在文明创造中强调人与自然的协调与和谐。老子强调事物法则的相互联系，说"人法地，地法天，天法道，道法自然"。中国医学讲究把人体作为有机整体，人体又作为自然整体的一部分，已如前述。从这千年之初，宋朝太医局翰林医官铸造第一具针灸铜人，到这千年后期，清朝宫廷太医使用《明堂经络图》，都是把人体内外各组织器官看作不可分割的有机整体，由一症状而作全息透视，牵一发而动全身，通过局部刺激而调动全身的内在潜能。

　　中国绘画不拘泥于定点透视，而讲究流动视点的统合观察，山水云林，远近浓淡，都是用心和自然直接对话，从中体悟诗趣画境。园林艺术讲究"虽由人作，宛自天开"，讲究曲折错落的布局，达到曲径通幽的诗趣。又巧妙运用"借景"，把远近山峦塔影、河湖树木借来与园内之景相映成趣。

　　中华文明精华中这种对人、对艺术、对天地万象的协调性和整体性的理解，与现代环境保护意识有相通之处，不仅相通，而且具有一种潜在的诗意。

六　知耻而勇的忧患意识

　　洞察世界大势的忧患意识，是一个民族革除积弊，充分调动和开发内在潜力的精神酵素。久历辉煌的中华文明，本应在世界潮流中发挥举足轻重的推动作用，但在这千年的后半叶二三百年间，却江河日下，危机重重，竟至陷入任人宰割的境地。历史赋予中华文明血泪淋漓的沉痛教训。纵观历史，我们既要增强发愤图强的信心，更要加深发愤图强的忧患意识。知耻而勇，方能奋起。

历史沧桑巨变的分水岭就在15世纪。

15世纪以后的中国，特别是明代弘治、正德、嘉靖、隆庆、万历五个皇帝主政的16世纪，是中国国力下滑，逐渐与世界拉开距离的关键的一百年。在这一百年间，尽管统治阶层的有识之士也感受到了社会危机和巨大压力，也试图通过各种改革的措施对此做出反应，但是，封建制度中最具权威的皇权中心体制使得皇室过着醉生梦死、荒淫无度的生活，兼并土地，耗尽财力，加之宦官专权、藩王叛乱、官僚党争，把整个政治运作机制推进了腐败与内耗的怪圈，从而破坏了中国社会发展的生机和活力。

清代乾隆后期，盲目的自大和制度的僵化，致使自己与世界隔绝起来。有一位打着为乾隆祝寿旗号来华窥探虚实的英国使官说："支那朝廷于新学之发明毫不关心"，"不复以科学为人生所急"。而这个时候的西方，正是培根、笛卡尔的科学思想和实验方法生根开花，以牛顿的万有引力为代表的科学理论蓬勃发展，系统生物学、电学、化学取得重大成就，启蒙运动又逐渐树立起理性、法制和知识权威的世纪。

西方社会在技术起步上原本落后于中国两千年，这个时期首先从印刷术、火药、指南针的改进和运用入手，在不到两三百年的时间内迅速崛起。

首先，英国、法国资产阶级革命取得成功，宣告西方资产阶级的崛起以及资本主义的扩展。从此，资本主义生产力和生产关系使西方社会一日千里地赶上和超过了在缓慢中爬行的中国封建社会。其次，哥伦布发现新大陆和麦哲伦环游全球的壮举，引起了商业上的革命，扩大了世界市场，迅速把南北美洲、非洲、印度纳入其殖民地方式的商业市场系统。冒险开拓市场，市场带动工业，工业刺激科技，一盘棋就这样走活了。同时，德国进行了宗教改革。特别是英国，从圈地运动开始，棉纺、制造、交通运输业取得重大发展，并且迅速向海外扩张，以赤裸裸的暴力手段进行征服和掠夺，用火与血写下罪恶累累的殖民史。商人在政府的支持下，组织贸易公司，专营海外某些地区的商业，进行大规模的远程贸易扩张活动。

下列具体数字或许可以说明一些问题。1579年伊士特兰公司成立，经营地中海东岸的贸易。1588年几内亚公司成立，专门由非洲输出黄金和向美洲贩运黑奴。同年，英国击败西班牙的"无敌舰队"。1891年冲破葡萄牙的海上封锁，进入印度洋。1600年东印度公司成立，专门负责从好望角到东方一切国家的贸易，从此不遗余力地打通与中国通商的道路。1622年英国伙同荷兰进攻澳门未果，抢劫了中国两艘装满货物的船。1637年英国人威尔代率领的舰队，闯进珠江口，炮轰了虎门炮台。他们在海盗式的贸易中，获得了丰厚的利润。英国从18世纪50年代到19世纪30年代，不到百年的时间，由于工业化和军事扩张的结果，其生产力得到三百倍至四百倍的提高，成为当时第一工业王国。随后，欧美其他各国紧随其后，实现工业化革命，使得自己的国家在世界工业总量中所占比重迅速攀升。

据《大国的兴衰》统计，1750年，中国占世界工业总产量的比重依然保持在32.8%的水平上，而整个欧洲不过占23.2%。但是，只过了150年，1900年，中国仅占世界工业总量的6.2%，而欧洲一跃占据62%。力量的对比发生了根本性的变化。

殖民者在国内与国际采用双重价值标准，是其惯技。当全球竞争盛行弱肉强食的原则时，欲壑难填，残暴一再强奸公理，不思振作的弱国非陷入"人为刀俎，我为鱼肉"的令人宰割的悲惨命运不可。东西方列强乘中国国力下滑之机，开始了不依不饶的野蛮侵略行动。

葡萄牙、西班牙、荷兰、英国、俄国、德国、日本等先后插手了瓜分中国的阴谋。1514年（正德九年），葡萄牙人首先到广东，

1557年（嘉靖三十六年）窃据澳门。1575年（万历三年），西班牙人到达福建。1601年，荷兰的军舰首次闯进中国领海。1624年（天启四年），荷兰人侵占台湾，直至1661年被郑成功驱逐期间，在岛上实行残酷的殖民统治。1840年（道光二十年），英国野蛮地发动了第一次鸦片战争，迫使中国签订丧权辱国的《南京条约》，其中第三款规定，中国永远割让香港给英国。1856年（咸丰六年），英国挑起第二次鸦片战争，炮轰广州。第二年英国和法国联合出兵，攻陷广州。1858年攻陷大沽，直逼天津城下。英、法、俄、美四国先后强迫签订《天津条约》。1860年英、法攻陷北京，焚毁圆明园，强迫签订《北京条约》。1898年（光绪二十四年），中英签订《展拓香港界址专条》，规定把位于深圳河以南、九龙半岛界限街以北及附近岛屿的中国领土，即所谓"新界"租借给英国，期限99年。1903年（光绪二十九年），英军入侵西藏，占领春丕、帕里等。如果说，英、法、荷兰等国家从东南沿海直叩中国大门的话，那么俄国则从陆路拆毁中国的篱墙。17世纪30年代以后，俄国的侵略矛头已经越过外兴安岭，直指中国的黑龙江流域。1850年侵占了黑龙江口的庙街。1853年侵占中国的库页岛，并策划入侵黑龙江地区，以便"牢固地控制邻邦中国"。1856年后，沙皇俄国乘清政府内外交困，东北边境"各路无防"的时机，背弃《尼布楚条约》的规定，大举入侵黑龙江地区，军事威胁和外交讹诈双管齐下。1858年（咸丰八年），迫使中国签订《瑷珲条约》、《北京条约》、《中俄勘分西北界约记》、《中俄改订条约》以及以后五个勘界条约，占领我150多万平方公里的国土，是为侵占中国领土最多的国家。

后起的殖民者也不以他们在本国独立、统一和维新中受到的欺侮、凌辱为鉴，略动恻隐之心，反而自己一经强大，就把欺侮、凌辱强加给其他弱国。他们的信条是落井下石，弱国的命运也就雪上加霜了。自19世纪下半叶起，德国、美国、日本也相继加入瓜分中国的行列。早在1874年，在美国的支持下，日本入侵中国台湾岛，后又迫使清政府订立《北京专约》，规定日军撤离台湾，清政府给银50万两。1894年日本发动了甲午战争。翌年，议和全权大臣李鸿章同日本首相伊藤博文在日本马关签订了《马关条约》，割让辽东半岛、台湾、澎湖列岛。赔偿军费白银2亿两。开放沙市、重庆、苏州、杭州为商埠，允许日本在通商口岸开设工厂。1914年（民国三年），日军借口对德宣战，侵占山东潍县车站，旋即占领济南，胶济全线遂为日军所占。1897年（光绪二十三年）冬，德国借口传教士在山东被杀，派军舰强占胶州湾。第二年，它强迫"租借"胶州湾，把山东变成德国的"势力范围"。其他帝国主义国家竞相效仿，掀起了瓜分中国的狂潮。1899年美国向英、俄、德、日、意、法六国政府提出"门户开放"政策，承认各国在中国的势力范围和特权，同时要求在其他各国的租借地和势力范围内享有均等的贸易机会；要求中国内地全部开放，享有投资权利。美国在中国的侵略势力日益膨胀起来。1900年（光绪二十六年），新老殖民者组成八国联军攻入北京，次年签订《辛丑条约》，在西太后"量中华之物力，结与国之欢心"的诏令下，赔偿四亿五千万两白银，超过清政府年收入的五倍。若加上《马关条约》的2亿两，所负赔款之沉重，足以扼杀一个民族的经济生机。

　　面对日益沦落、饱经蹂躏的破碎山河，人们为之感慨，为之疑惑：中国的科学技术传到欧洲，伴随而来的是文艺复兴运动和近代工业革命，而在中国却没有产生这样的结果。一种文明，两种命运，这是什么原因？同样是环游世界，哥伦布的成功，激发了欧洲人的拓展精神，决心通过海洋战略来改变世界的政治和经济力量的对比，其结果是获得丰厚的财富，并由此刺激产生追求更多利润的欲望。而郑和七下西洋虽然堪称世界航海史上的壮举，却主要是为宫廷享乐生活增添新鲜刺激，缺乏用域外探险拉动国内生产需求的强大机制和精神动力，并没有形成更大范围的冲击波。这又是什么原因？当欧洲相继完成文艺复兴、工业革命蓬勃发展之际，昔日的赫赫天朝却逐渐走上闭关锁国的道路，最终成为西方列强蚕食的对象。这到底是什么原因？

反省自己比起怨天尤人，更能够体现一个民族自我拯救和振兴的历史理性。一百多年来，中国革命的先行者们一直在理论与实践这两个层面上苦苦地思索着这些萦绕于怀的困惑，一直在努力寻求着重振中华雄风的出路。洋务运动、百日维新、辛亥革命等挽救衰败的实践活动相继失败，更促使人们睁开眼看世界，从中西文化思想的比较中，从中华文明的盛衰际遇中评估礼乐文化的优劣，反思家庭文化与探险精神的矛盾，探寻科技思想和义利观念的冲突，衡量创新意识与社会体制革新的关系等，强化了国人的危机意识。

林则徐、魏源等早期启蒙思想家重新审视了世界大潮的变化，发觉自己落后的危机。魏源在《海国图志》中就用了相当大的篇幅专门评述了西方近代科学技术的发展及其成就，逐渐意识到科学技术是富国强民的必由之路和根本保证。另一位著名思想家、文学家黄遵宪也在《日本国志》中指出，欧美诸国在近代以来之所以能够飞速发展，最根本的原因在于它们重视和发展科学技术。他说："今欧美诸国，崇尚工艺，专门之学，布于寰宇。""举一切光学、气学、化学、力学，咸以资工艺之用，富国也以此，强兵也以此；其重之也，夫实有其可重者也。"

这种观念，在儒家文化长期居于主导地位的中国封建社会，不啻是破天荒之论。科学技术的发明，绝非一个孤立的科技问题，而是与国家政治体制相配套，与社会经济发展相适应，与国民科技意识相联系。中国封建道统文化崇义非利，把科学技术视为"奇技淫巧"，对于科技的自觉的和体制性的发展具有较强的排异功能。在这种文化背景下，很难设想由封建统治集团来建立相互激励和推进创新的科技体制。鸦片战争以后，许多有头脑、有良知的志士仁人痛定思痛，日益清醒地意识到了科学技术对于一个国家、一个民族事关生死存亡的重要意义，从根本上改变了中国文化中对于科学技术的歧视与偏见。科技救国，一时成为当时先进知识分子的热切追求。

然而，当中华文明进入第二个千年的最后一个世纪时，异常严酷的现实告诉中国人民，国家的兴盛，经济和科学技术的发展，虽然扮演着重要的角色，虽然影响着社会结构、政治制度和战略地位，并成为一个国家强大和兴盛的主要推动力。问题是，谁来操纵或破坏这个推动力，谁来促进和阻碍这个推动力，这才是事物的本质所在。正如战争年代，武器虽然是取胜的重要因素，但不是决定性的因素；经济和科学技术虽然至关重要，但却是由人来掌握的。如果缺乏强有力的正确领导和有效机制，如果缺乏广大人民群众的积极参与，渴望科技救国，依然是一个遥远的梦想。

由此可知，毛泽东主席在1949年的开国大典上宣告"中国人民站起来了"，这句气壮山河的宣言在中国命运进程中具有何等伟大的史诗般的分量。正是中国共产党人领导人民前赴后继，进行了具有史诗般震撼人心和成效卓著的艰苦奋斗，才选择了建设具有中国特色的社会主义道路，将独立、民主、繁荣、富强的梦想变成现实。在毛泽东的政治军事战略和邓小平的改革开放战略的指引下，中国人民昂首挺胸地站立起来，脚踏实地，向中华文明的伟大振兴迈开雄伟步伐。

七 再创辉煌的崭新世纪

人类进入新千年以后，面对经济全球化的潮流和国际政治多极化的趋势，每一个有所作为的民族都试图从战略的眼光审视未来世界的走向，并对世界历史和文化的发展进行更高层次的思考。

科学技术的突飞猛进已经达到了一种前所未有的程度，它要求打破地区或国家的封闭与限制，在国际市场的范围内实行对资本、技术、原材料和劳动力等生产要素的迅速流通和优化组合。它有可能使进入新千年的人类获得享有文明发展的共同成果的广泛机遇。同时，这种经济全球化趋势，仍是以国际经济秩序的不平等性、国际金融体系的不合理性，以及发达国家操纵市场游戏规则的霸权姿态和利己主义为重要特征的。因此机遇与风险同在。许多国家，尤其是发展中国家时时都感受到时间的压力，速度的压力，全球战略举措上的压力，并在多重压力中考验着民族生命力的坚韧程度。

当前，某些崇尚霸权的国家用"民主"、"人权"一类词语包装它们的特种价值观，干涉别国内政，并通过卫星全球转播、互联网超国界联通以及电视电影节目大量倾销的方式，对世界各国丰富多彩的文明进行着人类有史以来最为严重的"脱色处理"。

在这样一个历史背景下，保护人类文化生态，维护多民族的文化景观，为这个世界多保留一份精彩，也就成为新千年人类发展的一项战略性目标。

中华文明对新千年充满乐观。这是深晓机遇与风险同在的负责任的乐观。作为世界上最大的发展中国家，我们在经济和科技诸方面，与发达国家还存在着很大的差距。中华民族的全面振兴是一个必然的趋势，也是一个漫长的、需要长期发愤图强的过程。为此，我们在前人未曾做过的建设具有中国特色的社会主义事业方面，就必须锐意进取，勇于探索，充分吸收全人类优秀的科技文化成果，弘扬中华文明的优良传统，重振博大精深的汉唐魄力，展现其历久弥新的现代气象，使之融入现代文明的长河中，继续为全人类的共同发展，做出独具神韵的贡献。

从上一千年文明发展的历程来看，在相当长的一段时间里，是西方向东方学习，并很快将这种学习成果转化成巨大的生产效益。

譬如我国的纺织工具手摇纺车，从出现到宋代时多锭纺车的发明使用，前后大约经过了1300年，此后到明代，又是600多年，纺织工具似乎没有根本性的变化。而欧洲14世纪才出现手摇纺车，比我国晚出现近1600年，但是到了16世纪就出现了多锭纺车和自动纺车，这中间相距不过200多年，比我国缩短1100多年。

又譬如我国从春秋末年即开始冶炼工业，而欧洲从12世纪才从阿拉伯人那里学来炼丹术，中国先于欧洲1700多年，但15、16世纪，欧洲与中国在冶炼设备、冶炼工艺等方面基本达到同一水平。这中间的差距也是十分明显的：中国冶炼技术从发明到成熟用了2100年，而欧洲仅仅用了400多年。

时间就是优势，科技创造财富。1780—1870年，最早发生技术革命的英国，纺织用棉量增加200倍，钢铁产量增加350倍，煤产量增加42倍。特别是这千年的后半叶，欧洲的科学技术呈加速度发展趋势。电机和内燃机的广泛使用，不仅使原有的重工业部门有了进一步的发展，而且导致一系列新的重工业开始在世界工业中占据主导地位，带动全部国民经济的大发展和工业化的实现。这一事实说明了一个深刻的道理：一个国家、一个民族要想加速自己科技文明的发展，就必须借鉴全人类最优秀的科学技术和文明成果，取长补短，刺激创新，而闭关锁国是没有出路的。

16世纪以来，随着资本主义的崛起和工业革命的完成，欧美诸国逐渐后来居上，在世界舞台上扮演了重要的角色。正如马克思在《共产党宣言》中所说："资产阶级在它的不到一百年的阶级统治中所创造的生产力，比过去一切世代创造的全部生产力还要多，还要大。"[①] 相比较而言，近代中国落伍了。

我们必须化忧患意识为全面振兴的精神原动力，掌握历史发展

[①] 《马克思恩格斯选集》第1卷，人民出版社1995年版，第277页。

的主动权。一百多年来的实践经验告诉人们，只有社会主义才能救中国，只有社会主义才能发展中国。社会主义在中国的建立时间虽然很短，但是它有着资本主义无可比拟的优越性。它在保持自己强大的政治优势的同时，完全可以在更短的时间内汲取他人之长，创造"中国奇迹"。

事实也正是如此。千年中国在最近20年中创造了以往所不能想象或不敢想象的巨大生产力和物质精神财富，并且在历史上前所未有地迈向小康社会。中国经济的增长率保持在年均8%以上。到2000年年底，我国国内生产总值已经达到8.9万多亿元。按当时汇率折算，首次突破1万亿美元，约占世界生产总值的3%，居世界第7位。我国外贸进出口总值达4743亿美元，在世界上的位次由1999年的第9位上升到第8位，占世界贸易总额的3%。

根据《国民经济和社会发展第十个五年计划和2010年远景规划》，今后十年的经济增长率年均在7%以上。照此速度发展，到2010年我国生产总值将达到2万亿美元，外贸进出口总值超过1万亿美元。其生产总值和外贸总额均占世界总量的5%以上。到那时，我们国家真正可以说已由"经济大国"向"经济富国"结结实实地迈进了一大步，成为严格意义上的多极世界经济格局中新的一极而自立于世。这与一百年前那种百孔千疮的旧中国形成了多么鲜明的对照啊。

纵观千年，回顾百年，我们百感交集。新中国成立50多年社会主义实践的经验和教训告诉我们，中国要发展壮大，归根结底，就是在独立自主、自力更生地发挥自己的创造精神的同时，充分地汲取和借鉴人类一切优秀的文明成果，包括资本主义创造的一切有价值的成果，从而创造出既无愧于五千年中华文明的光荣历史，又能推动人类文明发展的全新社会形态和物质精神成果。

在跨进21世纪大门之际，我们冷静地反省自己走过的辉煌而又曲折的历程,深刻地总结这千年中外文明兴衰交替的经验教训,最终展现在我们面前的依然是这样一个已为历史证明,并将继续为历史证明的真理:中华文明的生命力和创造力,是可以战胜一切艰难险阻而重造辉煌的。在建立具有中国特色的社会主义的政治优势下,中国经济、社会和文化的全面振兴是任何势力也阻挡不住的。

中华文明已经以一种崭新的姿态走进新的千年,迎面而来的是丰富复杂的历史机遇和严峻的挑战。继续推进现代化建设、实现祖国统一、维护世界和平与促进共同发展,是我们进入新世纪所面临的三大任务。宋人曾公亮诗云:"要看银山拍天浪,开窗放入大江来。"[①] 驾驭全球波澜壮阔的风浪,实现中华民族的全面振兴,已经成为新千年的伟大目标。对此,我们胸罗风云,充满信心。

[①] 转引自宋代诗人曾公亮《宿甘露僧舍》一诗。

携手同行,共创美好[*]

（2001年6月20日）

今天,我很高兴来到这里,参加国际欧亚科学院中国科学中心组织的会议,并就人文社会科学与自然科学的结合问题,谈一些自己的看法。我想,这一问题不仅关乎人文社会科学和自然科学的发展,而且涉及人类未来发展的方向。因此,它是一个时代性的大课题。

一 自然科学和人文社会科学：交融互补、相辅相成

今天在座的大多是自然科学领域的专家,有好几位是我长期很好的同事。关于自然科学包括技术科学概念的界定,大家都比较熟悉。

现在我们称作人文社会科学的知识体系,在人类历史上经历了长期的历史发展过程。社会科学这个概念,是19世纪中叶在欧洲产生并逐渐传播开来的。到20世纪初,由自然科学和人文社会科学组成的人类知识体系已经基本形成。

社会科学有广义和狭义两种理解。狭义的"社会科学"一词,通常不包括人文科学。广义的"社会科学",即今天我们普遍使用的"社会科学"一词,是指包括人文科学在内的社会科学,有时又称人

---

[*] 这是作者在国际欧亚科学院中国科学中心的演讲。

文社会科学。一般地说，人文社会科学是探索和揭示人类社会发展规律的学问，是人类认识世界、改造世界和完善自身的强大思想武器，它为人们提供世界观、认识论、价值观、方法论，以及关于社会和人的存在与发展的知识和理论。自然科学则是揭示自然规律并帮助我们掌握这样一些规律的学问。

人文社会科学的主要任务，就是从社会各个领域的纷繁复杂的现象和感性素材中，揭示社会现象的本质，探求人类社会发展的规律，并以此指导人们的社会实践。人文社会科学具有与自然科学同样的科学本质和功能。

现代科学的发展也已经证明，自然科学与人文社会科学犹如车之两轮、鸟之两翼，两者构成完整的科学体系。只有两轮共转，协同前行，两翼共振，携手同飞，才能共同为人类社会的发展提供指导和动力，推动整个科学事业的发展和繁荣。

自然科学作为技术之母和首要生产力，是推动人文社会科学发展必不可少的物质技术条件，但人文社会科学又是自然科学发展的思想、文化和理论基础，是自然科学特别是科学技术转化为现实生产力所不可缺少的重要一环，为自然科学技术在实践中的应用提供合理性的论证，帮助自然科学家正确选择自己所从事的科学技术研究的价值方向，帮助他们正确理解那些处于社会和人的活动深刻影响下的研究对象。其他如自然科学人才的培养、战略的选择等，都离不开人文社会科学。

当今社会，一方面科技迅猛发展，另一方面面临着生态失衡、环境污染、土地沙漠化和资源枯竭等全球性危机。要解决这些全球性问题，必须采取自然科学与人文社会科学多学科交叉的研究方法，单靠自然科学，或单靠社会科学，都是难以胜任的。

在刚刚过去的20世纪，在解决涉及人类社会的生存和发展的问题方面，我们曾经有许多沉痛的教训。爱因斯坦的相对论打开了人类利用核能的大门，却最终导致了原子弹的制造，给人类带来了巨大灾难，爱因斯坦本人也曾为此悔恨不已。所以，他强调："在我们这个时代，科学家和工程师担负着特别沉重的道义责任。"[①]

第二次世界大战以后，许多科学家开始就科技发展与人类的前途进行反省，而且愈益感觉到这一反省特有的紧迫性：因为人类在所有领域都面对着现代科学技术，面对着它的飞速发展，面对着它向人类、自然和社会展示的种种难题。

当代科学技术每一项新的发明，科学技术的每一个进步，都与人类社会自身的生存和发展密切相关。核技术、信息技术、纳米技术、生命科学，特别是现在引起广泛争论的克隆技术和基因工程技术等高科技的发展和进步，无疑将给人类社会带来巨大的物质利益，但是，它们的实际应用可能给人类社会所带来的负面影响，所产生的伦理道德难题，却是科学技术本身无法克服和解决的。这就需要人文社会科学的广泛参与，以发挥其"校正"功能。我们可以断言，只有自然科学和人文社会科学的携手合作，人类才会有光明的前景。

当代科学研究的整体性趋势进一步增强。在传统学科的基础上，又分蘖出大量分支学科；在传统学科相互接壤的领域，出现了大量边缘学科、交叉学科和综合性学科。科学的变革揭示了事物之间的普遍联系，打破了各学科之间壁垒分明的界限，为社会科学与自然科学更加紧密的联盟创造了条件。因此，如上所言，自然科学技术和人文社会科学，是人类文明前进的两个历史车轮，两者相辅相成，相互促进。倚重或偏废一方，都会付出巨大的代价。

我原来是学自然科学的，而且从事了二十多年物理学的应用研究。现在走到社会科学研究和管理这样一个岗位上，对自然科学和人文社会科学的作用及其相互依赖性，有着切身的体会和认识。我

[①] 《爱因斯坦文集》第3卷，商务印书馆1979年版，第287页。

衷心希望，在新的时代，为两个学科的发展和繁荣，为创造人类更加美好的未来，人文社会科学和自然科学能够携手同行，互相促进，共同提高。

二 社会科学与自然科学结合的历史回顾

早在20世纪初，科学界已初见自然科学与社会科学走向结合与联盟的端倪。当然，这一结合与联盟的道路是曲折和漫长的。

1959年5月，英国物理学家兼作家斯诺在剑桥大学发表题为"两种文化"的著名讲演。这一讲演引起了人们对两种文化分离的普遍关注。斯诺认为，世界文化被分割为人文文化与科学文化，二者间语言不通，存在着互不理解的鸿沟，甚至有时还互相憎恨和厌恶，以致双方都荒谬地歪曲对方的形象。

实际上，自人类文明产生之日起，科学与人文就是结合在一起的。在人类漫长的认识发展史上，它们是深沉而持久的伴侣。而它们之间的分化，则是近代的事情，而且，这种分化，是科学发展的必然结果。在当代，人类社会的发展，则呼唤科学与人文的新融合，这也是科学发展的必然趋势。事实上，由于多方面的努力，科学文化与人文文化间、自然科学与社会科学间的鸿沟，正在不断地为人们所填补。

回顾历史，我们可以看到，人文社会科学与自然科学的结合，曾为人类文明的进步创造了辉煌。近代科学的兴起源于文艺复兴。在文艺复兴以后的一段时期，科技与人文是和谐互补的，科技理性塑造了超越狭隘经验的科学思维和理性活动方式，人文精神体现了自由自觉的主体参与意识、批判思想和创造精神，二者共同促进了近代社会的蓬勃发展。文艺复兴的先驱，如达·芬奇等，都是集自然科学和人文社会科学知识于一身的巨人。

科学中的革命往往是以思想文化领域的革命变革为先导的。近代科学的先驱者培根和笛卡尔,首先在科学观和方法论上取得了突破,由此推动了科学的进展。牛顿在此基础上集其大成,发现了万有引力定律,创立了经典物理学,从而形成了完整意义上的近代自然科学。近代自然科学的辉煌成就又大大启迪了西方人的智慧,造就了一大批天才的哲人和人文社会科学家。

最初兴起的社会科学,以牛顿物理学为楷模,试图针对社会现实而发展出一种系统的、在经验范围内加以确证的社会知识。尽管在16—18世纪这三百年间,已经有许多科学家和思想家涉及政治制度的运作、国家的宏观经济政策、国际关系准则以及政治体系的描述和有关社会犯罪的讨论,但社会科学的真正创立还是从19世纪才开始的。除最早就产生的哲学外,历史学、经济学、法学、社会学、政治学、人类学等,逐渐在大学里和研究机构中被制度化为具有明确研究领域的学科。但是,这种以自然科学为蓝本,以揭示普遍法则为己任的研究方式和学术方向,一开始就受到人文学者的责难。

在后来的发展中,社会科学又逐渐开辟了强调人和社会发展特殊性的学术研究和发展道路。到20世纪上半叶末期,则形成了一方面与自然科学相区别,另一方面与人文科学相区别的社会科学。

20世纪下半叶以来,随着科学技术的迅猛发展,特别是高新技术的突飞猛进,经济社会发展面临复杂多变的新环境,社会实践面临大量高度综合性的新问题,因此要求各学科领域广泛合作。社会科学的发展出现了崭新的局面,社会科学与自然科学的结合也出现了新的势头。

首先,两者的研究对象不再严格限定在一个研究自然,一个研究社会。因为人与自然是一个不可分割的有机整体,在人和自然之间、社会和自然之间存在着复杂的相互作用,只有通过自然科学与社会科学的密切结合,才能正确认识。

其次，两者的研究目的不再如以前那样，自然科学是对事实的认识，社会科学是对价值的认识。事实上，事实与价值正在相互渗透。

最后，社会科学历来由于与研究主体利益的直接相关性，以及研究对象的复杂性，因而在事实与价值的判定上都突出地存在着解释问题。当代自然科学的发展也出现了类似的现象，被称为从实证向解释的转向。这意味着自然科学在方法论思想上正向社会科学靠拢。

这种发展态势表明，正像马克思所说的那样，自然科学与社会科学最终将成为一门科学，即人的科学。①

自然科学与社会科学的结合，在20世纪已取得了许多成果。如数学家冯·诺伊曼和经济学家摩根斯坦于1944年合作创立了对策论。他们两人在《对策论与经济行为》一书中，概括了经济主体的典型行为特征，提出了相应的对策模型。

许多科学家运用自然科学的理论和方法，研究经济和社会问题并获得丰硕成果，如美国经济学家保尔·丁的《超越经济学》、乔治基库·罗根的《熵定律与经济过程》，中国科学家华罗庚的《运筹学》、钱学森的《工程控制论》以及宋健等人的《人口控制论》，等等，都是这方面的杰出成果。

三　人文社会科学与自然科学结合的基础

自然科学与人文社会科学结合的基础是客观世界的统一性，社会实践的统一性，人类思维的统一性。自然科学帮助人们认识自然、改造自然，社会科学帮助人们认识社会、改造社会。而认识自然、

---

① 参见《马克思恩格斯全集》第42卷，人民出版社1979年版，第128页。

改造自然与认识社会、改造社会，本来就是同一过程的两个不可分割的方面，它们相互影响、相互渗透、相辅相成。

自然科学与人文社会科学的结合，在一定意义上说，乃是人文精神与科学精神的结合。所谓人文精神是指人存在和发展的意义和价值，人生的追求、目的、理想、信念、道德等；所谓科学精神是指追求真理，追求知识。二者是相互激励、相互促进的。只有有了崇高的人文精神，才会有追求真理、勇于探索的科学精神。我们提倡人文精神应是具有现代科学意识的人文精神，科学精神应是具有高度人文关怀的科学精神。从文化层面上说，是人文文化与科学文化的结合。

爱因斯坦曾说过："科学研究的最高境界和对科学理论的普遍兴趣具有巨大的意义，因为它推动人们更正确地评价精神活动的成果。"这就是说，科学与人文的最高精神境界是一致的。

"本是同根生，何必不相识。"[①] 自然科学和人文社会科学本质上都是科学探索，二者有着许多共同的特征：它们都是人类物质和精神生活的需要；它们都受某种哲学思想的支配；它们具有相同的起源；它们体现出共同的求实和理性精神，即进取精神、批判怀疑精神和创新精神。

而且，自然科学家和社会科学家都遵从相同的行为规范，即对真理的执着追求，将理论交付实践检验，独立思考和批判，对批评开放，等等。

应当强调指出的是，价值问题不是社会科学的专利品，它已进入自然科学领域。科学技术是特定环境下负荷着价值的社会过程，这个特定环境是由文化的、政治的和经济的因素所决定的。现在，诸如生态科学、环境科学等新兴学科再也不能忽视价值理性了。过

---

① 前半句来自（三国）曹植的《七步诗》：煮豆燃豆萁，豆在釜中泣。本是同根生，相煎何太急？

去，那种认为"自然科学重事实，社会科学主价值"的"事实—价值"二分法的褊狭观念已被彻底打破了。最近二三十年，一些自然科学家和社会科学家相继提出 STS（Science，Technology，Society）、VSTS（Value，Science，Technology，Society）等观念。就目前而言，至少在方法论上，自然科学与社会科学已表现出共同的趋向和一致性。

四　人文社会科学与自然科学结合的态势

人文社会科学与自然科学的结合，以学科的交叉与综合的形式，正在逐渐改变几百年来形成的科学知识结构，也冲击着人们头脑中根深蒂固的科学专业化的观念。

在两大科学交叉的区域内，有着肥沃的土地可供耕耘，有着丰富的矿藏等待开采。研究对象的复杂性和多维性，使科学的新概念、新理论、新方法层出不穷，由此开创了科学的新局面，改变了科学的整体结构和形象。这个过程，同时也改变着人们的世界观和关于世界的整体图像。

1. 人类社会的发展，不断向科学提出人类生活和生产需求等方面的新问题，这是推动科学前进的外部动力

在人口膨胀、资源短缺、能源匮乏、环境恶化等全球性问题的巨大压力下，粮食增产和农业结构的调整问题，寻找新材料和降低材料消耗问题，开发新能源和提高能效、降低能耗的问题，环境保护、生态平衡和防灾抗灾的问题，以及当前各国都在探索的如何完善国家创新体系，通过创新推动经济社会和科学技术的快速发展等问题愈益突出。人类为改善自然的生存环境，实现社会的可持续发展，都对科学寄予了强烈的期望。这已成为推动自然科学与社会科学的结合，促进科学发展的巨大动力。

2. 许多自然科学的概念和方法,越来越广泛地被运用于社会科学领域

耗散结构理论、协同学、突变论、分形理论、混沌理论、动态系统论与信息论、系统论、控制论相结合,又与当前蓬勃发展的复杂性科学共同构成了一个巨大的学科群,使自然科学与社会科学真正结合在一起。有越来越多的人认识到,这是自相对论和量子力学问世以来,对人类整个知识体系的又一次巨大冲击,同时也是自然科学和社会科学的一次新结合。

3. 人类的认识和实践难题的解决,也为自然科学与社会科学的结合创造了契机

例如,像大脑的神经网络系统、语言系统、人工智能系统等难题,都需要自然科学与社会科学包括哲学的结合,才能获得有效的解决。成功与否,除解决学科本身的内在问题外,诸如技术手段、社会需求、社会经济文化条件,都是必须考虑在内的因素,都要求自然科学与社会科学的充分结合。

4. 科技创新、理论创新和制度创新活动,为自然科学和社会科学的结合提供了广阔的领域

人类的文明进步,需要知识的综合运用和创造性的发挥,需要创新。科技创新需要有体制创新、管理创新和文化创新加以保证。科技创新不单纯是一个科学技术问题,也不单纯是个经济问题,而是一个科技与经济社会文化发展有机结合的系统问题,需要自然科学和社会科学两者结合才能加以解决。创新是达到社会科学与自然科学结合的熔炉,是加速两者结合的催化剂。

5. 人文社会科学与自然科学的结合,还需要世界观的转变,而当前的发展正在促成这种转变

标志着人类社会进步的,不只是物质资料生产的增长,还有社会的进步与文化的发展,包括交往的发展、精神生活的丰富、智慧

和创造力的发挥、道德水准的提升、选择空间的扩大和生活质量的提高等。正是从这个意义上我们说，当代科技革命的信息化、知识化，开启了人类历史上一个崭新的文明形态。这种新的文明所追求的，是人与自然、自然和社会的协调发展。这是一种新型的世界观和价值观，它为人文社会科学与自然科学的结合提供思想基础和理论指导。

6. 当今时代的社会结构具有整体性、综合性、开放性、复杂性等特征，相应的，人们的思维方式也会发生很大的变革

当代人类实践的复杂性愈益增加。现代社会任何一项重大的实践活动，都要涉及大量的技术、经济以及环境、社会心理和伦理等方面的问题。其中一些还超越了国界，并且对未来产生影响。它打破了传统分工的界限，要求我们的思维方式适合于对复杂事物的整体分析。

20世纪科学技术的发展，也是以跨学科的综合研究为特征的。这种新的综合性思维的特征在于把自然科学、技术科学和人文社会科学的知识有机地结合起来，打破空间界限和层次界限，解决开放的复杂巨系统问题。

社会历史的进步创造着新的思维方式，新的思维方式又成为社会历史前进的催化力量，也同时为自然科学和社会科学的结合提供了方法论的保证。

五　人文社会科学与自然科学结合所面临的问题

人文社会科学与自然科学的结合，是大势所趋，是时代的滚滚潮流，但要真正实现，还存在着理论和实践上的许多困难和障碍。

首先，要消除思想观念上存在的障碍。

以往当我们面临复杂问题时，总是习惯于将其分割成可以处理

的片段、碎块来思考，然后再把两者加以综合。当面对一个重大问题时，往往首先区分它是社会科学的任务还是自然科学的任务，殊不知它是一个综合的任务。

这种思维方式，用阿尔文·托夫勒的话说，叫作"折零"，即把问题分解成尽可能小的一些部分。"我们非常擅长此技，以至我们竟时常忘记把这些细部重新装到一起。"[1] 用系统动力学专家彼得·圣吉的话说，叫作"系统的危机"，也就是说，人们还没有真正意识到这样一点：当前"人类面临的真正的大问题，是没有能力理解和掌握人类自己的种种复杂系统"。今日的环境科学，正在将人文环境与自然环境结合起来，它意味着社会科学与自然科学的结合。

目前，关于社会科学的地位和作用问题，在某种程度上和一定范围内，还存在轻视论和远离论的倾向。所谓轻视论，就是把社会科学看成是"软"的，是无关紧要、可有可无的。所谓远离论，就是以为社会科学研究的某些问题非常敏感，因而害怕接近社会科学。其实，人文社会科学是共产党人世界观的思想和文化基础，马克思主义就是人文社会科学的桂冠。我们党天天都在研究的，就是人文社会科学的问题，各种决策、报告、战略、理论，都涉及人文社会科学。因此，我们要大声呼吁，要切实重视人文社会科学。

实践证明，忽视或轻视社会科学，将付出沉重的历史代价。人文社会科学发展的落后，必然给一个国家和民族带来灾难，使这个国家和民族不可能站在人类发展的前沿。对于中国这样一个大国来说，就不可能实现现代化，更不可能实现中华民族的全面振兴。苏联解体是自然科学落后、是物质资源匮乏吗？不是。是理论出了问题，是它的理论没有看到时代发生的巨大变化，回答不了当时苏联社会存在的各种问题，提不出解决社会发展过程中各种矛盾的办法。

---

[1] 转引自阿尔文·托夫勒为伊·普里戈金《从混沌到有序》一书所写的前言《科学和变化》。

就我们中国而言，1958年出了什么问题？是我们的人文社会科学出了问题，不是自然科学出了问题。十年"文化大革命"是什么原因？也是人文社会科学出了问题，是我们没有搞懂什么是马克思主义，什么是社会主义。1949年我们为什么会胜利？非常重要的一个原因在于，我们的人文社会科学是正确的，我们正确地认识了中国的历史和社会状况，确立了正确认识和改造这个社会的理论体系。今年是建党80周年。我们党之所以能够走到今天，能够领导中国人民的事业，取得这样辉煌的历史成就，正是因为我们正确地认识了人类历史和中国的社会历史发展，找到了一条中国自己的发展道路。

其次，要建立实现自然科学和社会科学结合的组织机制。

人文社会科学与自然科学的结合，需要有一套良好的组织机制来保证。我们在发展科学技术方面曾经创造出"组织力量，集体攻关"的经验。随着市场经济的发展，在国家层次上组织"优势兵力"集体攻关，也许只能是极少量的大工程，不可能全面、长期地开展。大量的问题恐怕只能用市场机制来调节。

目前，真正实现自然科学与社会科学的结合，应当说还是一个相当有难度的工作。为了实现两科的结合，我们需要进行知识结构的重组和深化两大学科人员之间的交流与合作，并为此而创造必要的条件。国际欧亚科学院开创了一个很好的先例，这就是把自然科学和社会科学工作者聚集到一起，让他们共同讨论和研究一些重大问题。在中国社会科学院，我们也高度重视这个问题，并努力做一些具体的事情。例如，从研究生的招生开始，注意更多地吸收一些学过自然科学的年轻人来学社会科学。我们认为，这是实现自然科学与社会科学结合的一个重要环节。

"落霞与孤鹜齐飞，秋水共长天一色。"[1] 人文社会科学与自然

---

[1] （唐）王勃：《滕王阁序》。

科学的结合，自然科学家与社会科学家的结盟，是当代科学技术发展的要求，也是人类实现经济社会可持续发展的重要前提。

在过去的一百年，科学技术的飞速发展给人类社会带来了空前的辉煌，同时提出了许多涉及人类自身生存和发展的重大课题。进入新的世纪，人类将面对许多更为复杂而艰巨的任务。这有待科学技术发挥更大的作用，有待人文社会科学扮演更加重要的角色。

21世纪将是人类社会深刻变革的时代，是中华民族迎来全面振兴的时代，也将是中国科学事业大发展的时代。在新的世纪，中国的自然科学和人文社会科学要取得大发展，要达到世界先进水平，站在人类科学的制高点上，就必须有这两大科学的密切结合和相互促进。

这是时代向我们提出的任务。完成这个任务的时机已经到来。让我们携手同行，为实现时代赋予我们的神圣任务，共创人类更加美好的未来而不懈奋斗！

开创马克思主义的新境界[*]

（2001年6月25日）

同志们：

今天，我们在这里隆重集会，庆祝中国共产党成立80周年。作为一名在党的集体中成长，为党的事业奋斗多年的共产党员，我和大家一样，心情格外激动。

首先，我代表院党组、院务会议向今天受到表彰的优秀党员、优秀党务工作者、先进基层党组织和新入党的同志表示热烈的祝贺，向长期为党的事业呕心沥血的老同志表示崇高的敬意，向全院同志表示亲切的问候！让我们共同祝愿伟大的党永远年轻，永远朝气蓬勃，永远充满生机与活力！

中国共产党是以马克思主义为指导的党。在庆祝建党80周年之际，总结我们党80年来对马克思主义究竟有哪些重大的发展，对于党在21世纪夺取有中国特色社会主义伟大事业的新胜利，推动马克思主义的新发展，无疑具有极其重要的意义。

一　马克思主义在中国不断胜利的80年

80年，在中华民族五千年的文明史上，不过是短暂的一瞬。可是，在古老的神州大地上诞生的中国共产党，却经历了天翻地覆的

---

[*] 这是作者在中国社会科学院庆祝建党80周年大会上的讲话。

变化：由最初53名党员组成的秘密组织，发展成今天拥有6400多万名党员，并在世界人口最多、幅员辽阔的社会主义国家掌握政权的大党。

80年来，党领导人民为中国社会的发展，为中华民族文明的进步，进行了艰苦卓绝的斗争，取得了举世瞩目的伟大成就。

——赢得了新民主主义革命的胜利，结束了一百多年来中华民族任人宰割，受尽欺凌、掠夺的历史，建立了中华人民共和国，中国人民从此站起来了。

——建立了崭新的社会主义政治、经济、文化和法律制度，结束了数千年剥削阶级统治中国的历史，劳动人民当家做了主人。

——成功地开辟了建设有中国特色社会主义的新道路。社会主义的改革开放，为亿万群众发挥积极性、主动性、创造性，开辟了无比广阔的天地和前景。

——从根本上改变了旧中国贫穷落后的状况，人民生活大大改善，综合国力显著增强，中国的国际地位空前提高。

可以说，中国共产党成立以来的80年，中国所取得的进步，是历史上任何一个时期都无可比拟的！

中国共产党及其领导下的中国人民，何以能在80年间创造出如此惊天动地的人间奇迹？原因是多方面的，最重要的就是党以马克思主义为指导，坚持把马克思主义基本原理与中国实际相结合，在实践中创造性地运用和发展马克思主义。

马克思主义在20世纪初期传入中国，并被先进的人们所接受，是中国近代历史发展的必然。从1840年中国沦为半殖民地半封建社会以后，中国的先进知识分子为了救国图强，普遍把探求真理的目光投向西方。西方资本主义世界几乎所有有影响的思潮或学说，诸如自由主义、实用主义、进化论等，都曾被当作救国图强的"真理"传播和运用，结果都未能成功。民族危机和阶级矛盾非但没有解决，反而日益加深。大批中国知识分子陷入了迷惘：中国的出路究竟在哪里呢？

　　1917年俄国十月革命爆发。"十月革命一声炮响，给我们送来了马克思列宁主义。"[①] 1921年，中国共产党宣告成立。党从诞生的那一天起，就把以马克思主义为指导写到了自己的旗帜上，发动了轰轰烈烈的工人运动和广大人民反帝反封建的斗争，很快成为中国人民前所未有的领导力量。

　　但是，在半殖民地半封建的中国，如何正确地运用马克思主义指导革命，党经历了一个艰难的探索过程。其间，不知经过了多少次挫折和失败。特别是以王明等人为代表的党内"左"倾错误，几乎断送了党、红军和中国革命。——这是马克思主义在中国的发展、中国共产党成长过程中的一次重大曲折。

　　挫折使党逐步变得成熟起来。经过井冈山的斗争、遵义会议和延安整风，终于形成了以毛泽东为核心的党中央第一代领导集体。毛泽东及其战友们坚定地把马克思主义与中国革命的具体实践相结合，从而使中国革命终于在"山重水复疑无路"[②]的艰难境况中，开拓出"柳暗花明又一村"的崭新天地。

　　实现马克思主义与中国革命具体实践的结合，使党认识到了中国革命的客观规律，找到了中国革命的独特道路，创立了新民主主义革命理论，总结出武装斗争、统一战线、党的建设等一整套经验，形成了关于中国革命的完整的思想体系——毛泽东思想。在毛泽东思想指引下，党领导人民取得了抗日战争和解放战争的伟大胜利，建立了中华人民共和国。——这是中国共产党创造性地发展马克思主义所取得的第一个辉煌。

　　[①]《毛泽东选集》第4卷，人民出版社1991年版，第1471页。
　　[②]（宋）陆游《游山西村》：莫笑农家腊酒浑，丰年留客足鸡豚。山重水复疑无路，柳暗花明又一村。箫鼓追随春社近，衣冠简朴古风存。从今若许闲乘月，拄杖无时夜叩门。

新中国成立后，党领导人民，成功地进行了社会主义革命，建立了社会主义制度。在经济建设方面，强调独立自主，探索适合中国国情的社会主义建设道路。

遗憾的是，这种符合实际的探索，被党内逐渐膨胀起来的"左"倾错误所干扰，最后被"文化大革命"这一长时间、全局性的严重内乱所否定，使马克思主义在中国的发展、中国共产党的发展遭受了又一次重大曲折。

1978年党的十一届三中全会以后，以邓小平为核心的党中央第二代领导集体，拨乱反正，重新确立了解放思想、实事求是的思想路线。在这条思想路线指引下，党正确地总结了新中国成立以来社会主义建设正反两方面的历史经验，强调把马克思主义与中国实际相结合，与时代特征相结合，建设有中国特色的社会主义。在这一历史过程中，党把马克思主义在中国的发展，推进到一个新的阶段，形成了"邓小平建设有中国特色社会主义理论"。——这是中国共产党创造性地发展马克思主义所取得的第二个辉煌。

20世纪90年代以来，以江泽民为核心的党中央第三代领导集体，带领全党和全国人民，高举邓小平理论伟大旗帜，紧紧抓住经济建设这个中心，深化改革，扩大开放，全面推进有中国特色社会主义伟大事业。在世界社会主义运动处于低潮的时候，在西方反华反社会主义势力的各种压力面前，社会主义中国不仅没有被压垮，反而呈现出勃勃生机。

中国共产党在80年间，领导中国人民，并和人民一起创建了新中国；领导中国人民，并和人民一起建设社会主义，为实现社会主义现代化、实现中华民族的伟大复兴而孜孜以求、奋斗不息。

中国共产党的80年，是成功地坚持马克思主义的80年。无论是新民主主义革命的胜利，还是社会主义革命、建设和改革开放的胜利，都是马克思主义的胜利。

中国共产党的80年，是成功地传播、普及马克思主义的80年。80年间，马克思主义成为唤醒民众、武装民众的最重要的精神力量。马克思主义，使中华民族的理论思维能力获得空前提高，将源远流长的中华文明推向一个崭新的发展阶段。

中国共产党的80年，又是成功地发展马克思主义的80年，是马克思主义中国化的80年。马克思主义是与时俱进、不断发展的理论，而不是一成不变的僵死的教条。80年间，关于是否和怎样把马克思主义同中国实际相结合，始终是党要探索和解决的头等大事。毛泽东思想和邓小平理论，就是实现这种结合的两次历史性飞跃中产生的两大理论成果。进入21世纪，党领导人民，为实现社会主义现代化而奋斗，仍然要结合新的历史条件创造性地发展马克思主义，这也正是目前我们党在做的一件大事。

中国共产党的80年说明：马克思主义是在坚持中发展，在发展中坚持的；不坚持马克思主义，就谈不上发展马克思主义；不发展马克思主义，就不能真正坚持马克思主义。

这是党在80年奋斗历程中得出的基本结论。

二　中国共产党对马克思主义的重大发展

80年间，党坚持把马克思主义与中国实际相结合，在实践中不断推动马克思主义的中国化。在这方面，毛泽东、邓小平、江泽民三代领导核心做出了历史性的贡献。毛泽东思想和邓小平理论，就是马克思主义中国化的集大成者。在这两大理论成果的形成和发展过程中，党在哲学、政治经济学、科学社会主义、建党学说等各个领域系统地丰富和发展了马克思主义理论宝库。

（一）丰富和发展了马克思主义哲学

马克思主义哲学，即辩证唯物主义和历史唯物主义，是整个马克思主义思想理论体系的基础与灵魂。在中国革命、建设和改革开放的不同历史时期，党的三代领导集体，都一再强调全党特别是党的高级干部学习马克思主义哲学的极端重要性。党在长期实践中形成并不断完善的马克思主义思想路线、工作方法等，既是党在新世纪不断前进的巨大精神动力，也是党对马克思主义哲学的丰富和发展。

——确立了解放思想、实事求是的思想路线。毛泽东把马克思主义哲学乃至整个马克思主义的"精髓"，归结为"实事求是"，并对这一中国古代哲学中的术语，进行了一番马克思主义的改造："'实事'就是客观存在着的一切事物，'是'就是客观事物的内部联系，即规律性，'求'就是我们去研究。"① 这是马克思主义哲学吸收中国古代哲学精华并加以升华的思想结晶。实事求是就是一切从实际出发，把马克思主义基本原理与中国实际相结合。实事求是内在地要求解放思想，反对主观主义特别是教条主义，克服思想僵化。正如邓小平所指出的："解放思想，就是使思想和实际相符合，使主观和客观相符合，就是实事求是。"②

解放思想、实事求是的思想路线的确立过程，也是党对马克思主义哲学，特别是马克思主义认识论的发展过程。其中，关于认识过程的两个飞跃的理论，关于认识的辩证运动总规律的论述，关于"实践是检验真理的唯一标准"的科学论断等，为党制定和贯彻正确的政治路线、组织路线提供了哲学基础，从而也丰富和发展了马克思主义认识论。

——创造了党的群众路线的思想方法和工作方法。历史唯物主义认为，历史活动归根到底是群众性的事业，随着这个活动的不断深入，必然是群众队伍的不断扩大。党从创立时起，就紧紧依靠群

---

① 《毛泽东选集》第3卷，人民出版社1991年版，第801页。
② 《邓小平文选》第2卷，人民出版社1994年版，第364页。

众，放手发动群众，并在长期的斗争实践中形成了群众路线。其基本点是：一方面，它认为人民群众必须自己解放自己；党的全部任务就是全心全意地为人民群众服务；党对于人民群众的领导作用，就是正确地给人民指出斗争的方向，帮助人民群众自己动手，争取和创造自己的幸福生活。因此，党必须密切联系群众和依靠群众，而不能脱离群众，不能站在群众之上；每一个共产党员必须养成为人民服务、向群众负责、遇事同群众商量和同群众共甘苦的工作作风。另一方面，它认为党的领导工作能否保持正确，决定于它能否采取"从群众中来，到群众中去"的方法。群众路线，是党创造性地运用和发展历史唯物主义的光辉范例。

改革开放以来，党又提出把人民群众"赞成不赞成"、"拥护不拥护"、"答应不答应"、"高兴不高兴"作为一切工作的根本出发点和归宿。"三个有利于"最根本的是有利于提高人民的生活水平，"三个代表"最重要的也是代表最广大人民群众的根本利益。这些都是群众路线在新时期的丰富和发展，是马克思主义政党价值观的集中体现。

——发展了马克思主义的矛盾学说。毛泽东继列宁之后阐发了事物的"矛盾法则"，即矛盾的斗争性和同一性的相互联结是事物发展的根本动力的观点，系统地深化了对唯物辩证法的实质与核心，即对立统一规律的认识，阐明了普遍性与特殊性（更重视特殊性）、一般与个别（更重视个别）相统一，两点论和重点论相结合，"解剖麻雀"，先试点后推广等一系列辩证的思维方法和工作方法。以人民战争和人民军队建设为基础的军事辩证法，以"一个国家，两种制度"来解决香港、澳门和台湾问题，维护国家统一的构想与实践，则是创造性地运用马克思主义辩证法和认识论的范例。

1956年4月、1957年2月，毛泽东相继发表《论十大关系》和《正确处理人民内部矛盾的问题》，阐明了正确区分、处理敌我矛盾和人民内部矛盾的思想。进而提出人民内部要在政治上实行"团结—批评—团结",在科学文化工作中实行"百花齐放、百家争鸣",在经济工作中实行统筹兼顾国家、集体和个人三者利益关系等一系列正确方针。但由于种种原因,这些正确思想在当时并未得到全面有效的贯彻。

十一届三中全会后,在推进改革开放和现代化建设的历史进程中,党不仅继承了毛泽东关于正确处理人民内部矛盾的科学思想,而且有所前进,有所发展。其基本点是:第一,建设以革命为历史前提,但是,革命与建设毕竟有不同的规律、任务和特点;党在革命战争年代形成的优良传统要发扬,但在社会主义建设时期,仍然沿用革命时期大搞群众运动的老经验、老做法来发展经济和处理人民内部矛盾,其结果是非常有害的。第二,社会主义建设时期的人民内部矛盾,集中表现为不同利益之间的矛盾。党认识和处理这些矛盾,一方面,强调人民根本利益、价值目标上的一致性;另一方面,又不能忽视人民内部在利益追求上的差别。重要的是尊重人民对物质利益的追求,并为实现这种利益创造必要的条件。改革,从一定意义上说,就是调整、解决人民内部各种不同的利益关系。上述理论和政策,是党对马克思主义的重要贡献。

——深化了对社会发展动力的认识。社会主义基本制度确立以后,社会主要矛盾是什么,解决方式如何?党经过多年的实践,包括付出沉痛代价,终于认识到,在我国社会主义建设时期,虽然阶级斗争在一定范围内将长期存在,一定条件下甚至会激化,但是,阶级斗争已不是主要矛盾。我国社会的主要矛盾是人民群众日益增长的物质文化生活需要与落后的社会生产力之间的矛盾。因此,党在社会主义时期的根本任务,就是发展社会生产力。而要发展生产力,就必须打破束缚生产力发展的僵化的计划经济体制,进行改革。革命是解放生产力,改革也是解放生产力。

"改革是中国的第二次革命。"改革是全面的，不仅包括经济体制改革，而且包括政治、教育、科技、文化等各方面体制的改革；不仅包括对内的改革，而且包括对外的改革，即开放。开放不仅包括对社会主义国家的开放，而且包括对资本主义国家的开放。对外开放与独立自主并不矛盾。要大胆吸收和借鉴人类社会包括资本主义国家创造的一切文明成果。根据邓小平提出的"科学技术是第一生产力"的科学论断，党制定了"科教兴国"战略和可持续发展战略，强调以改革开放和科技进步作为我国经济和社会发展的动力。这些思想，丰富了历史唯物主义关于社会发展动力的理论。

（二）创立了有中国特色的革命理论

在民主革命阶段，党在领导人民同帝国主义、封建主义和官僚资本主义作殊死斗争的同时，科学地总结革命的正反两方面经验，发展了马克思主义关于无产阶级革命的学说，创立并成功实践了一整套具有中国特色的革命理论。

——创立了有中国特色的革命道路的理论。以毛泽东为代表的中国共产党人，从中国处于半殖民地半封建社会，资本主义发展薄弱，农民占人口中的绝大多数这种实际出发，总结革命实践的经验，走出了建立农村革命根据地，在无产阶级领导下武装农民，农村包围城市，最后夺取全国胜利的中国革命特殊道路。这样一条革命道路，既在马克思主义经典作家的本本上找不到，又有别于俄国十月革命所代表的"城市中心论"革命模式。实践证明，这条革命道路符合中国国情，是夺取中国革命胜利的必由之路，是党对马克思主义关于无产阶级革命理论的创造性发展。

——创立了人民军队和人民战争的理论。党在领导中国人民的革命斗争中，创建了人民军队，用武装的革命人民，反对武装的敌人；确立了党指挥枪，党对军队的绝对领导的原则，保证中国的武装力量永远是中国人民根本利益的保卫者。党实施并坚持了党委领导下的首长分工负责制、党支部建在连上、设立政治委员和政治工作机关等一系列重要制度,以确保党对军队的绝对领导。在指导人民军队的革命战争中,毛泽东还提出了一整套中国革命的军事战略思想。他把游击战争提到战略的高度,为人民军队制定了在战略上藐视敌人、在战术上重视敌人,集中优势兵力、各个歼灭敌人等一系列人民战争的战略战术。上述思想和原则,是对马克思主义军事理论的极为杰出的贡献,并在新中国成立以后特别是改革开放新时期,得到了成功的坚持、丰富和发展。

——提出了关于统一战线的理论和策略原则。革命要最大限度地团结一切可以团结的力量,结成广泛的统一战线,这是马克思主义的基本原理。但在国际共产主义运动史上,这方面的成功经验并不多。中国共产党也是经历了几次重大的挫折(包括第一次国共合作的失败),总结了正反两方面的经验之后,才逐步形成了独特的统一战线的理论和政策。其基本点是:第一,鉴于中国的特殊国情和民族资产阶级的两重性,将官僚买办资产阶级和民族资产阶级区别对待,建立无产阶级领导的、工农联盟为基础的统一战线,在不同阶段有区别地最大限度孤立最主要的敌人。第二,建立最广泛的统一战线,最重要也是最难处理的,就是中国共产党与国民党的关系。在抗日战争时期,党正确认识和巧妙利用了错综复杂的形势,提出了"发展进步势力,争取中间势力,孤立顽固势力"、"既联合,又斗争,以斗争求团结",在斗争中"有理、有利、有节"等一系列思想、方针和政策。第三,在处理与民主党派、党外人士的关系问题上,党提出了"长期共存、互相监督、肝胆相照、荣辱与共"的思想和政策。上述思想和策略,是对马克思主义统一战线理论的重大贡献。

——提出了完整的新民主主义理论和纲领。党根据马克思主义的基本原理,从中国社会的历史和现实出发,深刻地揭示中国革命的特点和规律,科学地解决了革命发展阶段和衔接问题:中国革命要分两步走,"民主主义革命是社会主义革命的必要准备,社会主义革命是民主主义革命的必然趋势"。[①] 新民主主义革命之所以"新",之所以不同于旧民主主义革命,是因为它是无产阶级(通过共产党)领导的,它的前途不是资本主义,而是社会主义。但它又不是社会主义革命,因为它所完成的任务——推翻帝国主义、封建主义和官僚资本主义,属于民主革命的范围。基于此,毛泽东提出了完整的新民主主义理论和纲领。

新民主主义的政治,其主要内容,是建立"在无产阶级领导下的一切反帝反封建的人们联合专政的民主共和国",[②] 即新民主主义共和国。

新民主主义的经济,其主要内容,是实行"节制资本"、"平均地权"和保护民族工商业的方针。具体地说,没收官僚资本主义大银行、大工业、大商业,归新民主主义共和国所有,使它成为社会主义性质的国营经济,成为整个国民经济的领导力量。没收地主土地,分配给无地和少地的农民,并发展合作经济;允许民族资本主义经济在一定范围内的发展。

新民主主义的文化,其主要内容,是"无产阶级领导的人民大众反帝反封建的文化",即民族的、科学的、大众的文化。

新民主主义的理论和基本纲领,是把马克思主义基本原理同中国革命具体实践相结合的产物,集中反映了中国革命的历史特点和规律,是以毛泽东为代表的中国共产党人,对马克思主义的一个极其重要的贡献。

——提出了人民民主专政的理论和纲领。新民主主义革命在全

[①] 《毛泽东选集》第2卷,人民出版社1991年版,第651页。
[②] 《毛泽东选集》第2卷,人民出版社1991年版,第675页。

国完成以后，党创造性地提出和实施"工人阶级（经过共产党）领导的、以工农联盟为基础的人民民主专政"的建国纲领，从而奠定了中国社会主义制度的基本政治构架。在此基础上，形成和巩固了以人民民主专政为国体、以人民代表大会制度为政体、以共产党领导的多党合作和政治协商及民族区域自治为基本政治制度的人民民主政权。人民民主专政的实质，就是无产阶级专政。这是在一个工业不发达、农业人口众多的国度实行无产阶级专政的特殊形式，是对马克思主义国家学说的创造性运用和发展。

——制定了"一化三改造"的过渡时期总路线。在没收官僚资本企业并将其改造为社会主义国营企业，通过"三反"、"五反"运动，打退资产阶级进攻之后，党适时提出了"一化三改造"的过渡时期总路线。其基本点是：要在一个相当长的时期内，逐步实现国家的社会主义工业化，并逐步实现国家对农业、手工业和资本主义工商业的社会主义改造。根据这条总路线，党创造了一系列从低级到高级的国家资本主义的过渡形式，实现了马克思、列宁关于对资产阶级和平赎买的设想；创造了个体农业和个体手工业向社会主义性质的集体经济的过渡形式。所有制的这些改造，虽然存在着过急、过粗、过快、形式简单划一等缺陷，但整个来说，在一个几亿人口的大国中，比较顺利地实现如此复杂、困难和深刻的社会变革，为以后大规模的社会主义经济建设奠定了制度基础，终究是对马克思主义关于社会主义革命理论的重大贡献。

（三）创立了建设有中国特色的社会主义理论

建设有中国特色社会主义理论，是科学社会主义在当代中国应用和发展的最重要成果。创立这一理论，党经过了多年的探索。在基本完成社会主义改造之后，毛泽东领导全党和全国人民，开始探索中国社会主义建设的独特道路，提出并实施了独立自主、自力更生，建立完整的工业体系和国民经济体系的发展战略，提出了农业、轻工业、重工业要按比例协调发展的思想，提出了社会主义"四个现代化"的总任务，等等。这些探索并不因为后来"左"的错误和"文化大革命"的重大曲折而失去其价值，其中许多内容成为邓小平建设有中国特色社会主义理论的直接思想前提。

邓小平强调，在中国，搞社会主义，必须要有中国特色。什么叫"特色"？任何存在的、具体的、现实的事物，都是有特色的，所谓普遍、一般，不过是无数个鲜活的、特色的东西的抽象和归纳。没有特色就不可能做到实事求是。"特色"理论的提出，一下子就把关于社会主义的认识，从理想纳入到现实，从一般纳入到个别，从普遍纳入到特殊，从抽象纳入到具体中来，使人们在"什么是社会主义，怎样建设社会主义"这个根本问题上，实现了空前的思想解放，达到了实事求是。

——提出了关于社会主义本质的理论。马克思主义创始人曾经提出了关于社会主义社会的科学构想。但是，限于当时的历史条件，他们不可能把尚未创建的社会主义社会的特征、模式规划得那么具体，他们也不认为这是自己的历史任务。社会主义是现实的，发展变化的。对发展变化中的社会主义，只有用发展的眼光来认识，否则就不可能搞清楚什么是社会主义。

在认识什么是社会主义的问题上，邓小平理论的突出贡献是准确地把握了社会主义的本质。"社会主义的本质，是解放生产力，发展生产力，消灭剥削，消除两极分化，最终达到共同富裕。"①

邓小平的社会主义本质论包含着十分丰富的思想内涵，就其主要方面来说：第一，强调社会主义的根本任务是解放生产力，发展生产力，这是社会主义存在和发展的最终根据。在中国，因为落后，

---

① 《邓小平文选》第3卷，人民出版社1993年版，第373页。

更要注重大力发展社会生产力。第二，强调社会主义的根本目的是消灭剥削，消除两极分化，最终达到共同富裕。这是社会主义与资本主义的最大区别。共同富裕不是少数人富裕，不是两极分化；共同富裕也不是同步富裕，同步富裕只能导致共同贫穷；共同富裕要实现，就必须大力发展生产力，允许和鼓励一部分地区、一部分人先富起来，先富带后富，逐步达到共同富裕。第三，邓小平的社会主义本质论的突出特点，是从生产力与生产关系的相互关系的矛盾运动中，用发展变化的眼光看待社会主义，从而突破了那种主要从生产关系的角度，来规定社会主义本质的传统观念。这一论述还有一层重要含义，就是"把解放生产力和发展生产力两个讲全了"，即不仅要强调在社会主义条件下发展生产力，还要强调通过改革解放生产力。改革是社会主义制度的自我完善。

——提出了社会主义初级阶段理论。社会主义初级阶段理论是有中国特色社会主义的理论基石。这一理论的提出，是对马克思主义经典作家关于社会发展阶段理论的丰富和发展。从世界范围来看，在20世纪，社会主义国家都程度不同地犯过超越本国实际发展阶段的急性病。十一届三中全会以后，党做出了中国现在并将长期处于社会主义初级阶段的论断，这无疑具有极为重要的理论和实践意义。这一理论，一方面肯定了我国已经是社会主义社会，从而坚持了社会主义方向，抵制了抛弃社会主义基本制度的错误主张；另一方面把我国现在的社会同未来的社会主义较高阶段区别开来，从而正确地认识了中国现阶段最大、最根本的国情，避免重蹈过去超越阶段、急于求成的"左"倾错误。

社会主义初级阶段，也就是逐步摆脱不发达状态，基本实现社会主义现代化的历史阶段。党根据社会主义初级阶段的实际，制定了有中国特色社会主义的政治、经济、文化纲领，提出了"一个中心，两个基本点"的基本路线，即以经济建设为中心，坚持四项基本原则，坚持改革开放。强调除非发生大规模的外敌入侵，经济建设这个中心就要始终抓住不放；改革开放是强国之路；四项基本原则是立国之本，是社会主义区别于其他社会制度的根本标志。这一基本路线是我国社会主义初级阶段建设规律的集中反映，是建设有中国特色社会主义的核心内容。

——提出了社会主义市场经济理论。社会主义市场经济理论的创立，是党在探索有中国特色社会主义过程中，取得的重大理论成果。

众所周知，按照对马克思主义的传统理解，社会主义与市场经济，特别是社会主义公有制与市场经济不能相容，因而社会主义国家似乎只能实行计划经济体制。在改革实践中，我们党解放思想，逐步认识到，计划经济或市场经济并不是社会制度范畴，"计划经济不等于社会主义，资本主义也有计划；市场经济不等于资本主义，社会主义也有市场。计划和市场都是经济手段"[①]。因此认为，社会主义基本制度与市场经济能够结合，并在党的十四大决定，把建立和完善社会主义市场经济体制，作为我国经济体制改革的目标。党的十五大进一步确认，以公有制为主体、多种所有制经济共同发展，是我国社会主义初级阶段的基本经济制度，并阐明了相应的社会分配制度、现代企业制度及其他具体制度。

实践证明，在我国社会主义初级阶段，建立和完善社会主义市场经济体制及其他相关体制，有利于发展我国社会生产力，有利于中国实现社会主义现代化。社会主义市场经济理论的提出，是一个伟大的创举。

——提出了发展社会主义民主政治、建设社会主义法治国家的理论。党在领导人民进行长期的革命和建设实践中，大胆探索和不

---

① 《邓小平文选》第 3 卷，人民出版社 1993 年版，第 373 页。

断完善适合中国国情的民主和法制形式,创立了有中国特色的社会主义民主政治理论和依法治国方略。

社会主义民主政治理论的基本内容是:第一,强调没有民主就没有社会主义,社会主义越发展,民主越发展。民主不是抽象的,而是具体的。第二,民主必须制度化、法律化。第三,党内民主是社会主义民主的关键与保证,党内民主搞不好,社会主义国家的民主就不可能搞好。第四,民主要发展,特别是要向基层发展,基层自治民主是社会主义民主深厚的基础。党创造性地提出并实行以民族区域自治制度为民族地方的政权组织形式,实施村民委员会直接选举等扩大基层民主的一系列方针、政策。

发展社会主义民主必须同完善社会主义法制、实行依法治国紧密结合起来。依法治国,就是广大人民群众在党的领导下,依照宪法和法律规定,通过各种途径和形式管理国家事务,管理经济文化事业,管理社会事务,保证国家各项工作都依法进行,逐步实现社会主义民主的制度化、法律化,使这种制度和法律不因领导人的改变而改变,不因领导人看法和注意力的改变而改变。

——提出了关于社会主义精神文明建设的理论。马克思、恩格斯曾经指出,社会主义必须建立在吸收人类以往全部文明成果的基础上,列宁也曾强调社会主义必须高度重视文化建设。但是,提出相对完整的关于社会主义精神文明建设的理论,则是中国共产党人的创造。

这个理论的基本点是:第一,强调社会主义不仅要有繁荣的经济,也要有繁荣的文化;不仅要有高度的物质文明,而且要有高度的精神文明。经济、政治、文化协调发展,两个文明都搞好,才是有中国特色的社会主义。第二,在两个文明建设的关系问题上,强调物质文明建设为精神文明的发展提供物质基础、社会需求和实践检验;同时,精神文明建设又为物质文明的发展提供精神动力、智力支持和思想保证。两个文明建设互为条件，相辅相成，缺一不可。鉴于此，党提出了在新时期"两个文明一起抓，两手都要硬"的战略方针，强调绝不能以牺牲精神文明为代价换取经济一时的发展。第三，社会主义精神文明建设的根本任务是，提高全民族的思想道德素质和科学文化素质，培养一代又一代有理想、有道德、有文化、有纪律的社会主义新人，基本特征是把先进性要求同广泛性要求结合起来。第四，在提出依法治国方略的同时，强调以德治国，把法制建设与道德建设紧密结合起来，把依法治国与以德治国紧密结合起来。

（四）丰富和发展了马克思主义的建党学说

毛泽东曾经把党的建设与统一战线、武装斗争，称为中国革命的"三大法宝"。80年间，党的三代领导集体在不同的历史时期，坚持把马克思主义的建党学说融入中国革命和建设的实际，形成了中国共产党人独具特色的建党理论。

——提出了"着重从思想上建党"、把党建设成为坚强的马克思主义政党的理论和政策。中国革命的基本动力是农民，中国农民与西欧各国的农民有一个重大的区别，那就是他们的革命要求非常强烈，但受小生产方式和文化水平的限制，党要把他们吸收进革命队伍中，就不能不对他们进行马克思主义理论和无产阶级思想的教育、改造。毛泽东明确地对全体共产党员提出不仅要在组织上入党，而且首先要在思想上入党的要求，要用马克思主义武装自己，用无产阶级思想克服一切非无产阶级思想。党在中国革命的不同阶段，都向全体党员发出"不断学习"的号召。在一个封建主义历史很长、经济文化十分落后的东方大国，党以马克思列宁主义、毛泽东思想为指导，把如此众多的农民和其他非无产阶级出身的人员，在艰苦的革命斗争中教育改造成为共产主义战士，这在国际共产主义运动史上是没有先例的。

加强党的思想理论建设，关键是提高全党把马克思主义基本原理与中国实际相结合的水平，这是中国共产党的一大传统。邓小平曾高度评价1978年全国范围内的"真理标准"大讨论，认为思想路线是一项"基本建设"，这场争论的实质，是要不要坚持马克思主义思想路线的大问题。江泽民强调，在全面推进建设有中国特色社会主义的伟大事业中，一定要高度重视党的思想理论建设，要始终不渝地坚持以马列主义、毛泽东思想、邓小平理论为指导，在实践中推动马克思主义的理论创新。

——创造了加强和改进党的作风的成功经验。党的作风，是党的形象，是党的生命，是党区别于其他一切政党的重要标志。著名的延安整风就是党在加强党的作风建设方面的成功实践。在整风运动中形成并发展起来的党的"三大作风"，即理论联系实际，密切联系群众，批评与自我批评相结合，是中国共产党人对马克思主义建党思想的创造性运用和发展。

理论联系实际，就是要坚持把马克思主义基本原理与中国实际相结合，废除静止地、孤立地研究马克思主义的方法。密切联系群众，就是坚持党的群众路线，反对任何形式的官僚主义。批评与自我批评相结合，就是充分发扬党内民主，在增强党性原则的基础上，对待犯错误的同志，采取"惩前毖后，治病救人"的方针，坚决摒弃"残酷斗争，无情打击"的错误做法。

新时期，党还郑重提出，执政党的党风是关系党的生死存亡的大事。改革开放和现代化建设越是深入，党风廉政建设越是要抓紧抓好。要从制度上和体制上铲除腐败滋生、蔓延的土壤。进入20世纪90年代，为了进一步加强和改进党的领导，全面推进有中国特色社会主义伟大事业，党又开展了以"讲学习、讲政治、讲正气"为主要内容的党性党风教育。"三讲"教育，是党在和平建设时期，既不搞政治运动又切实有效地加强党的建设，提高党的领导水平、执政能力的成功实践。

——提出了在正确总结历史经验中加强党的建设的思想和方法。恩格斯说，伟大的阶级，正如伟大的民族一样，无论从哪方面学习都不如从自己所犯错误的后果中学习来得快。[①] 党在80年间能够领导人民，取得革命、建设和改革开放一个又一个了不起的胜利，能够形成毛泽东思想和邓小平理论两大理论成果，从一定意义上说，是党正确总结历史经验，善于从错误中学习，从挫折中奋起的结果。

党重视总结历史经验，并且由此形成了一系列独具特色的思想和方法。第一，总结经验的目的是坚持真理，修正错误，发展真理，是增强党的团结而不是削弱党的团结。第二，总结经验，必须坚持历史进步与人民的根本利益的一致性原则。为此，就要从大局着眼，而不能纠缠于细枝末节，要"向前看"，而不要"向后看"。第三，总结经验，必须坚持历史唯物主义，正确对待历史上的人和事，不能苛责前人，不能采取历史虚无主义的态度。总结经验，要着眼于思想上解决问题，而不是追究个人责任。第四，总结经验，既要正确地对待成功，也要正确地对待挫折和失败。成功的经验和失败的经验，只要正确地总结了，都是宝贵的财富。第五，总结历史经验，党认识到，无论革命和建设，都要独立自主。自己的经验是最宝贵的。外国的经验应该借鉴，但不能照抄照搬。第六，总结经验不是一劳永逸的，必须不断根据实践的新变化，创造并总结新的经验。

——提出了"三个代表"重要思想。进入新世纪前夕，基于对时代发展、中国发展和党的自身建设的深入思考，江泽民同志提出了"三个代表"重要思想，强调："要把中国的事情办好，关键取决于我们党"，"只要我们党始终成为中国先进生产力的发展要求、

[①] 参见《马克思恩格斯选集》第4卷，人民出版社1995年版，第432页。

中国先进文化的前进方向、中国最广大人民的根本利益的忠实代表，我们党就能永远立于不败之地"。[①] 这一思想紧紧围绕"建设一个什么样的执政党，怎样建设执政党"的主题，以保持并发展党的先进性为核心，科学地阐明了党的立党之本、执政之基、力量之源。

共产党是工人阶级的先锋队，这是为每一个共产党员所熟知的对党的性质的基本规定。问题在于，党如何才能真正成为工人阶级的先锋队呢？"三个代表"重要思想表明，共产党要保证其先进性，就必须始终代表先进社会生产力的发展要求，代表先进文化的前进方向，代表最广大人民的根本利益。代表中国先进社会生产力的发展要求的实质，就是根据我国社会生产力的发展规律和趋势，改革、调整和完善社会主义的生产关系和上层建筑，为解放和发展我国的生产力开辟广阔的社会空间。代表中国先进文化的前进方向的实质，就是以马克思主义为指导，与时俱进，建设有中国特色的社会主义文化。代表中国最广大人民的根本利益的实质，就是要在对我国国情特别是社会主要矛盾的科学认识的基础上，制定正确的路线、方针、政策，从制度上把人民的根本利益实现好、发展好、维护好。因此，"三个代表"重要思想，是历史唯物主义基本原理在当代中国的创造性运用，它大大丰富了人们对党的性质、宗旨和任务的认识。

"三个代表"重要思想突出了党的建设与人类社会发展的根本性力量（生产力、文化和人民利益）之间的内在联系，揭示了党的先进性的基础、灵魂和本质。这一思想特别地把文化建设，从党领导的一个方面的工作，提升到党的性质、宗旨和任务的层次上来，把"始终代表中国先进文化的前进方向"，作为党的先进性的重要标志。这是马克思主义思想发展史上的第一次，反映了党对当代人类社会发展的特征和趋势的深刻理解。"三个代表"重要思想，是对党

[①] 参见《人民日报》2000年2月26日第1版。

80年实践，特别是50年执政经验的科学总结，是中国共产党人对马克思主义建党学说的重大发展。

必须指出，中国共产党对马克思主义的发展绝不限于上述四个方面，其他如对世界、时代的认识和外交思想，文化思想和文艺理论，还有民族宗教观等方面，党都有重要的理论建树。系统深入地总结党在80年间对马克思主义的发展，需要理论界的共同努力。

对于一个无产阶级政党来说，理论上的成熟从来都是政治上成熟的根本前提。80年来，中国共产党，不但因为领导中国革命、建设和改革开放的成功实践，而且因为对马克思主义理论大厦的卓越贡献，形成了中国化的马克思主义，充分证明自己是一个成熟的马克思主义大党。有了自己科学的理论，即毛泽东思想和邓小平理论，这是党在新世纪夺取新胜利的最可靠的思想保证。

三 继往开来，谱写马克思主义的新篇章

我们已经胜利地跨入21世纪。我国人民正在党的领导下，高举邓小平理论伟大旗帜，沿着有中国特色社会主义道路，满怀信心地走向富强、民主和文明。

伟大的事业需要伟大的理论。正因为中国共产党在20世纪的80年间，成功地坚持和发展了马克思主义，所以它才能战胜各种艰难险阻，不断地从胜利走向新的胜利。

在21世纪，进一步坚持和发展马克思主义，是中国共产党人庄严的历史责任。回想党幼年时期的状况，应该说，我们今天的马克思主义理论水平是大大提高了；回顾党80年奋斗历程中所遭受的曲折，应该承认，我们今天对马克思主义的理解是大大深化了。但是，我们没有理由停滞不前。

从根本上说，马克思主义在中国的发展，关系到党和国家的前

途命运，关系到中华民族的前途命运。马克思主义的发展，是新世纪、新时代最大的课题，是中国共产党最重要的思想、理论、政治建设。

马克思主义发展最深厚的源泉和动力来自社会实践。跨入21世纪的人类社会，正在经历一场广泛而深刻的变革，世界的发展，中国的发展，社会主义的发展，都处在一个关键时期。新的变化、新的问题，需要当代马克思主义者进一步解放思想，给予科学的解答，以推动马克思主义的理论创新。

列宁指出："正因为马克思主义不是死的教条，不是什么一成不变的学说，而是活的行动指南，所以它就不能不反映社会生活条件的异常剧烈的变化。"[①] 应该说，当代"社会生活条件"，确实出现了马克思主义者必须高度重视的、"异常剧烈的变化"，向我们提出了一系列必须深入研究的重大时代课题。

——关于时代问题。时代问题，也就是关于世界发展的总趋势问题。在经济全球化日益加深、政治多极化曲折中发展、科技革命突飞猛进和社会主义运动处于低潮的条件下，如何认识我们所处的时代？怎样切实有效地推动建立公正合理的国际政治经济新秩序，推进政治多极化，反对"单极主义"、霸权主义和强权政治，维护世界和平，促进共同发展？

——关于总结20世纪世界社会主义实践的历史经验问题。如何把科学社会主义的基本理论与经济不发达国家的建设实际结合起来？在20世纪快要结束时，东欧剧变，苏联解体，社会主义事业遭到前所未有的挫折。导致这种挫折的原因究竟是什么？社会主义国家从中应该吸取怎样的历史经验和教训？20世纪后半期，在社会主义国家中普遍发生的改革，如中国的改革、越南的革新，在哪些方面深

---

① 《列宁选集》第2卷，人民出版社1995年版，第281页。

化了人们对社会主义的认识?

——关于正确认识当代资本主义的新变化、新特征问题。恩格斯曾指出:"实际的社会主义是在于对资本主义生产方式各个方面的正确认识。"[①] 不能科学地认识当代资本主义,也就不可能搞清楚在当代如何更好地建设社会主义。问题在于:当代资本主义究竟出现了哪些重要的新变化、新特征?这些新变化、新特征与资本主义制度的关系怎样?对现实的社会主义提出的挑战是什么?如何科学地认识经济全球化?经济全球化与民族国家的关系怎样?如何有效反击"人权高于主权"等新霸权主义理论的挑战?当代资本主义社会的基本矛盾、阶级结构发生了怎样的变化?

——关于有中国特色的社会主义现代化建设道路问题。目前,我国已经顺利地实现了社会主义现代化建设的第二步战略目标,正在向第三步战略目标迈进;已经初步建立了社会主义市场经济体制,经济运行机制也发生了重大变化。随之,一些深层次的矛盾和问题愈益凸显出来。如何深化社会主义市场经济理论研究,进一步完善市场经济体制;加入WTO对我国经济格局所带来的机遇和挑战是什么;如何进一步把依法治国与以德治国结合起来,在大力加强社会主义民主法制建设的同时,大力加强社会主义道德建设;等等。特别是如何切实有效地研究解决"三农"即农业、农村、农民问题,不仅关系到我国的社会稳定基础是否牢固,而且在决定意义上,关系到21世纪中叶,我国能否顺利地实现社会主义现代化。我们的同志在逆境中要看到光明的前途,在胜利时要看到困难和挑战。要有忧患意识,要看到事物发展的长期性、曲折性、复杂性。在困难和挑战面前丧失信心的民族、政党,是没有前途的。缺乏忧患意识的民族、政党,则是不成熟的。

---

① 《马克思恩格斯全集》第18卷,人民出版社1964年版,第321页。

——关于社会主义执政党建设问题。马克思主义经典作家关于建党的理论十分丰富,但更多集中于解决无产阶级夺取政权以前,党如何保持党的革命性与先进性问题。而党在执政时期,"建设一个什么样的执政党,怎样建设执政党",则是一个崭新的重大时代课题,关系党的生死存亡,关系国家和民族的前途命运。党在革命时期与在执政时期,面临着不同的历史任务。革命党的理论远未成熟,而执政党的理论更需认真研究、大胆探索。怎样以"三个代表"重要思想为指导,从制度上保证党的先进性与代表性,有效地遏制腐败现象对党的干部队伍的侵蚀,巩固党的执政地位,提高党的执政能力和执政水平?

每个时代总有属于它自己的问题。"问题是时代的格言,是表现时代自己内心状态的最实际的呼声。"[①] 当我们今天纪念建党80周年的时候,回顾党80年在发展马克思主义方面的重大成就,我们倍感自豪;展望马克思主义在21世纪的发展前景,面对新世纪初层出不穷的新问题,我们又深感责任重大。

作为党领导下的一支重要力量,哲学社会科学界要为发展马克思主义做出应有的贡献。

发展马克思主义,要立足于实践的新变化,立足于研究解决中国的实际问题。所谓马克思主义与中国实际相结合,也就是以解决中国的实际问题为实践标准。离开本国实际来谈马克思主义,没有意义。不解决实践中提出的问题,马克思主义就没有前途。不解决中国问题的马克思主义,不是中国化的马克思主义,不是中国人民所需要的马克思主义,也就不可能在中国生根,不可能成为中华民族的精神动力和前进方向。

发展马克思主义,要立足于时代的新发展,与时代特征相结合。

---

① 《马克思恩格斯全集》第1卷,人民出版社1995年版,第203页。

这种时代特征包括人类的文明进步，科技发展，社会基本矛盾及人民群众的思维方式、交往方式、生活方式诸方面的变化等。只有与时代特征相结合，才能在总体上把握世界格局和世界发展趋势，才能不断增强马克思主义的生机与活力。

发展马克思主义，要尊重人民的首创精神，不断推进马克思主义的理论创新。理论创新，从根本上说，是理论与实践不断结合的过程，是回答和解决实践中提出的问题的过程。理论创新就是理论发展，就是对客观规律的新揭示，对真理的新认识，对新事物、新问题的科学思考。

发展马克思主义，要吸收人类文明的一切优秀成果，同时必须坚决反对指导思想多元化。指导思想多元化之所以要反对，是因为它的实质是否定马克思主义的指导作用，否定党和国家前进的方向，否定人民的根本利益。吸收人类历史的优秀文明成果，借鉴多种文化，不是搞指导思想的多元化，而是为我所用，为发展马克思主义服务。"他山之石，可以攻玉。"[①] 我们的马克思主义者，要勇于参加世界范围的百家争鸣。

发展马克思主义，要努力开展积极的思想理论斗争。马克思主义150多年的发展历史证明，中国共产党80年的奋斗历史证明：无论教条主义，还是经验主义，都不是科学，都不能解决中国的问题。"东"教条不灵，"西"教条也不灵；"东"经验不行，"西"经验也不行。无论以"左"的面貌，还是以右的面貌出现，都是脱离中国实际的错误的东西，都会危害我们的事业。马克思主义的生命力，在于它是与时俱进、不断发展的科学，在于它是在实践中，在不断批判各种错误思潮，特别是"左"的和右的错误中前进的。过去如此，现在如此，将来也必然如此！

[①]《诗经·小雅·鹤鸣》。

发展马克思主义，要树立优良的学风。主观主义要克服，空洞无物的调子要少唱，浮躁、炒作、急功近利的习气要改掉。严谨而不保守，活跃而不轻浮，坚持原则而不故步自封，锐意创新而不哗众取宠，追求真理而不逐名夺利，才是亟须提倡的科学态度，也才是发展马克思主义的必要条件。

同志们：

中国古代的先哲说过："其作始也简，其将毕也必巨。"[①] 20世纪的80年间，用马列主义、毛泽东思想和邓小平理论武装起来的中国共产党，领导人民，在中国这块巨大的舞台上，上演了一幕又一幕波澜壮阔的伟大诗剧。

但是，放在历史的长河中来看，我们所取得的胜利，仍然不过是一出长剧的序幕，更精彩壮美、更激动人心的演出还在后头。

我们坚信，在21世纪，中国共产党和中国人民，一定能够上演出一幕又一幕气势恢宏的新的伟大诗剧。

我们坚信，在21世纪，马克思主义，一定能够拥有更加灿烂的发展前景！

让我们为谱写马克思主义的新篇章而努力奋斗！

[①] 《庄子·内篇·人间世第四》。

价值观研究[*]

(2001 年 9 月 20 日)

当前,中国正处在发展最迅速、变化最深刻的时期。发展快、变化深刻,矛盾和冲突也就难以避免。矛盾和冲突主要是利益的矛盾和冲突。这就为哲学家、思想家提出了一系列值得研究的时代课题。

大家刚才讲了许多矛盾,我认为都是客观存在的。既然人们的利益是多样的,人们的价值观念也必然是多样的。价值观是利益的反映,价值观的基础是利益。国家观念是国家利益的体现。爱国主义从一定意义上说,就是人们对国家利益的认同。国之不存,人将焉保?物质利益不同,国家利益不同,思想观念也不一致。价值是个有利与否的问题,真理是是非问题。西方占统治地位的思想观念,是资产阶级的物质利益和国家利益的反映。不管它们经过多么精美的包装,讲得多么美妙、诱人,甚至披上宗教、神学的外衣,终究是由物质利益决定的,是物质利益的反映。自从人类进入阶级社会以后,不同阶级的价值观和思想观念,都是其基本利益的反映。

关于价值论研究,我想提出这么几个问题:

一 价值观与信仰、宗教

西方人说中国人没有信仰,据说是因为中国人不信宗教。这种

---

* 这是作者在中国社会科学院价值理论研究室召开的学术研讨会上的讲话。

说法站不住脚。有着五千年灿烂文明的中华民族,怎能没有信仰呢?一个没有信仰的国家和民族,是没有凝聚力的。没有精神支柱,没有文化传统,是根本不可能形成长期统一、稳定的社会的。要回答中国人民的信仰问题,中国历史上中华民族的信仰问题,当代中国人的信仰问题,还需要对信仰、宗教等概念和话语,进行认真的分析和研究,其中包括信仰和理想的关系等。

西方价值观的主要内容有两个方面:一是宗教信仰,二是个人主义。在中国历史上,也有宗教和个人主义的传统,但与西方很不一样。西方的宗教经历了从多神教到一神教的发展。一神教具有"排他性",在一种宗教看来,信奉其他宗教的人都是异教徒。而中国的宗教,从古至今,一直具有多神观念的特点,主要是引导大家行善,或进行自我超脱。宗教的政治色彩较弱,精神道德色彩较重。

所谓宗教,西方有三条:一本《圣经》;一个组织;一套信仰崇拜的仪式。中国古代也有若干本"圣经",像佛经、道经、孔夫子的《论语》等。但是中国的宗教,既没有一套严密的组织,也没有一套严格的顶礼膜拜的宗教仪式。当然,儒家思想是否是宗教,学界有不同看法,值得我们好好研究。这涉及宗教的定义问题。宗教包含信仰,但信仰不等同于宗教。有人问我们信仰什么,我们说信仰马克思主义,信仰辩证唯物主义和历史唯物主义。但马克思主义,辩证唯物主义和历史唯物主义不是宗教。

在西方,普遍存在着人格分裂现象,即存在双重人格。比如,有的人在教堂里高唱美妙的圣歌或进行所谓的忏悔时,显得很虔诚,但出了教堂,他们又手握屠刀,残杀很多无辜的生灵。资本主义诞生几百年来,疯狂地对外扩张,推行种族主义,有多少人惨死于西方列强的屠刀之下?在无数的侵略战争中,在镇压殖民地人民和本国劳动人民正义斗争的过程中,杀人不眨眼的恰恰是一些基督教徒。而中国传统宗教的信仰者,无论佛教徒、道教徒,很少有人干过这种违背"上帝"意志的事情。西方的某些基督教徒、天主教徒，干了许多为人类所不齿的恶行。他们为"人权"而战，为价值观而战，但往往为"人权"而杀人，为价值观而杀人。

信仰是一种最高的、居于支配地位的价值观念。信仰有理性形式，也有非理性形式。我们共产党人信仰马克思主义、社会主义、共产主义，是理性思考的结果。信仰马克思主义社会主义、共产主义，对当代中国人来说，就是要忠实于中国人民的根本利益，这是我们应有的价值观。这一根本利益是和每个人的利益结合在一起的。如果仅仅强调国家利益，忽视个人利益，这样的价值观，是难以被大多数人接受的。我们的价值观，是有利于实现中华民族全面振兴的价值观。我们所需要的，是符合中国人民的根本利益，兼顾个人利益，同时又是现代化的、有利于中华民族振兴的、科学的价值观。

有人说，中国人的价值观在分化。我认为，价值观本来就是多样的、多重的。由于人们的物质生活水平不同，精神文化生活各异，因而人们的价值观就必然会是多样的、多重的。在中国，我们讲国家利益、集体利益和个人利益的统一。这个统一如何实现，如何引导个人利益，是价值观研究不能回避的问题。

关于信仰问题的研究，要长期进行下去。只要社会在发展，人们在信仰问题上就会发生变化。在不同的时期，我们要从不同的侧重点进行研究，要赋予信仰以新的生命和活力，对信仰做出新的解释。

二　价值观与道德、利益

道德观是价值观的一个重要方面。现代社会，道德观念上的碰撞和冲突很激烈，变化也很快。一般而言，人类自进入阶级社会后，一个社会的道德观往往是多样性的，但多样性并不排除某种共性的存在。多样性总是与共同性并存的。共同性往往体现在个性、特殊性和多样性之中。共同与差异并存，是一个普遍规律。体现在价值观和道德观中，也是如此。

西方人很强调法治，但在涉及其利益的时候，他们是寸步不让的。一切法律都以阶级利益为基础，没有超阶级、超利益的法律。正如列宁所说，任何法律都是统治阶级意志的表现。我们不否认，法律具有一般社会性和共性的一面，但阶级性是法律的本质属性。

从一定意义上说，政治就是谋利的学说，而且是谋取最大利益的学说。国家的政治就是谋取国家利益的学说。中国共产党的政治，就是谋取和捍卫中国人民的根本利益的学说。如果脱离人民群众的根本利益，谋取一己一党之私利，人民群众就不需要你这种政治，就不需要你这样的政党。

理论界要深入研究我国社会各阶层利益关系的变化。要研究各个地区、各个阶层、各个群体，如何在共同利益的基础上建立共同的价值观。有了共同的利益，才会有共同的价值观。

社会价值观、集体价值观，是在共同利益的基础之上形成的。我们要整合社会，消解或缓和价值观上的冲突和矛盾，就是寻求共同利益，发展共同利益，实现共同利益。我不主张过多地讲价值观的分化，因为人们的利益关系本来就是多层次的，价值观本来就是多重的、多样的。但是，不能因为承认多层次性、多样性，而否认共同利益。没有共同利益，国家就不存在，社会就要解体。正因为有共同利益，所以必然有共同的价值观。例如，真善美，仁义礼智信，中华民族的复兴，中国文化的自信等。

如何寻求、发展和实现中华民族的共同利益？我们的共同价值观应该是什么？我们的理论研究就是要解决这样的问题，并且要用大家都能够接受的概念和话语体系表达清楚。如果我们的认识还仅仅停留在感性阶段,还不能用我们自己的概念和话语体系表达出来,那么,这种认识还不是理性的,还未升华为理论,当然也谈不上深刻。理论研究的任务,就在于把握共同利益,并用有中国特色的概念和话语体系,把它清楚地表达出来。

三 价值观和社会发展

价值观的稳定性取决于社会变革的速度和程度。社会发展得越快,社会变革越深刻,价值观的变化就越快、越深刻。进入21世纪,我国人民的生活水平从总体上步入小康。小康社会有小康社会的价值观。我们今天的价值观和20多年前相比,就大不一样。为什么呢?价值观的基础是利益。随着社会的发展,人们的利益关系是不断调整和变化的。

当然,人要生存,社会要稳定发展,就要有长远的共同利益。长远的共同利益,是价值观稳定性的基础。我们开展价值论研究的目的,就是要把握共同的利益关系,据此构筑中华民族在21世纪的价值观。这一价值观,就是我们共同的利益、共同的前途和命运的反映。

当然,价值观研究也要关注价值观的变化及其发展趋势,并提出调节人们利益关系的理论和方法。我们进行价值观研究,就是要从理论和实践的结合上,为这些利益关系的调整,提供建设性的意见和建议。

我在体改委工作的时候,很注意三个承受能力:一个是物质承受能力,一个是精神承受能力,一个是干部的操作能力。现在,社会公平问题,引起大家的普遍关注。从观念的角度看,"公平",是一个价值观问题。"公平"不能理解为没有差异,但这种差异应该是社会可以接受、承受的。所以,我们所理解的"公平",就是利益差异的社会认同。世上历来没有抽象的、绝对的公平。我们的价值观研究，就是引导人们理性地对待这种差异。差异是客观存在的，但是不能无限扩大。问题在于如何去调节差异。社会、国家只能调节差异，使之控制在人们可以承受的程度。对每个人来讲，在社会生活中，应主要通过自己的劳动去缓解这种差异。

一切价值观都是随着人类社会的发展而变化的，一切新的价值观念都是随着时代的发展而产生的。当代中国有一个很好的价值观，即一切为了发展，一切要适应发展，一切要有利于发展。中国的前途命运在于发展。因此，我们的价值观念，要跟上时代的发展，跟上中国现代化的步伐。只有发展的东西，才是有生命力的；一切不发展的东西，是注定要走向死亡，走进历史博物馆的。

我们要以一种非常积极的生活态度和价值观念，去迎接发展，推动发展。西方有的学派，对人类前景持悲观态度，对未来充满恐惧。而我们对客观事物的发展，对时代的变化，要怀着一种喜悦、一种积极迎接挑战的心态。要敢于跳到发展的激流当中去冲浪，才能正确对待发展问题。在封建社会小农经济条件下，人们最崇尚的是一池清水，田园生活。现在则是滚滚长江，不进则退。

任何发展，任何改革措施，都会带来利益关系的调整和变化，必然带来人们社会生活条件的变化，进而对每个人的价值观都会产生很大的影响。发展、改革，还涉及竞争、效率、共同命运以及个人前途等问题，对这些问题，我们的价值论研究都要予以重视。

四　价值观和社会主义信仰

在当代中国，所谓社会主义信仰，其落脚点在于为实现中华民族的全面振兴而奋斗。因为，只有这种振兴，才是社会主义制度优越性在当代中国的生动体现。因此，一切不利于实现社会主义工业化和现代化，不利于解放和发展社会生产力的东西，都要改革。我们正是围绕这个基本点，来完善我国的经济制度、政治制度和社会制度。资本主义的发展史是一部血泪史。中国作为社会主义国家，作为后发国家，不可能再走人家已走过的老路。但是，这不等于我们不去吸取和借鉴别人的经验教训。别人的经验教训，包括资本主义的成败经验，资本主义所创造的一切文明的东西，只要对我们有用，都要借鉴。因为这些东西不属于资本主义，也不属于资产阶级，而是属于人类的共同财富。

价值观研究，在当代人文社会科学及国家经济社会发展中，具有重要的地位和作用。要特别注意研究两个问题：其一，共同价值观是什么？其二，价值观变化的趋势如何？认清变化趋势和共同价值观，就可以引导社会，用科学的价值观武装人，坚定社会主义的理想和信念。

价值观研究，必须与中华民族的前途、命运结合在一起。要研究我们的信仰、道德、利益和发展。要把发展作为价值观的一个很重要的课题，用发展的价值观来统一我们的思想。

价值观研究，需要搞社会调查。我们的研究如果只停留在书斋里、概念和文字上，就不可能解决任何实际问题。价值观研究要密切关注现实中的利益关系问题，最好是搞些重点群体和重点地区的调查。没有社会调查，我们的研究也不过是纸上谈兵，没有什么说服力。

价值观研究，必须同理论创新、制度创新结合起来。推动理论创新和科学研究，必须创造一个良好环境，以便让学者静下心来研究。高水平的科研成果，要靠科学家、学者不懈探索，靠他们创造性的精神劳动来获得。

总之，我们的价值观研究，要对中国社会已经和将要发生的变化，从价值观念层次上进行论证分析。要批判地继承、借鉴中国古代和西方在价值观问题上的理论成果,从中国社会的现实情况出发,力求形成科学的、理性的、能够为大众所普遍接受的观念和学说,写出像当年艾思奇的《大众哲学》那样的关于价值观的普及读本,让广大读者把它当成人生的一面镜子。我衷心希望价值观研究能够有所作为。

历史研究[*]

(2001年9月28日)

今天，我想就当前理论研究特别是史学研究中的几个问题，谈一点自己的看法。

一 发展是马克思主义最大的品格

江泽民总书记在"七一"讲话中指出，要不断推进马克思主义中国化。把马克思主义基本原理与中国的具体实际相结合，这是我们反复强调的。

马克思主义传入中国后，成为我们党的指导思想。但是，在相当一段时间内，我们把马克思主义当成了教条。当革命事业遭受一次又一次挫折之后，我们党逐渐认识到，马克思主义必须始终与中国的具体实际相结合，否则，它是不可能解决中国实际问题的。教条主义是一大祸害，我们党曾经长期开展了对教条主义的批判。新中国成立后，特别是"文化大革命"时期，我们也曾一度把马克思主义与中国具体实际相结合的产物——毛泽东思想，当作了教条。毛泽东思想就是我们中国自己的经验总结，是中国共产党和中国人民长期奋斗的经验总结。但是，我们不能把由自己的经验上升为理论的毛泽东思想也当作教条。这是我们的一个教训。可以说，任何

---

* 这是作者在中国社会科学院史学工作会议上的讲话。

理论一旦教条化，就必定走向自己的反面。

1978年党的十一届三中全会后，我们认识到，既不能把马克思主义当作教条，也不能把我们自己的经验总结当作教条。这是我们党的历史上又一次伟大的思想解放。二十多年过去了，今天我们仍然面临着同样的问题，即无论是马克思主义，还是我们自己的经验总结，都不能当作教条，都应当随着时代的变化、实践的发展，而不断地丰富和发展。这并不是背离和否定马克思主义，而是真正坚持马克思主义。

马克思主义最大的品格，就是实践性和发展，即它能随着实践、时代的变化而不断发展。在马克思主义不断发展的过程中，当然不排除我们有一些说法或论断，与马克思当时所提出的某些说法或结论不一致，但这并不能说我们否定了马克思主义。实践发展了，任务变了，理论当然要发展。如何对待马克思？如何对待马克思主义？第一次正确提出并解决这个问题的是列宁。列宁在俄国领导社会主义革命，提出社会主义革命可以在落后国家、在一个国家取得胜利。实践证明，列宁坚持并发展了马克思主义。

十月革命以后，马克思讲的社会主义实现的两个前提——一是在资本主义发达国家实现，二是至少在几个主要发达资本主义国家同时进行——是否就过时了呢？恐怕不能这样说。马克思讲的这两个前提始终存在。革命胜利了，夺取了政权，是否意味着社会主义就完全成功了呢？远远没有。社会主义的生存、发展，社会主义的胜利、成功，要经历一个相当长的历史发展阶段。而且如马克思所说，只有一大批发达国家都进入社会主义时，才可以说社会主义成功了。

马克思讲的这两个前提，恰恰是夺取了政权的无产阶级、共产党人要完成的两大历史性任务。第一，不断地发展生产力，达到并超过发达资本主义国家生产力发展的水平，是社会主义长期生存并不断发展的根本前提，是社会主义的根本任务；第二，要充分估计到社会主义取得胜利的长期性、复杂性和曲折性。只是一个国家搞了社会主义，并不意味着社会主义的最终胜利，还要有更多的国家逐步进入社会主义。如果不解决这两个问题，任何一个社会主义国家都将面临极大的危险，社会主义事业就会遭受挫折。在苏联解体和东欧剧变之后，社会主义的挫折和资本主义的复辟，已经成为一个客观的历史事实。

中国和俄国各自的政治、经济、文化、社会等情况不同，因而革命的道路、建设的道路也就不同。这不是我们的主观臆断，而是我们从长期实践中得出的结论，是鲜血凝成的历史经验教训。

科学地对待马克思主义，首先应当弄清楚什么是马克思主义，怎样发展马克思主义。这正如科学地对待社会主义，就要首先回答什么是社会主义，怎样建设社会主义。分析和回答上述问题，是理论界的神圣职责。

目前，中国的社会主义现代化建设已经进入一个新的历史阶段，迫切需要理论的指导，并不断进行理论创新，以解释时代出现的新变化，为我们走向新世纪提供智力支持。所以，发展马克思主义就是这个时代的命题。从历史学的角度看，马克思回答的是他所处的那个时代的问题，而我们要回答的是我们这个时代的问题。这不是一个简单否定的问题。发展马克思主义的问题，今天已经非常紧迫和明确地提到了我们面前。这就是时代的声音，这就是时代的问题，这就是时代的召唤。

江总书记的"七一"讲话，对于全党和全国人民来说，是马克思主义的再学习和再教育。马克思主义诞生后的150多年间，人类社会发生了巨大的变化，我们自己也有了新的实践经验。我们要发展马克思主义，就要回答这150多年世界到底发生了怎样的变化。对马克思主义的再学习、再研究，也就是科学地总结150多年来社会主义的历史经验，正确认识当代资本主义的新变化。

历史的实践反复证明，凡是不发展的东西都不可能坚持。所谓不发展，就是不能回答现实问题。不能解释已经变化了的客观事物，不能回答新的问题，那还怎么能坚持呢？凡是不发展的东西，都是没有生命力的，都要退出历史舞台。理论不发展，就会失去其价值，是不可能坚持的。只有发展才是最好的坚持。我们坚持某一理论，是因为这个理论是可以发展的，是因为它能解决新问题。

要发展马克思主义，就必须从客观事物出发，从客观实践出发，从时代的深刻变化出发。离开了客观事物，离开了客观实践，离开了时代的变化，是不可能发展马克思主义的。所谓理论，就是对客观事物的认识，对实践经验的总结，对客观规律的揭示。

二　中国史学界的新任务

历史是对人类文明的写照。在 21 世纪，中国史学界要用中国人自己的眼光，编纂出一套全新的中国历史和世界历史。如果说，对马克思主义有一个再学习、再研究的问题，那么，我们同样需要用时代的眼光，对中国历史和世界史进行重新撰写、修改、补充和完善。

我热切希望并且相信，在 21 世纪的第一个十年，中国社会科学院史学片的广大学者，能够撰写出一部新世纪版本的历史。中国史学界应该有这样的气魄和决心。在我们已经出版的著作中，《甲骨学一百年》就写得不错，它把甲骨文的历史说得很清楚。

研究历史，有它独特的难度、复杂性。从某种意义上说，难度就是特点。我们不可能再回到闭关锁国的时代，复杂性是现代社会的特点。而且，随着时代的发展，现代社会将日益复杂化。历史研究应该知难而进。我们的史学家应写出一本经典的、科学的史学著作——它应当成为人们的案头之卷，成为我们的"镇宅之作"。

比如说，在边疆问题研究中，国外一些人拿"麦克马洪线"来炒作。假如我们根据详尽的史料，写出一本书，形成"铁卷"，那么，印度人也好，西方人也罢，要想把"麦克马洪线"从历史版图上抹掉，在法理上和史实上，就得首先驳倒我们这本书。否则，他们就站不住脚。

最近我和有关同志商量，要写一本台湾史，要从上古写到现在。而且，不仅要写历史，还要写法理，要使我们的论述合史、合法。在台湾问题上，任何要搞"台独"的人，任何企图干涉中国内政的人，可以骂这本书，但是，我们所列举的史实和确立的法理，他是驳不倒的！在新的历史时期，史学界面临着比以往任何时期都更为复杂的情况，担负着更为艰巨的任务。现在，写中国史的人不少，中国香港人在写，中国台湾人在写，美籍华人在写，甚至美国人、欧洲人、日本人也都在写。所以，无论是在学术上，还是在政治上，我们都面临着十分复杂的情况，有一个纠正偏颇、以正视听的任务。而且，在一些问题上，我们与他们是完全对立的，不仅仅是纠正其偏颇，还要反击其荒谬。

有的同志谈到，目前在史学研究领域存在一些混乱现象。那么，怎样消除这些混乱呢？我看要靠正史。没有正史，没有以科学的态度和精神撰写出来的正史，那么，一些乱七八糟的东西就会大行其道。我们的任务，就是以严谨的科学态度去撰写正史。这样写出来的历史，无论是通史、断代史、还是专题史，其价值都是无可限量的。而且，不论是观点还是所依据的史料，别人不敢轻言驳倒和推翻。也就是说，我们出手的正史，应当成为"铁卷文书"，其势其力犹如雷霆万钧。

要正确认识历史，不研究马克思主义不行，不坚持历史唯物主义不行。历史发展到今天，我们对许多问题已经有了新的认识。我们所说的讨论，也只能在科学的基础上进行。鲁迅先生曾经说过，辱骂和恐吓不是战斗。[①] 我们还可以说，谩骂更不是科学。科学是论战最好的武器，离开了科学，论战将是苍白无力的。

三　要认真吸取历史学研究的经验教训

从《共产党宣言》发表以来，国际共产主义运动已经有150多年的发展史了。在这150多年间，国际共产主义运动史上最伟大的历史事件主要有两个：一个是十月革命，一个就是中国的革命和改革开放。如果讲经验，一是十月革命的胜利和苏联社会主义建设的一些成功经验，一是中国革命、建设和改革开放的经验。如果讲教训，主要也是两个，即苏联的解体和中国的十年"文化大革命"，这是对国际共产主义运动产生最深刻影响的两个"反面"事件。我们要走向未来，就不能不总结这150多年的社会主义发展史。不仅要总结成功的经验，还要总结失败和挫折的教训。

关于苏联解体的原因，众说纷纭。有人说，是外部力量的作用，是西方的"和平演变"战略使然；有人说，是因为戈尔巴乔夫对社会主义的背叛；还有人说，是由于苏联政权内部特权阶层的腐败，或党和政府中存在严重的官僚主义、严重脱离群众等。苏联解体原因很复杂，但其中最重要的一个原因，就是思想理论的教条化、僵化，直至背叛，造成苏共在理论和意识形态上跟不上时代的步伐，以致不能解释社会实践的新变化，不能解释和应对它所面临的问题。

在苏联解体过程中，有一个非常值得注意的现象，就是有那么几个小丑跳出来，向苏联70多年的历史泼脏水，把它抹得一团漆黑。在他们的笔下，苏联人民70多年艰苦奋斗的辉煌历史，反倒成了黑暗史！可悲的是，当时的苏联理论界、史学界，居然很少有人

[①] 参见《鲁迅全集》第4卷，人民文学出版社1981年版，第451页。

理直气壮地站出来，为苏联70多年的历史辩护。而在西方则是一片欢呼声，一些政治家、理论家也恶毒地、变本加厉地向苏联历史泼脏水，唯恐天下不乱。

　　古人说：欲灭其国，必先去其史。① 这个问题值得人们深思。如果一个国家、民族，被外国侵占，被侵略战争打倒了，但自己的历史还站得住，则仍然有重新崛起和振兴的精神支柱。当年日本为了把中国变成"东亚病夫"，将中国纳入自己的势力范围，构筑所谓"大东亚共荣圈"，侵略中国达14年之久。可是，日本人并没有把中国人打垮。中华民族五千年的辉煌历史，作为全体中华儿女的精神支柱，具有多么强大的凝聚力和战斗力！

　　在中国走向现代化的过程中，文化是极大的精神力量，是我们的凝聚力和向心力所在，是综合国力的重要组成部分，也是民族的智慧的重要标志。对于文化和文化建设，一定要提到国力的高度、提到民族精神支柱的高度来认识。我们的史学，是中华民族的重要精神支柱。发展马克思主义，当然包括发展马克思主义史学。

　　中国人向来有尊重自己历史的传统。要屹立于世界民族之林，就要自己站得住啊！所以，我建议你们讨论一下：苏联史为什么站不住了？苏联共产党史为什么站不住了？在这方面，苏联史学界理论上到底出了什么问题？苏联史学研究方法出了什么问题？目前，关于苏联史的研究确实相当混乱。现在有不少人，通过大量的政治回忆录，进行所谓"大揭秘"，"重建"历史档案。一些人则根据这些所谓"新材料"，连篇累牍地杜撰，推出了一部又一部的所谓"巨著"，向苏联历史泼脏水。这是历史的悲剧！

　　一些东欧国家，在对待自己历史的问题上，也出现了与苏联类

---

① 清代龚自珍说："灭人之国，必先去其史；灭人之枋，败人之纲纪，必先去其史；绝人之材，湮塞人之教，必先去其史；夷人之祖宗，必先去其史。"后章太炎将其概括为："欲灭其国者，先灭其史。"

似的情况。许多国家搞社会主义50多年的历史，也都被否定了。这样，在哲学上，在思想史上，会产生什么样的困惑？尽管他们自己在回避这50多年的历史问题，可美国人没有回避；相反，却极尽抹涂之能事，不断地泼洒着污垢。结果，这些国家有不少人就有了民族自卑感、依附感和屈辱感。既然自卑，那就只好依附别人。在我看来，西方一些人竭力污蔑和贬低别人历史的那一套，就是"政治邪教"，就是"慑心战"。

歪曲历史、丑化历史、"造史"，历来是一种杀人灭国的武器。有一些人，因为根底不深，常常为其左右，受其影响。现代的"造史"者，"丑史"者，手法高明，往往真伪难辨，如果不是真正有功底的学者，是看不透他的真面目的。

你们应该去研究这种"造史学"。在史学理论上，这是一个挑战。我们应当去和"造史学"家们开展有关史学理论的斗争。"造史学"也有它的"事实"、"根据"，也进行所谓的"理论分析"，有的甚至已经建立起一个体系和框架。明明是殖民主义史，他们却说成是"大开发史"；明明是被压迫民族和人民反抗殖民主义的民族民主革命，而他们却说成是"非殖民化"。这些都是经过长期策划和精心炮制的，今后我们还会遇到。

在那些"造史者"中，不乏有历史背景、社会背景的人。一些敌对势力，必然要网罗这些御用文人，炮制一些能够瓦解中国人民精神的假史学。这是一种"软武器"，危害极大。我们切不可掉以轻心。

我们这一代人，应该认真地研究和总结自己的历史，严谨而科学地纂修自己的历史。不管前人已经写了什么，我们都应该写出我们这一代人对历史的看法。历史学就是在不断的纂修和充实过程中前进的。我期望中国史学界的同志共同努力，把我们这一代人对历史的看法写出来，确立起我们这一代人的历史学。

对于一个国家和民族来说，没有历史就等于没有灵魂。忘记或背叛自己的历史，就等于失掉自己的灵魂；不正确地对待别人的历史，也就不能更好地认识自己。历史学的重大价值还在于，它能够帮助和引导人们更好地从今天走向明天，为人类走向未来提供精神力量。

关于历史研究的目的，有一句话我认为是有道理的，即一切历史都可被看作是当代史。研究历史是为我们从今天走向明天、走向未来服务的。这也正是历史学的价值所在。历史学中的许多重大问题，为什么直到今天还在反复争论呢？就是因为它们和我们今天的生活、前途命运紧密相连。人们争论的可能是古代的某种思想或某件事，但实际上却关系到当代人的生活。对于世界历史，我们为什么如此重视？就是因为它与中国历史密不可分，与中华民族的发展历程结合在一起。我们甚至可以说，对世界史的研究，也直接或间接地关系到中国的发展。

四 历史学的真实性与时代性

有一些问题，是任何研究历史的人都必须回答的，如：什么是历史？研究历史想说明什么，为谁服务？怎样研究历史？如何对待本国的历史和世界史？

历史学研究具有较强的政治性，或者说，研究历史有一个历史观的问题，或者是唯物史观，或者是唯心史观。研究当代史，政治性就更强。越是贴近我们的时代和生活的主题，其政治性就越强。什么是政治？政治就是利益，就是利益的集中表现。关乎我们最大利益或根本利益的东西，就是最大的政治。政治是利益的声音，是谋取最大利益的学问！

人类历史发展过程中，一些历史事件总是要折射出当时那个时代和社会的精神，并在后人中产生反响。因此，人们就要从另外一个角度，即从当代人生活的角度，对这些历史事件进行再研究和再发掘。这方面最典型的例子，就是在孔夫子诞辰2500年后，今人对以他为代表的儒家思想还在讨论、批判。在我看来，即使再过2500年，也不能说就没有讨论、批判了。历史证明，越是重大的事件，就越会产生长期的争论；越是影响深远的思想，人们就越是争论不休；越是伟大的人物，就越是让人难以忘却。在现实生活中，人们之所以经常围绕着某一问题进行争论，就是因为它的影响太大了，以至于无论人们持有怎样的观点，抱有什么样的目的，都无法回避它，都要研究它。

我们的理论研究，包括史学研究，要为中华民族的振兴服务，为国家的发展服务。这既是我们从事理论研究的目的，也是检验我们的理论是否具有真理性和价值的标准。一本书，如果能引起讨论，这是好事。在科学研究中，包括在历史学研究中，存在各种各样的观点和看法是正常的，也是必然的。既然存在不同的利益，存在各种矛盾，那么，即使是对同样的历史事件、人物和思潮，也会有各种各样的看法。历史学家的责任，就在于揭示人类历史发展的规律，帮助人们树立起正确的历史观。

同人文社会科学领域的其他学科相比，历史学有自己的特点，有自己特定的研究对象。每个时代的历史学，都是和这个时代人们的利益、前途命运紧密联系在一起的。所以，不同时代撰写的史书，都有侧重点，都有昭示这个时代思想灵魂的地方。反过来说，这一代人所关心的一些问题，也往往反映在他们对历史的看法上。

当然，这也是一种历史局限性。这种局限性是正常的。一部史书所反映的，必然是那一代人对历史的看法，反映了那一代人的生活。与一代人的根本利益相关的问题，必然要在他们这代人撰写的史书中有所反映。当前，与我们中国人民的根本利益相关的问题，涉及中华民族前途和命运的重大问题，也应该反映在我们的历史学和历史研究中。

我们这一代人写史，就要反映这个时代的历史任务和历史使命。江总书记在"七一"讲话中，讲到最高纲领和最低纲领的辩证统一关系。我们的最高纲领是实现共产主义。最低纲领是在现阶段，在中国共产党的领导下，实现社会主义工业化和现代化，实现中华民族的全面振兴。我们这一代人写史，就要为上述目的服务。

工业化和现代化，是人类历史发展进程中一个不可逾越的历史阶段。但不同国家和民族走向工业化和现代化的道路，却是多种多样的。一些发达资本主义国家实现工业化和现代化，是以制造其他国家和民族的灾难为前提的。在资本主义的发展史上，它们贩卖了多少黑奴，侵犯了多少国家，对别的国家和民族进行了多么残酷的掠夺、剥削和压迫！在资本主义的扩张进程中，一些民族和文明甚至被消灭。可以说，西方发达资本主义的发展，是建立在对其他国家和民族血腥压迫和掠夺的基础之上的。

我们不但承认资本主义工业化和现代化是历史的进步，而且要学习和继承它所创造的属于人类文明的成就。但是，资本主义国家给人类带来灾难的发展道路，是任何其他后发展国家走向工业化和现代化的进程中都要避免的。事实上，今天所有国家和民族，也不可能再走这条道路。时代变了。而且，西方发达国家也不会允许哪个后发展国家重新按它们的路子走！

有人说，后发展国家要实现工业化和现代化，必须先当"孙子"，做殖民地。试问，近现代以来，有哪一个国家是在当"孙子"、成为殖民地的时候走向工业化、现代化的？即使在个别国家可能，也不带有普遍意义。"老爷"们从来不想当"孙子"，总是要别人去当"孙子"。"孙子理论"其实是"老爷"们的理论，而不是"孙子"们的理论。要别人甘做"孙子"、做殖民地的人，良心何在？

所以，首先要弄清楚历史学家为谁服务的问题，以及历史学的真理性、客观性问题。美国人的历史学，美国人写的史书，当然是为美国人服务的。为美国的社会制度辩护，为它的内外政策唱赞歌，是美国统治阶级培养的所谓社会精英分子的精神支柱。

我们现在撰写史书，就是为中国走向现代化，为中华民族的全面振兴服务。离开了这一点，就是离开了中国人民的根本利益；离开了人民的利益，就离开了历史的主人，也就失去了史学的真理性。

史学的真理性和局限性，是永相伴随的。任何史书，都不具有绝对的真理性，都有局限性。不管是个人写的，还是集体写的，不管是政府主持写的，还是民间组织创作的，都是这样。所以，我们的史学研究，要紧扣时代主题。

五　历史学研究要解放思想

解放思想，是人文社会科学界面临的共同课题，历史学界也不例外。

历史学是最古老的学科之一，是关于人类社会自身发展过程的学问。它在中国有着悠久的传统，在世界各国也有丰厚的文献记载。具有中国优势和中国特色的历史学，是中华民族的精神支柱，是弘扬中华民族优秀文化传统的文献基础。如果没有这个精神支柱和文献基础，中国的历史文化传统怎么体现，怎样传承？当然，我们也要看到，中国古代的历史学，特别是中国历史上汗牛充栋的史书，是两千多年封建社会历史的记载。它既有非常显著的优点、特点，也有其内在的矛盾和问题。

在史学研究方法论问题上，西方某些历史学家经常是己所不欲，却施于人。在对己、对人的历史问题上，奉行双重标准。双重标准，正是两种立场、两种历史观的反映。他们对待苏联历史、苏共党史，对待中国古代史、近代史和当代史，都是运用他们惯常使用的一套。马克思主义历史学家与西方资产阶级历史学家，在历史问题研究上，不仅在思想理论观念上根本不同，而且在方法论上也不同。我们的史学工作者，应研究一下西方史学的双重标准问题。

要解放思想，就要科学地总结历史经验：一是要科学地总结我们自己的历史经验，特别是新中国成立50多年、改革开放20多年社会主义实践的经验；二是要学习和借鉴国外好的经验。只有这样，我们才能在前人的基础上有所创造、有所前进。

如何看待国外史学，也有一个解放思想的问题。中国的史学界要研究如何正确地看待人类文明的问题。任何人类文明成果，都有一般社会性、普遍性，也有其民族性和历史局限性。这是理论界特别是史学界值得重视和深思的问题。

在当代史问题上，我们应如何看待西方各国关于世界当代史的研究？如何从世界历史发展的全过程观察中国的历史，观察中国当代史？就整个世界而言，目前东西方文明、文化的相互碰撞程度之剧、规模之大、影响之深，前所未有。这是一个互相作用、互相激荡，甚至还会产生许多矛盾的历史过程。

借鉴和吸取世界优秀文明成果的过程，也就是不断认识世界的过程。如果我们既弘扬中华民族的优秀传统，又融合世界优秀的文明成果，中华民族的全面振兴就一定能够实现。

总之，研究历史，不仅有一个正确看待我们自己历史的问题，也有一个如何看待世界史的问题；不仅有一个如何看待古代史的问题，也有一个如何看待当代史的问题；不仅有一个如何反映历史发展规律的问题，还有一个服务当代社会的问题。应该用多种工具、多种方法研究历史，而且手段一定要现代化。历史是不断向前发展的，历史学也是不断发展的。

辛亥革命研究[*]

——为纪念辛亥革命90周年而作

（2001年10月）

90年前的辛亥革命，是中国近代史上一场具有划时代意义的资产阶级民主革命，在中华民族振兴的进程中，具有不可磨灭的历史功绩。

辛亥革命推翻了清朝统治，结束了我国两千多年的封建专制制度，实现了我国国家体制的一次重大转变，使民主共和的观念从此深入人心。

辛亥革命是反帝反封建的资产阶级民主革命的起点，是20世纪中国历史的第一次伟大的革命飞跃，是标志中国近代历史发展进程的里程碑。

对于这样一个伟大事件，我国学术界历来都给予相当的关注和重视。新中国成立后，半个世纪以来，历史学界为辛亥革命史研究做出了重要贡献。在21世纪到来之初，如何进一步地推进辛亥革命史的学术研究，仍然是学术界的一项重大课题。在此，我简略地谈谈个人的一些想法，以与学术界同仁共勉。

---

[*] 这是作者为纪念辛亥革命90周年而写的文章，发表于《近代史研究》2002年第1期。

一 辛亥革命史研究的成就

在中国这样一个具有悠久历史和史学传统的国度里，史学往往与历史进程同步。重大历史事件的发生，往往是历史学家记载与研究这段历史的开始。民国初年，一批记载这次革命历史的著作，便以中国革命史、辛亥革命史或中华民国开国史等名目问世。这些早期的辛亥革命史著作，多为革命党人亲历亲闻的史事记述，为后来的研究者提供了大量的史料。国民党建立其全国性的统治后，辛亥革命史研究被纳入国民党党史的范畴之内。正如时人所说："现在谈中国革命史的，多数是从兴中会起；而普通的又多由兴中会，而同盟会、国民党、中华革命党、中国国民党等相联接。"[①] 这样，一些渗透着浓厚党派成见气息的辛亥革命史著作，便成了为国民党正统观念服务的工具。不少史实被曲解，大量史事面目全非，实在难得一部信史。即使以资料见长的著述，如冯自由的《革命逸史》和邹鲁的《中国国民党史稿》，也因作者囿于党派成见，使其学术价值大打折扣。与此同时，中国的马克思主义史学家以唯物史观为指导研究辛亥革命，写出了诸如《帝国主义与中国政治》（胡绳）、《辛亥革命与袁世凯》（黎澍）等具有开创意义的学术著作，为辛亥革命史研究奠定了良好基础。

新中国成立后，中国史学工作者认真学习历史唯物主义和辩证唯物主义，努力清除封建的、资产阶级的唯心史观影响，创建马克思主义历史学的新体系。辛亥革命史研究被纳入这个新的研究体系之中，阶级分析的方法成为基本的研究方法，人民群众的革命活动成为主要的研究对象，新时代的辛亥革命史研究逐渐摆脱旧史学的

---

① 陆丹林：《研究中国革命史的我见》，载《革命史谭》，重庆独立出版社1945年版，第162页。

影响，而成为一门独立的历史学分支学科，并呈现出良好的发展势头。1956年，毛泽东为纪念孙中山诞辰90周年，发表了著名的《纪念孙中山先生》一文，高度评价了孙中山及其领导的辛亥革命的历史功绩，称他是"伟大的革命先行者"和"中国革命民主派的旗帜"。1961年，为纪念辛亥革命50周年，史学界在武昌举行了第一次全国规模的学术讨论会，展示了一批辛亥革命史研究的新成果。这两次活动，对于新中国成立以后的辛亥革命史研究有着重要的推动作用。另外，中国同盟会机关报《民报》的影印、中国近代史资料丛刊《辛亥革命》以及《辛亥革命回忆录》等文献资料的出版，为辛亥革命史研究提供了大量有价值的基本资料。

党的十一届三中全会以后，政治上的拨乱反正带来了思想上的大解放，辛亥革命史研究进入一个蓬勃发展的新时期。从1979年在广州举办的"孙中山与辛亥革命学术讨论会"、1981年纪念辛亥革命70周年到2001年纪念辛亥革命90周年，一系列关于孙中山与辛亥革命的国际学术讨论会的召开，为中外学者提供了广泛而直接的交流机会。在这个双向互动交流的过程中，中国学者大量优秀的学术成果被介绍出去，引起了国际学术界的相当关注与重视；同时，国外学者的一些新的研究方法与重要的研究成果也被译介进来，有力地推动了辛亥革命史研究走向繁荣。

这个时期，中国史学界出现了一批重要的研究成果，如章开沅、林增平主编的三卷本《辛亥革命史》，李新主编的两卷本《中华民国史》（第一编），金冲及、胡绳武合著的四卷本《辛亥革命史稿》等。同时，研究方法的多样化，大大地扩展了研究者的视野。现代化理论与其他社会科学方法的运用，使史家笔下的辛亥革命不再是一个孤立的标志政权更替的政治事件，人们更多地关注了清末民初中国政治结构的近代转型问题，以及与此相关的社会环境、社会群体、社会文化、社会心态等多方面的变动问题；历史学家不仅进一步研究了革命派的革命活动与思想，还开始研究立宪派的立宪运动及清政府的新政活动；不仅注意研究革命派、立宪派与旧官僚等各个政治派系的领袖人物，还注重研究各个政治派系其他众多的非领袖人物。另外，大量档案、文集与文史资料等文献资料的整理与出版，以及专门研究机构的建立与研究人员梯队的形成，都表明辛亥革命史的研究正在日趋成熟。经过这个时期的建设和发展，辛亥革命史研究已经从中国走向世界，成为一门具有国际意义的历史学分支学科。

90年来的辛亥革命史研究与90年来的中国历史进程密切相关。新中国成立以后，学术界关于辛亥革命史的研究取得了很大成绩。这些成绩，既增进了人们对辛亥革命史的认识，也推动了对广大人民的爱国主义教育。

二 高度评价辛亥革命的历史进步作用

辛亥革命是近代中国第一次具有完全意义的资产阶级民主革命。从今天的眼光来看，我们对辛亥革命的历史进步意义必须给予高度估价。那种忽视、轻视甚至否定辛亥革命，认为辛亥革命是可有可无的观点，是不尊重历史的表现。

"在分析任何一个社会问题时，马克思主义理论的绝对要求，就是要把问题提到一定的历史范围之内。"[①] 这是马克思主义关于历史评价问题的一条基本原则。要想给辛亥革命一个恰当的历史定位，就必须把它放在近代中国历史发展进程中来考察。

中国历史步入近代的历程是艰难而屈辱的。1840年的鸦片战争，英国殖民者迫使古老的中国向近代西方资本主义世界打开门户，

---

① 《列宁选集》第2卷，人民出版社1995年版，第375页。

一步步将中国变为半殖民地半封建社会。"满族王朝的声威一遇到英国的枪炮就扫地以尽,天朝帝国万世长存的迷信破了产,野蛮的、闭关自守的、与文明世界隔绝的状态被打破,开始同外界发生联系。"① 近代中国"不是一个独立的民主的国家,而是一个半殖民地的半封建的国家;在内部没有民主制度,而受封建制度压迫;在外部没有民族独立,而受帝国主义压迫"②。

近代中国的社会性质是半殖民地半封建社会,社会基本矛盾是帝国主义与中华民族的矛盾和封建主义与人民大众的矛盾。这样特殊的国情,决定了近代中国人民的首要任务,必然是反帝反封建的资产阶级民主革命。因为帝国主义和封建主义都是阻碍、压制中国民族资本主义发展的势力,只有完成反帝反封建的民主革命,才能为中国民族资本主义开辟发展的道路。通过反帝反封建的民主革命以实现民族独立和人民民主,通过现代化运动以实现国家富强,是近代中国历史发展的两大基本任务。

从民主革命的角度看,辛亥革命是资产阶级民主革命的真正起点。毛泽东曾说:"中国反帝反封建的资产阶级民主革命,正规地说起来,是从孙中山先生开始的。"③ 辛亥革命以前的革命斗争,都没有从新兴资产阶级的利益出发,明确提出发展资本主义的经济纲领,更没有提出推翻封建帝制、建立民主共和国的政治纲领。只有在辛亥革命中,以孙中山为首的资产阶级革命派,组织了反映资产阶级根本利益的革命政党——中国同盟会,提出了反映近代中国时代特征的以"民族、民权、民生"三大主义为标志的革命纲领,有计划地领导了中国人民开展反帝反封建的武装革命斗争,最后推翻了腐朽的清政府,沉重地打击了帝国主义在华侵略势力,将近代中国革

---

① 《马克思恩格斯选集》第1卷,人民出版社1995年版,第691页。
② 《毛泽东选集》第2卷,人民出版社1991年版,第542页。
③ 同上书,第563页。

命运动引上了资产阶级民主革命的轨道。这是符合世界历史发展方向的，也是符合中国历史发展方向的。辛亥革命在近代中国革命史上的历史地位和它的历史进步意义是不可低估的。

从现代化的角度来看，辛亥革命开启了中国早期现代化的闸门。政治上，辛亥革命推翻了清王朝的统治，结束了中国两千多年的封建君主专制制度，为政治现代化扫除了制度性障碍，并做了制度创新的有益尝试，建立了中国第一个资产阶级民主共和国。经济上，辛亥革命推翻了封建帝制，冲击了封建主义的经济基础，南京临时政府发布了一系列发展资本主义工商业的政策法令；再加上革命之后孙中山、黄兴等人致力于民生主义和实业建设，使民国初年出现了"振兴实业"的热潮。民国的建立与帝制的废除，不仅仅是政体形式的变换，更重要的是思想观念的革命性变革，民主共和观念的深入人心。孙中山曾明确地宣称：在建立民国以后，"敢有帝制自为者，天下共击之！"[①] 从此，帝制将不复存在于中华大地，袁世凯称帝与张勋复辟的败亡，便是最好的铁证。辛亥革命推动中国早期现代化进程的积极作用同样是不可低估的。

由于时代条件和资产阶级的软弱，辛亥革命又是一次不彻底的革命，并没有最终完成反帝反封建的任务，也没有给中国带来独立、民主和富强。但是，辛亥革命的成功和失败，给此后的反帝反封建革命提供了经验教训，开辟了前进的道路。特别是以孙中山先生为代表的资产阶级革命派最早喊出了"振兴中华"的响亮口号，激励了几代中华儿女，为后人留下了宝贵的精神财富。从这个角度来说，中国共产党领导的新民主主义革命及其胜利，是辛亥革命的继续和发展。

学术界对于辛亥革命历史功绩的肯定一直是主流。然而，最近

[①] 《孙中山全集》第 1 卷，中华书局 1981 年版，第 297 页。

几年，在这个主流基调之外出现了一个极其不和谐的声音，即所谓的"告别革命"说。论者宣布要告别一切革命，不仅要告别法国大革命，告别俄国十月革命，也要告别辛亥革命，以及辛亥革命以后的一切革命。所谓"告别革命"，就是否定革命。奴隶们不要反抗，不要选择，应该认命，甘当奴隶。按"告别"论者的说法，历史上发生过的革命是可有可无的，与其崇尚革命，不如推崇改良，如果改良搞得好，革命是可以避免的。就辛亥革命而言，他们认为："当时中国可以有两种选择，一是康梁主张的'君主立宪'之路，一是孙中山主张的暴力革命的道路。现在看来，中国当时如果选择康梁的改良主义道路会好得多，这就是说，辛亥革命是不必要的。"显然，这是历史唯心主义者观察历史运动的看法，它完全无视历史发展是有规律可循的客观历史运动。

"人们自己创造自己的历史，但是他们并不是随心所欲地创造，并不是在他们自己选定的条件下创造，而是在直接碰到的、既定的、从过去承继下来的条件下创造。"[1] 革命作为历史发展过程中的一种客观的历史运动，不是随心所欲可以创造出来的，也不是随心所欲可以制止的，更不是由什么人可以宣布否定就否定得了的。人类历史上发生过的一切革命运动，都是阶级矛盾和社会矛盾不可调和的历史产物，辛亥革命也不例外。

的确，20世纪初期的中国确实存在着革命与改良两条政治道路的选择，两条道路之间也曾有过激烈的斗争。但是，一个明显的事实是，当革命党人领导的武昌起义爆发时，立宪派人士大都从对清政府宪政改革的绝望中自然地转到革命阵线中来，是历史抛弃了康、梁的"君主立宪"之路，选择了孙中山的"暴力革命"道路。20世纪初期的中国历史就是这样发展过来的，这是一

---

[1]《马克思恩格斯选集》第1卷，人民出版社1995年版，第585页。

个不争的历史事实，是谁也"告别"不了的。

客观存在的历史事实是不能否认的，无视客观存在的历史虚无主义是不可取的。诚然，对于革命的成败利弊得失问题，我们可以进行客观的历史研究。辛亥革命有成功的经验，也有失败的教训，我们都可以进行具体的分析。"究天人之际，通古今之变，成一家之言。"[①] 弄清历史事实，总结经验教训，发现历史规律，这才是历史学家的神圣使命。

三 评价历史人物要以时代贡献作为基本标准

历史是人民创造的，研究历史自然离不开对人物的评价问题。对于近代中国历史人物的评价，必须看他是否符合近代中国历史发展的潮流。如前所述，近代中国历史发展的两大基本任务是民族独立和现代化，民族独立和现代化问题决定了近代中国历史发展的基本走向。这样，是否坚持反帝反封建的民主革命，是否有利于中国现代化的历史进程，就是评价近代历史事件与人物的基本标准。从这个标准出发，才能科学地判定历史人物给历史时代贡献了什么。我们对辛亥革命历史进步作用的估价就是根据这个标准，对辛亥时期历史人物的评价当然也离不开这个标准。

在辛亥革命时期历史舞台上表演的历史人物大致可以分为革命派、立宪派与旧官僚三大类。正如辛亥革命有成功也有失败一样，对革命派人物的评价也应该实事求是、客观公道、一分为二，既要看到其历史功绩，也要看到其历史局限性。

一方面，对于革命领袖人物孙中山、黄兴、宋教仁等人的历史功绩，我们应该给予充分的肯定。孙中山揭橥的民族、民权、民生

---

① 司马迁：《报任安书》。

"三民主义"的革命纲领，表明辛亥志士追求的是民族独立、人民民主和国家富强，这是时代的最强音。黄兴、宋教仁等一批革命党人自觉地汇集在孙中山的革命旗帜之下，是他们共同领导了辛亥革命的胜利。他们真正地开启了近代中国的资产阶级民主革命，并有力地推动了中国早期现代化进程，这是他们最主要的历史功绩。

另一方面，辛亥革命的不彻底性以至于最终的失败结局，固然可能有多方面的客观原因，但革命的主要领导人孙中山、黄兴、宋教仁等对封建旧势力的妥协退让，民族、民主革命和反封反帝的认识的局限，无疑也是一个重要因素。我们在评价革命派人物的时候指出这一点是很有必要的，这才是实事求是的历史主义的态度。当然，我们也不能一味地苛求前人，那可能会走向事物的反面。"判断历史的功绩，不是根据历史活动家没有提供现代所需要的东西，而是根据他们比他们的前辈提供了新的东西。"[①] 以孙中山为首的资产阶级革命派人物在近代中国历史前进的道路上，正是提供了他们的前辈不曾提出过的东西，而他们提供的东西是符合时代要求的，是符合历史前进方向的，他们的历史功绩应该是首位的。

从现代化的角度来看，立宪派发动的立宪运动，以及他们在发展资本主义工商企业方面所做的实际努力，也是中国现代化历程中的重要环节，对于推动中国早期现代化进程也有一定的积极作用。就是晚清政府在工商实业、军事警察、教育文化以及司法改革方面出台的一些实际措施，历史学家也要给予恰当的评价。在这方面，不仅梁启超、张謇等立宪派人物值得给予肯定的评价，即使张之洞、袁世凯等旧官僚人物的新政活动也不容忽视。然而，如果我们把新政、立宪与革命三大运动作一简单的比较就会发现，清政府新政改

---

① 《列宁全集》第2卷，人民出版社1959年版，第150页。

革的根本目的，是要维护封建君主专制统治，因此，不惜对成长中的资产阶级作一些让步，许诺他们若干政治权力，制定一些有利于资本主义发展的行政法规；立宪派的君主立宪活动，也是以承认皇权的合法性权威为基本前提的，他们害怕革命，希望在皇权掩护下发展资本主义，但是当朝廷以"预备立宪"敷衍他们的立宪要求时，他们也会起而奋斗，其中一部分人最终附和革命；而革命派的奋斗目标，是要推翻清王朝的封建君主专制统治，建立民主共和国，这是从国体和政体两方面保障资产阶级的根本利益，把中国引导到资本主义社会。

在中国社会发展的资本主义前途上，革命派和立宪派的方向实际上是一致的。在达成资本主义社会的手段上，革命派与立宪派的政治主张是对立的。总的来说，在需要用革命手段来推进历史进步时，立宪派的反对、对抗革命与旧官僚势力的阻碍、破坏革命的消极影响，是不能否认的。对于他们对抗与破坏革命的反动性，也应该有更加清醒的认识。

近年来，随着学术思想界一股否定革命的思想逆流的出现，以往被肯定的革命人物，受到指责与批评；相反的，以往被基本否定的革命对立面人物，则受到肯定与颂扬。一些近代史的人物、事件，受到不实事求是的、歪曲历史的评价。应当说，在历史人物的评价方面，对于过去某些把握不准的地方，以及某些过火的地方，给予纠正是很有必要的。但是，不分青红皂白，大做"翻案"文章也是不必要的。对辛亥时期历史人物的评价，有一种所谓的"扬袁抑孙"现象，即有意地抬高袁世凯而贬低孙中山。诚然，袁世凯并非一无是处，孙中山也自然有其不足。但是，有一个客观历史事实是非常清楚的：孙中山领导辛亥革命推翻帝制建立民国的不朽功勋，是不可磨灭的；袁世凯帝制自为出卖国家利权的昭彰罪恶，也是无法掩盖的。这是历史的事实，是否定不了的！

褒是贬非，扬善惩恶，是中国史学的优良传统，也是历史之正义与史学家之良知。我们必须注意的是，评价历史人物要有正确的历史观。我们提倡马克思主义唯物史观，就是要实事求是，尽力做到客观公正。"判断一个人当然不是看他的声明，而是看他的行为；不是看他自称如何如何，而是看他做些什么和实际是怎样一个人。"[①]正确的历史观，是史家的基础。对历史人物的评价，我们只有本着实事求是、客观的科学的态度，一切从客观历史事实出发，不饰非，不溢美，才有可能得出平实公允的结论，恢复历史人物的本来面目。

四 继续推动辛亥革命历史的研究

辛亥革命已经有了90年的历史，辛亥革命史的研究也有了90年的历程。经过学术界长期不懈的努力，辛亥革命史研究已经达到了相当的高度，形成了所谓的"学术高原"，如何进一步发展、深入，是一个紧迫的现实问题。在新世纪已经到来的时刻，我们应当理性地总结过去，展望未来，努力将辛亥革命史的学术研究推向前进。

首先，坚持马克思主义唯物史观，实事求是地进行科学研究。回顾90年来的辛亥革命史研究，成绩固然很多，问题也还不少。其中一个重要的问题就是历史观问题，以往一些历史评价的偏差失误，根本原因就是历史观的偏向与错误。只有一切从客观历史事实出发，实事求是地进行科学研究，才能使辛亥革命史研究不至于偏离正确的轨道，并能一步步地走向真理。

其次，开阔研究视野，拓宽研究领域。辛亥革命不是一个孤立的政治事件，辛亥革命前后的中国社会变动是一个整体的结构性转

---

① 《马克思恩格斯选集》第1卷，人民出版社1995年版，第560页。

型，不是单纯的政治史研究所能解决的问题。当时的世界，正是第一次世界大战的前夜，中国已和世界发生了许多深刻的联系，外国列强不仅纷纷进入中国，还不断干涉和吞噬着中国。研究方法的多样化，如借鉴其他社会科学的研究方法，可以扩大我们的研究视野，从而拓宽研究领域。事实上，近年来，现代化理论与一些其他社会科学方法的运用，已经使辛亥革命史的研究逐渐摆脱了以往单纯的政治史研究取向，政治史、中外关系史、经济史、社会史、文化史、心态史等多元取向，更为接近历史的本来面目。这就为辛亥革命史研究开辟了许多新的领域，其中不少领域的研究还刚刚开始，还有待于学术界进行具体的实证研究。当然，就政治史研究而言，也远远没有达到穷尽的地步，不仅辛亥革命本身还有许多问题需要进一步研究，与辛亥革命相关的立宪运动、清末新政等，也都需要加强研究，提出新的认识，以丰富我们的历史知识。

我们的眼光不能仅停留在辛亥革命历史本身。研究辛亥革命历史，要与辛亥革命以后的中国历史发展联系起来，要与当时世界形势的发展变化联系起来。辛亥革命后由于孙中山先生的努力，由于辛亥革命所造就的精神力量，近代政治史上曾发生过两次国共合作，两次国共合作都推动了中国历史的进步，两次国共合作都带来了中国的解放和中华民族振兴的机遇。这种机遇，同时给中国国民党和中国共产党提供了发展条件和活动舞台。但是在历史的机遇面前，由于中国共产党一贯代表了中国大多数人民的根本利益，人民选择了中国共产党，选择了中国的社会主义前途。中国共产党人始终认为，我们党的奋斗是孙中山先生选择的继续，是辛亥革命选择的继续，是中国近代历史选择的继续。半个世纪以来，我国在社会主义建设和发展道路上做出的成功探索，是辛亥革命以来我国历史道路探索的结果。对这个历史过程，我们也要努力研究，提出有说服力的解释。

再次，加强国际学术交流。近二十余年来辛亥革命史研究的繁荣，在很大程度上得益于改革开放政策下的国际学术交流。通过这个途径，我们不仅让国际学术界了解了我们的学术成果，更重要的是，我们译介了国外学者一些重要的研究成果，借鉴了一些好的研究经验，引进了一些新的研究方法，这些对于我们的学术研究起了很大的推动作用。今后，我们应继续加强国际学术交流，以更加开放的心态学习、掌握外国学者的研究方法，让辛亥革命史研究进一步走向世界。

最后，史家要关注现实。历史学虽然有其自己的独立品格，但是，历史是连续的，现在是由过去发展而来的，现实离不开历史，历史学也离不开现实，历史学家应关注现实。现实中不断地出现一些新问题。历史学家研究的对象是历史事件、历史人物、历史运动、历史上的社会现象，这是这门学科本身所规定的。但是历史学家也要解放思想，要借助今天科技发展的水平，要借助一切最新的科技手段和研究方法。比如，在辛亥革命历史研究上，建立有关辛亥革命历史资料权威的数据库，使这种数据库光盘化、网络化，有方便的检索功能，彻底改变历史学家传统的研究手段，大大提高研究工作的质量和水平。

值此纪念辛亥革命90周年之际，应该继续重视辛亥革命史的研究。无论是辛亥革命的历史作用还是现实意义，以及一切与辛亥革命相关的课题，都是需要学术界进一步用心加以研究的。在历史学研究领域里，应该出更多的精品力作。我们期待着学术界，为繁荣和发展历史学做出新的贡献。

学风与文风[*]

（2001年11月20日）

59年前，在中国革命和中国共产党处于重大转折的历史关头，我们党卓有成效地开展了整风运动，即反对主观主义以整顿学风、反对宗派主义以整顿党风、反对党八股以整顿文风。延安整风，极大地提高了全党的马克思主义思想理论水平，使党在思想、组织上达到了空前的团结。

今天，时代发生了深刻变化。新事物目不暇接，新问题层出不穷，新任务异常艰巨。我们党再一次面对重大转折的历史考验。江泽民同志的"七一"讲话，就是中国共产党人迈向新世纪的理论宣言和行动纲领，是面向全党的马克思主义再学习、再教育。最近，党的十五届六中全会通过了《中共中央关于加强和改进党的作风建设的决定》，必将把这一再学习、再教育运动进一步推向前进，从而大大提高党的领导水平，增强党的执政能力。

党风涉及党的事业、政治、生活的方方面面。本文着重就思想理论界、学术界的学风文风问题谈几点看法。

一 党风、学风与文风

党风是党的生命。党风关系党的形象，关系人心向背，是党区

---

[*] 本文初刊于《中国社会科学院要报》2001年11月20日，后公开发表于《求是》2002年第1期。

别于其他一切政党的重要标志。陈云同志说过，执政党的党风，是关系党的生死存亡的大问题。[①] 经过80年艰苦卓绝的奋斗，我们党已经由一个数十人组成的秘密组织，成为拥有6000多万党员的大党；由一个以夺取政权为目标的革命党，成为领导12亿中国人民，为建设富强、民主、文明的社会主义现代化国家而奋斗的执政党。历史选择了我们党，人民寄厚望于我们党，时代赋予我们党以重大责任。党风建设，不可避免地成为摆在全党面前的战略任务。

学风是党风的灵魂。党风好坏，学风是关键。党风表现在党的生活的各个方面，表现为党的思想、领导、工作、生活作风，也表现为学风和文风，核心是学风。学风反映了党的思想、理论的素质和水平，是一个政党、一个人的世界观、历史观、价值观的集中体现。马克思主义的理论联系实际的优良学风，反映在思想认识上必然地要求解放思想、实事求是；反映在党的工作实际中必然是一切相信群众，一切依靠群众，一切为了最广大人民群众的根本利益；反映在文风中，就是要具有为人民大众喜闻乐见的生动活泼的语言风格。与此相反，主观主义的学风，反映在思想认识上，必然是教条主义和经验主义，是思想僵化；反映在实际工作中，必然是脱离群众的官僚主义；反映在文风中，必然是空洞无物的八股。

重视学风是一个政党走向成熟的重要标志。1942年的延安整风，1978年的"真理标准"大讨论和十一届三中全会，其伟大意义绝不仅仅在于从政治上清算"左"倾路线（比较而言，这相对容易些），更重要的在于思想理论上的拨乱反正。苏联解体，表面上看，是苏共政治上的失败，但深层原因却是其思想理论上的长期僵化，无力应对时代的深刻变化，逐渐丧失民心，丧失了执政能力。历史经验表明，一个政党，思想理论上僵化，跟不上时代前进的步伐，

[①] 《陈云文选（1956—1985）》，人民出版社1986年版，第245页。

必然在政治上遭到破产。

学风问题的实质，是用马克思主义的态度对待马克思主义。马克思主义是实践的科学、发展的理论，而不是一成不变的僵死的教条。用马克思主义的态度对待马克思主义，其基本点是：一要用实践的观点来对待马克思主义。就是要面向实际，解决中国的实际问题。不解决实际问题的马克思主义，不是中国化的马克思主义，不是中国人民所需要的马克思主义，而是抽象的空洞的马克思主义。二要用发展的观点来对待马克思主义。就是要与时俱进，勇于探索，不断推动马克思主义的理论创新。归结到一点，就是解放思想，实事求是，把马克思主义基本原理同中国实际相结合。

中国共产党人在80年间，成功地实现了这种结合，形成了中国化的马克思主义：毛泽东思想和邓小平理论。这是我们能够取得巨大成就并不断走向新胜利的最可靠的思想保证。"实事求是"、"三个有利于"、"三个代表"，尽管就其思想渊源来说，都可在马克思主义经典作家那里找到根据，但由于注入了中国共产党和中国人民的实践经验与理论创新，具有鲜明的中国气派和时代品格，因而是中国共产党人对马克思主义的创造性运用和发展。

文风是学风的集中体现。古人云："文如其人"[①]，今人（李大钊）谓："铁肩担道义，妙手著文章"[②]，说的都是作文与做人的一致性。其实，这个道理，更进一步地说，应该是"文如其学"。文风是学风的表现形式。如果说学风是理论的灵魂，文风则是其血肉，有灵有肉才是好理论；如果说学风是思想的根，文风则是其叶，有根有叶，思想之树才能茂盛长青；如果说学风是学说的质，文风则

[①] 出自宋代大文学家苏轼《答张文潜书》中评价他的弟弟苏辙的话。
[②] 明代文化名人杨继盛，因抗御强暴、反对权奸严嵩，而惨遭严嵩杀害，杨继盛就是在临刑前写下名联："铁肩担道义，辣手著文章。"1916年9月，李大钊的一位朋友请他题写一副对联。他想起了这副楹联，于是奋笔疾书了"铁肩担道义，妙手著文章"十个大字，与朋友共勉。只是李大钊巧妙地将"辣"字改成"妙"字。

是其言,有质有言才是好学说。

文风是理论掌握群众的重要方式。理论不是花瓶,不是摆设。理论的作用终究是要指导实践,特别是千百万人民群众的实践。理论只有掌握群众,才能变成指导社会变革和发展的巨大的物质力量,才能实现其价值。从历史上看,任何僵化的理论,总是以漠视群众开始,而以被群众抛弃为结束的。

理论怎样掌握群众?第一,理论必须彻底。所谓彻底,就是抓住事物的根本,就是"透过现象看本质"。第二,理论必须反映群众的利益、愿望和要求,反映群众的喜怒哀乐。第三,理论必须具有为群众所喜闻乐见的生动活泼的表现形式。有谁说深刻的思想只有通过艰涩的语言才能表述?任何鲜活的深刻的思想,总是通过明白畅达的文字来传播的。邓小平说,马克思主义打不倒不是因为它大本子多,而是因为它是真理,是很实在的道理。真理总是朴实的。

文风是时代风气的缩影。我国魏晋的奢华、宋代的缠绵、晚清的沉闷,西方文艺复兴时期的自然、张狂,第二次世界大战后的颓废,都是那个时代风气的反映。

二 创新理论,必须端正学风和文风

创新理论,是当代马克思主义者的庄严历史责任。目前,我国已进入全面建设小康社会,加快推进社会主义现代化建设的新的发展阶段。今天的中国已经不是在孤立、封闭的条件下,而是在中国与世界的相互作用中来解决自身的发展问题。在世界资本主义的包围之中,处于霸权主义的威胁之下,如何科学地认识和处理与资本主义世界的关系?我们没有既成的经验、模式可以照抄照搬,这就要求全党同志必须高度重视理论学习,提高理论思维能力和水平,要求我们以极大的政治勇气和理论勇气,不断推动理论创新。深化对"三大规律"的认识，需要理论创新；解决党的建设"两大历史性课题"，需要理论创新；实现中华民族的伟大复兴，同样需要理论创新。

理论创新不是凭空杜撰，不是胡思乱想，不是"空中楼阁"。理论创新就是对客观规律的新揭示，对实践经验的新概括，对真理的新认识，对新事物、新问题的科学思考，就是在改造世界的同时加深认识世界的过程。

创新理论，必须改革学风与文风。学风文风之所以要改革，是因为当前在理论学术界，确有一些不良学风文风，妨碍着哲学社会科学的进一步繁荣和发展，妨碍着理论创新事业的健康发展。诸如：有的人开口"马列"，言必"外国"。仿佛一经引用马列词句或外国学者的言论，其立论马上就能变得坚实起来。其实这恰恰反映了理论思维的不丰厚、不扎实。"东"教条不灵，"西"教条也不灵。一切教条，一切照抄照搬，都不是科学，都是不可能成功的。再如，有的无的放矢，言之无物；有的隔靴搔痒，无病呻吟；有的盛气凌人，"帽子工厂"；有的晦涩玄奥，故作艰深；有的千篇一律，剽窃抄袭；有的陈词滥调，文字干瘪；等等。

存在于理论学术界的上述种种不良学风文风，本质上都是违背解放思想、实事求是的思想路线，违背理论联系实际的马克思主义学风的，都是教条主义学风和文风的表现，都是大不利于理论创新、大不利于党和人民事业前进的，都是必须逐步加以克服的。

我们必须将学风文风问题提到党风的高度来认识和解决。

端正学风文风，必须实现思想认识的"三个解放"。即自觉地把我们的思想认识，从那些不合时宜的观念、做法和体制的束缚中解放出来，从对马克思主义错误的和教条式的理解中解放出来，从主观主义、形而上学的桎梏中解放出来。

端正学风文风，必须着力研究解决重大时代课题。正确地提出问题，从来都是正确地解决问题进而推动理论创新、学术发展的首要环节。只有善于把握那些全局性、前瞻性、战略性的重大时代课题，才能从根本上克服理论脱离实际、无的放矢、言之无物的不良风气。问题是什么？问题就是事物的矛盾，"问题是时代的格言，是表现时代自己内心状态的最实际的呼声"①。目前中国社会科学院已确立了100余项重大课题，力争在今后若干年内推出一批重大科研成果。

所谓重大课题，主要是对一个时代、民族、国家的发展而言的。对于这类问题的思考，能够导引实践前进、理论发展，进而成为人类由必然王国走向自由王国的一个环节。这就要求问题的提出者有宽阔的眼界、敏锐的感觉和深邃的思考。当然，大而无当不足法，小中见大也能巧夺天工。在提问题方面，大而不空洞，专而不琐碎，深刻而不浮躁，新锐而不数典忘祖，那是再好不过了。

江总书记非常重视理论研究，给中国社会科学院出了很多重大题目。希望党和国家各部门都能给中国社会科学院出题目。

端正学风文风，必须创建有中国特色的理论、范畴、话语体系。概念、范畴、话语，是人类思维之网上的一个纽结。时代在发展，社会在前进，社会生活日益复杂多变，因此，旧的概念、范畴、话语逐渐被新的概念、范畴、话语所取代，是人类思维发展的必然，也是理论前进的重要标志。"三个代表"就是新的范畴体系。

为了推动理论创新、学术发展，有必要学习借鉴外国优秀文化成果，但切忌简单照抄照搬外国的理论、概念、范畴、话语体系。因为它们归根到底反映了别国、别人的社会存在、利益和愿望。学习的目的是"为我所用"，而不是充当"留声机"。要努力适应时代发展的要求，创建有中国特色的理论、范畴、话语体系。

端正学风文风，必须确立"精品意识"。随着传播手段的发达，

---

① 《马克思恩格斯全集》第1卷，人民出版社1995年版，第203页。

一个人要发表自己的思想、学术成果已经不那么困难了。相应地，提高学术质量、增强思想的原创性就显得格外重要。以中国社会科学院为例，每年出版84种期刊，发表450余部著作，论文（含研究报告）4000余篇。这个数量不算少，但质量如何呢？实在说，不能令人满意。与江总书记"八七"讲话中对社会科学界的要求相比，更是有很大差距。这种状况，必须从根本上加以改变。

端正学风文风，必须有生动活泼的语言。古人讲，写文章，语言要"有开有合"，摇曳多姿，横看成岭侧成峰，有山峦，有叠嶂，有瀑布，有溪流，切忌一马平川，一览无余。新的时代不仅催生新的思想、理论，而且在创造新的语言。这就要求我们的理论家、学者与时俱进，光大传统，博采众长，打好语言基本功。一是要向群众学习语言。进入小康社会的我国人民，创造了大量新鲜经验和新鲜活泼的语言，大大丰富了我国的语言文化资源。目前，对于这项资源，确有深入挖掘的必要。二是要向我国古代的文化传统学习。古人讲，"惜字如金"[①]，这是学者必备的素质。现在不少青年学者在这方面的修养不高，写文章，做演说，新话不多，废话不少。古人在遣词造句等方面有很丰富的遗产，对此，我们要进一步加以整理、吸收。三是要向外国语言学习。经济全球化背景下，各民族的文化交流日益广泛而紧密。20年前，即使在学术界，又有多少人知道"世贸组织"是何物呢？而今，普通百姓都耳熟能详了。

我们相信，在以江泽民同志为核心的党中央领导下，在人民群众无比丰富而深刻的实践推动下，我们的理论创新事业一定会蓬蓬勃勃地发展起来，并开出绚丽的花朵，结出丰硕的果实。

---

① 成语出自（清）李渔《闲情偶寄·词曲·格局》："文章所忌者，开口骂题。便说几句闲文，才归正传，亦未尝不可，胡遽惜字如金，而作此卤莽灭裂之状也！"

关于社会科学的几个问题[*]

（2001 年 12 月 10 日）

江泽民同志的"七一"讲话，科学地总结了我们党 80 年的历史经验，号召全党要在实践中不断丰富和发展马克思主义。

一　哲学社会科学的地位和作用

哲学社会科学是研究人和社会的存在和发展，揭示其本质和运动规律，探索真理，以实现社会进步和人的全面发展的科学。它为解决人类社会发展过程中遇到的各种问题，提供知识、理论和方法论基础，是人类认识世界、改造世界的思想武器。哲学社会科学知识的普及，对于帮助人们形成正确的世界观、人生观和价值观，提高国民的文化素质和精神境界，具有重要意义。哲学社会科学的研究能力和成果，也是综合国力的重要组成部分。从这个意义上讲，哲学社会科学的创新与发展能力如何，直接关系到一个国家、民族的盛衰兴亡。

具体来说，哲学社会科学的地位和作用，主要表现在以下几个方面。

---

[*] 这是作者在国防大学的演讲。

（一）哲学社会科学是实现社会变革、创建制度文明的理论先导

社会的进步，表现为在生产力的推动下生产关系和上层建筑的更迭，即社会制度的变革。在人类社会的历史发展进程中，当生产力发展到新的水平，生产关系和上层建筑成为生产力发展的障碍时，社会制度的变革就显得格外重要和迫切。而社会制度的变革，在很大程度上取决于哲学社会科学对一定社会的认识水平。因此，哲学社会科学的理论发展，是制度变革和体制创新的重要前提。

纵观古今中外，这样的例证，俯拾即是。如14—16世纪的文艺复兴运动，17—18世纪的资产阶级启蒙运动，都体现了当时社会制度变革的要求，为行将到来的资产阶级革命做了舆论和理论上的准备。倘若没有文艺复兴运动和启蒙运动，也就不可能有近代的西方资本主义文明。在当代中国，如果没有"实践是检验真理的唯一标准"大讨论，就不可能重新确立解放思想、实事求是的思想路线，也不可能有改革开放的全面启动和深入展开。

（二）哲学社会科学是解放和发展生产力、创建物质文明的巨大动力

从社会运行机制来看，生产力的发展，不仅同生产关系、社会基本制度的变革有关，而且同劳动过程的科学组织和管理制度的创新密不可分。马克思说过，社会生产力既包括科学的力量，又包括生产过程中社会力量的结合。生产过程中的社会结合，也即劳动过程的科学组织和管理制度，正是社会科学研究的重要对象。社会科学中有关这方面研究的理论创新和突破，必然极大地影响和改变生产过程，从而推动社会生产力的发展。例如，随着当代经济学的发展，现代企业制度不断完善，这使企业生产中人与物、人与人之间的结合方式更加科学化、合理化，从而成为促进生产发展的巨大动力。

我国已经加入世界贸易组织，将更深更广地参与经济全球化进程。在世界范围内实现资源的优化配置，对于解放和发展生产力十分有利。但中国是一个社会主义国家、发展中国家，加入WTO，意味着我们将与发达资本主义国家进行面对面的竞争与合作。我国的经济安全，特别是金融安全，将面临着前所未有的挑战。如何抓住机遇，化解风险，把危险降到最低程度，确保我国经济持续、快速、健康发展，哲学社会科学将发挥越来越重要的作用。

（三）哲学社会科学是创建精神文明、实现人的全面发展的强大支柱

哲学社会科学在"以科学的理论武装人，以正确的舆论引导人，以高尚的精神塑造人，以优秀的作品鼓舞人"①，大力提高中华民族的思想道德和科学文化素质等方面，起着极为重要的作用。例如，哲学，可以帮助人们形成科学的世界观、方法论、价值观，提高人们观察、认识世界和改造世界的能力；经济学，以其对经济运行规律的探索和理性把握，指导人们更好地从事经济活动，更有效地推动社会经济的发展；政治学和法学，通过揭示政治、法律与现实生活的本质联系，帮助人们对社会秩序实施有效的调控和管理；文学和美学，促进人们提高审美意识和审美情趣，以陶冶人的情操，净化人的心灵；史学，帮助人们总结历史经验，揭示历史规律，汲取历史智慧，批判地继承传统文化遗产，促进民族文化的传承、弘扬和发展；如此等等。

恩格斯说得好，"一个民族要想登上科学的高峰，究竟是不能离开理论思维的"②。缺乏理论思维，缺乏创新的理论思维，科学的发展就难免走弯路。当今世界，一方面，科技迅猛发展；另一方面，人类又普遍面临着生态失衡、环境污染等全球性危机。解决这些危

---

① 《十四大以来重要文献选编》（上），人民出版社1996年版，第647页。
② 《马克思恩格斯选集》第4卷，人民出版社1995年版，第285页。

机，就要求自然科学与哲学社会科学进行多学科的综合研究，单靠自然科学或单靠哲学社会科学，都是无法胜任的。随着经济的迅速发展、社会的全面进步和人类自身的不断完善，哲学社会科学的地位、作用也愈益突出。在21世纪科学制高点的争夺中，哲学社会科学将是最重要的领域之一。

江泽民同志在"八七"讲话中明确指出："加强哲学社会科学研究，对党和人民事业的发展极为重要。""在认识和改造世界的过程中，哲学社会科学与自然科学同样重要；培养高水平的哲学社会科学家，与培养高水平的自然科学家同样重要；提高全民族的哲学社会科学素质，与提高全民族的自然科学素质同样重要；任用好哲学社会科学人才并充分发挥他们的作用，与任用好自然科学人才并发挥他们的作用同样重要。"[①] 应该努力学习和贯彻"八七"讲话精神，我们必须像重视自然科学那样重视哲学社会科学。

二　哲学社会科学的基本特点

哲学社会科学与自然科学都是科学，但是，它与自然科学又有所区别。它有自己的研究对象，有独特的研究方法。因此，它有自己基本的特点：

实践性。人类的全部社会生活在本质上是实践的。哲学社会科学的各种理论，都来源于实践，服务于实践，并通过实践来检验其真理性和价值。社会生活的实践性决定了哲学社会科学的实践性。

"理论是灰色的，而生活之树是常青的。"[②] 只有植根于社会实

[①] 《人民日报》2001年8月8日第1版。
[②] 德国著名诗人歌德有一句名言："理论是灰色的，而生活之树是常青的。"列宁在《怎样组织竞赛》一文中，为了强调"理论由实践赋予活力，由实践来修正，由实践来检验"，曾引用过歌德的这句名言。

践的理论，才能长盛不衰。哲学社会科学的各种理论，只有通过认识和解决社会实践所提出的重大问题，才能体现自身的理论价值和现实意义；也只有通过实践，才能检验其科学性。实践、认识、再实践、再认识，此种形式循环往复，这既是人类认识的一般规律，也是社会科学发展的一般规律。实践和认识的每一轮循环，都使认识、使哲学社会科学理论进到更高一级的程度。

历史性。人们的实践活动随着时间的流逝而成为历史。人类历史的不断延续和发展，决定了人类对社会矛盾和发展规律的认识，也是不断发展的。社会科学研究的对象、素材是历史性的；社会科学是从历史事件、历史资料、历史经验中提炼理论的。正如马克思所说，一切社会科学都可以看作是历史科学。[1]

辩证法包含历史性。我们对任何一个社会问题，都应该放到一定的历史范围内，进行具体的、历史的分析。列宁说得好：马克思主义的全部精神，它的整个体系，要求人们对每一个原理都要"历史地""同具体的历史经验联系起来加以考察"[2]。例如，要科学地研究国家问题，就应对国家的产生和发展进行历史分析，在此基础上，才能揭示当代国家的本质，预测其发展趋势。

民族性。人类社会是由各个民族构成的，人类文明是各个民族共同创造的。虽然世界各国都要走向文明、走向现代化，但每个国家走向文明、走向现代化的道路是不同的，方式是多样的。世界历史本身就是由多样性的民族史构成的。由于各民族的文化传统不同、思维方式和价值观念不同、民族心理不同、风俗习惯不同、话语体系不同，因而不同民族都有不同的特点。这种客观存在的民族性，也就决定了哲学社会科学的民族性。

作为一定民族精神的集中体现，各国的哲学社会科学都植根于

---

[1] 参见《马克思恩格斯选集》第1卷，人民出版社1995年版，第66页注②。
[2] 《列宁全集》第47卷，人民出版社1990年版，第464页。

本民族的文化传统中，具有民族的形式，反映一定国家和民族的特点。吸收外国的文明成果，也必须与本民族的实际相结合。越是民族的，越是世界的。民族性是世界性的组成部分，世界性是民族性综合的产物。正因为哲学社会科学的民族性特点，世界文化才呈现出绚丽多彩的景象。

阶级性。一般来说，自然科学是没有阶级性的，而哲学社会科学具有明显的阶级性。这是哲学社会科学区别于自然科学的一个显著特点。所谓哲学社会科学的阶级性，其实质是理论学说反映谁的利益、为谁服务的问题。不同的阶级有不同的思想意识、价值观念和理论体系，它们都为实现本阶级的利益服务。我们搞理论研究的同志，始终要注意两个问题：一个，"是什么"；另一个，"为什么"。对西方学者和政治家提出的概念、观点和理论，我们首先要搞清楚它们说的是什么，为什么这样说。马克思主义不隐瞒自己的阶级性，公开申明自己的理论，是为无产阶级和广大劳动人民的根本利益服务的。而西方资产阶级的理论则掩盖它们的阶级性，宣扬所谓普遍的、超阶级的民主、自由、平等、人权，而其实质则是为资产阶级的统治和利益服务。

当然，我们讲哲学社会科学有阶级性，并不否认其科学性。对于我们来说，在理论研究中，必须始终坚持科学性和阶级性的辩证统一。对人类社会发展规律的认识越深刻，就越符合无产阶级和广大劳动人民的利益；越是坚持无产阶级的立场和阶级性，就越能深刻地认识人类社会发展的客观规律，达到真理性认识。

时代性。哲学社会科学作为一定时代精神的集中反映，总是一定时代的产物，总是那个时代的声音，总要反映那个时代的客观要求，因而总具有那个时代的特征。随着时代的发展，哲学社会科学理论必须与时俱进。

我们强调社会科学要研究时代问题，即现时代的一些重大理论和实践问题，这关系到我们党、国家、民族的前途命运。研究、回答时代性问题，是社会科学的历史责任。时代在发展，没有理论创新不行。今天的中国正处于一个新的历史时代，今天的世界也正处于一个新的历史时代，有大量的问题需要我们去研究、解答。

世界是无限的，这种无限性决定了理论探索的无限性，决定了理论是不断发展的。没有发展的理论就是僵死的，就要进入博物馆。没有发展的理论，也没有必要去坚持；所以要坚持，是因为它能不断回答新的问题。坚持就是坚持它的真理性。发展就是研究新情况，解决新问题，总结新经验，开辟新境界。只有发展，理论才有生命力。

三　关于哲学社会科学的发展规律

哲学社会科学有自己的研究对象、研究方法和基本特点，也具有自身的发展规律。

与时俱进、不断创新的规律。一切哲学社会科学的概念和理论，一方面，始终要受到历史的局限和阶级的局限，因而总是具有相对性；另一方面，人们的社会实践是不断发展变化的，新情况、新问题不断出现。所以，哲学社会科学要跟上实践和时代前进的步伐，就必须不断创新和发展。

实现哲学社会科学的创新，就必须紧跟时代发展和社会进步的潮流，研究新情况，解决新问题，发现新材料，应用新方法，总结新经验，提炼新理论，以新思想、新观点，引导人们正确地认识世界，从而使哲学社会科学的理论不断地适应时代的变化和实践的发展。

在多学派争论、争鸣中认识并发展真理的规律。"双百"方针，是党和国家总结历史经验，为繁荣和发展我国科学文化事业而制定的基本方针。这一方针恰恰反映了哲学社会科学的本质特点和发展规律。

科学研究是一种探索性、创造性的活动，而认识真理的途径和方法是多种多样的。任何一门学科中，由于学者们的知识水平和社会阅历不同，研究角度不同，研究方法不同，掌握资料不同，自然会形成不同的学术观点、不同的学术派别。在科学研究中，形成不同的学派，不同的学派之间展开争鸣，是社会科学理论创新和发展的重要环节。

政治与学术，既有区别，又有联系。没有完全脱离政治的学问，但不能因此把学术直接地、简单地等同于政治。学术问题不能一概用政治标准来裁判，也不能用行政手段来解决，而要通过争鸣的办法、用实践检验的办法来解决。没有争论、争鸣，任何学问不仅不能让人心悦诚服，而且得不到发展。我们要积极开展学术争鸣、学术讨论；要建立宽松的学术环境，鼓励争鸣，保护学派。

辩证否定、批判继承的规律。哲学社会科学的发展，在立足于时代变化和实践发展的同时，还必须批判继承本民族的历史文化传统，分析借鉴外来文化。正确对待古今中外的优秀成果，吸取精华，剔除糟粕，"古为今用"、"洋为中用"，是哲学社会科学发展的基本途径之一。

马克思主义对待民族文化传统的方法论原则，是批判与继承相统一。用哲学的语言讲，就是"扬弃"，既有所克服，又有所保留；既有所否定，又有所肯定。不能把批判理解为全盘否定，也不能把继承理解为全盘肯定。我们要尊重自己的历史，而不能割断历史。既不搞颂古非今的复古主义，也不搞数典忘祖的虚无主义。

对于外国的哲学社会科学成果，我们既要大胆"拿来"，又要借鉴批判，辩证分析，消化改造，使之与中国国情相适应，成为中国哲学社会科学的有机组成部分。盲目排外和崇洋媚外都是不可取的。

无论是批判继承民族传统文化，还是分析借鉴外来文化，都是为了推动理论创新，都是为了发展中国。

分化演进、综合发展的规律。世界上的事物既相对独立，又相互联系。人类对世界万物既需要分门别类地进行研究，也需要从宏观总体上加以把握。一方面，随着社会分工的发展，科学出现分化的趋势，学科之间的划分越来越细；另一方面，社会生活是复杂多变的，任何社会问题的认识和解决，都不是哪一个学科所完全胜任的，必须靠多学科、跨学科协同攻关，从而科学又出现综合发展的趋势，学科之间的联系越来越密切。

从历史上看，近代科学的分化，产生了完整意义上的社会科学，一大批社会科学的二、三级学科相继出现，形成了现代社会科学体系。当代科学发展的综合化趋势，则开辟了人们认识世界的新途径、新方法，产生了很多交叉学科、横断学科、边缘学科，从而把社会科学的发展，推向一个崭新的境地。在分化的基础上综合发展，在综合的基础上分化演进，是哲学社会科学发展的重要规律。

领导社会科学，管理社会科学，一定要把握社会科学发展规律，尊重规律，按规律办事。

四　关于马克思主义的创新和发展

马克思主义，是哲学社会科学迄今为止所取得的最高成就。马克思主义的诞生，开创了真正现代意义上的社会科学。它集中反映了哲学社会科学的特点、规律和发展方向。

（一）创新、发展是马克思主义的本质要求

马克思主义，是与时俱进、不断发展的理论，而不是一成不变的僵死的教条。马克思主义的诞生，本身就是一次空前的思想解放、

巨大的理论创新。在马克思看来,"科学是一种在历史上起推动作用的、革命的力量"。① 社会科学的重大变革,其意义不亚于人类历史上的科技革命。

马克思主义从诞生的那一天起,就把创新、发展,写在了自己的旗帜上。创新、发展,之所以是马克思主义的本质要求,这是由马克思主义的特性决定的。

——实践性。这是马克思主义的最重要特性,是马克思主义区别于其他哲学社会科学理论或学说的根本标志。

马克思主义的实践性表明:第一,实践是认识、思想、理论的源泉;第二,实践是检验真理的唯一标准;第三,实践是理论发展的根本动力;第四,理论的作用和价值,只有在指导实践的过程中才能得以体现。

正因为实践性是马克思主义的根本特性,所以,马克思主义就不是什么书斋里的摆设、博物馆里的古董。马克思主义,必须随着实践的发展而创新、发展,必须在运用并指导实践的过程中不断创新、发展。

——辩证性。这是马克思主义作为一种立场、方法的灵魂,是马克思主义区别于一切形而上学机械论的重要标志。

马克思主义的辩证特性,其基本点是:

第一,它总是从联系、运动、变化和发展中来观察世界,认识世界,揭示规律,探索真理。它反对一切孤立、静止、片面和僵死的观点。

第二,强调具体问题具体分析,普遍与特殊相结合,一般与个别相结合。马克思主义坚定地认为,"正确的理论必须结合具体情况并根据现存条件加以阐明和发挥"②。列宁也说过,具体问题具体分

---

① 《马克思恩格斯选集》第3卷,人民出版社1995年版,第777页。
② 《马克思恩格斯全集》第27卷,人民出版社1972年版,第433页。

析是马克思主义活的灵魂。

马克思主义的辩证特性，决定了我们没有任何理由用孤立、静止、片面、僵化的眼光来对待马克思主义。

——科学性。这是马克思主义区别于一切宗教教义的根本标志。

马克思主义的科学性表明，它严格地以事实为依据，反对用固定的原则、结论、公式来裁剪无限丰富、不断变化着的社会生活。

马克思主义的科学性表明，它是方法，而不是教义；是行为的指南，而不是万古不变、到处可以套用的公式和教条。

马克思主义的科学性还表明，它是真理，但不是终极真理；它开创了人们认识真理、达到真理的崭新道路，但并没有结束真理。所谓"终极真理"，本身就是荒谬可笑的话题。

马克思主义既然是科学，就要求我们用科学的态度来对待它。什么是用科学的态度对待马克思主义？毛泽东在1941年9月中央政治局扩大会议上，明确提出："要分清创造性的马克思主义和教条式的马克思主义"；要"宣传创造性的马克思主义"；"对于理论脱离实际的人，提议取消他的'理论家'的资格。只有用马克思主义观点来研究实际问题、能解决实际问题的，才算实际的理论家"。① 创造性地研究、解决实际问题，才是对马克思主义的科学态度，才是真正的马克思主义。而教条式的马克思主义，则马列主义的词句不离口，一切从本本出发，就是不解决实际问题。不仅如此，谁要是创造性地研究、解决实际问题，讲了"新"话，仿佛犯了弥天大罪。当年王明就提出，马克思主义"至矣，尽矣，不可以复加矣"（加了就"不纯洁了"）。所谓"为马克思主义的纯洁性而斗争"，"为中共百分之百的布尔什维克化而斗争"，实际上是教条主义的两把剑，用以对待"山沟里的马克思主义"。

---

① 《毛泽东文集》第2卷，人民出版社1993年版，第373—374页。

历史已经证明，在中国，恰恰是"山沟里的马克思主义"，才真正把中国革命引向了胜利。而"教条式的马克思主义"，几乎断送了党、红军和中国革命。

——开放性。这是马克思主义区别于一切经院哲学、学院派理论的重要标志。

马克思主义，当然有它的体系。但这一体系不是封闭的、僵死的、绝对的，而是开放的、发展的。它为后人不断地丰富、完善、创新和发展它留下了无比广阔的空间。马克思主义一旦凝固化、绝对化，就会走向它的反面。

马克思主义的开放性表明，它不是少数人才有权或有能力研究的一门学问，不是什么"精英理论"，它本质上是属于千百万人民群众，属于全人类的。马克思主义不否认杰出人物、领袖人物的历史作用，但历史终究是人民群众创造的。尊重群众的首创精神，善于总结群众的实践经验，让群众掌握理论，在指导群众的实践中创新并发展理论，是马克思主义不断发展的奥妙所在。

马克思主义的开放性还表明，它不是脱离人类文明的发展大道而孤立存在的东西。马克思主义，总是要批判地借鉴、吸收人类文明的优秀成果，来丰富、发展自己。马克思主义的胸襟，是无比开阔的。

马克思主义的开放性，要求我们必须在新的历史条件下，放开眼界，吐故纳新，不断地丰富、完善、发展它。

（二）进一步丰富、发展马克思主义

伟大的事业需要伟大的理论。在21世纪，进一步丰富和发展马克思主义，是中国共产党人、马克思主义者的庄严历史责任。

发展马克思主义，是个大题目，涉及诸多领域、各个方面，需要大家共同努力。这里，我讲几点意见。

——要进一步解放思想、实事求是。解放思想、实事求是的思想路线，是党的生命线，是哲学社会科学的生命线，也是马克思主义的生命线。

什么是解放思想？第一，解放思想，就是在马克思主义指导下，打破习惯势力和主观偏见的束缚，研究新情况，解决新问题；第二，解放思想，就是使思想和实际相符合，使主观和客观相符合，就是实事求是；第三，解放思想永无止境，实事求是不是一劳永逸的。邓小平说："今后，在一切工作中要真正坚持实事求是，就必须继续解放思想。认为解放思想已经到头了，甚至过头了，显然是不对的。"①

如何从深层次上把握解放思想、实事求是的思想路线呢？

解放思想，实事求是，不仅是思想认识方法，也是价值观。从真理观与价值观统一的角度，坚持解放思想、实事求是，必须把握两个统一：一个，一切从实际出发与一切从人民的根本利益出发的统一；另一个，科学态度与创新精神的统一。只有代表最广大人民的根本利益，才能真正做到解放思想、实事求是。

马克思主义发展150多年的历史、中国共产党80年的历史都表明，一切教条主义、经验主义、照抄照搬都不可能成功。"东教条"不灵，"西教条"也不灵；"东经验"不行，"西经验"也不行。"东教条"，就是我们党以往批判过的教条主义，即把马克思主义教条化。"西教条"，就是照抄照搬西方，即西化、自由化的思想。

在新的时代条件下，全党同志进一步解放思想、实事求是，不仅是重大的政治任务，而且是重大的理论任务。这也正是江泽民同志在"七一"讲话、"八七"北戴河讲话，以及在十五届六中全会闭幕式上的讲话等一系列重要讲话中反复强调的思想。我们党要在

---

① 《邓小平文选》第2卷，人民出版社1994年版，第364页。

21世纪永葆先进性,始终做到"三个代表",永葆生机和活力,就必须自觉地把我们的思想认识,从那些不合时宜的观念、做法和体制的束缚中解放出来,从对马克思主义错误的教条式的理解中解放出来,从主观主义和形而上学的桎梏中解放出来,不断开创马克思主义的新境界。

——要进一步推动马克思主义中国化。马克思主义之所以正确,因为它揭示了历史发展的普遍规律。它在中国之所以正确,因为它是中国化的,是与中国实际相结合的。

根据史料记载,在我国,最早提出马克思主义中国化的是哲学家艾思奇。他在1938年4月1日武汉出版的《自由中国》创刊号上,发表了《哲学的现状和任务》一文,明确提出了"现在需要来一个哲学研究的中国化、现实化运动"①。艾思奇这里所说的"哲学",实际上是指马克思主义哲学。

艾思奇的这一主张,得到了毛泽东同志的赞许。毛泽东还对马克思主义的中国化,作了系统而深入的阐发。他在1938年10月党的六届六中扩大会议上,作了政治报告《论新阶段》,明确指出:"马克思主义必须和我国的具体特点相结合并通过一定的民族形式才能实现。"②后来,他又明确指出:"对研究实际问题的文章,要多给稿费。能使马克思主义中国化的教员,才算好教员,要多给津贴。"③什么是马克思主义的中国化?从根本上说,就是把马克思主义基本原理与中国实际相结合。具体来说:第一,要与中国的国情相结合,即与中国的历史、现实的具体特点和发展要求相结合。第二,要与中国人民的实践经验相结合。自己的经验是最可宝贵的。第三,要通过解决中国的实际问题来实现。第四,要通过一定的民

---

① 《艾思奇文集》第1卷,人民出版社1981年版,第387页。
② 《毛泽东选集》第2卷,人民出版社1991年版,第534页。
③ 《毛泽东文集》第2卷,人民出版社1993年版,第374页。

族形式来实现，即要切合民族的思维方式、价值观念，形成有中国特色的理论、概念和话语体系，具有"中国作风和中国气派"。如中国共产党领导的政治协商和多党合作制，就不同于西方的多党制，而是有中国特色的社会主义民主政治制度。"三个代表"，就是具有鲜明中国气派和时代品格的理论、范畴、话语体系。

我认为，"中国化"这三个字很有科学性。无论何种理论，不与中国实际相结合，就不能转化为中国自己的理论。马克思主义中国化，是我们党80年来的宝贵历史经验，已经成为中国模式、中国自己的道路。

即使我们借鉴西方资本主义的文明成就，也要同中国实际相结合，也有一个"中国化"的问题。不同中国实际相结合，就不能形成一套解决中国问题的理论和方法。如果搞"西化"，不仅在政治上是错误的，从历史经验、哲学上看也是完全错误的，行不通。

——要深入研究、解决重大时代课题。每个时代总有属于它自己的问题，准确地把握、回答、解决这些问题，就会把理论、思想乃至人类社会大大地推向前进。

回答、解决时代问题的过程，也就是发展马克思主义的过程。我们党的三代领导核心在这方面为我们树立了典范。毛泽东思想的最大功绩，在于科学地回答、解决了在半殖民地半封建社会中，如何推翻"三座大山"、建立新中国及建立社会主义制度的问题。邓小平理论的最大功绩，在于科学地回答、解决了"什么是社会主义，怎样建设社会主义"的问题。江泽民同志"三个代表"重要思想的最大功绩，在于科学地回答、解决了建设一个什么样的执政党、怎样建设执政党的问题。

深入研究、回答、解决重大时代问题，要求我们必须具有强烈的忧患意识。具有忧患意识，是一个民族、国家、政党成熟的表现。"无忧者亡。"没有忧患意识就没有发展和创新。

总结历史经验，每当社会处于重大的历史转折关头，共产党人、马克思主义者就有一个"重新学习"、"重新研究理论的基本问题"的任务。这个任务完成得好与坏，将在很大程度上决定着党、国家、民族的前途命运，决定着马克思主义能否顺利地推向前进。正如列宁所指出的，时代的深刻变革，必然迫使马克思主义者"重新研究各种基本问题，重新注意理论"，"企图用空谈来回避这些问题，是最有害的、最无原则的"做法。[①]

今天，我们又一次处于重大转折的历史关头。新事物目不暇接，新问题层出不穷，新任务异常艰巨。为了加快发展建设有中国特色社会主义伟大事业，实现中华民族的全面振兴，我们同样要"重新研究各种基本问题，重新注意理论"。

五　21世纪初我国哲学社会科学面临的重大课题

中华民族是带着巨大的成功迈入21世纪的。21世纪必将是人类社会深刻变革的时代，是中华民族全面振兴的时代。加快发展哲学社会科学，为中华民族的全面振兴服务，要求我们必须围绕那些重大时代课题来开展研究。正确地提出问题，从来都是正确地解决问题，进而推动理论创新、学术发展的首要环节。只有善于把握那些全局性、前瞻性、战略性的重大时代课题，才能从根本上推进哲学社会科学的创新与发展，才能不断丰富和发展马克思主义。

（一）关于时代问题

把握时代的本质、特点和发展趋势，向来是无产阶级政党制定战略和策略的重要基础。马克思主义者一向重视时代问题的研究。科技

[①]《列宁选集》第2卷，人民出版社1995年版，第281—282页。

革命、经济全球化和世界多极化的迅速发展，客观上要求我们对当今时代的基本特征，做进一步的深入研究，并在理论和实际相结合的基础上，发展马克思主义的时代理论。科学分析 20 世纪世界所发生的变化，正确认识我们所处时代的本质特征，以及时代主题、时代问题与时代本质的关系等，无疑具有重要的理论意义和现实意义。

（二）关于经济全球化

经济全球化是世界经济发展的重大趋势。我国正式加入世贸组织，这意味着我国将越来越深地参与经济全球化的进程。经济全球化是一柄"双刃剑"，它有助于国际范围内资源的优化配置，同时，由于我国是社会主义国家、发展中国家，在经济安全方面面临的挑战将更加严峻。如何把握经济全球化的发展趋势，如何应对加入WTO后的种种挑战，是时代性的大课题，关系到我们国家、民族的前途命运。

（三）关于科技革命及其影响

20 世纪 70 年代以来，随着信息技术、基因技术、航天技术、纳米技术的兴起，新科技革命飞速发展，对人类的经济、政治、社会文化生活产生了巨大而深刻的影响。进一步研究新科技革命的本质特征、发展趋势及其对生产方式、生活方式、产业结构、劳动组织管理方式乃至人们的思维方式、价值观念等各个方面的深远影响，对于我们正确实施"科教兴国"战略，积极主动地迎接新科技革命的挑战，充分发挥后发优势，赶超世界科学技术发展的潮流，具有非常重要的意义。

（四）关于建立国际政治经济新秩序

冷战结束后，世界格局发生重大变化。美国凭借其经济、科技、军事等方面的优势,在全球范围内推行霸权主义。如何推动建立公正、合理的国际政治经济新秩序,有效地遏制霸权主义和强权政治,维护世界和平,促进共同发展?在参与经济全球化的进程中,如何粉碎西方敌对势力对我国的"西化"、"分化"图谋,维护国家安全;面对世界各种文化的激烈碰撞,如何反对西方的文化霸权和意识形态渗透,大力发展有中国特色的社会主义先进文化……这些都是我们必须进一步研究的重大课题。

(五)关于社会主义执政党建设

马克思主义经典作家关于建党的理论十分丰富,但这些理论更多地集中于解决无产阶级夺取政权以前,党如何保持革命性与先进性的问题。而党在执政时期,"建设一个什么样的执政党,怎样建设执政党",则是一个新课题,关系党和国家的前途命运。怎样以"三个代表"重要思想为指导,研究执政党建设的发展规律,不断增强党的阶级基础,扩大党的群众基础,永葆党的先进性,巩固党的执政地位,提高党的执政能力和执政水平,是一个重大的历史性课题。

(六)关于进一步开创建设有中国特色社会主义新局面

我国已进入全面建设小康社会、加快推进社会主义现代化建设的新的发展阶段。现代化建设的第二步战略目标已经顺利地实现,正在向第三步战略目标迈进。经济体制改革逐渐深化,政治体制改革稳步推进,一些深层次的矛盾和问题愈益凸显出来。如何深化社会主义市场经济理论研究,进一步完善市场经济体制;如何更好地实施西部大开发战略,缩小东西部差距,推动东、中、西部经济共同发展;如何建立健全有中国特色的社会保障体系,维护社会稳定;如何进一步把依法治国与以德治国结合起来,在大力加强社会主义民主法制建设的同时,大力加强社会主义精神文明建设;如何正确认识和妥善地处理民族、宗教问题，打击分裂势力和恐怖主义……这些都是必须抓紧研究的重大问题。

（七）关于正确总结20世纪的历史经验

20世纪刚刚过去。在过去的100年，无论是资本主义还是社会主义，都发生了巨大变化。如何从资本主义100年的变化中，把握当代资本主义的本质特征及其发展趋势，如何科学地总结20世纪社会主义实践的正反经验，特别是苏东剧变的历史教训和我国改革开放的成功经验，把握社会主义社会的发展规律，推动有中国特色社会主义事业不断前进，是时代赋予我们的重大历史任务。

（八）关于进一步丰富和发展马克思主义

马克思主义具有与时俱进的理论品质。丰富和发展马克思主义，是中国共产党及其领导下的哲学社会科学工作者，在新世纪所面临的最重要的理论任务。如何立足新的实践，把握时代特点，运用马克思主义的观点和方法，研究现实中的重大问题，不断深化对共产党执政的规律、对社会主义建设的规律、对人类社会发展的规律的认识，不断推进理论创新，推进马克思主义中国化，是哲学社会科学工作者的神圣职责。

让我们更加紧密地团结在以江泽民同志为核心的党中央周围，高举邓小平理论伟大旗帜，以"三个代表"重要思想为指导，与时俱进，开拓创新，以繁荣和发展哲学社会科学的优异成绩，迎接党的十六大胜利召开。

发展与创新[*]

(2001年12月14日)

我们正处在人类历史上发展最迅速、变化最深刻的时代。

在过去的100年里，有几件大事：1917年俄国十月革命开创了社会主义的新纪元，相当一部分国家先后取得了社会主义革命的胜利；两次世界大战给人类造成了空前浩劫；20世纪80年代末90年代初，东欧剧变，苏联解体，社会主义遭受严重挫折；中国的改革开放和社会主义现代化建设，取得了举世瞩目的成就；在科技革命的推动下，世界资本主义获得新的发展，经济全球化趋势进一步加深。

分析研究这些重大变化，总结20世纪100年的历史经验，是哲学社会科学面临的重大课题。

哲学社会科学要研究21世纪的问题，首先必须研究20世纪、总结20世纪。最宝贵的是自己实践经验的总结。面对复杂多变的新时期，如果不能正确总结20世纪中国人民英勇奋斗的历史经验，如果不能全面分析研究人类20世纪的宝贵遗产，对21世纪的认识就会停留于想象或臆测。

在21世纪，今天在座的同学们，将纪念2011年中国摆脱封建主义100周年，将纪念2017年社会主义在世界上诞生100周年，还将纪念2021年中国共产党建党100周年，许多同学可能还会看到中

---

* 这是作者在中国社会科学院研究生院的演讲。

国实现第三步战略目标，达到中等发达国家水平的历史性情景。这是多么令人振奋的事情！

在过去的100年间，中国人民经过艰苦跋涉，英勇奋斗，才取得了今天的成就。在新的100年里，中国人民还是要艰苦奋斗，实现中华民族的全面振兴。能否顺利地实现这一宏伟目标，很大程度上取决于我们能否科学地认识世界。如果没有对世界的科学认识，曲折甚至灾难就不可避免。

一个国家、民族要立于世界民族之林，就必须有创新的理论思维，就必须重视哲学社会科学，就必须有一大批哲学社会科学方面的专家学者。

哲学社会科学，是研究人和社会的存在和发展，揭示其本质和运动规律，探索真理，推动社会进步和逐步实现人的全面发展的科学。哲学社会科学的每一个学科，都从不同侧面研究人和社会的本质和发展规律。

哲学社会科学是以人和社会为对象的。人和社会是什么，人和社会如何发展，哲学社会科学就是要回答这些问题。哲学社会科学的研究能力和水平，是综合国力的重要组成部分。一个国家、民族在历史发展上的重大曲折和失误，既与自然科学的落后有关，更与哲学社会科学的失误密不可分。哲学社会科学的研究能力和发展水平如何，直接关系到国家、民族的兴衰。理论思维水平是国家民族文明程度的重要标志。

社会科学不同于自然科学，有其独特的研究方法。哲学社会科学的研究很多是不能做自然科学那样的实验的，即使做实验，也不能拿整个社会做实验，因为这关系到人民的切身利益。那种在整个社会范围内进行的大规模的实验经常会使整个社会和人民面临极大的风险，所以一般不允许，也很难为人民所接受。哲学社会科学更多的是观察分析社会，用比较抽象的、逻辑的理论思维方法，去研究社会发展的规律。如果不掌握这样一些方法，对社会特别是其中一些复杂的问题，仍然还是比较迷茫的。

因此，我一再强调研究生院要开哲学课。哲学之于社会科学就像数学之于自然科学一样。如果说数学和物理是自然科学的基础学科，那么哲学应该是社会科学的基础学科，是方法论。假如这样一个基本方法都没有掌握，怎么去观察和分析社会的矛盾和运动呢？当然也不是说实证性的研究方法不重要，例如调查研究、搞试点，做定量分析也是很必要的。总之，社会科学有独特的研究方法，同时也要大胆借鉴自然科学的研究方法。不仅如此，还迫切需要研究方法的创新。任何重大理论的创新，从一定意义上讲，也是方法论的创新。

哲学社会科学有它独特的价值，这个独特的价值以什么作为标准来衡量呢？只能以是否符合社会发展的需要、是否符合人民的利益为标准。也就是说，哲学社会科学的价值不在书桌上，而在社会生活中，在实践中。我们的哲学社会科学，要和人们的社会生活紧密联系在一起，要和人民的利益紧密联系在一起。

以上我所讲的，是关于哲学社会科学的三个问题：独特的对象、独特的研究方法、独特的社会价值。

正因如此，哲学社会科学有其自身的特点：

第一个特点是实践性。马克思讲过，全部社会生活本质上是实践的。实践性是哲学社会科学最本质的特点。

理论的来源是实践，理论的标准是实践，理论的价值也是实践。这也就是从实践到理论，从理论到实践。理论的发展过程，往往折射出人们的社会实践过程。西方的学者，研究的是他们的社会实践。我们研究的是我们的社会实践。强调哲学社会科学的实践性，无论是对于我们推动理论创新，还是学习理解古今中外的哲学社会科学理论知识，都是很有价值的。实践性会有助于我们去理解社会科学。

第二个特点是历史性。哲学社会科学也可以说是一门历史的科学，是关于人类社会历史发展的学问。今天是昨天的发展。研究社会的今天必然要研究社会的昨天。这一点和自然科学有很大区别。当然，即使是自然科学，也有很多关于历史方面的研究课题，如宇宙的起源问题、生物的起源问题、人类的起源问题等，这都是从历史的角度，考察宇宙、自然界和人类社会的产生过程。但自然科学的重点不在这里。

历史性是哲学社会科学的鲜明特点。很多学者著书立说时常常引经据典。所谓引经据典，无非是把前人、古人的观点，作为立论的依据，或者进行评点。比如马克思的《资本论》，是在批判地继承古典政治经济学科学成分的基础上，研究、分析了资本主义产生、发展及其矛盾运动规律之后，才创立了科学的劳动价值论和剩余价值理论。离开当时的社会，不可能有《资本论》；如果没有对古典政治经济学的批判性继承，也不可能有《资本论》。人是不可能一步达到真理的，对真理的认识是一个实践认识再实践的循环往复的过程。人在一定条件下所获得的认识总是有局限性的。其中一个是历史的局限性，另一个是当时人们所达到的科学文明程度的局限性。我们不能苛求前人，前人完成了在他那个时代能够完成的任务。我们今天是站在巨人的肩膀上，当然应该看得更远些。

在自然科学里可以讲有很多突破，在社会科学怎么理解这个问题？是不是一定要用"突破"这个词呢？前人并没有束缚你，没有把他的话当作绝对真理，你突破了他什么？不过是发展了他，看到了他没有看到的事情，这是历史条件决定的。你看到了，是你应该看到而且给予解释的。如果我们硬要把前人讲的话当作教条、绝对真理，那又谈何突破呢？马克思主义经典作家自己都没有说，他们的理论是教条、是绝对真理，而是要求后人去发展它、丰富它，那么你突破了它什么？继续沿着前人开辟的认识社会发展规律的道路前进，这正是我们的责任。要求前人解释清楚今天的事情，这是不对的。如果因为前人没有解释清楚今天的问题，就去批判他们，就更加不妥。我们的职责就是丰富和发展，站在前人的肩膀上，去看前人没有看到的事物，解释和回答前人没有遇到的问题。认识的历史局限性是人类历史发展的一个必然现象，也可以说是个规律。任何学者都摆脱不了他的历史局限性，这是由当时的人类文明所达到的程度所决定的。

第三个特点是民族性。人类社会，是各个民族国家在漫长的历史发展过程中逐渐形成的。在这个过程中，产生了有关社会发展的各种学说和见解，形成了各具民族特色的哲学社会科学理论和思潮。哲学社会科学是民族性很强的科学。中国的哲学社会科学，体现了中华民族的民族性，是和中华民族五千年的历史紧密联系在一起的。欧洲的社会科学，从古希腊文明开始，到文艺复兴、启蒙运动，再到当代欧洲的社会科学，是和欧洲的历史发展联系在一起的。哲学、文学、政治学、社会学、宗教学、经济学，东西方都有很大差异。我们了解它的民族性，是很有意义的。比如马克思主义，我们强调要"和中国实际相结合"，要"中国化"。这是什么意思呢？就是必须把马克思主义的基本原理与中国的具体实际相结合。如果离开了中国的具体实际，马克思主义在中国就不能生根，就不能发展。

在这里，我还想强调，人类的文明本身是多样化的，人类的历史发展，本来是多种方式、多种模式、多条道路的。世界是多样性的，民族、国家是各不相同的。我们讲自然生态的多样性不能够消亡，否则将给人类生存造成危险。人类文化的多样性、人文多样性如果消亡了又会怎么样呢？我看危险将会更大。客观事物存在着多样性，人类社会发展史，就是各种文化、模式、制度、道路发展的历史。因此，我们在理解各种社会科学理论学说的时候，要看到寓于其中的民族性与多样性。

当然，强调民族性与多样性，并不是说我们不要借鉴人类的文明，不是说这种多样性中没有一般性、共同性、普遍性。人类一切优秀的东西我们都要学习和借鉴，只要能解决我们的问题，对我们就是好的，我们就要拿来，为我所用。人类的发展史，本来就是各个民族相互影响、学习的历史。

第四个特点是阶级性。自阶级产生之后，人类社会就进入了阶级社会。从此，每一个人都生活在一定的阶级之中，生活在一定的阶层之中，生活在一定的国家和民族之中。因此在哲学社会科学领域，不管什么理论，不管什么学说，都有为哪一个阶级服务的问题。阶级性，即代表谁的利益，为谁的利益服务，这是社会科学的一个基本特征。马克思主义在创立时就宣布，它是为无产阶级的根本利益服务的，为整个被压迫被剥削的劳动阶级服务的。而资产阶级的理论体系有一个特点，就是抹杀其阶级性，总是标榜为一种抽象的、普遍的、超阶级的东西。实际上这是一种掩饰。

为谁服务、为哪个阶级的利益服务，这个问题在社会科学中谁都回避不了。凡是想回避这个问题的，我看都是羞羞答答，遮遮掩掩，藏本示表。真理是不需要包装的。中国的社会科学理论，就是为中国人民的利益服务的，为实现中华民族的全面振兴服务的。如果我们的社会科学，离开了中国人民的利益，离开了中国人民的前途命运，我看就没有什么价值。没有所谓超社会的理论、学说。

第五个特点是发展性。哲学社会科学，不仅是历史的，也是时代的，具有鲜明的时代性。我们强调社会科学要研究时代问题，即现时代的一些重大理论和实践问题，这关系到我们党、国家、民族的前途命运。每个时代有自己的声音，这个声音就是矛盾的呼声。研究这些矛盾，回答这些问题，是社会科学的历史责任。我希望我们的学者，特别是年轻学者，要敢于触及时代的大问题。马克思、恩格斯在写《共产党宣言》的时候，也是相当年轻的。我们有不少青年学者，精力充沛，有良好的学术基础，思想比较活跃，广泛地接触社会，应该具有这样的雄心壮志。时代在发展，没有理论创新不行。今天的中国正处在一个新的历史时代，今天的世界也正处于一个新的历史时代，有大量的时代问题需要我们去研究。这样，我们才能无愧于时代。

世界是无限的，这种无限性决定了理论探索的无限性，决定了理论是不断发展的。没有发展的理论就是僵死的，就要进入博物馆。没有发展的理论，也没有必要去坚持；所以要坚持，是因为它能不断回答新的问题。坚持就是坚持它的真理性。发展就是研究新情况，解决新问题，总结新经验，开辟新境界。只有发展，理论才有生命力。

当前最重要的是要批判教条主义。什么叫解放思想呢？其中一个含义就是反对教条主义。教条主义是唯心主义和形而上学的东西。为什么教条主义的影响这么深呢？这与中国历史传统有关。中国历史上有两千多年的封建社会。在封建社会，不是把皇权圣命看作最高权威吗？这种传统的思维方式至今仍有影响。如果我们摆脱不了教条主义的思维方式，是非常危险的。教条主义不仅有"东教条"，而且有"西教条"。资产阶级自由化，在一定意义上，也是教条主义思想方式，只不过所奉行的是"西教条"而已。历史经验证明，什么教条都不行，一切照抄照搬都不能解决中国的问题。我们只能立足中国人民的实践，提出符合中国人民利益的理论，来解决中国的问题。

关于民主理论的几个问题[*]

——《论民主》一书的绪论

（2001年12月）

发展社会主义民主政治，是建设有中国特色社会主义的伟大历史任务之一，也是实现社会主义现代化和中华民族全面振兴的最重要的政治保证和制度保证。

为了把有中国特色社会主义民主政治建设不断推向前进，需要进一步加深对有中国特色社会主义民主的系统理解；海内外敌对势力妄图利用"民主牌"，实现对我国进行西化、分化、弱化的政治图谋，有中国特色社会主义民主自然成为它们攻击的重点，也需要认真加以回应。因此，加强民主问题研究，系统地论述马克思主义经典作家的民主理论，阐明有中国特色社会主义民主的基本理论、基本制度和基本特征，总结民主政治建设的历史经验，分析当前的新问题，对于进一步增强全党和全国人民的民主意识，树立正确的民主观，积极稳妥地推进社会主义民主政治建设，坚定不移地走自己的民主之路，无疑具有重要意义。在这里，我想就民主理论中的几个问题，作一些探讨。

---

[*] 本文发表于《中国社会科学》2002年第1期。

一

　　民主概念是历史的、具体的、发展的。在人类历史上，作为政治上层建筑的民主，是随着阶级和国家的产生而产生，又是随着阶级和国家的变化而变化的。

　　"民主"一词起源于古希腊语的 δημοκρατία。δημο，意思是民众，κρατία 意思是掌握、做主，合在一起就是民众掌握、做主。因此，后人把 δημοκρατία 译为"人民统治"，就是人民管理自己的事务。古希腊历史学家希罗多德（公元前484—前430年或420年）在其所著《历史》一书中，最早把雅典的政治制度称为民主政治。雅典著名政治家伯里克利（公元前495—前429年）说，我们的制度所以被称为民主制度，是因为政权在多数公民手中，而不是在少数人手中。古希腊著名思想家亚里士多德（公元前384—前322年）曾依据城邦统治者为一人、少数人或多数人，把古希腊政治制度分为君主、贵族和共和三种常态政体，以及僭主、寡头和民主三种变态政体。可以看出，希罗多德、伯里克利、亚里士多德对于民主的理解大体一致。这是人类文明史上最早的民主概念。不过，必须指出，他们讲的"人民"或"多数人"并不包括奴隶在内。被后人誉为古代民主灯塔的雅典是一个城邦，在最繁荣的时期，境内人口约40万，其中奴隶20万，外邦侨民3.2万，公民及其家属16.8万。有权参加议事和审判的公民约4万，仅占总人口的十分之一。这就是说，古希腊政治家、思想家们讲的"人民统治"实际上是奴隶主的统治，政权只是在奴隶主的手中。雅典民主制实质上是奴隶主的民主制，是奴隶主对奴隶的统治。管理国家的民主权利只属于奴隶主，而不属于奴隶。

　　从欧洲中世纪末期起，资本主义生产关系得到了迅速发展，资产阶级逐渐成为社会生活中的重要力量。可是,那时的国家政权仍然掌握在封建统治阶级手中,封建的政治制度及其意识形态保护着封建的经济制度,阻碍着资本主义的发展。于是,欧洲历史上先后发生了文艺复兴运动和资产阶级思想启蒙运动。在启蒙运动前后,资产阶级思想家们举着自由、平等、民主和人权的旗帜,批判神权、王权、等级特权,为资产阶级革命做了思想和舆论上的准备。

英国资产阶级思想家约翰·洛克(1632—1704年)在《政府论》中,批判"君权神授"和"王位世袭"理论,宣传社会契约和天赋人权学说,认为政府的权力来自人民。法国启蒙思想家孟德斯鸠(1689—1755年)在《论法的精神》中,反对封建专制政体,提出三权分立的思想。法国激进的启蒙思想家卢梭(1712—1778年)在《社会契约论》中,提出了人民主权原则,认为主权就是公意的运用,公意就是人民共同体的意志,所以主权属于人民。这些是资产阶级启蒙思想家对民主思想的重大发展。19世纪特别是20世纪以来,资产阶级的民主理论,又有了许多新的发展和变化。

资产阶级民主政治制度虽然被标榜为"人民主权",但实际上不过是资产阶级统治的一种形式。这种制度下的自由、平等、民主和人权,只是资本的特权。随着资产阶级与工人阶级及其他劳动人民矛盾的发展和激化,资产阶级民主就日益暴露出它为掩盖其阶级统治本质的欺骗性和虚伪性。

在中国古代典籍中,民主一词最早见于《尚书》。《尚书·多方》中有"乃惟成汤,克以尔多方,简代夏作民主"[1]的记载。这里提到的"民主"是做民之主的意思,它与西方关于民主是"人民统治"的含义迥然不同。在我国,把民主理解为人民统治,只是到了近代才开始的。从清末到中国共产党诞生之前,最具代表性的是

---

[1] 此句意谓夏桀无道,大失四方人心;唯有成汤,能用四方之贤,深得民心,所以灭掉夏朝,取而代之,做天下之民主。

孙中山的民权思想。孙中山说，民国则以国家为人民之公产，凡人民之事，人民公理之。他的民主观念，在中国近代史上属于资产阶级的旧民主主义范畴。不过应该指出，在中国古代奴隶社会和封建社会君主专制长期占统治地位的情况下，在一些杰出思想家的著作及其他记载中，有不少带民主性的思想因素；在具体制度设置方面，也存在一些可资借鉴的东西。

总之，在不同的历史时期，人们一般地都把民主理解为"人民统治"，但他们对"人民"和"统治"却作了不同的解释，实际上建立起来的制度及由法律规定的权利，也是大不相同的。这就形成了不同的民主概念和民主实践形式。在社会主义国家民主制度建立以前，各种民主制度有一个共同特征，就是国家制度与劳动人民权利的分离。我们在认识和分析历史与现实中存在的各种形态的民主制度时，绝不能停留于思想家、理论家、政治家对民主概念所作的词面解释，而要揭示其历史的、具体的、阶级的含义，把握其实质。只有从民主的实际含义和民主的阶级实质出发，才能真正揭示出民主在人类历史上的发展规律。

二

马克思主义经典作家通过批判地继承包括资产阶级民主理论在内的人类文明成果，总结无产阶级革命斗争的实践经验，创立了马克思主义民主理论。这个理论在人类历史上第一次揭示了民主的阶级实质，阐明了民主的科学规定，确立了民主问题在无产阶级解放斗争中的重要地位，为实现人类历史上更高类型的民主——社会主义民主奠定了理论基础，为全世界劳动人民争取和实现人民民主的伟大实践指明了正确方向，在人类民主理论发展史上做出了划时代的贡献。

唯物史观是马克思主义民主理论的哲学基础。人民群众是社会实践的主体，是历史的创造者，这是唯物史观的一个基本观点。从这一基本观点出发，人民群众应该是国家权力的真正主体。马克思主义经典作家通过对人类民主实践的深入分析，特别是通过对资产阶级启蒙思想家提出的人民主权理论的批判性继承，阐明了民主概念的内涵，揭示了它的本质特征。马克思主义认为，民主就是人民主权、人民意志的实现，就是人民自己创造、自己建立、自己规定国家制度，并运用这种国家制度决定自身的事务。概括地说，民主就是人民当家作主。不过，由于人民和人民当家作主都是历史的范畴，因而，不同历史时期的民主就具有不同的本质和形式。

民主在社会结构中属于上层建筑，是由经济基础决定的，而阶级斗争、政治斗争、思想文化、历史传统等因素，也对民主产生着重大影响。在阶级社会中，民主的主体从来都是经济上占支配地位、政治上占统治地位的阶级，因而民主总是具有阶级性，总是一定阶级用来实现其统治的形式和手段。在此基础上，马克思主义论述了民主的阶级实质及其表现形式的多样性，民主和专政，民主的阶级性和一般社会性，民主的历史性和继承性，民主的目的性和手段性等问题。一般民主、普遍民主、绝对民主在历史上是不存在的。但在历史上存在的阶级的、具体的民主，则总是具有可以为后人所继承、借鉴的一般的普遍的因素。在人类历史上，民主是不断发展和演变的。随着这种发展和演变，人类社会自身的组织管理变得越来越有效，越来越文明。深刻理解和把握民主的阶级本质，同时注意认真总结和批判继承不同历史时期的人们在民主实践中创造的文明成果，是马克思主义对民主问题所持的基本态度。

马克思主义经常在社会不同层面上和不同领域中使用民主概念。在国家政治制度层面上，把民主理解为一种国家形态或国家形式，称作民主的政治制度或民主政体；在人民权利层面上，指广义的民主权利；在管理层面上，指组织管理的民主原则、民主体制；在思想观念层面上，指民主观念、民主精神；在行为方式层面上，指民主作风、民主的工作方法。在把民主概念扩展到政治领域以外的其他领域，如经济、文化和社会生活领域，则形成了经济民主、文化民主和社会民主。总之，民主既有基本的含义，又有扩展和延伸的含义，但作为人民权利和国家制度的民主是它的基本含义，是马克思主义民主理论研究的重点。

马克思主义在肯定资产阶级民主所具有的历史进步性的同时，又深刻揭露了它的阶级实质及其历史局限性。由于生产资料的私人占有，资产阶级民主只能是资本的特权，是实现资产阶级统治的政治形式。对于工人阶级及其他劳动人民来说，资产阶级民主不过是金权的统治，是资本项下的权力，是金钱笼子里的自由鸟。马克思揭示了资本主义社会的基本矛盾，并进而揭示了资产阶级民主的深刻矛盾，即理论上标榜代表社会普遍利益，而实际上保护和实现的只是资本的特殊利益；法律形式上的平等，而经济地位事实上的不平等；国家机构形式上的权力分立，而国家政权仍然凌驾于社会之上。因此，资产阶级民主不可能真正实现国家制度与劳动人民权利的统一。在国际上，资产阶级一方面打着"民主、自由、人权"的旗号，另一方面对外却从未停止过侵略和掠夺，推行殖民主义、霸权主义和强权政治。我们认为，这是资产阶级民主内在矛盾的又一表现。

马克思主义通过深刻分析资本主义社会的基本矛盾及由此决定的资产阶级民主的内在矛盾，揭示了社会主义取代资本主义、社会主义民主取代资本主义民主的历史必然性。社会主义民主是工人阶级和其他劳动人民当家作主的民主，是社会成员中绝大多数人享有的民主，是绝大多数人对极少数敌对分子依法实行专政的民主，是工人阶级政党领导、组织人民群众参加管理和实施监督的民主，是为了实现劳动解放、社会解放、人类解放的民主。因此，只有社会主义民主才是人民主权、人民意志的真正实现，才能真正做到国家制度和人民权利的统一，真正做到人民当家作主。这就表明社会主义民主是人类历史上新的更高类型的民主。

一切民族都将不可避免地走向社会主义，但各民族所走的道路并不完全一样。在民主的这种或那种形态上，在无产阶级专政的这种或那种形式上，每个民族都会有自己的特点。巴黎公社是人类历史上工人阶级夺取政权、争得民主的第一次伟大尝试；俄国十月革命胜利后建立的苏维埃政权，是社会主义民主的第一次伟大实践；第二次世界大战后，随着社会主义在一系列国家中的胜利，社会主义民主又在更大范围内得到了进一步的实践和探索。由于社会主义民主是迄今为止真正由人民当家作主的民主，也由于现实的社会主义制度大都诞生于经济、文化比较落后的国家，因此，工人阶级政党必须从本国实际出发，领导人民群众积极探索和创造社会主义民主的实现形式，在实践检验的基础上，将其制度化、法律化。同时，还要清醒地看到，在任何国家，民主的实现都是有条件的。创造社会主义民主的实现条件，探索社会主义民主的实现形式，完善和发展社会主义民主，需要经历一个相当长的历史过程。这是工人阶级及其政党在执政后，将长期面临的重大历史任务。

三

中国共产党的创立和已经走过的近 80 年的发展历程，都是与如何争得人民当家作主的权利和怎样建设社会主义民主政治紧密联系在一起的。

五四运动是近代中国反对帝国主义、封建主义的伟大爱国民主运动。它倡导民主与科学，促进了马克思主义在中国的广泛传播。

中国共产党在成立初期，就制定了反帝反封建的民主革命纲领，提出了争取和实现人民民主的历史任务。1931年在江西革命根据地建立的中华苏维埃共和国，成为中国大地上第一个人民民主政权的雏形；在延安创建的民主政权受到当时全国各界追求民主的人们的普遍赞誉，延安被称为中国民主的摇篮。在整个新民主主义革命时期，党领导全国人民，为争取民族解放和人民民主进行了艰苦卓绝的斗争，取得了革命的伟大胜利，在1949年建立了新中国，中国人民开始真正享有民主权利。

在社会主义革命和建设时期，中国共产党领导全国人民为创建适合中国国情的社会主义民主制度，实现人民当家作主，进行了大量的探索和创新，取得了前所未有的成就。毋庸讳言，在民主政治建设过程中，也有过曲折和失误，甚至发生了"文化大革命"那样的严重破坏社会主义民主和法制的全局性错误。党的十一届三中全会以后，中国共产党进行了思想路线、政治路线和组织路线上的拨乱反正，开创了改革开放和社会主义现代化建设的新时期，恢复并健全了一系列民主制度，使社会主义民主和法制建设走上了健康发展的道路。

以毛泽东、邓小平、江泽民为代表的党的三代领导集体，把马克思主义基本原理与中国实际结合起来，总结了我党和我国人民在民主建设方面长期探索的实践经验，集中了全党和全国人民的智慧，逐步形成了建设有中国特色社会主义民主的理论。

以毛泽东为核心的党的第一代领导集体，正确回答了新民主主义革命时期、社会主义革命和建设时期的一系列有关民主的问题，创造性地发展了马克思主义的民主理论。毛泽东从中国的实际出发，根据近代中国模仿西方政体屡遭失败的经验教训，指出中国的政治制度绝不能照抄照搬别人的东西，中国的民主政治建设，只能从自己的实际出发，走自己的路。毛泽东创立了人民民主的理论，科学地阐明了国体和政体的概念，论述了人民民主专政是我国的国体，人民代表大会制度是我国的政体；论述了统一战线和共产党领导的多党合作与政治协商制度，创立了社会主义的新型政党制度；阐述了民主宪政的思想，领导制定了新中国第一部宪法，创造了合理配置国家权力的形式；论述了民主集中制是我们国家政权的基本政治原则和组织原则。他提出了在少数民族聚居地区实行民族区域自治的理论，为我们正确处理统一的多民族国家内部的民族问题奠定了理论基础；论述了用民主的方法正确处理人民内部矛盾的思想。毛泽东还倡导在科学文化工作中实行"百花齐放、百家争鸣"的方针；倡导把民主精神和方法推广到社会生活的各个方面。他强调了从群众中来、到群众中去的工作方法；提出要努力创造一种既有集中又有民主，既有纪律又有自由，既有统一意志又有个人心情舒畅、生动活泼的政治局面；等等。所有这些都为形成有中国特色社会主义民主理论和制度奠定了基础。

以邓小平为核心的党的第二代领导集体，坚持和发展了毛泽东思想，正确回答了改革开放和社会主义现代化建设中的一系列问题，形成了有中国特色社会主义的民主理论体系。邓小平阐明了民主与社会主义的关系，指出发展民主是社会主义的本质要求，没有民主就没有社会主义，就没有社会主义现代化。他提出了在坚持人民民主专政条件下，改革和完善社会主义政治体制的一系列理论观点和基本原则，主张通过改革逐步实现党和国家政治生活、经济管理和整个社会生活的民主化。他进一步论述了党内民主与人民民主的关系，强调必须坚持和不断改善党的领导，正确界定党和国家的职能，用党内民主来推动国家政治和社会生活中的民主。他强调，中国人民今天所需要的民主，只能是社会主义民主或称人民民主，而不是资产阶级的个人主义民主。他进一步论述了社会主义民主是民主与专政、民主与法制、民主与纪律、民主与集中、权利和义务的统一，而不是"文化大革命"那样的无政府状态。他强调要坚持四项基本原则，牢牢把握民主政治建设的正确方向，既要反对资产阶级"自由化"和西方的"和平演变"，也要抵制封建主义腐朽思想的复活与侵蚀。他提出，民主要制度化、法律化；要加强法制建设，坚决贯彻法律面前人人平等的原则，真正做到有法可依，有法必依，执法必严，违法必究；要加强民主监督，防止和惩治腐败。他要求建立人与人之间的平等关系和个人与社会之间的正确关系，发展基层社会生活的群众自治。他创造性地提出，要用"一国两制"方针解决香港、澳门和台湾问题，实现祖国统一。所有这些，构成了建设有中国特色社会主义民主理论的基本内容。

以江泽民为核心的党的第三代领导集体，高举邓小平理论的伟大旗帜，在建设有中国特色社会主义的实践中，继承、丰富和进一步发展了毛泽东和邓小平的民主理论。江泽民明确提出了依法治国、建设社会主义法治国家的治国方略，开始了我们党在领导方式和执政方式上的重大转变。他强调，共产党执政就是领导和支持人民当家作主，掌握管理国家的权力，保证人民依法享有广泛的权利和自由，尊重和保障人权。他指出，要继续推进政治体制改革，加强社会主义民主政治建设，进一步坚持和完善人民代表大会制度及共产党领导下的多党合作和政治协商制度，推进政府管理体制的改革。要扩大基层民主，保证人民群众直接行使民主权利，依法管理自己的事情。他强调必须加强法制建设，逐步形成有中国特色的社会主义法律体系；法制建设与精神文明建设必须紧密结合，同步推进；要完善民主监督制度，发挥党内监督、法律监督、群众监督和舆论监督的作用，加强对宪法和法律实施的监督，维护国家法制统一，坚决防止和铲除腐败。他倡导的在全党进行的"讲学习、讲政治、讲正气"的教育活动，是发扬党内民主和人民民主的一次成功尝试。他明确提出了"三个代表"的重要思想，这是对我们党的性质、宗旨和任务的科学概括，是对马克思主义政党理论的重大发展。

总体来看，党的三代领导集体创立的建设有中国特色社会主义民主理论，从中国国情和所处的国际环境出发，从中国革命和社会主义现代化建设的全局出发，从中国人民的根本利益出发，回答了关于中国民主政治建设的一系列基本问题。它阐明了中华人民共和国的国体、政体、政党制度、国家结构形式和政权组织原则；论述了民主法制建设与党的领导、经济体制改革、精神文明建设和社会稳定之间的关系；明确了推进中国民主政治建设的战略方针、基本目标与具体步骤，理清了发展中国社会主义民主政治的基本思路。

党的十一届三中全会以来，我国的改革开放和社会主义现代化建设取得了巨大成就，社会主义民主政治建设不断取得新的进展，政治体制改革在保持政局总体稳定的条件下逐步深入。人民代表大会制度和共产党领导下的多党合作与政治协商制度得到了加强和完善；宪法的权威得到了维护和加强。在修宪立法、民族区域自治、政府机构改革、司法改革、反腐倡廉、惩治腐败、城乡基层政权建设、基层群众自治等方面，都取得了积极进展。社会主义法律体系的框架初步形成。人民的民主权利不断扩大，人权保障不断加强，公民的参政议政意识和法律意识不断增强。特别是在"一国两制"的构架下，香港、澳门顺利回归祖国，继续保持繁荣、稳定，公民权利和自由得到切实保障。所有这一切，都证明了有中国特色社会主义民主理论和政治制度是符合中国国情的，是行之有效的。

四

有中国特色的社会主义民主与资本主义民主相比，具有本质的区别；与马克思主义经典作家所设想的社会主义民主相比，它是社会主义初级阶段的民主，是具有鲜明中国特色的民主。那么，有中国特色的社会主义民主有哪些基本特征呢？我想着重强调以下几点。

1. 共产党领导和人民当家作主的高度统一

资产阶级通过自己的政党，巩固和维护本阶级在经济和政治上的统治权。无产阶级也必须组织本阶级的政党，在它的领导下争取和维护无产阶级和广大人民群众的权利。否则，就难以争得统治权；即使一时争得了，也很容易丧失。这是无产阶级用血的代价换来的教训。在旧中国，人民争取解放、争取民主的斗争，曾屡屡遭受挫折和失败。只是在以马克思主义为指导的中国共产党登上政治舞台之后，才根本改变了这种局面。没有共产党，就没有新中国，就没有社会主义，就没有人民当家作主的地位和权利。

共产党领导地位的确立，不仅是中国人民所做出的历史选择，也是推进中国社会主义现代化建设和实现人民根本利益的现实要求。中国是一个人口众多、幅员辽阔、多民族的国家，经济、文化总体发展水平还比较落后，地区间发展很不平衡，面临着迅速发展生产力，实现共同富裕，推进体制改革，维护民族团结，实现国家完全统一，保持国家稳定和安全，全面振兴中华等一系列繁重而艰巨的任务。完成这些任务是全体中国人民的根本利益之所在。只有坚持共产党的领导，才能够完成上述任务，加快发展生产力，实现中国的社会主义现代化，以满足人民不断增长的物质文化需求。在当代中国，只有共产党能凝聚全国各族人民的力量，调动一切可以调动的积极因素，驾驭如此复杂的局面，完成如此艰巨的历史使命，带领人民走向光明的未来。反之，离开共产党的领导，中国社会就会是一盘散沙，国家就会四分五裂，社会主义现代化建设事业就会夭折，已经取得的成就也将毁于一旦。

中国共产党是工人阶级的先锋队。江泽民指出，中国共产党始终代表中国先进生产力的发展要求，始终代表中国先进文化的前进方向，始终代表中国最广大人民的根本利益。这一重要思想进一步阐明共产党能够担任领导责任的根本前提。共产党来自人民,服务于人民。它的唯一宗旨是全心全意为人民服务,除了人民利益之外,没有任何自己的特殊利益。党的领导和执政的根本目的,就是实现人民当家作主。因此,党的领导与人民当家作主是高度统一的。

人民代表大会是实现共产党领导和人民当家作主高度统一的有效形式,是人民行使国家权力的机关。人民要能够有效地行使自己手中的权力,就必须依靠自己的政党——中国共产党,把自身组织起来,统一自己的思想,协调自己的行动,通过选举自己的代表实行对国家事务的管理。在人民代表大会中,人民代表经过讨论,把正确的意见集中起来,形成国家的法律,再通过各级国家机关来加以执行。共产党对国家政权机关的政治、思想和组织上的领导,是在宪法和法律范围内实行的。这就从制度上保证了党的领导和人民当家作主统一的实现。

共产党领导和人民当家作主的内在统一及其制度化,是中国社会主义民主的一个基本特征。

2. 多党合作和民主协商的新型政党政治

共产党领导的统一战线既是中国革命取得胜利的一大法宝,也是实现社会主义现代化和维护国家统一的一大法宝。它使我们能够团结一切可以团结的力量,调动一切可以调动的积极因素,完成我们在各个时期的历史任务。它充分体现了协商合作的民主精神。多党合作和政治协商,是在统一战线的历史进程中逐步形成的一种新型政党政治。

在新民主主义革命时期,中国共产党与民主党派和民主人士结成了广泛的统一战线,逐步形成相互合作和协商共事的传统。在长期的共同奋斗中,确立了共产党在统一战线中的领导地位。新中国成立前夕,共产党与各民主党派和民主人士亲密合作,共同制定了起临时宪法作用的《共同纲领》,迎来了新中国的诞生。在社会主义时期，共产党与各民主党派的亲密合作关系继续发展和完善，形成了"长期共存、互相监督、肝胆相照、荣辱与共"的富有中国特色的新型政党关系。共产党与各民主党派之间的关系，就成为执政党与参政党的关系，成为与西方那种执政党和在野党之间迥然不同的友党之间的关系。

共产党领导的多党合作和政治协商制度，如共产党在重大问题上与各民主党派进行民主协商；在多党合作中，进行充分的讨论和研究；共产党和各民主党派之间相互监督，特别是民主党派和无党派爱国人士对共产党进行监督；举荐民主党派、无党派人士在各级政府和司法机关担任领导职务，等等；经长期的实践证明，是符合中国实际的。它丰富了马克思主义的民主理论，是我国政治制度的一大优势和特征，是政党制度的发展与创新。

3. 对最广大人民的民主和对敌对分子的依法专政相结合

有中国特色的社会主义民主，是在工人阶级和其他劳动人民掌握了国家政权之后实行的民主，是人民管理国家和社会的政治形式。民主的运作过程不再受资本的操纵。人民是有中国特色社会主义民主的主体，这不仅是法律上规定的主体，也是民主实际运作过程中的主体。

在有中国特色社会主义民主制度下，享有民主权利的人民的范围十分广泛。全体社会主义的劳动者、拥护社会主义的爱国者和拥护祖国统一的爱国者，依法享有民主权利。最广大的人民享有广泛的民主权利，同时对极少数敌对分子实行专政，这就是有中国特色社会主义的民主政治。

民主与专政是辩证统一的。当把人民民主专政作为国家政权的整体时，没有广大人民的民主，就没有人民当家作主的国家，没有对敌对分子的专政，人民的权利就得不到保障，就没有国家的安全。当把民主与专政作为两个侧面时，民主是人民的权利，是人民管理国家和社会事务的方法；专政是国家的一项职能，是依法制裁敌对分子的方法。民主只适用于人民内部，专政只适用于敌对分子。但是，资产阶级的一些理论家和政客，宣称民主与专政是对立的，是互不相容的，攻击人民民主专政。他们用所谓的"一般民主""绝对民主"掩盖资产阶级民主的阶级专政实质。而任何实行民主制的国家，都是民主与专政的统一体。任何国家都有专政机器，对危害其安全的行为，都要依法惩处。资产阶级国家机器就从来没有放弃过它的阶级专政。

为保障人民当家作主的权利，保障国家的安全、稳定和发展，我们必须始终坚持人民民主专政，充分发挥它的职能作用。对人民的民主和对敌人的专政，是我国民主政治的又一基本特征。

4. 以人民当家作主的制度确保人权的真正实现

有中国特色社会主义民主是尊重和保障人权的民主。社会主义的权利主体是人民，保障人权是社会主义的本质要求。社会主义制度是切实保障人权的制度。我国人民民主专政的国体，确认了人民在国家中的主体地位，从而使人权在社会主义制度下体现了其应有的真实性和普遍性。我国人民代表大会制度的政体，通过宪法和法律，确认了全体公民的各项人权和基本自由，并通过各种渠道、以各种方式保障人权的充分实现。在我国，没有这种新型的国体和政体，就没有人民当家作主，就不可能从根本上尊重、保障和实现人权。

我国的人权保障体现出三个显著特点：一是广泛性，人权的主体不是少数人，而是全体人民；享有人权的内容，不仅包括政治和公民权利，而且包括经济、文化和社会等各方面的权利；保障人权的范围，不仅有个人人权，而且有集体人权（即与个人人权相对应的由集体作为主体所享有的权利）。二是平等性，在社会主义条件下，各项人权不受金钱和财产状况以及民族、种族、性别、职业、家庭出身、宗教信仰、教育程度、居住期限等的限制，为全体人民平等地享有。三是真实性，国家从制度上、法律上、物质上对人权给予保障，实现了法定权利与现实权利的统一。以人民当家作主的制度确保人权的真正实现，是中国社会主义民主政治的又一特征。

人权是历史地产生的，在其发展过程中，必然受到经济发展水平、社会制度、历史文化等条件的制约，体现出人权内涵规定的社会历史性、人权理解上的文化差异性、人权保障的多样性和人权发展的渐进性。对近代以来饱受殖民主义、帝国主义侵略和欺侮的中国人民来说，维护人权首先要保障国家的主权、人民和民族的生存权和发展权。没有这些最基本的权利，其他一切人权均无从谈起。国权不立，人权不保。国家主权是享有人权的基本前提，是实现人权的根本保障。丧失了国权，就从根本上丧失了人权。这是中国人民从亲身经历中得出的历史结论。

5. 以民主集中制保障民主政治正常有序地运转

民主集中制是我们国家政权的基本政治原则和组织原则。这是我们党的民主集中制原则在国家政权建设中的运用。所谓民主集中制原则，就是在民主基础上的集中和集中指导下的民主。这一原则要求在充分反映人民群众意愿的基础上，形成统一意志和共同目标，再通过群众的实践把这种统一的意志和共同的目标变为现实。民主集中制原则已载入我国宪法，并通过有关的法律法规作了进一步具体的规定。按照这一原则，全国人民代表大会和地方各级人民代表大会都由民主选举产生，并按照民主集中制原则进行工作，对人民负责，受人民监督；国家行政机关、审判机关、检察机关都由人民代表大会产生，对它负责，受它监督；中央和地方的国家机构职权，是按照在中央的统一领导下充分发挥地方的主动性、积极性的原则来划分的。

民主集中制原则可以保证我国社会主义民主政治正常有序地运

行。实行这一原则，能够使人民群众充分发表自己的意见，使各级政权机关能够及时了解人民群众的利益、要求，使我国的民主政治具有广泛的群众性；实行这一原则，能够集中绝大多数人的意志，从而体现人民意志的至上性，使我们在实行统一意志和决策的过程中避免干扰，保证我国的民主政治具有高度的权威性；实行这一原则，能够使我们恰当地处理国家与社会、政府与公民、上级与下级、多数与少数等的相互关系，正确处理各种人民内部矛盾，保证我国民主政治运行的有序性；实行这一原则，能够使我们避免那种议而不决、决而不行、相互牵扯的现象，在统一意志和决策形成之后，立即实施，保证我国民主政治运行的有效性。上述广泛性、权威性、有序性和有效性的有机结合，保证了决策的合理性和科学性，保证了我国民主政治的稳定、正常运行。

实践证明，当我们正确地贯彻执行了民主集中制原则，我国的民主政治就正常有序地运转，并向前发展；反之，就会出现不正常情况，导致我们的事业遭受挫折。我们应该认真总结正反两方面的历史经验，在政权建设中正确执行民主集中制原则。在人民内部要处理好多数和少数的关系，实行"尊重多数，保护少数"的原则。在不影响由多数通过的决策贯彻执行的前提下，应该允许少数保留自己的意见。必须正确处理好民主与集中的辩证关系，既要反对无政府主义的所谓"民主"，又要防止把个人意志凌驾于集体意志之上的所谓"集中"。只要我们正确地贯彻了民主集中制原则，我国社会主义民主政治制度的优越性就一定会得到更好的发挥。

总之，中国共产党在领导全国人民进行革命和建设的伟大实践中，逐步创立了有中国特色的社会主义民主。这种民主坚持了马克思主义民主理论的基本原则，与中国的具体实际相结合，而不是教条式地搬用。这种民主借鉴了世界文明包括西方民主的优秀成果，但与资产阶级民主有着本质的不同。这种民主深深扎根于中华沃土，它吸收了中国传统思想和制度文明中的民主性精华，摒弃了其封建性糟粕。有中国特色的社会主义民主是中国人民真正需要的民主，是人民普遍享有的民主，是能够实现国家的长治久安和兴旺发达的民主。它是世界民主发展史上的伟大创造。

需要指出的是，有中国特色的社会主义民主，同我国正在进行的改革开放和现代化建设的要求相比，还有许多不成熟、不完善的地方，现实生活中也存在着不少违背民主和法制的社会现象。发展和完善有中国特色的社会主义民主是全党和全国人民所面临的重大历史任务。我们强调它是有中国特色的，就是要说明，中国的民主只能在我们自己的实践探索中发展和完善。它必须适合中国的社会制度和经济、文化发展水平，适应中国的社会环境和社会需要，而绝不能照抄照搬人家的东西。在别人那里可行的，在我们这里由于国情不同就不一定可行；适合别人的，不一定就适合我们。世界上一切对我们有用的东西，我们都要加以借鉴和吸收，为我所用，从而使有中国特色社会主义民主更快地完善和成熟起来。

五

新的世纪已经到来。有中国特色社会主义民主政治建设有着光明的前景，也面临着许多新的挑战和艰巨的任务。对此，我们要有充分的思想准备，要勇敢地面对、科学地回答一系列不可回避的尖锐而复杂的问题，把我国的社会主义民主政治建设不断推向前进。

从世界范围来看，经济全球化是一种客观趋势，但必然伴随着经济、政治和意识形态的激烈斗争。如何正确认识经济全球化条件下的民主问题，正确处理经济全球化和独立选择本国的发展模式及文化多样性的关系，是我们面对的一个重大课题。多极化是国际政治发展的趋势，但超级大国倚仗其经济、科技和军事实力，推行霸权主义和新干涉主义，企图使其他国家，特别是发展中国家沦为其附庸，仍是当前的现实。民主问题必然成为国际政治斗争的一个焦点。如何挫败霸权主义包围和遏制中国的图谋，更好地坚持和发展有中国特色的社会主义民主，是我们面对的又一个重大课题。科学技术特别是信息技术和生物工程的迅速发展，正在极大地影响和改变人们的生产方式、生活方式、交往方式和思维方式。如何在高科技迅速发展的今天，更好地建设有中国特色社会主义民主政治，也是我们必须认真研究和应对的重大课题。

还要看到，世界社会主义运动现在处于低潮。如何全面正确地总结无产阶级专政的历史经验和教训，总结社会主义民主政治建设的经验和教训，保证我国的长期稳定发展，是摆在我们面前的一项重大政治任务。

在国内，随着改革开放和社会主义现代化建设的深入发展，民主政治建设也面临着许多迫切需要解决的问题。例如，如何进一步健全和完善民主监督，遏制和消除腐败；如何继续加强党内民主建设、基层政权和群众性自治组织的民主建设，满足人民群众在进入小康社会后日益增长的精神文化需求；如何进一步提高全民族的民主素质，增强法制观念，建立完备的法律体系，更好地尊重和保障人权，实行依法治国；如何促进民主政治建设与经济体制改革和精神文明建设的同步发展；如何在目前这个社会急剧变革、人们的利益关系有重大调整的发展阶段，积极稳妥地推进社会主义民主政治建设。所有这些问题也都必须加以回答。

迎接挑战，实现发展，必须坚持邓小平理论，一切从社会主义初级阶段的实际出发，在党的领导下，按照党的十五大所确定的发展有中国特色社会主义民主政治的战略目标和改革任务，按照江泽民提出的"三个代表"重要思想，积极稳妥地推进政治体制改革。政治体制改革是一个逐步推进的历史过程。当前，我们一方面要把已经形成的民主制度的作用发挥好，把已经制定的法律、法规执行好，把正在进行的改革继续深入下去；另一方面，要注意研究新情况、新问题。在政治体制改革问题上，我们既要有紧迫感，但也不能操之过急。

迎接挑战，实现发展，必须加强对有中国特色社会主义民主政治的理论研究，进一步搞好理论建设。必须看到，在建设有中国特色社会主义民主政治的进程中，积累了很多新的经验，有待我们从理论上去提炼和升华；对实践中出现的许多新情况、新问题，需要我们从理论上去探索和回答。尤其对新世纪国际国内提出的一系列重大课题，需要我们去研究和应对。社会主义民主政治理论是科学社会主义的重要内容，是马克思主义的政治学说，必须加强马克思主义政治理论的研究；要总结历史上的经验教训，揭示世界范围内民主政治的发展规律，必须加强政治哲学和民主史的研究。要正确对待人类在实践中所创造的民主成果，既要看到民主在社会发展中的积极进步作用，也要看到民主不是万能的。值得注意的是，西方敌对势力利用民主问题大做文章，它们运用花样翻新的政治和理论的"软武器"，发动了一场没有硝烟的政治战、意识形态战。我们必须加强社会主义民主政治的理论宣传和教育，增强全民的社会主义民主政治意识，坚决抵御资产阶级民主政治思潮的扩张和渗透。坚持、丰富和发展有中国特色社会主义民主的理论体系，是我们肩负的崇高历史使命。

迎接挑战，实现发展，还必须继续探索有利于体现社会主义民主本质的具体实现形式，进一步搞好制度建设。我们认为，衡量社会主义民主政治建设成败得失的基本标准是：第一，要看它是否有利于坚持四项基本原则，真正实现人民当家作主；第二，要看它是否有利于解放和发展生产力，促进经济发展，逐步实现人民的共同富裕；第三，要看它是否有利于维护国家统一、民族团结和社会稳定；第四，要看它是否有利于增强党和国家的活力，调动一切积极因素，实现社会的全面进步。社会主义民主政治建设是一项探索性很强的实践活动。一个构想，一项政策，一种制度安排，只要符合了这些标准，就应积极稳妥地去试，在实践中不断地加以完善，使之逐步成熟和定型。

有中国特色的社会主义民主政治建设，是一项前无古人的开创性事业。尽管由于特定的国情，中国社会主义民主政治建设中存在着特殊的复杂性、艰巨性和长期性；尽管在前进的道路上，难免有这样或那样的错误和挫折；尽管我们面临着错综复杂的国际环境，但是，彻底的唯物主义者是无所畏惧的。中国共产党人对马克思主义，对中国的社会主义事业，有着坚定的信念。只要我们高举邓小平理论的伟大旗帜，紧密地团结在以江泽民为核心的党中央周围，坚持党的基本路线，从中国的实际出发，沿着建设有中国特色社会主义这条道路坚定不移地走下去，我们就一定能够实现社会主义现代化，一定能够使有中国特色的社会主义民主日臻完善，一定能够实现中华民族的伟大振兴！

自己的经验是最宝贵的[*]

（2002年2月4日）

一　关于国史研究问题

世界上各个国家都写当代史，只不过撰写的方式不同而已。任何一个国家、民族，不研究自己的历史，不正确总结自己的经验教训，就不能够成功地走向未来。认识只有上升为理论，才能正确指导实践，少走弯路。党史、国史研究，是总结我们党和国家实践经验的最直接的方式。国史研究是一门特殊的历史学科，其特殊性就在于，它是一门政治性很强、意识形态性很强的学科。它和我们国家、民族的现实发展，和人民的利益紧密相关。它可以影响人们对国家的认识。

古人讲，"灭其国必先去其史"。什么叫去其史呢？就是去其精神支柱。可见，历史学家手中的笔重千斤。我们讲要爱国，首先是指要人们爱这个国家的历史，否则，爱国就是一句空话。我们爱祖国、爱中华民族，我们国家和中华民族的历史源远流长，辉煌壮丽，博大精深，丰富多彩，令人感到自豪，使人产生自信。如果把我们国家的历史说成是一部黑暗的历史，又怎么能谈得上热爱祖国、热爱中华民族呢？

---

[*] 这是作者在当代中国研究所春节座谈会上的讲话。

历史，从一定意义上讲，是一个国家的精神支柱，是一个民族凝聚力的基础。当历史被描写成黑暗史的时候，是不可能形成凝聚力，形成民族奋发向前、走向未来的动力的。戈尔巴乔夫上台后，提出要搞"公开性"，一批西方政治家和政府首脑，纷纷跑到莫斯科去吹捧他。他们当然不是去支持苏联的，而是去否定苏联的。一个国家、民族，如同一个人一样，都要在实践中，经过对正反两方面的经验总结，才会逐渐成熟起来、发展起来。人的历史是曲折的，一个国家、民族的历史也是曲折的。所谓"公开性"，无非是让外部的敌人、内部别有用心的人和一些糊涂虫，把自己历史中的一些曲折统统翻腾出来，痛快地骂上一顿，从而把整个历史涂抹成一片黑暗。软刀子也可以杀人。苏联解体、苏共下台，原因都出自内部，也就是说是它们自己倒下去的。

写历史要尊重事实，但写历史也有个历史观的问题。不同的历史观，会得出不同的甚至截然相反的历史结论。在殖民主义者笔下，一部贩卖黑奴的罪恶史变成了所谓的开发新大陆，侵略中国的鸦片战争史变成了自由贸易战争史，世界人民的民族解放运动变成了"非殖民化运动"。当年殖民主义分子杀害美洲印第安人的历史，并没有得到充分研究。日本军国主义对中华民族和亚洲其他国家人民犯下的罪行，也没有得到应有的反省。为什么会出现两种史学观、两种历史的评判标准？不同的阶级，不同的国家，对历史的观点从来不同。唯物史观和唯心史观是两种根本对立的历史观。这些问题，很值得我们搞历史的人去思考。

历史从来都是统治阶级写的。统治阶级写历史，当然是为了维护本阶级的统治。不仅如此，统治阶级还要创造许多为自己服务的概念、范畴、话语。资产阶级史学家，是为资产阶级的利益而写历史。社会主义国家的史学家，则应为无产阶级、人民大众的解放和发展而写历史。不同的国家、民族，都是为着自己的国家和民族的兴旺发达而写历史。世上没有这样的历史学家，他写历史的目的，是要损害自己阶级的利益。哪有为使自己灭亡而写史的？所以，写历史的确有为谁而写、为谁服务的问题。

我来中国社会科学院这几年耳濡目染，学到不少东西。我感觉，对待学问有两个问题要搞清楚，一个叫"是什么"，一个叫"为什么"。对于历史学，我们也要首先问问，它要研究的对象是什么，是什么历史阶段，什么事情。然后再问，为什么是这个样子，我们可以从中总结出什么经验教训，以为今天所借鉴。我最近看到一些历史书，使我想到一些问题。比如，我们搞夏商周断代工程，就是想通过科学研究，发掘历史上存在的事实，来丰富我们对中华民族的起源和历史过程的认识，把原来属于传说的东西，经过科学研究加以甄别、证实。但是，国外一些人不这样看，他们说我们是民族主义，是政府行为搞了一个民族主义的工程。可见，他们首先把历史学看成政治，看成意识形态，而我们有些同志还没有他们这么敏感。

史学研究，尤其是当代史研究，今天已经成为一种意识形态武器，我把它叫作"软武器"。历史上从来没有像今天的西方世界这样，用现代科技手段，用现代经济力量，制造出这么多的"软武器"。他们制造"软武器"的目的，一方面是为了从精神上摧垮别的国家和民族，另一方面是为自己的行为寻找正当的理由。例如，美国反国际恐怖主义，打的是"代表全人类"进行"圣战"的旗号。谁授权它了？他们的这种做法，促使我对西方的价值观，对其思想意识、思想方法有了一些新的认识。我看西方的资产阶级文人政客是用尽了人间的好话，他们把好听的话语都拿来，像什么自由、民主、博爱、人权，他们拿过来，把它抽象化，加以彩色包装，然后己所用。我们中国共产党人奋斗了80年，从新民主主义革命到社会主义革命、建设和改革开放，所追求的就是民族的解放和振兴，结果在他们的话语体系中反倒成了"民族主义""专制主义";而他们以及追随他们的败类,倒成了"自由世界"的斗士,"民主阵营"的捍卫者;本来我们是为中国人民的解放、独立和幸福而奋斗,他们反倒打着"人权"的幌子来攻击我们。

我讲这些,是为了提醒我们的国史学者,在学术研究中,要充分认识到历史学的重要地位和作用。尤其是现在,我们正处在改革开放的新的历史时期,要看到国际环境的复杂性。中国今天还处在资本主义世界包围之中,他们任何时候都没有放弃过对我实施"西化"、分化图谋,没有放松过对我们的遏制。中国的社会主义建设有特殊的复杂性、特别的艰巨性、特有的长期性。我之所以在这三性前加上"特殊"、"特别"、"特有",是因为在我们这么一个大国,有这么悠久的历史,处在这样一个国际环境中,千万不能忘乎所以,放松警惕。失去忧患意识,是很危险的。

今天,我们搞历史研究同样会面对一个现实,即在复杂的国际环境下,会不断从国外传来关于中国,尤其是关于20世纪以来我们党史和国史的种种说法,而且必然会涉及我们党和国家的意识形态,涉及我们的政权、制度、执政地位等政治内容。不把我们的党史、国史涂黑,那些别有用心的人是绝不会善罢甘休的。不要只看到军事、经济上的斗争,从原子弹、氢弹到TMD、NMD,从军事包围到经济封锁,这些东西都打不倒中国。像苏联这样一个国家,十月革命时,十几个资本主义国家的包围、侵略,也没能扼杀她;在第二次世界大战中,希特勒数百万的军队也没能战胜她。但是,就是这样一个铜墙铁壁的国家,一夜之间却自己瓦解了。我们研究国史,最核心的问题,就是要研究如何防止苏联的悲剧在我们国家重演。历史研究如果走错了方向,促使苏联的悲剧重演,我看就不是史学研究的问题了,而纯粹是政治阴谋,不过是借一些历史学的名词作为装饰而已。搞乱一个国家的思想,是搞乱这个国家的最重要的

"软武器"。

研究国史也会涉及我们怎么看待现实。大家都觉得现在问题很多，我看什么时候问题都不会少。旧的问题解决了，还会出现新的问题，还会有很多我们认识不到的问题。已经认识到的问题解决了，没有认识到的问题又出现了。要知道，解决问题的过程，也是产生问题的过程。一位老同志跟我说，当你认识到的时候，问题就很多；一旦你解决了，旧的问题就没有了，但新的问题又产生了。可以说，解决问题的时候，也是产生问题的时候，差别在于问题不同，而不是有没有问题。现在是新问题大量出现的时期，也是新事物、新办法大量出现的时期。改革开放已经二十多年，以江泽民同志为核心的第三代中央领导集体主政，也已经十二年。这个历史时期，可以说是中国历史上最好的时期之一。尽管还有很多事情不尽如人意，还会有不少新问题，但是，我们毕竟解决了大量艰巨复杂的问题，也就积累了宝贵的历史经验。我们有了经验，也就提高了应对和处理复杂情况的能力。

研究历史，尤其是研究当代史，不可能离开今天去观察昨天。人们认识社会，总要受到两个局限性的制约：一个是阶级的局限性，一个是历史的局限性。所谓历史的局限性，就是指特定历史时期的经济、科技和社会发展水平，对于人们认识能力的局限。正是由于这种局限性，才使得人们对历史的认识总是相对的，就是说，人们对人类社会发展规律的认识，总要随着历史的发展才能不断完善，进而推动历史研究不断深入、不断发展。在史学界经常有人讲，"一切历史都是当代史"。我认为，这个话有道理，否则，为什么同样的历史，数千年来要不断地写、反复地研究？比如，周、秦已经过去两千年了，我们今天还在研究先秦史，我看再过两千年还会有人研究，为什么？就是因为当代人需要通过研究那段历史，反映当代人对那段历史的看法，希望在反复研究中，为当代人走向未来提供一些有益的借鉴，纠正过去史书上的一些偏差、谬误或者不实。

二 关于史学研究的指导思想问题

有人说，我们现在史学研究不应该再坚持历史唯物主义，因为历史唯物主义也有很多局限。什么理论没有局限？要求理论没有局限，就等于把理论绝对化，当成教条，就不要发展了。但是，我们不能因为理论有局限，就否认理论的指导作用，就不再坚持它。我们坚持马克思主义，因为它是科学，是真理，因为它是与时俱进、不断发展的理论，而不是僵死的教条。什么理论都要发展，不管过去这个理论多么正确，曾经如何被充分证明过，随着时代的发展，它都要继续发展。历史唯物主义，把历史看作是人的实践活动的过程，具有不以人的主观意志为转移的客观规律，这个基本观点是对的、是正确的。至于对一些历史事件的具体描写，个别结论，不同时期会有不同看法，但这不能成为不坚持历史唯物主义的理由。

还有人说，我们现在应该坚持马克思主义的史学观，不一定再坚持唯物史观。有没有所谓离开唯物史观的马克思主义史学观呢？我看没有。今天的历史学，从历史观来看，主要是两家：一家是资产阶级的历史观，即唯心主义的史学观；一家是马克思主义所体现的无产阶级的历史观，即唯物主义史学观。

中国的历史发展已经证明，中国只能搞社会主义，只能走社会主义道路。搞社会主义，具体的方法、模式可以是多种多样，但是走社会主义道路，这样一个方向是中国人民的唯一选择。我们坚持社会主义方向，坚持社会主义道路，同时努力探索有中国特色的社会主义。一切有利于中国发展、有利于中华民族振兴的，都是有中国特色的社会主义所需要的。在这个历史过程中，我们只能坚持和发展马克思主义唯物史观的基本理论和基本观点，在这个思想的指导下探索中国的发展道路。而我们的国史研究要忠实记录、正确表述的，正是中国人民探索这条道路的奋斗史，因此，也必须坚持和发展马克思主义的唯物史观，用以指导国史研究。国史工作者是中国人民、中华人民共和国历史探索的记录人、见证者，是实践的总结者。国史研究，就是为国立史、立传。对于一个国家、民族乃至一个人，最宝贵的就是自己的实践经验。只有善于总结经验的人，才会逐渐成熟。别人的经验，是别人对其历史存在的认识；自己的经验是自己对其历史存在的认识。别人的经验反映的是别人的利益，自己的经验反映的是自己的利益。

江泽民同志提出"三个代表"的重要思想，要求我们代表中国先进社会生产力的发展要求，代表中国先进文化的前进方向，代表中国最广大人民的根本利益。先进性的本质是代表人民的根本利益。离开了人民的根本利益，就不具有先进性。只有反映人民的历史和现实要求，才能代表人民的根本利益。中华人民共和国是中国人民利益的最大保障和代表。写国史，就要真实反映亿万人民建设有中国特色社会主义的伟大实践，认真总结历史经验，努力探索有利于中国发展、有利于振兴中华民族的道路，写出中国人民的探索史、进步史和发展史。

以上所讲的，是我的几点粗浅看法，今天借这个机会和学者们交流，可能有偏颇，或者过分强调了某一个方面。我要强调的是，国史研究是非常重要的，是绝对不可忽视的。国史研究不仅是研究过去，也是为我们国家和民族的未来服务的。你们任重道远，寄希望于你们。

双重探索[*]

（2002年3月5日）

一 近十几年，是我国历史上最好的时期之一

——2001年，我国经济社会发展取得了重大成就。过去的一年，我们党和国家经历了几件大事，取得了了不起的成就。

我们隆重地庆祝了中国共产党建党80周年，江总书记发表"七一"重要讲话，全面系统地阐述了"三个代表"重要思想。中共十五届六中全会召开，党的作风建设进一步加强。我国正式加入世贸组织，对外开放进入一个新阶段。北京申办2008年奥运会获得成功。党和国家正确应对了"9·11"事件。成功举办了APEC上海会议。在世界经济增长明显趋缓的背景下，我国经济却呈现出旺盛的发展势头，全年GDP增长7.3%。

现在回过头来看，应当说，这些成绩，确实来之不易。

——实践证明，中央制定的一系列路线、方针、政策是完全正确的。自从1989年江泽民同志主持中央工作以来，面对复杂多变的国际形势，面对异常艰巨的改革、发展、稳定任务，党中央冷静观察，运筹帷幄，纵横捭阖，采取了一系列行之有效的方针、政策，把有中国特色的社会主义伟大事业，不断推向前进。

---

[*] 这是作者在九届人大五次会议云南代表团分组会上的发言之一。

国民经济持续、快速、健康发展。社会主义市场经济体制初步建立。有中国特色社会主义法律体系逐步完善，民主政治稳步推进。精神文明和先进文化建设蓬勃发展。综合国力显著增强，国际地位大大提高。人民生活，从总体上步入小康。人的发展和社会全面进步，跃上一个新台阶。我国已进入全面建设小康社会，加快推进改革开放和社会主义现代化建设的新的发展阶段。

实践证明，党中央制定的基本纲领、路线、方针、政策，符合当代中国实际，反映了时代要求和人民意愿，是完全正确的。

诚然，我们还面临不少困难、矛盾和问题。要发展，怎么会没有困难、矛盾和问题？只要有发展，就会有问题。从一定意义上说，解决旧问题之际，也是产生新问题之时，这是客观规律。没有困难，要共产党人干什么？没有问题，没有矛盾，也就无从前进、发展了。发现问题，化解矛盾，战胜困难，就是进步，就是发展。

纵观历史，从世界范围来看，又有几个国家能够正确认识自身的历史、正确把握自己的发展道路？因此，我认为，这十多年，是中国历史上最好的时期之一。

中国今天的发展，不仅是中华民族历史上的奇迹，也是世界发展史上的奇迹。一个昔日任人宰割、积贫积弱的东方大国，一个拥有13亿人口的大国，满怀信心地走向富强、民主、文明，走向自己的光明前途，这难道不是奇迹吗？用马克思主义的科学理论武装起来的中华民族，告别了封建主义的愚昧、落后，告别了帝国主义的奴役、压迫，走上了有中国特色社会主义的发展道路，这难道不是震惊世界的奇迹吗？毛主席曾经说过，中华民族应对人类做出较大的贡献。我看，13亿人口的中华民族走向小康，本身就是对人类的一大贡献。只要中国发展了，中国的事情办好了，中国的路走对了，就是对人类最大的贡献。

沿着这条道路坚定地走下去，中华民族的全面振兴就一定会实现。

二 实践探索和理论探索,是当代中国的双重探索

——实践探索和理论探索,是推动人类社会发展的双重探索。实践探索,是理论探索的源泉和动力。不断地总结实践探索的经验,加以理性升华,就是理论探索。理论探索反过来可以指导实践,使人们在实践中少走弯路,从而进一步推动实践探索的深化和科学化。两种探索相辅相成,共同推动人类社会的发展。

当然,双重探索并不总是亦步亦趋。马克思说过,人们还没有意识到,但在实践中已经做了。理论探索滞后于实践探索,在人类社会发展中是常有的。这并不说明理论不重要,而恰恰说明了理论必须随着实践的发展而发展。理论与实践的矛盾,既是理论发展的动力,也是实践前进的动力。通过解决这一矛盾,推动理论与时俱进,同时,明确实践下一阶段的任务和方向,增强实践的自觉性和创造性。脱离实践的理论是空洞的,脱离理论的实践则是盲目的。

任何理论都离不开实践,任何实践也离不开理论,区别只不过在于,这究竟是一个自然、自发的过程,还是一个自觉、自为的过程。今天,中国人民正越来越成熟地行进在自己的道路上,更加自觉、自为地进行实践和理论的探索。今天,中国共产党正在全面推进"党的建设新的伟大工程",这是理论和实践的双重探索。有中国特色的社会主义发展道路,也是实践和理论的双重探索。中国要实现社会主义现代化,实现中华民族的全面振兴,同样是实践和理论的双重探索。

探索的目的是为了发展。解决中国的一切问题要靠发展。检验探索成功与失败的标准,也是中国的发展。发展,既是实践的发展,又是理论的发展。

——十多年来，我们在实践探索方面取得了巨大成就。实践探索，集中体现为制度探索：制度完善、制度改革和创新。有中国特色的社会主义经济、政治、文化制度建设全面展开，并逐渐形成，标志着我们在探索社会主义基本制度，与当代中国实际的结合及其发展方面，迈出了重大步伐，取得了历史性成就。

　　经济上，针对社会主义初级阶段的基本国情，初步建立了社会主义市场经济体制，并在改革的两个关键环节上获得重大进展。在所有制结构方面，确立了以公有制为主体、多种所有制经济共同发展的基本经济制度。在分配方面，实行以按劳分配为主体、多种分配方式并存的制度。此外，还推行了现代企业制度。

　　政治上，提出并实施了"依法治国"方略，建设社会主义法治国家。社会主义民主政治制度逐步完善。进一步完善了党内民主集中制，进一步完善了全国人民代表大会制度、共产党领导的多党合作和政治协商制度，以及民族区域自治制度。

　　社会上，初步建立了有中国特色的社会主义保障体系。实施可持续发展战略。在全社会范围内整顿和规范市场经济秩序，建立基本信用制度。

　　文化上，大力加强社会主义精神文明建设，发展先进文化，提出并实施了"科教兴国"战略和"以德治国"。

　　——实践探索推动理论探索，党在理论上获得大发展。纵观十多年的发展，重要的不仅在于我们已经取得的成就，而且在于，伴随着实践探索的每一步，我们的理论探索都有新的飞跃，我们在思想、理论上都有新的认识。

　　如果说，十多年前，我们对在社会主义条件下搞市场经济，还心存疑虑，或认识肤浅，那么，我们在今天则是坚定不移，而且认识深刻得多、丰富得多了。

　　如果说，十多年前，依法治国，建设社会主义法治国家，还仅限于学者的个别议论，那么，今天已经成为全党、全国人民的共识了。

例如，关于民主，我们越来越清楚地认识到：民主，没有固定的模式。民主，无非是一种政治文明、政治制度、政治保障和政治理想。当今世界上的民主，主要有两大类：资本主义民主和社会主义民主。在中国，只能实行有中国特色的社会主义民主政治制度，因为它符合中国的实际，符合中国人民的根本利益。

又如，关于人权，我们讲生存权和发展权是最基本的人权，这已得到国际社会的广泛认同。人长了一张嘴，是先吃饭，还是先说话？说话的目的是什么？还不是为了吃饭！讲人权，就有个是谁的人权，是为谁服务的问题。"老爷"的权利与奴隶的权利从来是不一样的！

在当今世界，我们面临的不仅是军事、外交、经济上的斗争，还有文化、意识形态上的斗争。民主、人权等已成为西方国家干涉别国内政，推行其思想文化、价值观的"软武器"。

在国际问题上，特别是涉及民主、人权这类重大问题，我们在思想、理论上也有很大进步：一方面，我们不排斥外来文明，睁大眼睛广览博取，以滋养、丰富和发展我们自己；另一方面，不管人家的制度、道路如何，我们都不能照抄照搬，只有从中国的实际出发，选择合乎我们自己需要的、有中国特色的制度、发展道路和发展模式。只有符合我们自己现实要求和发展目标的，才是好的，是我们所需要的。我们已逐步形成了一整套成熟的应对复杂国际局势的思想、政策和策略。

最重要的是，我们形成了正确的理论，反映时代特征和当代中国现实发展要求的理论，这就是"三个代表"重要思想。这一思想成果，是十多年来党和人民双重探索的伟大结晶。

当代中国的双重探索，不仅具有历史意义，而且具有世界意义。

我们不应忘记，这双重探索，是在怎样的国际背景下进行的。恰恰在这期间，苏联解体，东欧剧变，世界社会主义事业遭受严重挫折。而在中国，社会主义制度通过改革开放，却呈现勃勃生机，取得了重大的历史性发展。面对世界资本主义的重重包围，在社会主义与资本主义"你中有我，我中有你"，既对立、竞争又合作、交流的复杂情况下，能够保持稳定，不断发展，是多么难得呀！

我们不应忽视，这双重探索，是在整个中华大地上，在中国社会的各个方面，由全国各族人民共同参与的事业。在这一历史进程中，中国人民的精神境界、精神面貌焕然一新，古老的中华文明实现了民主化、科学化，并开始走向现代化，非常了不起。

总之，我们这十多年真正在实践和理论的结合上，坚持、丰富和发展了邓小平理论。有中国特色的社会主义制度、道路和发展模式逐步确立并完善起来。

三 加快发展哲学社会科学，进一步推动实践探索和理论探索

——重视理论，重视哲学社会科学，是一个政党、国家和民族走向成熟的重要标志。朱镕基总理在《政府工作报告》中多次提到社会科学，强调："繁荣发展哲学社会科学，注重研究全局性、前瞻性、战略性的重大课题"，要"加快发展社会科学"。这充分体现了江总书记"七一"、"八七"讲话中对社会科学界的明确要求，反映了党和政府对哲学社会科学的高度重视和殷切关怀。

"七一"讲话，是历史性的文献。讲话科学地阐明了马克思主义与时俱进的理论品质，是马克思主义在当代中国发展的新篇章。"八七"讲话，科学地论述了哲学社会科学的地位和作用，为新世纪我国哲学社会科学的发展指明了方向。

"八七"讲话指出："加强哲学社会科学研究，对党和人民事业的发展极为重要。""一个民族要兴旺发达，要屹立于世界民族之林，不能没有创新的理论思维。"①

也许有的同志会问：改革和发展的任务如此繁重，工作千头万绪，为什么还要强调理论，强调哲学社会科学研究的重要性呢？理由很简单，正因为我们现在做的，是别人没有做过的，没有现成的本本、模式可以借鉴；正因为我们今天处于极其复杂的历史条件之下，所以，中国要发展，只有靠不断总结自己的经验，大胆探索，通过理论创新，以指导制度创新及其他创新。实践越复杂，社会生活越丰富，就越是需要我们重视理论，重视哲学社会科学，创新并发展理论，以减少失误，克服不足，不断前进。

——哲学社会科学，要为推动实践探索和理论探索，丰富和发展马克思主义做贡献。进入21世纪，中国的发展，实践和理论的双重探索，集中体现为马克思主义的发展。这是中国共产党人最大的理论任务和政治任务。

哲学社会科学，怎样为丰富和发展马克思主义做贡献？

第一，要进一步推动马克思主义中国化。马克思主义既然是科学，就要求我们用科学的态度对待它。什么是对待马克思主义的科学态度？就是使马克思主义中国化。

所谓马克思主义中国化，从根本上说，就是把马克思主义基本原理与中国具体实际相结合。具体来说：要与中国的国情，即中国的历史、现实的具体特点和发展要求相结合；要与中国人民的实践经验相结合；要通过解决中国的实际问题来实现，推动中国的发展；要通过一定的民族形式来实现，要切合民族的思维方式和语言风格，有"中国作风和中国气派"；要同一定的时代特征相结合，即要

---

① 参见《人民日报》2001年8月8日第1版。

"当代化"。

20世纪的中国历史，就是马克思主义指导下中国人民的解放和发展史，就是马克思主义中国化的历史，就是马克思主义在中国的发展史。

"中国化"，这三个字有很高的科学性。马克思主义中国化，是党80年的宝贵经验，已经成为中国模式、中国自己的道路。什么是最宝贵的？自己的经验是最宝贵的！

第二，要进一步解放思想，实事求是。十多年来，我们党、人民在思想理论上的一大飞跃，就是思想的空前解放。

解放思想，从根本上说，就是要正确处理理论与实践的关系，就是从我们自己的实际出发，使主观与客观相符合，研究解决中国的实际问题，就是实事求是。

解放思想，实事求是，不仅是思想认识方法，也是价值观，是科学的真理观与价值观的高度统一，是彻底的唯物主义和辩证法的高度统一。要真正坚持解放思想，实事求是，必须把握两个一致性：一个，一切从实际出发，与一切从人民的根本利益出发的一致性；另一个，科学态度与创新精神的一致性。

进一步解放思想，实事求是，在解放思想中统一思想，就要反对教条主义。既要反对"东"教条，也要反对"西"教条。"东"教条即我们党历史上多次批判过的，把马克思主义教条化。"西"教条，即照抄照搬西方的制度、道路、思潮或理论。资产阶级自由化，从政治上看，其实质是否定共产党的领导，否定社会主义制度；而从思想方法上看，则是唯心主义、形而上学，是另一种形式的教条主义，即"西"教条。

总结历史经验，什么教条都不灵，都不能解决中国的实际问题。解决中国的问题，只能从中国的实际出发，只能靠中国人民自己。由于国情不同，发展阶段不同，世界各国的发展道路、方法、模式必然是多种多样的，任何照抄照搬都不可能成功，这也是人类社会发展的客观规律。

第三，要注重研究、解决全局性、前瞻性、战略性的重大时代课题。这是江总书记在"七一"、"八七"讲话和十五届六中全会上的讲话，以及朱总理在《政府工作报告》中对社会科学界的明确要求。

加入WTO，标志着我国改革开放进入了一个新阶段。中央做出这一战略决策是完全正确的。这一关迟早要过，无非是代价大小的问题。

加入WTO，意味着我们的改革开放更深入、更宽广、更复杂，意味着我们将直接面临国际上强大对手的挑战。这是一场综合实力的较量，也是智慧的较量，这是在别人坐庄、别人制定的规则条件下进行的生死较量，很不简单。

时代条件发生了如此巨大的变化，大量我们未知的情况，从未遇到的问题不断涌现出来。只有深入研究、正确解决我们所面临的重大时代性课题，与时俱进，开拓创新，我们才能立于不败之地。

思想的对话[*]

（2002年6月18日）

尊敬的萨多夫尼奇校长，老师们、同学们，女士们、先生们：

今天，我和我的同事们，来到久负盛名的莫斯科大学，参观访问，与诸位交流思想，加深了解，感到十分高兴。由"俄罗斯科学之父"罗蒙诺索夫创建的莫斯科大学，不仅是俄罗斯文化的瑰宝、科学的摇篮、人才的圣地，而且是世界文明的一颗璀璨明珠。我们今天来这里，既是为了友谊，又是为了学习。借此机会，我代表中国社会科学院，并以我个人的名义，向多年来关心、支持中俄学术文化交流的各方人士，致以崇高的敬意和谢意！

中、俄都是伟大的民族，都为人类文明的发展做出了重要贡献。两国的学术文化交流源远流长。早在1728年，两国政府签订的《中俄恰克图条约》就明确规定，俄每一届派6名留学生来华，学习汉文、满文。在18世纪，共有24名俄国留学生来华，他们译介了大量中国文化典藏、制度，为推动中俄文化交流做出了积极贡献。

中国人民，对俄罗斯人民同样抱有非常深厚的情谊。普希金等人的诗歌，托尔斯泰等人的小说，柴可夫斯基等人的音乐，在中国可谓家喻户晓，妇孺皆知。我本人还在上中学时就开始接触俄罗斯的科学、文化和思想，并为之深深吸引。罗蒙诺索夫的著作令我痴迷，普希金的诗令我感动，《莫斯科郊外的晚上》、《天鹅湖》的旋

---

[*] 这是作者在俄罗斯莫斯科大学的演讲。

律令我神往,《安娜·卡列尼娜》、《静静的顿河》令我心潮澎湃,列宁的著作令我终身受益。时至今日,我仍然清晰地回味起最初接触它们时心灵所迸发的愉悦和振奋。

我们更不会忘记,在中国人民反抗日本法西斯的八年抗战中,在新中国成立后从事大规模工业化的建设中,俄罗斯人民给予我们的巨大援助。莫斯科大学,曾经为新中国培养了一大批科学家、工程师、艺术家、哲学家、经济学家和法学家,他们至今仍活跃在我国现代化建设的各条战线上。我们有理由相信,伟大的中俄友好之花,在新的世纪,将绽放得更加绚丽夺目!

思想,是人类智慧的花朵,是文明的活的灵魂。一个民族要兴旺发达,要屹立于世界民族之林,就不能没有与时俱进的思想,不能没有创新的理论。而思想、理论的发展,离不开对话和交流。

俄罗斯现代著名思想家、文学家巴赫金(1895—1975年)说过:"思想,是在两个或几个意识相遇的对话点上演出的生动的事件。""思想,就其本质来说是对话性的。"[1] 巴赫金的这一论断,道出了对话与思想的内在关联,道出了对话、交流对思想发展的意义。

中国古代的先贤,也十分重视对话在思想发展中的作用。两千多年前的杰出思想家墨子就曾说过:"夫辩者,将以明是非之分,审治乱之纪,明同异之处,察名实之理,处利害,决嫌疑焉。"[2] 意思是说,通过对话,可以分清是非,辨析异同,探寻自然与社会的发展规律。

无论是古代的先贤,还是当今的哲人,他们都格外重视对话对思想发展的意义,这说明了一个普遍而深刻的道理:对话,可以增进了解,扩大共识,共同进步;可以使思想的翅膀更加自由地翱翔。

---

[1] 巴赫金:《诗学与访谈·陀思妥耶夫斯基诗学问题》,白春仁、顾亚铃等译,河北教育出版社1998年版,第118页。

[2] 《墨子》卷一一,《小取》。

对话,是一种态度,更是一种境界;是一种艺术,更是一种哲学。对话,是人类伟大的文明。

——对话,是达到真理性认识的桥梁。世界是丰富多彩的,客观事物的多样性,决定了人们对它们的认识也不是单一的、刻板的。更何况,人们的社会立场不同、生活阅历不同、思维背景不同,即使是对同一事物,人们的思想、认识,也会呈现多种多样的风格。人类思想史反复告诉我们,任何终极真理,都是荒谬的。一切追求真理的人们,都必然要重视对话,通过对话来取他人之长,补己之短,来消除谬误,逐步接近或达到真理。

——对话,是消除隔膜、实现和睦相处的方法。当今世界,各国之间、各国思想家之间的联系愈益紧密。对于世界的和平与发展,大家有着共同的向往,也面临着共同的问题。解决这些共同问题,需要各国政府和人民、各国思想家的合作。对话,则是合作的前提。历史的经验证明,霸权主义无助于世界的和平与发展,而只会适得其反。历史上,人类曾经遭受过太多的劫难,而缺乏应有的理解与尊重,缺乏必要的沟通与交流,乃至积怨日久,则是造成这些劫难的一个重要原因。对话,可以帮助人们消除误解,增进了解,共同发展。尊重对话,善于对话,是一个民族精神上成熟的重要标志。

——对话,是催生新思想的"助产婆"。思想不等于独白。一种思想,要影响社会,总要通过恰当的方式予以表达和传播。对话,不仅可以使思想得到传播,而且有助于催生新思想。一位哲人说过,两种物品相交换,结果仍然是两种物品,而两种思想交换,却可以产生第三种思想。这是思想的伟大,更是思想对话、交流的伟大。中国的佛学,最初是从印度传入的,但在中国大地上生根开花后,其发展,则已经呈现出有别于印度佛学的另一种风姿。这是思想的对话、交流催生新思想的典型例证。

——对话,是世界文化发展的必由之路。当今世界的各种思想、理论，无不带有一定国家、民族的特点，无不打上历史文化传统的烙印。文化是一个民族的"身份证"、"护照"，也是该民族对人类的贡献。人类的文化，像一个百花园，是由多种色彩、多种文化构成的，这才有生命力，才能发展。思想、理论是文化的升华，是文化的灵魂。文化多样性失去了，思想、理论的发展也就无从谈起。文化的多样性，决定了不同文化之间对话的必要性，决定了对话、交流对世界文化发展的重要性。

进入21世纪，经济全球化趋势的进一步加深，愈益凸显出不同思想文化之间对话的价值和必要。我们认为，各国的国情不同、社会制度不同、历史传统不同，因而各国文化上的多样性，是必然的，必需的。这种多样性，既是全球化的前提，也是全球化进一步发展的条件。文化多样性，是人类发展的基石。所谓一体化的"单质世界"，是个单调的世界，是不会为世界大家庭所普遍认同的。任何现实的、具体存在的东西，总是有特色的。没有特色，就没有文化，就没有思想，就没有人类，就没有世界。现在，大家都在谈论生态的多样性，而人类文化的多样性，不是更应该关注吗？保护人类文化的多样性，促进世界各民族文化的共同发展，已经成为各国人民、各国思想家的共同课题，成为人类共同的历史任务。

女士们、先生们：

进入21世纪，要和平，促发展，是世界各国人民的强烈愿望，也是人类社会进步的必然趋势。有对话，才会有人类的和平，才会有世界各国的共同发展。对话，是当前不同国家、民族，不同文明之间最重要的交往形式。

——对话的第一要义是平等、互利。平等、互利是对话的根本前提。对话，不是恩赐，不是相互算计，更不是以势压人。有平等，才会有对话；有互利，对话才会有意义。世界是大家的，对于维护世界的和平与发展，每个国家、民族，都有平等的权利，也承担着相应的义务。承认平等，就要承认不同国家、民族之间利益上的差异。利益上的不同，必然反映为不同的价值观念。承认差异，尊重并理解差异，求同存异，才能保证对话、交流与合作的顺利开展。

当今世界，任何国家、民族，都没有高人一等的特权。不平等是世界的一大公害。国家有主权，人民有自己决定自己国家的制度、发展道路、生活方式的权利。世界各国，不分大小、贫富、强弱，一律平等，在平等的基础上对话、交流，通过对话达到互信、互利、共赢，是世界稳定、和平与发展的基础，也理应成为21世纪国际政治、经济新秩序的基本价值观念。有平等，才有互利，才有共同繁荣和发展。

开展富有成效的对话，就要摒弃对抗、战争、干涉别国内政、以大欺小、以强凌弱的观念和做法。

——对话的第二要义是理解和尊重。理解的前提是尊重。一个不尊重别人的人，不会得到别人的理解。世界是多姿多彩的，各民族的文化、价值观念、发展道路也是多样的。当然，承认多样性，并不否认各国、各民族之间的共同性。所谓共同性，也就是人类在历史发展中形成的共同特点和共同利益。但这种共同性不是预设的，不是通过某种外在的强制性力量，而加之于各国、各民族之上的。共同性寓于多样性之中，并且通过多样性才能展现出来。例如，世界各国、各民族都追求现代化，都要走向现代化，这是共同性。但是，各国、各民族走向现代化的道路、模式却是多种多样的。多样性与共同性是辩证统一的，这种统一将在各国、各民族的对话中得到最好的体现。

当今世界，总的来看，和平与发展已成为时代的主题，但天下仍不太平。恐怖主义与霸权主义，仍然是渴望和平与发展的人们挥之不去的两道阴影。恐怖主义与霸权主义，不管其表现形式如何，都体现了对人类，对不同国家、民族，对不同的文化、价值观念和发展道路，缺乏应有的理解和尊重。恐怖主义与霸权主义，是反对话的，因为他们本质上是反人类、反文明的。

开展富有成效的对话，就要摒弃仇视、冷漠、偏见、夜郎自大的心态和做法，就要在世界范围内广泛开展反对恐怖主义与霸权主义的斗争。

——对话的第三要义是"双赢"、共同发展。动辄以制裁乃至武力威胁对方，或者借助自身的经济、科技实力损害对方利益的观念和做法，都是违背对话精神，不明智的。总结历史经验，任何对对方利益的损害，也必然是对自身利益的损害。"兼相爱，交相利"①，是中国古人处理人与人之间、国与国之间关系的价值准则，即使在今天，它也仍然给人以有益的启示。

当今世界，每个国家、民族的发展，都不是孤立的。各国都有不同的利益追求，但在普遍的交往中，要实现自身的利益，就不能不顾及他国的利益。这也是对话能够成功的重要条件。就世界的繁荣和发展来说，发达国家因为历史的原因，走在了其他国家前面。但发达国家的进一步发展，却又离不开发展中国家。没有广大发展中国家的繁荣，也就没有发达国家的持续发展。损害广大发展中国家的利益，也必然危及发达国家和整个世界的发展。

开展富有成效的对话，就要摒弃"单边主义"、唯我独尊、损人利己的观念和做法，努力推动建立公正、合理的国际政治经济新秩序。

——对话的第四要义是学习。对话、交流，是一种学习，而且是最重要的学习。每个国家、民族的文化，都有其长处，也都有其短处。重要的是认清自己的长短优劣，既不妄自菲薄，也不故步自封。故步自封只能导致落后。从思想史的角度上说，任何思想、理

---

① 《墨子·兼爱中》。

论，都是一定历史条件的产物，都有其历史的局限性。任何伟大的人物、思想、学说，都不是超历史、超时代的。正视这种局限性，不是要苛责前贤，而是要求今人在前人的肩膀上，站得更高些，看得更远些。进步是什么？就是克服自身的不足。发展是什么？就是继承前人的成就，超越前人的局限。因此，对话，不仅包括不同思想、文化的横向交流，而且包括纵向的对话，这也就是学习。

当今世界，人类已经进入了一个信息社会。信息社会的重要特点，就是各种知识、信息最大限度地呈现在每个人面前，使人类进入了一个空前的对话、交流、学习的时代。学习，可以使一个民族不断进步。一个善于通过对话、交流而不断学习的民族，是一个成熟的民族。"他山之石，可以攻玉。"[①] 在对话中学习，不仅可以鉴往知今，而且可以采万家之蜜，以滋养自己。

俄罗斯横跨欧亚大陆。勤劳、智慧的俄罗斯人民，在这块神奇的大地上，将东西方思想、文化的对话、交流演绎得五彩斑斓，并逐渐形成了自己独特的文化、思想和理论。这是俄罗斯民族对世界文明发展的杰出贡献。

中华民族有五千年的文明传统。这种传统之所以绵延不绝，一个重要原因是我们这个民族善于学习，不断吸收和借鉴世界各国人民创造的优秀文化成果。特别是1978年实行改革开放以来，我们更加自觉、更加大胆，全方位地打开国门，向世界各国人民学习。永远抛弃"有色眼镜"，睁大眼睛观察世界，观察别国、别民族的思想、文化和科学。我们对世界文明的认识越来越清醒，态度越来越积极。

我们本着"支持留学、鼓励回国、来去自由"的原则，将一大批青年学子送出国门深造。据不完全统计，从1978年以来，我国在

[①] 《诗经·小雅·鹤鸣》。

世界各国的留学生已达到近 40 万人。其中，在俄罗斯留学的就有近万人，而在莫斯科大学学习的就有数百人。

我们欢迎世界各国的政治家、科学家、思想家到中国访问、讲学和对话。自 1978 年以来，我们接待来访的外国政要、科学家、思想家达数十万人次。

对话、交流，不仅加深了中国对世界的认识，也推动了世界更好地认识中国。随着中国加入 WTO，中国与世界的交流将变得更广泛、更深入。今天的中国，已进入了一个与世界各国全面对话的时代。

我们高兴地看到，近年来，中俄两国的高层对话保持着良好的发展势头，两国理论学术界的对话、交流也在不断加强。

本着增进友谊、加强了解、扩大对话、共同进步的宗旨，这里，我向各位简要介绍一下中国的人文社会科学发展状况。

中国的人文社会科学，有着悠久的历史传统。早在两千多年前的春秋战国时期，就出现了诸子百家、百派竞相登场、争鸣的局面。中国古代最著名的思想家之一孔子的《论语》，不仅是一部哲学著作，而且是一部史学著作、文学著作和教育学著作。

1949 年新中国成立后，中国的人文社会科学获得大发展。1978 年改革开放后，中国的人文社会科学则迎来了成果最多、思想最活跃、社会作用最显著的时期。在这一时期，中国的人文社会科学，开始大规模地与世界各国学术界对话和交流。这在中国几千年文明史上也是空前的。某些学科，某些领域的研究，达到或接近世界先进水平。一大批专家学者不断涌现，并为世界所瞩目。

目前，中国的人文社会科学，已形成了学科门类比较齐全、研究队伍颇具规模的科研体系。全国从事人文社会科学研究和教学的达 30 万人，专业研究人员 4 万余人。作为国家人文社会科学最高研究机构，中国社会科学院目前有 31 个研究所（中心），专业研究人员 3000 人，其中高级专业人员 1500 余人。

在中国，人文社会科学担负着"传承文明、繁荣学术、创新理论、咨政育人、服务社会"的历史职责。我们认为，在人类的知识体系中，自然科学与社会科学，如车之两轮、鸟之两翼，共同推动着人类社会的发展。人文社会科学是人类认识世界、改造世界的重要工具，是推动理论创新的重要力量，是综合国力的重要组成部分，是决策科学化、民主化的重要基础。重视人文社会科学，是一个国家、民族和政党成熟的重要标志。

中国政府高度重视和支持人文社会科学研究工作，并为之制定了一系列正确的方针和政策。从去年 8 月 7 日，到今年 4 月 28 日，中国国家主席江泽民两次发表关于社会科学的重要讲话。讲话精神已经成为全社会的共识，并逐步得到落实。

目前，中国已经进入全面建设小康社会、加快社会主义现代化的新的发展阶段。面对新形势、新任务、新挑战，中国比以往任何一个时期，都更加重视理论，更加重视发挥人文社会科学的作用。

进入 21 世纪，中国人文社会科学的基本任务是，研究自己，学习、借鉴世界文明，不断推动理论创新，为中华民族的全面振兴提供理论支持和精神动力。

当代中国的人文社会科学，既重视研究国家现代化建设中具有全局性、前瞻性、战略性的重大时代课题，又重视基础理论研究；既强调学术研究要为国家发展服务，又强调百花齐放、百家争鸣。我们鼓励并保护各种学派，支持学者们开展自由、民主、健康的争鸣和对话。

当代中国的人文社会科学，既强调中国气派和中国风格，又强调世界眼光；既重视弘扬中华文化的优良传统，又注重大胆吸收和借鉴世界各国的积极文明成果。我们鼓励学者们走出国门，努力参与世界范围的百家争鸣，也欢迎世界各国的思想家到中国来对话、交流。

女士们、先生们：

俄罗斯最伟大的诗人普希金在叙事诗《鲁斯兰和柳德米拉》中，曾有这样的诗句：

> 在迷人的田野里，
> 五月的轻风吹来了阵阵凉爽；
> 在摆动着的树枝的阴影里，
> 中国的夜莺在尽情歌唱。①

1830年，普希金出于对中国文化的向往，曾经表达了想要到中国访问的强烈愿望。但很遗憾，由于主客观条件的限制，诗人的愿望未能实现。而今，170多年过去了，当年横亘在伟大诗人面前的障碍早已不复存在。今天的中国已敞开胸怀，接纳世界各国的群贤毕至。

我们热诚欢迎伟大诗人故乡的人士，到中国走一走，看一看。热诚欢迎俄罗斯的思想家到中国社会科学院访问、讲学，并同中国同行对话。

中国欢迎各位，中国社会科学院欢迎各位！

---

① 转引自戈宝权、刘文飞主编《普希金名作欣赏》，中国和平出版社1996年版，第6页。

文化的创新[*]

（2002年7月18日）

纪念中华民族的文化瑰宝、藏蒙等民族历史上不朽的诗篇——《格萨（斯）尔》诞生一千周年。这是当代中国文化事业的一件盛事，也是各民族团结共进、万方乐奏的喜庆节日。

一千年前，在雄奇壮丽的青藏高原上，传颂着雄狮大王格萨（斯）尔征战四方、除暴安良的神奇故事。这部凝聚着古代藏蒙等民族劳动人民的智慧和心血，反映他们对美好未来的憧憬的长篇叙事史诗，世世代代，吟唱不衰。

《格萨（斯）尔》是我国多个民族集体创作的一部伟大的英雄史诗。她起始于藏族地区，标志着古代藏族文化的最高成就。后来流传到蒙古、裕固、土、纳西等民族地区，成为我国西部地区兄弟民族间表达共同愿望、传递手足情谊的精神纽带。

《格萨（斯）尔》通过一个个生动可感、光彩照人的艺术形象所展现出来的文化成就，和她精深博大、卷帙浩繁的丰富内涵，交相辉映，凝聚着中华民族追求公平正义、向往美好生活的崇高理想。《格萨（斯）尔》所展现的气势磅礴、波澜壮阔的宏大画面，和她万人齐咏、千年流传的艺术魅力，相得益彰，闪烁着中华民族伟大的创造精神和智慧光芒。

《格萨（斯）尔》是中华民族文化百花园里的一朵奇葩，是世

---

[*] 这是作者在史诗《格萨（斯）尔》千年纪念大会上的讲话。

界文化宝库中一颗璀璨的明珠,是中华民族对人类文化的一个重要贡献。我们今天纪念这一伟大诗篇,不仅是要重温她深刻博大的思想内涵,分享她历久弥新的艺术魅力,更重要的,是要通过这部史诗,思考一下如何看待中华民族传统文化,思考一下中华民族传统文化如何与时俱进,开拓创新。

借此机会,我谈几点看法,供大家参考。

一 关于文化的民族性和开放性

世界上各个国家和民族的文化,都是特定的人群在不同的具体历史条件下活动的产物,都有其自身发生和发展的演变过程,都有其自身的特点和优缺点,在不同的历史时期起着不同的历史作用。历史上的一切文明成就都是对全人类文明做出的宝贵贡献,都应得到充分承认和尊重。没有哪一种文化或文明可以自诩为天生优越,高人一等,那种以自我为中心(如所谓"欧洲中心论"),总是以自己文明的价值观和标准去衡量别的文明,甚至横加干涉的做法,显然是文化霸权的表现,是不可取的,也是完全行不通的。

宋代诗人卢梅坡有一首诗:

> 梅雪争春未肯降,
> 骚人搁笔费评章。
> 梅须逊雪三分白,
> 雪却输梅一段香。①

---

① (北宋)卢梅坡《雪梅》其一:"梅雪争春未肯降,骚人搁笔费评章。梅须逊雪三分白,雪却输梅一段香。"其二:"有梅无雪不精神,有雪无诗俗了人。日暮诗成天又雪,与梅并作十分春。"

在对待文化的多样性问题上，我们要切忌重蹈"梅""雪"互争短长的狭隘和庸俗，既要坚决反对全球文化霸权主义，又要坚决反对文化相对主义、文化孤立主义或文化部落主义。

中国自古以来就是一个疆域辽阔、民族众多的国家。由于各民族具体的生存条件和环境不同，文化源流不同，因此，在文化传承上也呈现出多样性。这种文化上的多样性，一方面极大地丰富了中华民族的文化百花园；另一方面，又成为中华民族保持不竭活力和无限创造力，共同创造光辉灿烂的中华文明的源泉。中华民族历来讲求"和而不同"，讲求尊重每个民族的多样性，讲求爱其所同，敬其所异，进而纳其所长，正因如此，我们国家才能形成源远流长、海纳百川的大国气象，才能长期屹立于世界民族之林，才能对人类文明有着伟大的贡献。

在漫长的历史过程中，由于各民族的频繁交往，形成了唇齿相依、水乳交融的关系，你中有我，我中有你，谁也离不开谁。各民族对祖国大家庭都有着强大的向心力，呈现出统一性的特征。因此，中国传统文化是一个巨大的复合体。一方面，她有着内在的时代差异和空间差异，绝非一根而发，而是殊途同归，包容着各种不同的文化传统。另一方面，不同特色的民族文化构成了中国传统文化的全貌，形成中华民族文化的整体。这种"一"与"多"的辩证统一，使中国文化既具有大传统，又具有小传统，大小传统互相激荡，互相凭依，共同发展。

应当看到，从中国和世界文明发展的整个过程来看，各个不同文化个体之间的矛盾和碰撞虽然是经常发生的现象，但并不一定会发展成不可调和的冲突。恰恰相反，各个不同文化个体之间的和平共存、相互影响、相互渗透乃至交融互变，才是文明发展的常态现象和主流。

二 关于文化的人民性与先进性

人民大众是文化的创造者。在人类社会的童年，人们在长期的劳动和生活实践中，创造了语言，发明了文字。石斧、镰刀、房子、弓箭等，不是凭空产生的，也不是什么圣人的发明，而是劳苦大众日积月累、艰苦实践的成果。

在历史上，《格萨（斯）尔》长期遭受僧侣贵族的排斥和压制，被讥讽为"乞丐的喧嚣"，吟咏史诗的民间艺人也受到歧视和迫害。但是，千百年来，这首英雄史诗之所以能广泛流传，历久不衰，主要应归功于那些优秀的行吟诗人，他们是史诗最直接的创作者、继承者和传播者，是真正的人民艺术家，是最优秀、最受群众欢迎的人民诗人。

马克思主义认为，从来的一切运动都是少数人的，或者是为了少数人利益的运动。只有无产阶级的运动是绝大多数人为了绝大多数人利益的独立的运动，创造文化的大众应该享受创造的成果。中国共产党从她诞生的那天起，就把全心全意为人民服务作为自己的根本宗旨和行为准则，贯穿于党的一切活动中。在革命、建设和改革的每一阶段和关键时期，都把人民拥护不拥护、人民赞成不赞成、人民高兴不高兴、人民答应不答应作为制定各项方针政策的出发点和归宿点，并在执行这一政策中全面体现她为人民服务的宗旨。

文化的人民性必须和文化的先进性相结合。20世纪初叶，中国大地上新见迭出，思潮竞起。唯有以马克思主义为指导思想的中国共产党，由小到大，由弱到强，最后取得了革命的胜利。马克思主义是19世纪中叶以来世界上最先进的社会思想，是人类最科学的、进步的革命理论体系。它一经和中国的具体实际相结合，就成为中国共产党人百战不殆的思想武器。

在新世纪，中国共产党要更好地代表中国先进文化的前进方向，就必须更加努力地继承和弘扬中华民族的一切优秀文化传统，必须以更大的气魄和胸怀学习和吸收一切外国的优秀文化成果。更重要的是，必须以发展的思想、观点去继承马克思主义。马克思主义之所以先进，就因为它是开放的、发展的学说，始终严格地以事实作为自己的根据。不以发展变化了的客观实际为依据，不研究活生生的现实生活，既发展不了马克思主义，也坚持不了马克思主义。只有以我国改革开放和现代化建设的时代主题、以我们正在做的事情为中心，着眼于对现实问题的理论思考，着眼于新的实践和新的发展，形成有科学根据的新观念、新理论，才能把中国特色社会主义现代化事业不断推向前进，才能充分体现文化的先进性和人民性的辩证统一。

三　关于文化的继承性和创新性

全球化浪潮是对建设有中国特色社会主义文化的一个新的挑战。如何正确处理文化的继承性与创新性的关系，是当前面临的重大时代课题。

文化作为精神现象，有其自身发展的规律，继承性和累积性是文化发展的重要规律之一。任何文化的发展，都需要继承和发扬一切优秀的文化遗产，在优秀的文化传统中吸取丰富的营养。对于每一个民族作为文化个体所表现出来的多样性，以及作为中华民族整体中的一分子而表现出来的同一性，我们都要倍加珍惜，认真总结。我们要尊重文化的多样性，发掘每一种民族文化里所蕴含的独特而珍贵的文化价值，并加以认真学习、借鉴。只有这样，文化创新才不是无源之水，无本之木。

但是，既有文化的继承和借鉴只是前提和手段，文化的创新才是目的。《格萨（斯）尔》里说得好："青苗若结不出果实来，禾秆再高也只能当饲草。"文化作为现实的反映，在继承文化遗产的基础上，要根据新的生活、生产实践补充内容，发展和创造出新的精神产品。

文化的继承性和文化的创新性是辩证统一的。任何一国的文化都既不能割断历史又不能停滞于历史，既不能无视现实又不能拘泥于现实。文化作为联结历史和现实的纽带，维护传统和创造未来的工具，是继承性和创新性的统一。

列宁说："在文化问题上，急躁冒进是最有害的。"[①] 我们既要反对无视文化的历史联系，用绝对怀疑、绝对否定的观点看待传统文化的文化虚无主义，又要反对无视文化的现实内容和发展趋势，用绝对相信、绝对肯定的观点看待传统文化的文化复古主义。两种观点看似对立，本质上都是割裂了文化的继承性与创新性的内在联系，是缺乏历史唯物主义的批判精神——所谓坏的就是绝对的坏，一切皆坏；所谓好的就是绝对的好，一切皆好，因而是一种形式主义的看问题的方法。正确处理文化的继承性与文化的创新性的关系，一要坚持科学的历史主义原则，反对粗暴简单地、不负责任地视民族文化瑰宝为文化垃圾加以清除，以文化的现代化为名制造民族文化荒漠；二要坚持科学的价值论原则，使文化建设深深植根于人民群众的历史创造活动，继承发扬民族优良文化和革命传统文化，学习借鉴世界一切优秀文化。

对民族文化的保护、发掘和弘扬，是关系到各民族增进团结、共同进步，实现国家长治久安的大事。党中央、国务院历来重视这项工作，新中国成立以来，特别是改革开放以来，投入大量人力、物力，精心组织、积极推动对各民族传统文化资源的保护、整理和

---

① 《列宁选集》第4卷，人民出版社1995年版，第784页。

利用。《格萨（斯）尔》的搜集、整理、出版和研究工作，成绩斐然，已成为我国民族民间文学中最活跃、最有潜力的领域之一，这是党的民族文化政策的生动体现。

苏联兴衰的历史经验

(2002年8月23日)

一 认真总结苏联的历史经验,是中国共产党人的历史责任

20世纪,苏联是同中国发展联系最紧密的一个国家,中国在摆脱半殖民地半封建统治过程中,从苏联(俄罗斯)获得了很多支持。中国的近代史,在很大程度上受苏联(俄罗斯)的影响。在21世纪,俄罗斯对中国实现社会主义现代化、实现民族振兴的事业仍将会有巨大影响。因为它不仅是我们的邻居,而且在许多方面与我们有着共同的命运。

在20世纪,人类历史上最伟大的事件,便是诞生了社会主义。这一事件影响着人类社会发展和前进的方向。社会主义革命是人类历史上第一次为消灭阶级和剥削、实现人的全面解放和发展、建立人类最理想的社会而进行的革命斗争。十月社会主义革命的胜利,社会主义制度的建立,把马克思主义的理论变为现实,这是20世纪人类历史发生转折和转变的最伟大的事件,其意义超过了两次世界大战。假如没有苏联的社会主义,二战的结局将会是另一种结果。纵观20世纪人类历史的发展,正是社会主义展示了人类未来的光明前途。所以,社会主义不仅是苏联人民的事业,也不仅仅是中国人

民的事业，而是整个人类未来从根本上摆脱阶级压迫和剥削，走向更大解放、更大发展的历史性起点。

对于20世纪的社会主义来说，发生了两起最伟大的事件：第一件事是十月革命的胜利、苏联的产生。第二件事是中国革命的成功、中国的社会主义建设，以及目前正在实施的全面改革开放和探索一条新的有中国特色的社会主义的发展道路。

20世纪社会主义的历史，最引人关注的有以下两大问题：第一个问题是苏联共产党垮台、苏联社会演变、苏联国家解体。这个问题已经成为历史。俄罗斯的未来将怎样发展还要看。第二个问题是中国的改革开放和中国特色社会主义道路的探索。有中国特色的社会主义事业已取得了巨大的成就，但还在实践和探索之中。只有当中国实现了社会主义现代化的那一天，才能最终说中国探索的社会主义道路成功了，才能说中华民族梦寐以求的民族振兴、兴旺发达的路子走通了。只有到那个时候，才能说中国充分发挥了社会主义制度的优越性，能够不断地解放生产力和发展生产力，实现了社会主义条件下持续、快速和健康的发展。但要真正实现这个目标，至少需要100年，甚至更长时间。对此，我们宁可估计得长一些，困难估计得大一些，切不可看短了、看易了。

20世纪社会主义历史发展最重大的历史教训也无非是两个：一个是苏联的解体，一个是中国的"文革"。前者是右的典型例子，后者是"左"的典型例子。两者都可以葬送社会主义的前途。总结研究苏联共产党的历史、苏联社会主义的历史，就是为了使其他社会主义国家，尤其像中国这样的大国在走社会主义道路时，汲取这个教训。这个教训就是，社会主义仍然处在强大的世界资本主义的包围之中，搞得不好，社会主义就可能演变，可能被颠覆，共产党就可能下台，也就是亡党亡国！一切历史研究，不仅仅是要说明历史现象，重要的是为今天的社会和人民服务。人们常说，学习历史可以知兴衰，也就是这个道理。

研究苏联的这份遗产，是中国共产党人的历史使命。苏联共产党的历史由谁来写、谁来总结呢？本来应该由苏联人民、苏联共产党来写、来总结。但在斯大林时期思想路线出现偏颇，在赫鲁晓夫时期不大可能，在今天的俄罗斯可能也比较难办。现在谁在写苏联共产党的历史呢？一定程度上是美国人在写，西方资产阶级学者在写。苏联70多年的国家历史也是如此。但是作为社会主义国家和共产党的历史，不是共产党人来总结、来写，而是由资产阶级来总结、来写，这个历史将被写成什么样子？现在看来，作为世界社会主义事业的继承人，作为社会主义的建设者和开拓者，中国共产党人应该而且能够把这份政治遗产继承下来。因此，总结苏联共产党历史的这个任务，就必然地、责无旁贷地落到了中国学者的身上。

其实，从历史上看，这一点也不奇怪。巴黎公社失败后，谁来总结巴黎公社的经验教训呢？不是法国的资产阶级学者，而是马克思；俄国二月革命失败后，是列宁总结了这次革命的教训。十月革命成功的经验，不可能由资产阶级学者来总结，他们宣传的那一套是要将十月革命扼杀在摇篮中。科学地总结中国辛亥革命以后的经验教训的工作，不是国民党完成的，而是中国共产党完成的。苏联的遗产也是世界社会主义的政治遗产，我们一定要把它继承下来。继承遗产不仅是继承正确的和成功的，而且要汲取失败的教训。在某种意义上，失败的教训比成功的经验更发人深省。

二 要通过总结苏联的历史经验重新学习和理解马克思主义

中国人知道马克思主义是在十月革命之后。中国共产党人不是完全从书本上接受马克思主义的，由于已经存在有苏联的社会主义，我们是通过列宁、斯大林以及苏联党的实践,通过苏联社会主义建设的历史过程接受马克思主义的。所以,我们接受马克思主义时也有许多甘苦,有理解对的,也有教条主义理解的。而所有这些,都同中国共产党人的革命实践和历史环境有直接关系。

过去,在许多理论问题上,我们之所以没有直接从马恩原著中,而是从俄国人那里寻找答案,是因为十月革命取得了成功,并确立了列宁主义的地位,马克思主义在俄罗斯以列宁主义的形态得到传播和发展。列宁去世后,斯大林高举列宁主义的旗帜,全面介绍马克思主义和列宁的学说。斯大林在传播列宁主义和马克思主义方面有其独特的贡献。将马克思主义通俗化是他的一个特点。马克思的许多论著,是以欧洲的哲学和文化传统为背景的。俄国是东西方文化交汇的一个国家,马克思主义经过斯大林的解释,许多东西就通俗化了。而且斯大林的语言又很有特点:简明、条理化和通俗化。然而,问题的另一方面是简单化。简单化的结果容易导致教条化、僵化以至绝对化。这种倾向如果进一步发展,就会将理论变成为政治,将学术、理论直接等同于政治。反过来,又会进一步教条化、僵化、绝对化,就会走向极端,走向反面。再加上当时苏联的国际地位也很特殊,处于资本主义的包围之中,国内甚至党内都存在着残酷的政治斗争,在这种情况下,要通过通俗化来解释马克思主义,难免会导致对马克思主义理解的简单化、教条化和绝对化的倾向。

今天,形势已经发生了翻天覆地的变化;对于如何建设社会主义,建设什么样的社会主义,我们也积累了丰富的经验。我们可以,而且也必须通过中国人自己的眼睛,并结合我国50多年社会主义建设的实践,以及80多年中国共产党的实践,通过重读马恩经典著作来理解马克思主义。认真总结苏联共产党的历史和苏联史,有助于我们从实践的角度、从更开阔的视野,用时代的眼光来重新学习和研究马克思主义。

三 要深入持久地研究苏联解体的教训，建立中国的"苏联学"

苏联作为社会主义国家开创了人类社会的新纪元。这个新纪元直接同马克思主义的诞生和发展有关，是马克思主义在人类社会历史中的实践。苏联虽然失败了，但是，也为我们留下了宝贵的政治遗产。因此，今天研究这个问题，有极大的意义。这个问题可能不是三五年，写三五本书就能回答得了的。这是一门学问，要形成一个新的学科，长期地研究下去，这个学科可以称作"苏联学"。通过"苏联学"这个新学科的建立和长期的研究，我们就能知道，到底应该从中汲取些什么教训。

现在西方写的苏联史都是在给苏联历史泼脏水。欲灭其国，必先灭其史。如果苏联70年历史是黑暗史，苏联人民如何回首往事？当一个国家、一个民族失去精神支柱后，什么时候能够重新站起来？不爱史，怎么爱国？对一个国家来说最危险的就是失去精神支柱。中国人应该写一本苏联史，给后人留下一笔宝贵的财富。我们务必要集俄罗斯东欧中亚研究所全所的力量，经数年之磨炼，写一本权威的苏联史、苏共史。对苏联共产党的经验教训，对苏联社会主义建设的经验教训，进行研究和总结，也就是回答"苏联学"的问题。只有研究苏联的过去，才能了解俄罗斯的今天。研究苏联史、苏共史，必须要研究其政治史、经济史、社会史和文化史。苏联的政治史，在相当程度上就是苏联共产党的发展史。虽然从文化角度来研究苏联解体很重要，但首先要研究苏联的政治史和经济史。苏联的解体有其历史的必然，这种"必然"恰恰是苏联人在对社会主义的认识、对马克思主义的认识方面，存在问题。苏联解体、苏共下台，是苏联社会主义实践模式的失败,而不是马克思主义和社会主义的失败。我们中国共产党人对社会主义的认识也经历了一个不断深化的过程、经历了几个阶段。第一,我们认识到在落后的半殖民地半封建的国家内不能直接搞社会主义,而应该先搞新民主主义。第二,中国搞社会主义不能照抄、照搬苏联模式。第三,社会主义制度本身是在不断实践、探索和发展中,社会主义必须不断进行改革。第四,建设成熟的、合格的社会主义,是一个相当长的历史过程,其间还会经历许多具体的发展阶段。现在,中国正处在社会主义初级阶段。社会主义制度建设的过程就是改革、探索、创新和完善的过程。第五,贫穷不是社会主义,落后不是社会主义,发展慢也不是社会主义。没有展示比资本主义发展更快的制度优越性,也不是社会主义。所以,社会主义必须集中精力,长时间地解放生产力和发展生产力。社会主义制度的建设过程,就是中国社会主义现代化发展的过程。

社会主义不是从书本上就能理解的。列宁在20世纪20年代就说过,仅从书本上理解社会主义的时代一去不复返了。这就是说,除了从书本上了解社会主义之外,更要从现实中、从社会主义的实践中理解社会主义。毛泽东在1956年也说过,不搞社会主义就没有社会主义经验。总结我们自己的实践经验,分析、研究苏联的兴衰史和苏联共产党的历史,都是为了不断深化对社会主义的认识,实现中国的社会主义现代化。

四 一定要办好研究所

要办好中国社会科学院,核心在办好各个研究所。

1. 要群策群力。要认真落实江泽民同志"7·16"重要讲话,贯彻2002年中国社会科学院北戴河暑期工作会议精神,你们研究所一定要开展如何办好俄罗斯东欧中亚研究所的讨论。要进一步解放思想，坚持与时俱进几将那些旧的东西、与现实相脱离的东西都甩掉。院所两级要各司其职。办好研究所是所长和所党委的主要职责，研究所的问题要由研究所来解决，院里不干预。所长和所党委的任务就是搞好研究所。干部的政绩是群众脸上的笑容。要办好研究所，就必须办好每一个研究室，建设好每一个学科，提高每一个学者的素质。每一个学者都应该有自己的科研计划。社科院正在努力创造一个平台，为每一个学者提供充裕的时间，尽可能使每一个有志于献身社会科学的人都能够在这里做出好的学问，成为某一个方面的专家。在中国社会科学院，立于世，靠的是学问。要强化竞争激励机制，支持和奖励科研成就突出的学者，扶持和激励出成果、出人才的研究室、研究中心、研究所。

2. 大力推进信息化建设。俄罗斯东欧中亚研究所应该办成中国的关于俄罗斯、东欧和中亚的研究中心。要成为这样的中心，必须建立丰富的资料数据库。要采取多种渠道、方式来不断充实、完善资料中心。一个大型课题，如果不占有翔实的资料，是不可能高质量完成的。研究人员如果将大量的时间耗费在寻找和查证资料上，也很难出成果。老中青研究人员应该平等地享受一切资源。数字化和网络化就是解决学者平等享受资源的问题。解决这个问题之后，剩下的问题是如何利用这些资料，进行思考、研究、理论探索。研究所要积极想办法同国外同行建立广泛的联系，逐步建立起国际学术研究的平台。

从事国别问题研究的，要研究透一个国家很不简单。应建立关于每个研究对象国的数据库，每个研究人员也都应该有自己的数据库。这些数据库应该由研究人员自己建立。要迅速改变资料室的功能，使它变成为信息化中心。要扫除"机盲"，不懂计算机的人不能来研究所工作。

3. 大力加强队伍建设。研究所要将国内本学科第一流的研究人员团结在自己周围。研究国际问题，不掌握外语这门工具不行。我们的学者不能是"聋子"（听不懂外语）、"瞎子"（看不懂外文）和"哑巴"（不会说外语），而是必须在外语方面达到听、读、说、写"四会"。要制定出规划，力争在几年内解决"聋哑人"现象，外语不达标的不能晋升职称，不能承担课题。研究所还应该适当吸收具有其他学科背景、又愿意从事俄罗斯问题研究的复合型人才来工作。学术活动的环境要宽松。对研究人员的要求无非是两个：一个是守法；另一个是出成果。要杜绝滥竽充数现象，使那些没有研究成果的人都感受到很大的压力。要提倡凭劳动（成果）而不是凭"帽子"（学位）领取报酬。

国际问题研究所的任务主要是研究"彼学"，即研究对象国。"关系学"为"彼学"和"己学"之合，如果没有"彼学"和"己学"，"关系学"就很难建立起来。要帮助每个研究人员奠定"彼学"和"己学"的基础。年轻人进研究所要先从基础做起，基础牢，才能根深叶茂。

4. 要建立学术交流制度。研究所要建立学术交流的制度，尽可能用俄文来讨论俄罗斯问题，还要请俄国人参加讨论，开展俄语日，这样坚持数年，必有大变。增加同俄罗斯学者的交流，有助于培养一批俄中友好的使者。

5. 建立中俄交流中心，促进中俄交流。一些愿意从事中俄交流的人可以从事此项工作。可以广泛联系中国和俄国的企业，为企业服务，通过这种联系、服务了解俄罗斯的制度和习俗。要创办俄文杂志，同研究生院共同创办俄文网站。

当前我国关于俄罗斯的研究，无论在资金投入方面，还是在队伍建设方面，我们均落后于美国和德国。我院俄罗斯东欧中亚研究所要成为中国一流、在国际上有影响的研究俄罗斯的研究所，应拥有"大家"，出传世之作。你们任重道远，我们寄希望于你们。

关于精神文明建设

（2002年9月10日）

社会主义精神文明建设的理论与实践，是我们党建设有中国特色社会主义事业过程中的伟大创造，是中国共产党人对马克思主义的新贡献。

改革开放二十多年来，在以邓小平同志为核心的第二代中央领导集体和以江泽民同志为核心的第三代中央领导集体的带领下，全党全国人民同心同德，在开创有中国特色社会主义事业的进程中，不仅取得了物质文明建设的辉煌成就，而且取得了精神文明建设的历史性进步。特别是进入21世纪，进入全面建设小康社会，加快推进社会主义现代化的新的发展阶段，在江总书记"三个代表"重要思想指导下，精神文明建设方向更明确，工作更主动，取得了新突破，呈现出新气象。同时，复杂多变的国际形势，突飞猛进的科技进步，日益激烈的国际竞争，广泛深刻的国内变革，也对精神文明建设提出了更高的要求和更多的任务，使加强精神文明建设面临着许多亟待研究解决的新情况、新问题。

我们要深入学习江总书记"七一"重要讲话、"5·31"重要讲话和最近的一系列重要讲话，坚持以"三个代表"重要思想为指导，紧密结合《共产党宣言》发表一百五十多年来世界政治、经济、文化、科技等发生的重大变化，紧密结合我国社会主义建设发生的重大变化，紧密结合广大党员干部和人民群众工作、生活条件和社会环境发生的重大变化,全面总结精神文明建设二十多年来的历史进程和成功经验,正确估计国内外各方面重大变化对精神文明建设产生的深刻影响,与时俱进地认真研究精神文明建设面临的全局性、前瞻性、战略性重大理论和实践课题,坚持在解放思想中统一思想,努力把我们的认识统一到"三个代表"重要思想上来,统一到江总书记提出的发展先进文化的新任务、新要求上来,进一步开创精神文明建设的新局面。

一 关于在社会主义市场经济条件下建设精神文明的问题

社会主义精神文明建设既是社会主义现代化建设的重要目标,是不断前进的方向,也是社会主义现代化建设的重要组成部分,是不断发展的进程。在社会主义的不同历史阶段,精神文明所体现的文化形态的先进性具有不同的内容和要求。

改革开放前很长一个时期,我们曾在计划经济条件下建设社会主义精神文明,各方面的情况和现在相比有很大不同,影响和效果也不一样。在社会主义市场经济条件下建设社会主义精神文明,是一项全新的事业,马克思没有讲过,我们的前人没有做过,其他社会主义国家也没有可资借鉴的经验,所以只能摸着石头过河,在干中学习。二十多年的实践探索和理论思考,使我们对马克思主义关于经济基础和上层建筑的基本原理有了更全面的理解,对邓小平理论和江总书记"三个代表"重要思想中阐述的物质文明建设和精神文明建设的辩证关系有了更深刻的体会。

历史和现实的经验教训告诉我们,在社会发展的特定历史阶段上,就总体而言,不存在超越于现实生产力和经济基础的所谓先进的上层建筑。坚持精神文明的先进性,归根到底,是要真正反映先进生产力的发展要求，反映一定时代的社会进步和人民群众的需要和利益。如果离开具体的国情和特定的历史条件，单纯执着于良好的主观愿望，或者拘守传统的经验和做法，甚至片面固守经典著作的某些词句或个别论断，就会使社会主义精神文明教条化、凝固化。这种教条的、停滞的精神文明，不仅会失去自身的生机和活力，而且会成为生产力发展和社会进步的束缚和障碍。

改革开放以来特别是近十多年，我们党坚持从社会主义初级阶段的实际出发，坚持精神文明建设与社会主义市场经济的发展要求相适应，与公有制为主体、多种所有制经济共同发展的基本经济制度相适应。在工作实践中，坚持围绕经济建设中心，服务改革发展稳定大局，不断提高工人、农民、知识分子和其他劳动群众的思想道德和科学文化素质，不断提高他们的劳动技能和创造才能，充分发挥他们的积极性、主动性、创造性，努力建立与社会主义市场经济发展要求相适应的思想道德体系。始终不渝地用邓小平理论、"三个代表"重要思想教育干部群众，在全社会认真倡导社会主义、共产主义思想道德，同时把先进性要求和广泛性要求结合起来，鼓励一切有利于国家统一、民族团结、经济发展、社会进步的思想道德，团结和引导亿万人民积极向上，不断丰富人们的精神世界，不断增强人们的精神力量，为发展社会主义市场经济和建设社会主义现代化提供了强大的思想保证、精神动力和智力支持。

我们也清醒地看到，社会主义市场经济的发展，增强了综合国力，提高了人民生活水平，促进了人们思想观念进步，同时引起了经济和社会生活的许多重大变革，由此带来了人们思想观念、价值取向、生活方式等方面复杂而深刻的变化，市场自身的弱点和消极方面也反映到精神生活中来。由于历史和现实的原因，社会上还存在封建残余和资产阶级腐朽思想的影响，还存在迷信、愚昧、颓废、庸俗等落后文化,甚至还存在腐蚀人们精神世界、危害社会主义事业的腐朽文化。如何在以经济建设为中心的前提下,实现物质文明建设和精神文明建设相互促进、协调发展,防止和克服一手硬、一手软;如何在深化改革、建立社会主义市场经济体制的条件下,形成有利于社会主义现代化建设的共同理想、价值观念和道德规范,防止和遏制腐朽思想和丑恶现象的滋长蔓延,是我们必须认真研究和解决的重大课题。如果精神文明搞不好,物质文明也要受破坏,甚至社会也会变质。

我们要时刻怀有忧患意识,进一步增强搞好精神文明建设的紧迫感和使命感。既要认识发展市场经济是一个不可逾越的历史阶段,又要清醒地认识到市场经济的发展,对人们的精神世界产生着积极和消极的双重影响。加强精神文明建设,消除市场经济的负面影响,规范市场经济朝着有序文明的方向发展,将是一项艰巨复杂、循序渐进、久久为功的长期历史任务。既要防止和克服无所作为的悲观情绪,又要防止和克服一蹴而就的急躁情绪。要针对存在的问题,采取更有效的方式,把社会主义思想道德教育的一致性,与社会不同群体的特点的多样性统一起来;把社会主义思想道德教育的理论性,与人民群众日常工作和生活的实践性统一起来,努力增强工作的针对性和实效性,引导广大群众从思想上精神上正确武装起来,在建设有中国特色社会主义的征途上始终保持奋发有为、昂扬向上的精神状态。

二 关于在全面建设小康社会新阶段满足群众精神文化需求的问题

从新世纪开始,我国进入全面建设小康社会的新阶段。这一具有里程碑意义的历史性进步,带来了社会生活的深刻变化。

在精神文化发展和精神文明建设方面，小康社会较之于温饱社会有几个明显的特点：随着人民群众用于基本生活的物质消费支出比重的下降和用于精神文化消费支出比重的上升，人们对精神文化产品数量的需求迅速增长，对精神文化生活质量的要求不断提高；随着经济领域、社会生活和价值观念的多样性和差异性不断增强，社会不同群体的精神文化需求呈现出多层次、多变化、多选择的趋势；随着在职人员的假日和休闲时间增多，退休的老龄人口增多，中小学生减负后课外活动时间增多，以往的文化工作渠道和文化活动组织方式难以适应，由此形成了新的文化工作空白点和薄弱环节。面对这些新情况新问题，我们要尽快拿出切实可行的对策。

全面建设小康社会的目标对精神文明建设提出了新的更高的标准，同时也使社会精神文化产品生产不能完全满足人民群众日益增长的多方面精神文化需求的矛盾凸显出来。当然，这一矛盾是由目前我国的小康社会仍处在经济不发达的社会主义初级阶段决定的，是前进中出现的矛盾，发展中遇到的问题。产生这种矛盾，有客观方面的原因，主要是我国精神文化产品的生产能力受到现实经济技术条件的制约。要实现精神文化生活质量的进一步提高，文化设施建设的进一步完善，休闲娱乐条件的进一步丰富，最终要靠加快经济发展。但目前这种矛盾的突出存在，有很大一部分原因，是人们只从市场效益的角度看待精神文化生产，结果出现了目前在我国城市中，一方面，面向高消费人群的经营性娱乐服务场所很多，有的地方甚至过滥；另一方面，面对广大群众和青少年的文明健康向上的公益性休闲娱乐场所明显不足。对这个问题我们一定要有清醒的认识。

必须看到，进一步完善社会主义市场机制，充分发挥市场对资源配置的基础性作用，是我们在新世纪加快发展的根本要求，物质文明建设如此，精神文明建设也必须如此。同时，社会主义精神文化生产的根本目的决定了我们的精神文化生产必须坚持把社会效益放在第一位,必须坚持先进文化的前进方向,在这个基础上实现社会主义与经济效益的统一。如何把握好社会主义精神文化生产的客观规律,建立一种既能适应市场经济又能体现先进文化发展规律的体制,是我们在建设小康社会过程中必须从理论和实践上认真加以解决的新问题。我们要从代表人民群众根本利益的高度,充分认识解决好这一矛盾的重要性和紧迫性。

要牢固树立这样的思想观念:无论是物质文明建设还是精神文明建设,都必须从人民群众的现实需要出发。物质文明建设是满足人民群众的物质生活需求,为实现人民群众的物质利益服务;精神文明建设是满足人民群众的精神文化需求,为实现人民群众的精神文化利益服务。我们必须更及时、更全面地了解群众多方面的精神文化需求,更主动、更有效地推动精神文化产品的创作生产,更积极、更全面地加快文化事业发展,更充分、更好地满足群众的精神文化需求。

江总书记在"七一"重要讲话中阐述建设社会主义新社会的本质要求时,强调要把着眼于人民现实的物质文化生活需要与着眼于促进人民素质的提高统一起来,把实现人的全面发展与实现社会全面进步统一起来,这标志着我们党对社会主义发展规律和人类文明发展规律认识的新飞跃,也为加强精神文明建设指明了大有可为的广阔天地。

近年来,随着我国经济迅速发展,群众的生活水平和质量明显提高,精神文化生活日益丰富,全民族的科学文化素质不断提高,人们的工作、学习、生活有了更多的选择机会。这些都为人的全面发展奠定了良好基础。只要我们继续推动经济持续健康快速发展,切实加强精神文明建设,使更多的人过上殷实的小康生活,使群众的文化生活质量和社会文明程度显著提高,使人们受到更多的教育和培养，拥有更多的资源和机会来提高素质、锻炼能力、发掘潜能、展示才干，就能使广大人民群众在建设有中国特色社会主义的伟大进程中，更充分地发挥自己的聪明才智，更尽情地展现自己的人生价值，不断提高自己全面发展的程度。

三　关于在全面对外开放新形势下振兴民族文化的问题

一个国家、一个民族的文化，是这个国家和民族的精神和文明长期积聚的集中反映，也是这个国家和民族的根之所系、脉之所维。同时，一个民族的精神风貌、一个社会的文明程度、一个国家的创新能力、一个时代的进取精神，又都是一定的民族文化对社会发挥影响作用的结果。

在现代社会中，文化的范畴越来越广泛，文化的内涵越来越丰富，文化的功能越来越突出，文化的作用越来越重要。文化力对经济社会发展所具有的凝聚、激励、推动作用，被公认为综合国力的重要组成部分。特别是在国际交往中，许多经济的、政治的东西常常以文化的形式出现，或借助于文化载体发挥作用。二十多年来对外开放的不断扩大，使我国综合国力不断增强，国际地位日益提高。特别是加入世贸组织，为我们集中精力加快社会主义经济和文化建设提供了更开放的环境，为加强与各国的科技文化交流、学习借鉴外国先进科技和优秀文化成果，提供了更广阔的渠道。同时，我们也面临着西方文化产品和文化资本更大规模的冲击，面临着西方意识形态更直接的侵袭影响。面对综合国力激烈竞争和世界范围内各种思想文化的相互激荡，我们这样一个泱泱大国，这样一个历史悠久的世界文明古国，如何在扩大对外开放的情况下，吸收外国优秀文明成果，弘扬祖国传统文化精华，防止和消除文化垃圾的传播，抵御敌对势力对我"西化""分化"的图谋，是精神文明建设必须认真解决的历史性课题。

江总书记指出，"在加入世贸组织的新形势下继续推进改革开放和社会主义现代化建设，对我们全党来说，是一次新的学习，也是一场新的考试。这是对我们的学习能力、应对能力、竞争能力、决策能力、创新能力很实际、很具体的检验"[1]。对精神文明建设来说更是如此。如果我们不能有效地用社会主义先进文化抵御资本主义意识形态的侵袭和影响，就会在意识形态领域、在精神文化战线上失去安全、失去屏障；如果我们不能有效地回击西方国家文化霸权主义的入侵，中华民族就会失去自己的文化传统、失去精神领域的主权。这是一个关系到民族文化发展的现实问题，也是一个严肃的政治问题。我们要适应加入世贸组织的新形势，坚持以马克思主义为指导，认真研究外来文化冲击对我国精神文明建设的影响，研究其他国家文化被外来文化"染色"从而导致自身文化"褪色"的经验教训，借鉴经济领域和其他国家的成功做法，综合运用政治、行政、文化、法律、经济的手段，不断推进文化体制改革与文化创新，支持和发展社会主义先进文化，扶持和振兴中华民族的优秀文化，抵御和遏制落后腐朽文化，使我们在激烈的文化竞争和综合国力竞争中增强实力，赢得主动。

民族精神是民族的脊梁，是民族文化的灵魂。一个民族、一个国家，如果没有自己的精神支柱，就会失去凝聚力和生命力。几千年来，源远流长、辉煌灿烂的中华文化，为人类文明进步做出了不可磨灭的贡献；博大精深、奋发向上的伟大民族精神，哺育着中华民族生生不息、发展壮大。

我们要在新世纪里实现国家富强、民族复兴，不仅需要通过

---

[1] 《人民日报》2002年2月25日第1版。

改革来解放和发展生产力,加快经济发展,而且要把培育和弘扬民族精神作为一个极为重要的任务,放在精神文明建设的突出位置。要积极继承和发扬中华民族的优秀文化传统,党和人民从五四运动以来形成的革命文化传统,借鉴人类社会创造的一切先进文明成果,同时要适应新的实践和新的时代要求,积极进行文化创新,努力使历史悠久的中华文化适应21世纪人类社会的深刻变化,焕发出蓬勃生机,形成时代精神与中国风格相统一的、蕴含巨大吸引力感召力推动力创造力的民族文化和民族精神,引导中华民族以崭新的精神面貌走向世界,自豪地屹立于世界民族之林。这是实现新世纪中华民族伟大复兴的宏伟事业赋予精神文明建设的重要历史使命。

四 关于运用现代科学技术加强精神文明建设的问题

科学技术是人类认识和运用自然规律、社会规律的能力和成果的集中反映。自古以来,人类文明的每一次重大进步,都有依赖于科学的重大发现和技术的重大发明,以及由此形成的技术科学和工程技术的发展和应用。

当今世界,科学技术突飞猛进,成为生产力中最活跃的因素,给世界生产力和人类经济社会的发展带来了极大的推动;成为国际综合国力竞争的最关键因素,决定着一个国家、一个民族的兴旺发达;同时也成为对人类的物质生活和精神生活影响最深刻的因素,极大地改变了人类的生存方式和整个世界的面貌。加强精神文明建设必须敏锐把握并认真对待这一客观趋势。

随着科学技术特别是高新科技日益成为推动现代社会经济发展的主导力量,知识经济已见端倪,经济发展越来越转移到依靠科技进步和提高建设者素质的轨道上来。在精神文明建设中，要高度重视"科教兴国"战略的实施，积极推动理论创新、制度创新、科技创新，注重用现代自然科学技术知识和哲学社会科学知识来全面提高人民群众的思想道德素质、科学文化素质和精神心理素质，培养同现代化要求相适应的数以亿计的高素质建设者和数以千万计的专门人才，使我国巨大的人力资源优势转变为现实的人才优势，为21世纪社会主义现代化建设事业提供强大的智力支持。要充分利用先进的技术手段推动文化创新，提高文化产品的生产质量，增强文化产业的竞争实力，拓宽文化宣传的传播渠道，加快文化事业的发展，不断扩大中国文化在世界的影响。

科学技术既是推动人类文明和人类社会发展的进步力量，其成果也日益渗透到经济、政治、文化和社会生活各个领域。在人类社会的发展进程中，科技成果的使用从来都是一柄利弊并存的双刃剑。马克思主义者对待这个问题的正确态度是，辩证地认识和处理人类文明及其成果的工具属性和价值属性。价值属性是文明在不同社会制度及不同历史阶段所具有的属性，体现的是文明发展的社会规律。在阶级社会中，阶级性是价值属性的本质。而文明的工具属性是人类改造自然和社会的共有成果，体现的是文明发展的客观规律。

就科技成果而言，物在人用，因人而异。人类社会要发展、要进步，不能因噎废食，必须审时度势，趋利避害。诸如因特网、卫星一类工具，国外敌对势力在利用，国内各种反社会的势力也在利用，由此产生罪恶、造成堕落，但根源并不在工具本身，而在使用工具的那些社会力量。对因特网、卫星这些工具，我们也要用，而且要充分地用，用得更好，让它为社会主义服务，为社会主义精神文明建设服务。要把防御与进攻结合起来，打好主动仗。例如，对待网吧，要主动积极地加强引导和管理，尽快地占领这些阵地，把它们建设成为普及科技知识、推广健康生活方式的工具。

对科学技术的贫乏和无知，是种种愚昧、迷信和错误产生的重要原因，而科学技术恰恰是战胜愚昧落后的强大力量。江总书记指出，"科学技术是精神文明建设的重要基石"。这一科学论断精辟概括和高度评价了科学技术对于促进人们增长知识、更新观念、战胜愚昧、崇尚文明的重要作用。加强精神文明建设必须认真做好科学教育和科学普及工作，努力传播科学知识、科学精神、科学思想、科学方法。要联系社会上的一些热点问题，摆事实、讲道理，帮助群众明白事理，认清是非，增强识别和抵制唯心主义、封建迷信和各种歪理邪说的能力，引导群众用科学战胜迷信，用文明战胜愚昧，不断提高人民群众的科学素养，努力在全社会形成相信科学、依靠科学、运用科学、崇尚科学的良好风气和环境。

五 关于借鉴外国经验教训使我国精神文明建设实现博采众长的问题

有中国特色社会主义的精神文明，必然是立足中国现实、继承优秀历史文化传统、吸收外国文化有益成果的精神文明。而最根本、最重要的是立足中国现实。

经过改革开放二十多年来的实践，我们党已经形成了一套完整的精神文明建设理论，探索出一套富有成效的工作方法。这对于进一步开创精神文明建设新局面是最可宝贵的，因为这是我们立足中国现实、在自己的实践中探索总结出来的，并经过了实践的检验；是凝聚了广大人民群众聪明才智的成果，并得到了群众的认可。我们要在"三个代表"重要思想指导下，不断总结精神文明建设的规律性认识，并且付诸实践，长期坚持下去。要注意防止不顾中国实际、离开自己实践、盲目照抄照搬别国做法或盲目与国际接轨的教条主义。

过去曾经有一些很好的精神文明建设活动没能坚持下来，这不是因为它们不对，而是由于仅仅把它们停留在活动层面，没有更紧密地与社会生产和生活融为一体。近些年的实践使我们认识到，要使精神文明建设持续健康发展，不仅要常抓不懈，而且要善于把成功的实践上升为规律性的认识，进一步使其成为社会生活、社会活动、社会制度的重要组成部分，形成一整套能够保证精神文明建设随着形势和时代的发展变化而不断发展、不断调整、不断完善、不断创新的有效机制。这是精神文明建设与时俱进的重要保证。

建设社会主义精神文明，在坚持以我为主的前提下，必须面向世界、面向未来，博采众长。人类发展的一切历史阶段都有当时先进的精神文明成果，这些精神文明的成果如同物质文明的成果一样，是人民群众创造的，是全人类共同的精神财富。资本主义在人类文明发展史上，也创造了很多好东西，这些好东西是人类文明的组成部分。建设社会主义精神文明，要坚持正确方向，坚决抵制和反对资本主义腐朽思想文化，也要开阔眼界，积极借鉴发达资本主义国家在提高人的素质和社会文明程度方面的一些成功做法。

在人类历史上具有特殊意义的20世纪中，对人类社会产生深刻影响并继续影响21世纪的，莫过于社会主义制度的横空出世。社会主义制度的产生和发展，推动了人类历史的发展和人类文明的进步。每一个社会主义国家都有自己的历史经验，无论是成功、辉煌，还是挫折、失败，都是人类的伟大探索，都有值得我们很好地学习借鉴的东西。比如苏联，在科技、教育、艺术建设方面，还有人的文明素质、社会秩序等方面，取得了很大成绩，但在理论文化建设方面，他们的教训是非常沉痛而深刻的。苏联的实践，提供了社会主义发展史上重要的经验和教训。我们要立足于当今社会主义的实践来思考和借鉴，继续进行探索和奋斗，不断丰富和发展马克思主义，最终在中国建成物质文明和精神文明高度发达、协调发展的社会主义。

中国经济学要有一个大发展[*]

（2002年9月17日）

今天，看到经济研究所全面展示的建所以来的成就，十分高兴。下面我就经济学研究和经济研究所的发展问题，谈几点看法。

一 经济学研究要紧密结合中国经济建设的实际

江总书记在最近关于社会科学问题的几次重要讲话中，都强调要建设具有中国特色、中国风格、中国气派的哲学社会科学。我国的经济学研究尤其应该如此，因为它直接关系到中国的经济发展。不懂得经济学不能致富，没有自己特色的经济学的国家和民族，不可能走向发达和繁荣。

在当今的世界格局下，一个国家尤其是一个发展中国家，如果不加快发展本国经济，在国际竞争中就会面临各种威胁，在世界舞台上就不可能有自己的地位。因此，我们重视经济研究，首先就是要重视对中国经济发展问题的研究。但是，过去在一个很长的时间里，特别是在"文化大革命"期间，我们对经济学的理解存在着某些偏差，将经济学的许多问题放到政治层面上去考虑，而不是放到科学层面上来考虑，致使很多经济理论的研究不能正常进行，影响了经济理论的发展和繁荣。

---

[*] 这是作者在中国社会科学院经济研究所所庆会上的讲话。

十一届三中全会以来,思想解放特别体现在经济学的解放,拨乱反正特别体现在经济理论方面的拨乱反正。如果没有这个成就,我们怎么可能搞改革开放,怎么可能有长达二十多年的高速经济增长!今天我们研究经济学,还要进一步解放思想,还要继续消除对经济学的某些误解。

经济学总体上说是一门应用性学科,是为发展经济服务的,是可以通过经济建设实践来检验的理论。一种经济理论,只有当它的运用促进了经济的发展,才说明它具有科学性;相反,如果某一种经济理论的运用阻碍了经济的发展,它的科学性就要受到怀疑。也就是说,经济学的理论观点,不能由其他学术理论或由政治观点来检验,而只能通过经济建设实践来检验。西方经济理论,经过了西方特别是资本主义经济几百年发展历史的检验,当然有很多的科学成分,值得我们学习和借鉴。但是,毕竟西方经济学是研究资本主义经济现象的,是在解决资本主义经济的各种矛盾问题中形成和发展的,它没有也不可能给出一个关于社会主义经济发展的理论,没有也不可能解决社会主义经济发展的道路、模式或方法问题。

任何经济学理论,都有它的历史局限性、实践局限性和社会局限性。不论什么经济理论,都产生于某一国家或民族的某一特定历史阶段的经济实践,回答的是特定国家特定历史阶段的经济发展中出现的问题。西方经济学是在资本主义的特殊历史时期逐渐发展起来的一种理论,如果讲它的方法论基础是西方哲学,它的文化基础是西方文化,那么,作为它的制度基础或者经济基础的则是资本主义制度。

而中国,作为当代一个发展中的社会主义国家,不仅经济发展的背景、状况和条件与西方不同,而且经济制度和哲学文化的基础也不一样。我们是一个人口众多、经济相对落后的发展中大国,在经济发展方面,面临着与西方国家的历史和现实完全不同的国内国际背景；在提高人均收入水平方面，面临着更加艰巨的任务和更大的压力。在这种情况下，如何促进中国经济的持续、健康、高速发展，加快实现工业化和国民经济现代化，就迫切需要有我们自己的经济学理论。这直接关系到中华民族的前途，关系到有中国特色的社会主义道路如何走，以及它的成与败。因此，中国的经济学需要有一个大发展。

中国的经济学必须站在时代的最前沿。所谓站在时代的最前沿，不是说我们要回答美国那样的超级大国的经济问题，而是要回答中国这样特殊的发展中大国实现工业化和现代化所面临的各种经济问题。纵观世界，资本主义经济发展了几百年，也只是使七八亿人达到了经济发达的水平，而中国是一个具有十三亿人口的大国，正在向工业化全面推进，这在人类历史上是空前的壮举，是一部伟大的历史画卷。如果中国全面实现了工业化，那对整个人类将会产生非常巨大的影响。

中国目前要实现的工业化，不同于近代资本主义国家的工业化，而是具有现代意义的工业化。实际上，中国的工业化，就是要用具有中国特色的社会主义模式、道路和方法，实现资本主义用了三百多年才实现的经济发展，完成资本主义国家用了几百年时间才完成的工业化任务。工业化这个发展的历史阶段，任何国家和民族都不能逾越，它是经济现代化的一个阶段或一个组成部分。在这里我们是彻底的唯物主义者。我们实现工业化当然要借鉴资本主义国家的经验教训，但更重要的是要走出一条我们自己的道路。中国的经济理论要站到世界经济学的前沿，就是与中国正在走的这条工业化和现代化道路直接相联系的。

中国实现工业化和现代化的理论探索，当然要学习和借鉴人类历史上的一切文明成果。但任何有用的东西都不能照抄照搬。能解决别国发展问题的理论，不一定能解决中国的发展问题。马克思主义传播到中国，也有一个"中国化"的问题；如果不实现"中国化"，不与中国实际相结合，也不可能指导中国的革命和建设。西方经济学，如果不能与中国的经济建设实践相结合，更不会有什么意义。

所以我们反复强调，"东"教条不行，"西"教条也不行，任何形式的教条主义都是行不通的。历史的经验告诉我们，教条主义不仅不能解决问题，还会带来一些意想不到的失误和损失。只有适合自己的理论，才能解决自己的问题，才是正确的。

二 经济理论必须与时俱进，不断创新

既然任何经济理论，都具有历史局限性、实践局限性和社会局限性，因此，经济学理论，包括马克思主义经济学，也需要随着时代的发展、实践的深入而不断丰富和发展。

比如，在社会主义初级阶段，劳动力是不是商品？目前学术界有的人说劳动力就是商品。"劳动力商品"是什么含义？劳动力成为商品的理论，是马克思研究资本主义经济，揭示资本主义条件下劳动力的本质时所建立的一种理论，它是与剩余价值理论紧密联系在一起的，是对资本主义经济制度的批判。对于"劳动力是商品"这种说法，资产阶级、资产阶级经济学家，包括现代的西方经济学家，都一直讳莫如深，他们不承认资本主义社会的劳动力是商品，而说成人力资本或生产要素，何况我们是社会主义经济。

"劳动力商品"的适用性问题，不只是一个名词的问题，更重要的，是如何认识我们社会主义国家的劳动力和劳动积累的问题。中国工业化的资本积累从哪里来？我们显然不可能像当初资本主义搞原始资本积累那样，靠剥夺本国农民，靠掠夺殖民地人民，实现资本积累；也不能像某些发展中国家那样，靠大量举借外债来实现资

本积累。我们只能靠劳动积累。如果没有劳动积累就不可能实现工业化。所以，对社会主义条件下劳动力本质的看法，不仅直接涉及我们是否承认劳动者是社会主义社会的主人的问题，还直接关系到如何理解中国工业化和经济发展的基础问题。

对劳动的任何形式的束缚，都是对经济发展的直接束缚。支持和保护劳动者、解放劳动和劳动力，是解放和发展生产力的一个极其重要的问题。为什么存在着对劳动和劳动者的束缚呢？原因就是劳动过程与劳动目的的分离，是劳动者与劳动结果的分离。如果劳动过程与劳动目的相分离，劳动过程怎么长期进行下去？如果劳动者与劳动结果相分离，劳动者能够有劳动的积极性吗？进一步解放生产力，就应该更大程度地解放劳动和劳动者。社会主义优越性的最大体现，就在于对劳动实行更加彻底的解放，并促进劳动者进行更多的劳动积累。因此，鉴于在社会主义经济中，劳动者的主人翁地位已经确立，劳动力在本质上已经不是商品，仅"有商品的形式"。不仅如此，我们还应用"劳动所得神圣不可侵犯"的口号，代替所谓"私人财产神圣不可侵犯"的口号，以最大限度地调动和发挥所有劳动者的积极性。

再比如，对剩余价值问题的理解。马克思在揭示资本主义经济本质，特别是揭示资本主义剥削本质时，创立了剩余价值理论。剩余价值生产，是资本主义的基本生产方式，剩余价值这个概念，就是特指包括雇佣劳动和无偿占有的资本主义生产方式。因此，剩余价值这个概念，是与资本主义的基本生产方式相联系的。研究社会主义经济可不可以使用"剩余价值"这个范畴呢？如果说在社会主义初级阶段，由于还存在着多种所有制经济成分，比如有外资企业、私人经济，因而存在剩余价值的现象，这可以理解。但是，如果说社会主义经济也存在剩余价值，或者说社会主义市场经济理论要建立在剩余价值理论的基础之上，那就等于说社会主义市场经济同资本主义市场经济在本质上没有区别，社会主义的基本生产方式是剩余价值的生产。所以，剩余价值这个范畴在社会主义政治经济学中不再适用。理论源于实践，实践呼唤理论。我国社会主义市场经济实践的不断深入，迫切要求我国经济理论界构筑一个能够说明中国社会主义市场经济基本生产方式的理论体系，并用这个理论体系来解释社会主义市场经济的运行机制和发展机制。比如，在社会主义市场经济条件下，可否用"净增价值"这一概念，来说明社会主义社会劳动积累的净增过程，用以解释社会主义市场经济的基本生产方式和经济运行规律，取代马克思用以揭示资本主义经济规律和剥削秘密的"剩余价值"范畴？

当前，我国政治经济学研究的最重要的课题，就是要研究如何不断解放生产力和发展生产力，也就是要研究如何不断解放生产要素，不断增加生产要素，并按经济规律配置生产要素，创造最大的经济效益。改革开放二十多年来，我国经济学的最大成就，就是把马克思主义的经济理论与中国经济实践相结合，同时借鉴其他经济理论中的科学成分，从而推动了生产力的解放和发展，并在这个过程中创立了有中国特色的社会主义市场经济理论。而且，当前我们还在根据新的实践，不断地丰富和发展这一理论。

三　努力把经济所办成世界一流的经济研究机构

对于一个国家和民族来说，没有自己的理论，就会成为别人理论的俘虏。别人的理论产生于别人的实践，自己的理论产生于自己的实践。学习是永恒的，照搬是不行的。中国要成为一流的经济大国，必须要有一流的经济学理论。没有一流的经济学理论，很难支撑中国在21世纪成为一个发达的经济大国。政府部门对宏观经济的管理能力，国民对本国经济的理解和支持，都与经济理论的发展水平有直接关系。

世界各国之间的竞争，说到底是经济实力的竞争，而经济实力竞争的背后存在着一个理论问题。经济理论落后，可能导致经济上的长期落后。如果中国的经济理论，不能回答和解决21世纪中华民族振兴所必需的经济发展机制问题，那就只能做别人的经济理论的俘虏。人家的经济学能直接回答中国经济发展的道路、模式等问题吗？我看不可能。比如说，美国的经济学家能回答和解决中国经济发展的道路和模式问题吗？我认为不可能。能解决中国经济发展道路和模式的经济理论，只能产生于中国的经济建设实践。要使中国成为世界上的经济大国，我们的经济理论必须站到世界经济理论的前沿。

要创立一流的经济理论，必须有一流的经济研究机构。中国社会科学院经济研究所必须办成世界一流的研究所。这也是江总书记"7·16"重要讲话的精神。因此，我们要用国际一流研究所的标准，来构思经济研究所21世纪的各方面工作，从学科的调整、研究室的建设，到研究力量的配置，以及相应的管理机制，等等，都要向国际一流水平看齐。要把经济所办成国际一流的研究机构，必须形成一系列支柱性的品牌，如一流的研究人才、一流的刊物、一流的学术论坛和一流的网站等。

要把经济研究所办成国际一流的研究所，必须处理好以下几个关系：一是所长治学与治所的关系；二是出成果和出人才的关系；三是硬件建设和软件建设的关系；四是实体研究所与虚拟研究所的关系；五是基础研究与应用研究的关系；等等。希望你们在这些方面大胆探索，取得成效，积累经验。

把握时代 创新哲学*

（2002年10月8日）

今天，中外哲学家聚集一堂，举行"'世纪之交的哲学'国际学术研讨会"。这是中外学术交流的盛事，也是世界哲学发展的盛事。

参加这次研讨会，同各位哲学家一起探讨"世纪之交的哲学"，我感到十分高兴。我从年轻时代起，就一直对哲学和哲学家怀有崇高敬意，并从中学到了很多重要的东西。哲学作为关于天地人生的科学，立意高远，博大精深，是"智慧之学"。从古代希腊时期和中国先秦时期，人们就是这样看待哲学的。哲学用独特的思维和语言，概括了人类的思想品格、价值观念和精神追求，集中了人类最精致、最珍贵和看不见的精髓。在人类历史的长河中，真正的哲学，通过解放人们的头脑，促进社会的进步，推动着文明的发展，成为"文明的活的灵魂"。历史不止一次地证明，人类文明的发展，从而一个民族要登上人类文明的巅峰，都不能没有哲学，不能没有创新的哲学思维。

哲学既是"文明的活的灵魂"，更是"时代精神的精华"①。每一个时代的哲学，都深刻地体现了它所处时代的精神。哲学与其时代血肉相连。哲学的历史表明，在世界发生变化的时代，哲学总是

---

* 这是作者在"'世纪之交的哲学'国际学术研讨会"开幕式上的讲话。
① 《马克思恩格斯全集》第1卷，人民出版社1995年版，第220页。

站在时代前沿,体现着时代的要求、社会进步的方向,成为革故鼎新的先导和推动者。而时代的变化越剧烈,则哲学对时代精神的体现也就越强烈、越深刻。这是哲学的本性,也是它的使命,更是它的荣耀。欧洲文艺复兴时期的哲学和启蒙哲学,高举人和人的理性的大旗,对宗教神学进行了彻底清算,为近代社会开辟了道路。正因为如此,我们才能够享有近代以来的繁荣和文明。如果没有近代哲学对宗教神学的这种全面清算,则很难想象人类社会将是一种什么面貌。

过去的历史使我们看到,哲学在人类社会历史发展中,具有不可替代的作用。社会需要哲学,时代需要哲学,而急剧变化的时代则更需要哲学。我们所处的正是这样一个时代,我们现在比任何时候都更需要哲学。哲学是生活的产物,是实践的结晶。哲学必须跟上历史的步伐,才能成为时代的精神!

时代发展也一再呼唤马克思主义哲学的大发展。20世纪百年的中国历史发展表明,马克思主义哲学中国化,不断地同中国具体实际相结合,对中国人民精神境界的提升,对中国的社会变革和文明进步产生了巨大的推动作用。进入21世纪,马克思主义哲学要有新的更大的发展,这关系到中华民族的前途和命运。

进入21世纪,人类社会正处在一个新的转变和发展时期,世界的经济、政治和文化格局正在发生着引人注目的变化;科学技术革命和"经济全球化"的影响,使许多全球性的和涉及人们日常生活的问题大量涌现,各种不同社会发展模式、经济发展方式,各种不同的文化也正在经受着巨大考验。世界多极化、多样化趋势不可逆转,和平与发展成为时代主题。人类面临着前所未有的机遇。但是天下并不太平。贫困、暴力触目惊心,全球性生态危机日益加剧,霸权主义、恐怖主义甚嚣尘上,战争阴影笼罩着世界的许多地方。世界和平、自由、平等、正义、价值观等构成人类文明之基础的基本概念，遇到了严重困难和挑战。这些困难和问题，迫使全世界必须共同面对。既需要世界各国政要、各种团体探求行之有效的解决途径，更需要世界各国哲学家发展哲学，创新学说，为解决上述问题提供理论支持、精神动力，为发展人类文明奠定新的基础。

中国有句古话，"国将兴，必重学"①，说的是国家兴盛，为人文科学创造出兴盛和发展的机遇，也给人文学者提出新的要求。当今世界的兴盛和危机，为世界哲学的发展提供了丰富的素材和资源，开拓了广阔的思想空间，也给世界各国的哲学家提出了更高要求。时代再一次把哲学置于前沿，要求哲学把握时代，发展创新，为新的世纪开辟道路。这是时代的召唤，也是一种责任和使命。哲学家要勇敢响应召唤，担当起历史使命。

我这里强调哲学必须把握时代，真正掌握时代潮流和时代精神；强调哲学家必须共同面对当今世界的问题，并不是只要一种哲学，只听一种声音。相反，我认为，哲学必须百花齐放，百家争鸣，唯其如此，哲学才能真正展现出思想的力量。世界的多样性、发展性，决定着人类认识的多样性、发展性。绝对的观念，归一化的模式，唯一性的观念，都是不符合实际，不符合哲学精神的。在这里，任何教条主义的、僵化的思想都是应该抛弃的，无论是"东"教条，还是"西"教条，都不行，任何教条都是人类思想发展的羁绊和束缚。

中国和西方的历史上，都曾出现过哲学的辉煌时代。欧洲的古希腊时期，出现了苏格拉底、柏拉图、亚里士多德等众多的思想家，中国的先秦时期，出现了孔子、孟子、墨子等众多的思想家。他们从自己所处的时代出发，对天地、人生进行了广泛、严肃的思考，对人类文明的发展做出了重大贡献。

---

① 《荀子·大略》中说："国将兴，必贵师而重傅……国将衰，必贱师而轻傅。"

当然，东西方哲学存在着许多差异。但这些差异，体现着世界和文化的多样性、丰富性，形成了世界文化的人文生态共同体；正是由于这些差异，世界哲学的殿堂才如此多姿多彩，绚丽夺目；正是这些差异，构成了哲学的活力、哲学的发展。东西方的哲学，不同程度地探讨了人类社会的客观规律，不同角度、不同层次地探讨了人类共同的情感、共同的价值，各有特色，各有千秋，它们都是人类最珍贵的精神遗产。

21世纪哲学的创新与发展，既包括如何共同面对时代提出的课题，也包括如何消化、继承和发展东西方的哲学遗产。这就必须进行对话与交流。对话与哲学有不解之缘，这不仅是因为哲学史上的许多名著都是以对话体裁写成的，更是因为对话本身就是一种追寻真理的方式。辩论是哲学的基本方式，对话是一种新形式的辩论。中国先秦时代哲学和古代希腊哲学的辉煌，早已使这一点无可置疑。对话，不仅可以获得真理，使思想的翅膀更加自由地翱翔，而且可以增进了解，扩大共识，共同进步。更为重要的是，对话本身就是一种哲学探索的方式，一种创造过程。通过对话打开一个新的视域，在这个视域内，我们共同面对和思考人类文明遇到的问题，研究探索解决这些问题的途径。对话是一种平等、共融、双赢的方式，是人类文明的一大进步。在21世纪，对话应是人类不同文化、不同制度、不同民族、不同国家共存共荣的基本模式，也是哲学的基本方式。在平等、自由的基础上进行对话、加强对话，是一种新的哲学交往方式，也是哲学发展和创新的有效途径。

中国是个十分重视学习、对话与交流的国家。中华民族兼容并蓄，继承吸收，自古以来，十分重视与世界各民族的文化对话与交流，从而不断发展、不断繁荣。改革开放以来，我们与世界各国的对话与交流更加广泛，更加多样，更加深入。我们重视与其他国家的各种交流，更重视哲学方面的交流。这是与哲学在中国社会、中国学术中的地位分不开的。中国近代以来的历史深刻表明,中华民族的振兴,在许多方面都得益于哲学。中国党和政府十分重视哲学,中国国家主席江泽民多次强调,哲学社会科学在国家建设中具有不可替代的重要作用。在中国,从事哲学教学和研究的专业人员,有数万之众;哲学肩负着"认识世界、传承文明、创新理论、咨政育人、服务社会"的特殊功能和重要使命。中国社会科学院是中国哲学社会科学的最高学术机构,拥有一大批哲学社会科学的专门人才,在哲学社会科学研究及中外哲学的对话与交流中,发挥着广泛的作用。此次研讨会,就是这种对话与交流的一个重要成果。

迄今为止,中国社会科学院已与80多个国家的大学和科研机构建立并保持着良好的交往关系。我们希望进一步扩大这种学术交往,在相互理解的基础上,共同拓展,共同升华。FISP[①]及其指导委员会作为国际哲学的最高学术机构,为世界哲学的对话与交流做出了重要贡献。中国哲学界和中国社会科学院,愿和FISP加强联系,扩大合作,也希望和各国哲学家广泛交流与合作,共同促进世界哲学的发展。

中国需要世界,世界需要中国。21世纪将是中华民族大规模地学习世界文明,创造新思想、新精神的伟大时代,也是中国的哲学家们坚持和发展马克思主义哲学,吸收和弘扬中国传统哲学,学习和借鉴世界各国哲学,进而创造和发展新时代精神的伟大时代。让我们把握时代,加强对话,加强交流,共同创造21世纪哲学的辉煌!

---

① 国际哲学团体联合会的英文名称缩写。

与时俱进,创造新文化

——纪念郭沫若同志诞辰110周年

(2002年11月)

今年11月16日,是杰出的科学家、文学家,卓越的革命活动家郭沫若同志110周年诞辰。我们将举办"郭沫若与百年文化"为主题的系列文化活动,纪念这位在20世纪中国,与时俱进,努力创造民族新文化的伟大战士。

一

20世纪初,在新世纪曙光的照耀下,在科学、民主旗帜的召唤下,郭沫若把全部热情倾注到国民的解放、祖国的新生中。

在新文化运动热潮中,尚在"尝试"的白话诗,经郭沫若等被推向新诗的高峰。

"革命文学"新潮涌起,郭沫若从理性上开始接受马克思主义,明确表示:"在大众未得发展个性、未得享受个性自由之时,少数先觉者倒应该牺牲自己的个性,牺牲自己的自由,以为大众人请命,以争回大众人的个性与自由!"①

时局动荡,军阀混战,造成绝大多数人生活在水平线下,郭沫

---

① 《〈文艺论集〉序》,《郭沫若全集·文学编》第15卷,人民文学出版社1990年版,第146页。

若感到："我们中国人只剩着一条路好走——便是走社会主义的道路。"① 不久，他毅然投笔从戎，参加北伐战争。发现蒋介石叛变革命的阴谋，立即奋笔疾书讨蒋檄文《请看今日之蒋介石》。蒋介石发动"四·一二"政变，多少先烈付出宝贵的生命，但没有动摇郭沫若的信念，他坚信中国共产党代表中国历史前进的方向，代表中国最广大人民的利益，毫不犹豫地奔赴中国共产党领导的武装起义队伍，加入到中国共产党的行列中来。

大革命失败后，中国向何处去，成为全民族最关注的社会问题。郭沫若身居海外，心系祖国。"对于未来社会的待望"，迫使他"生出清算过往社会的要求"。② 他紧紧把握着时代脉搏，坚信马克思主义才能为中国的历史、现状和未来提供科学的解释，走出一条唯物主义的研究道路。《中国古代社会研究》一书，在风雨如晦的年代，如报晓的雄鸡一声长鸣，引导着多少热血青年投奔中国共产党领导的中国人民解放事业。

抗日战争爆发，郭沫若秘密归国，投笔请缨，投身于民族解放战争的洪波。他一方面协助周恩来同志担负起文化界抗日民族统一战线的组织工作，另一方面在建设和发展抗战文化方面倾注大量心血，成为继鲁迅之后，在中国共产党领导下，文化战线的又一面光辉的旗帜。他的史剧，激发广大群众的民族精神，成为教育人民、打击敌人的有力武器。他的史论《甲申三百年祭》，总结明末清初李自成起义失败的教训，被中国共产党列为整风学习文件，教育全党始终密切联系群众，保持谦虚谨慎、艰苦奋斗的优良作风。

抗日战争胜利后，在两个中国、两种命运的决战中，郭沫若冒着白色恐怖的危险，英勇地站在民主爱国阵线的前头，同蒋介石的

---

① 《一个伟大的教训》，《郭沫若全集·文学编》第18卷，人民文学出版社1992年版，第16页。
② 《〈中国古代社会研究〉自序》，《郭沫若全集·历史编》第1卷，人民文学出版社1982年版，第6页。

内战阴谋和法西斯统治进行针锋相对的斗争，为迎接新中国的诞生，而辛勤地、创造性地开展工作。

在中国人民的解放和振兴事业中，郭沫若做出了独特而杰出的贡献，赢得了人民的尊敬。

新中国成立后，1949—1959年的十余年间，郭沫若出席18次国际性的世界和平会议，连选连任保卫世界和平大会副主席，与主席约里奥·居里一道，为维护世界和平进行不间断的努力，被誉为新中国的"和平使者"。

晚年身遭"四人帮"迫害，郭沫若仍然对中国共产党、对中国共产党的老一辈革命家抱着崇高的敬仰和坚定的信念。当粉碎"四人帮"之际，他由衷地欢呼党和人民的胜利，激励劫后的华夏子孙，迎接人民的春天！

郭沫若"把生命奉献给中国人民"，不断追求真理、努力攀登，反映的正是他身上所具有的与时俱进的一贯精神！没有这种精神，郭沫若可以是一位杰出的学者，却不一定能够成为新文化战线的一面旗帜。

二

与时俱进的精神，激发着郭沫若的创造精神。一步入文坛，他就以创造者的姿态，大力提倡创造精神，为创造精神欢呼：

> 不断的毁坏，不断的创造，不断的努力哟！[①]

不断地毁坏，不断地创造，正是进入20世纪的中华民族迫切需

[①] 《立在地球边上的放号》，《郭沫若全集·文学编》第1卷，人民文学出版社1982年版，第72页。

要的时代精神。20世纪最初的十多年间，中国社会经历了一次推翻帝制与复辟帝制的较量。君主专制、窒息个性、顽固守旧，作为一种文化传统，依然积淀在国民心灵的深处。不彻底清算这个旧传统，社会就无从发展。于是，以砸碎精神枷锁、实现个性解放、改造国民素质、创造新生文化为宗旨的新文化运动应运而起。

郭沫若自己首先实现了这种文化心理的转换，他渴望光明、追求革新，雄心勃勃地"要创造个新鲜的太阳"，"照彻天内的世界，天外的世界"。①在以创造者的姿态努力创造光明的世界的同时，郭沫若更以创造者的姿态努力创造新文化。

他的最早的新诗集《女神》，站在时代创造精神的高度，成为当时最富创造精神的诗作。正是这永生的女神，以崭新的内容和独特的风格，开一代诗风，给"五四"以来的新诗以最深刻的影响，成为中国新诗发展史上一块巍峨的丰碑。

20世纪最初的30年间，中国思想文化领域发生着两项重大变化：一是国外思想进一步被引进，国人的观念正在不断更新；二是数量众多的本土文化遗存被重新认识，大大地拓展着学术文化的范围。

在引进热潮中，郭沫若的眼界始终放在整个人类思想文化进程上，并较早地认识到："马克思主义在我们所处的这个时代是唯一的宝筏"②，"辩证唯物论是人类的思维对于自然观察上所获得的最高的成就"③。他以当时最新的思想观念——唯物史观为指导研究中国古代社会，创造性地把古文字、古器物研究与古代史研究结合起来，确立起唯物史观的中国古代文化体系，成为中国马克思主义历史学

---

① 《女神之再生》，《郭沫若全集·文学编》第1卷，人民文学出版社1982年版，第8、12页。
② 《孤鸿——致成仿吾的一封信》，《郭沫若全集·文学编》第16卷，人民文学出版社1989年版，第8页。
③ 《跨着东海》，《郭沫若全集·文学编》第13卷，人民文学出版社1992年版，第312页。

的开拓者。

在发掘本土文化遗存中,当时最为瞩目的是1928—1937年河南安阳殷墟甲骨的科学发掘。身居海外的郭沫若,与国内发掘同步,独自完成了他关于甲骨文的系统研究,形成"甲骨四堂"、各展其长的美谈。与此同时,郭沫若将青铜器研究纳入"美术的视野",建立起认识中国青铜器的科学体系,再次展示了他的巨大的创造精神!

从事研究,也从事创作,贯穿郭沫若的整个文化生涯。他创造性地提出:研究历史为着"发掘历史精神",创作史剧为了"发展历史精神"。二者相辅相成,彼此促进,使他创做出《屈原》、《虎符》、《蔡文姬》等历史剧,标志着中国现代史剧创作走向成熟,并产生着久远的影响;同时,在探索历史研究与艺术表现的关系方面,为中国现代文化发展留下宝贵的财富。

新中国成立后,作为新中国学术文化领域的负责人,郭沫若一方面参与制定和积极贯彻有关方针、政策,另一方面在政务之余继续从事研究和创作,推动着新中国学术文化的繁荣与发展。他不仅反复强调"提高民族自信心、促进民族新文化的创造",而且在开拓研究领域、启迪观念更新方面,依然不失带领大家一道前进的旗手的风采。直至生命的最后时刻,在呼唤"人民的春天,科学的春天"到来之时,他仍然以澎湃的激情强调:"勇于探索、勇于创造"。

郭沫若一生追求和实践的创造精神,是最可宝贵的精神财富。有了这种创造精神,也才有我们民族文化事业的兴旺发达!

三

自19世纪下半叶起,中国的思想文化领域出现新文化与旧文化、外来文化与本土文化一次次的剧烈碰撞。正是在这种汇聚碰撞火花的进程中,郭沫若成为与时俱进、创造民族新文化的一代文化巨人,并形成影响他日后思想认识和学术研究的世界文化观——吞吐中外学说,瞩目异民族优秀文化;以国情为基点,考验外来文化适应度;吸吮科学甘乳,填写世界文化的白页。

20世纪20年代,郭沫若就已明确指出:"我们要唤醒我们固有的文化精神,而吸吮欧西的纯粹科学的甘乳。"[①] 并认为:"要宣传民众艺术,要建设新文化,不先以国民情调为基点,只图介绍些外人言论,或发表些小己底玄思,终竟是凿枘不相容的。"[②] 时至20年代末,他虽然认识到辩证唯物论与历史唯物论正在逐渐成为中国思想界的主流,但没有仅仅作为纯粹的方法来介绍,而是以"中国的思想,中国的社会,中国的历史,来考验辩证唯物论的适应度"[③],并"使它中国化"。更进一步提出:"世界文化史的关于中国方面的记载,正还是一片白纸","在这时中国人是应该自己起来,写满这半部世界文化史上的白页"。[④] 因此,在《中国古代社会研究》中提出了恩格斯《家庭、私有制和国家的起源》"未曾提及一字的中国的古代",第一次运用唯物史观填写世界文化史的白页。

在40年代的艰难岁月里,郭沫若看到:世界各民族的文化大都有兴有替、有盛有衰,唯独中国文化"五千年中永远保持着了它的一贯的进化体系","我们因以创建与时俱进的优秀的文化,并吸收异民族的文化之优秀成分使之成为自己的血肉,或成为自己文化创造力的触媒"。[⑤]

翻译出版马克思主义理论著作和外国进步文艺作品,是郭沫若吸收异民族优秀文化的一个重要途径。郭沫若的译著包括马克思、

---

① 《论中德文化书》,《郭沫若全集·文学编》第15卷,人民文学出版社1990年版,第157页。
② 《郭沫若致宗白华》,《郭沫若全集·文学编》第15卷,人民文学出版社1990年版,第20页。"凿枘"《全集》误作"凿柄",应予更正。
③ 《跨着东海》,《郭沫若全集·文学编》第13卷,人民文学出版社1992年版,第331页。
④ 《〈中国古代社会研究〉自序》,《郭沫若全集·历史编》第1卷,人民出版社1982年版,第9页。
⑤ 《青年化,永远青年化》,《郭沫若全集·文学编》第18卷,人民文学出版社1990年版,第323—324页。

恩格斯著作，德、英、俄、美、爱尔兰、日本、印度、波斯等国的诗歌、小说、戏剧、艺术以及考古、科学等方方面面的作品，共计30种。从中我们不仅可以看出郭沫若瞩目异民族优秀文化的视野之广、领域之宽，还可以发现他如何吸吮其科学甘乳，作为创造自己民族文化的借鉴。

新中国成立以后，郭沫若进一步指出："我们需要从历史发展中来进行爱国主义教育、提高民族自信心、促进民族新文化的创造。""然而在世界史中关于中国方面的研究却差不多还是一片白页。这责任是落在我们的肩头上的，我们须得满足内外人民的需要，把世界史的白页写满……"① 这既是郭沫若自己学术生涯的一个概括性总结，同时又为新中国学术文化发展指出方向、提出要求。

引进外来思想，以中国的传统考验其适应度，吸吮其科学的甘乳，促进民族新文化的创造，再走出去，填写世界文化史的白页，这是郭沫若给我们留下的又一个非常重要的启示。

四

虽然郭沫若的主要成就在哲学社会科学领域，包括文学、艺术、哲学、历史学、考古学，以及马克思主义理论著作和外国进步文艺的翻译介绍等方面，但是他对于科学的认识和理解却不仅仅局限于哲学社会科学的这些方面，而是形成了一个关于"科学的中国化"的系统思想：

> 今天要接受科学，主要的途径应该是科学的中国化。要使科学在中国的土壤里生根，从那儿发育出来，开花结实。科学

---

① 《开展历史研究，迎接文化建设高潮》，《郭沫若全集·历史编》第3卷，人民文学出版社1984年版，第443页。

的理论和实践要能和中国的现实生活配合起来,要使它不再是借来的衣裳,而是很合身的剪裁,或甚至是自己的血肉。①

接受科学,走科学的中国化之路,郭沫若为此努力奋斗了一生。这一思想,包含着"以大众化为其目标,以文学化为其手段"②和"政治的民主化以为前提"的完整内容。

1947年5月,郭沫若为《大众科学丛书》出版写序,高屋建瓴地提出科学的定义:

科学在今天是我们的思维方式,也是我们的生活方式,是我们人类精神所发展到的最高阶段。

这是科学在最高层次上的综合,即人文科学、社会科学与自然科学的全方位的综合!

郭沫若"科学的中国化"认识,与他反对愚昧迷信、主张科学大众化的思想紧紧联系在一起。他这样写道:"不仅要使科学知识大众化,而且要使科学精神大众化。"③真正做到科学知识大众化、科学精神大众化,愚昧迷信自然而然就无存身之地了。

新中国成立,郭沫若关于接受科学、走科学的中国化之路的理想得以实现。1949年10月,郭沫若出任中央人民政府政务院副总理兼文化教育委员会主任,同时兼任中国科学院院长。11月,他在中国科学院提出:"科学院的任务是执行共同纲领,发扬新民主主义文化,即民族的形式,科学的内容,与大众的方向,及反对封建的法西斯主义的文化。"他特别强调:"现在的政治重点应该放在经济建设方面。提高发展生产需要的技术科学、自然科学。

---

① 参见《"五四"课题的重提》,《郭沫若全集·文学编》第19卷,人民文学出版社1992年版,第544—545页。
② 《〈生命之科学〉译者弁言》,《郭沫若集外序跋集》,四川人民出版社1983年版,第315—316页。
③ 《〈大众科学丛书〉序》,《郭沫若集外序跋集》,四川人民出版社1983年版,第121—122页。

现在人才太少，我们得赶快训练大批人才，掌握住进步的技术以达到发展生产的目的。"如今，郭沫若的夙愿已经成为现实！

为筹建中国科学院，郭沫若与副院长及有关人员经过实地考察和论证，确定基本建设方案，1951年年底在中关村拉开中国科学院科研基地建设的序幕，为今天中关村地区的发展奠定了最初的基础。为组建中国科学院，郭沫若尽心竭力集聚各方面人才。他为争取、营救钱学森、赵忠尧等一批留美科学家归国所做的努力，在国际科学界久久传颂。郭沫若为培养人才，创办中国科技大学，付出了大量心血。他生前将15万元稿费作为党费交给中国科学院党组，逝世后中国科学院用这笔党费在中国科技大学设立了"郭沫若奖学金"。奖学金设立20多年来，获奖学子遍及世界各地，留在国内的获奖者已成长为有突出贡献的中青年科学家和部分高新技术企业的骨干。

郭沫若的科学思想，又是与民主思想联系在一起的，反对"科学的恶用"。他指出第二次世界大战中"科学的恶用"，落在法西斯手里，到了登峰造极的地步。"救济科学的要径也就是国际民主。在国际民主精神的保障之下，科学的利用厚生之道必然会使人类更加幸福而安全的。"

我们今天需要真正的科学，要使科学回复到为人民服务的本位上来，使它成为不折不扣的人民科学。[①]

郭沫若关于接受科学、走科学的中国化之路的思想，在今天更加显现出重要的现实意义，而且有着世界范围内的深远意义。

郭沫若在中国革命实践中立下的功绩，在20世纪科学文化领域的地位与贡献，是不可磨灭的。郭沫若这个名字，将同鲁迅一起，在中国革命史和中华民族文化史上永放光芒。时代造就了鲁迅，造

[①] 《〈大众科学丛书〉序》，《郭沫若集外序跋集》，四川人民出版社1983年版，第121—122页。

就了郭沫若，这是我们中华民族应当引以为骄傲的！

与时俱进，创造中华民族新文化，包括走"科学的中国化"道路，是郭沫若给我们留下的最可宝贵的精神财富。进入21世纪，我们国家进入全面建设小康社会，加快推进社会主义现代化的新的发展阶段。在这样的时候纪念郭沫若，就是要继承他与时俱进、努力创造民族新文化的精神，坚持先进文化的前进方向，着眼世界科学文化发展前沿，不断增强有中国特色社会主义文化的吸引力和感召力，为中华民族创造出更加辉煌灿烂的科学文化！

高举社会主义先进文化的旗帜，全面提升中华民族的精神文化素质，为中国实现社会主义现代化，为实现中华民族的伟大振兴而奋斗，就是21世纪中国社会科学界和文化界的伟大历史使命！

法、法治、法学研究

（2003年1月）

国有九鼎，既表示法的最高级别，也表现法的重要性。随着中国的发展，法律的地位和作用只能与日俱增。法是地平线，不是君子行为之典范，而是大众行为之基准。所以，一切法都宛若一条地平线，地平线下的是违法的罪人；与地平线契合的，就是合法的良民；高于地平线的，则是谦谦"君子"。要使法保护绝大多数人的利益，成为大众的行为规范，成为多数人都能够遵循的准则，就既不能构筑"君子"之法，也不是构筑地平线下的"小鬼"之法。如果法律规范的要求大多数人做不到，违法现象势必屡屡出现，而法学理论的基准就存在偏颇。

从某种意义上讲，法的进步，实际上是习惯成为法律、法律成为习惯的历史过程。或是今日的法律成为将来的习惯，或是昨日的习惯变成今日的法律。习惯是人民在长期的社会生活实践中约定俗成的规则，是人与人的关系秩序，是无文的规章，未形成的法律。法是保护多数人的利益的制度。只有多数人能够做到、拥护的法才是人民的"护身符"。只有随着经济的发展，人的素质的提高，社会文明程度的提高，法才能不断发展。所以，任何时代的法，都应该以当时的生产力发展程度为依据，适应社会进步要求，采纳多数人都能够做到的行为规范，保护绝大多数人的正当、合理的利益。

---

* 这是作者为《中国法治报告》开卷所作的序。

从这一角度讲，法应该首先保护劳动者和劳动者所得到的财富以及劳动者得到财富的使用权。今日的物权法不同于旧时代私有经济的所谓物权法，它首先应当保护一切通过合法劳动获得的财产，提倡"劳动所得神圣不可侵犯"而非"私有财产神圣不可侵犯"。因为"私有财产神圣不可侵犯"没有分析财产的性质和取得的方法。今天中国的物权法，首先是劳动所得的权利法。讲劳动所得，既讲了财产的性质，又讲了财产的来源、方式。"劳动所得神圣不可侵犯"是劳动解放的基本含义。劳动者的劳动，目的就是获得劳动结果，满足自己的需要。这是一个很重大的法律观念问题。如果不保护劳动者的财产，使劳动所得神圣不可侵犯，人类就会失去一切劳动的目的和对劳动本身的需要。没有劳动，就更谈不上解放和发展生产力！

法是捍卫国家主权和国家利益的重器。随着中国的进一步改革开放，国内法与国际法的关系问题将更加突出。从保障中国的国家利益的角度出发，国内法在最终权力意义上应高于国际法。所谓最终权力，就是任何国际法律在中国的实行权、限制权、调整权、终止权都必须由中国法律最后决定，不存在国际法高于中国法的问题。中国签订国际条约，承认国际法，是中国主权范围内的事情。我们参与、签署、批准了国际条约和协定，我们就必须执行国际法，但并不意味着国际法就高于中国法。国际法不可能完全无条件地实行或者自动生效，一定要通过某种程序。我国的法律制度，是将国际法变成国内法，以国内法的形式施行。

现在世界上很多有挑战性的新理论提出来了，诸如"人权高于主权"、"主权有限论"、"主权让渡论"、"先发制人论"等，这些都是法律问题。从资本主义发展伊始到殖民地时代，是资本主义列强的主权不断膨胀，夺取、践踏别国主权的历史。第二次世界大战后，民族独立运动兴起，通过反殖民斗争，一些新独立的国家收回了自己的权利。霸权主义从来都是只要求别国限制主权或把主权让渡给他们，自己从来没有什么主权让渡。中国的主权，是中国人民艰苦奋斗、流血牺牲争来的，是中国人民根本利益的代表、保障。符合别国利益的中国主权是什么意思？一切背离中国人民根本利益的概念、话语，是为谁服务的？中国法律和法学的根本立场，就是中国人民的根本利益。

法治是人类文明的一个标志。一个文明的社会，一个稳定、发展的社会，没有法治是不可想象的。迄今为止的西方法治，是资本主义的法治国家在三四百年的发展历程中，继承了欧洲的哲学、文化逐渐予以完善的。中国要走自己的路，也只能走自己的路，创建有中国特色的社会主义法治国家。法治是不可逾越的，就像商品经济不可逾越一样。任何一个国家、民族都要经历法治阶段，而且还要不断地随着经济、社会的发展，随着文明的进步完善法治。对当代中国人来讲，法治、法治社会、法治国家就是中华民族的法律保障。我们前途命运的利益体现，就是要构筑一个能够实现中华民族振兴，能够实现社会主义现代化的法律制度、法律保障。

法学研究必须围绕中国人民利益的法律保障这个中心进行，这是国之"重器"之所系、所在。一切的出发点、落脚点、实践检验都是看我们的法律能不能从最根本上保证我们国家的稳定和发展。即使构筑了由大量的、成百万的法律条文组成的宏大体系，如果不能够保证国家的稳定和发展，也是不成功的。苏联的法律也很多，但不能保障国家的安全，甚至不能保障国家不分裂、解体。从一定意义上说是法律制度的失败，也可以说是苏联法学的失败，是从理论到制度的失败。西欧、美国的法律，保障了国家的稳定、发展，是值得我们深入研究和借鉴的。

中国的法治、法治国家理论，归根结底，要靠中国人自己来建立。中国到底有没有法治传统？中国的法治理论和中国文化、中华民族的关系是什么？为什么社会主义国家必须是法治国家，什么是社会主义法治国家？社会主义法治国家与资本主义法治国家有哪些区别？社会主义法治国家的基本理论点是什么？这些都是需要研究和回答的问题。没有自己的理论，就会成为别人理论的俘虏。别国的理论是别国实践的总结、利益的反映。

总之，我们必须走一条符合中国实际的道路。我们的一切法律都必须是符合中国实际的。历史条件已经发生了根本变化，我们绝不能照搬西方那套理论、方法、模式。资本主义几百年的发展，给人类历史创造了高度的文明，我们不排斥这个文明，而是吸收、借鉴其积极成果。但是，任何的文明、优秀成果都不是照抄、照搬的文明，必须和中国自己的实际结合才能有所进步，换言之，就是中国化的问题。中国不仅有自己的法治实践，还必须有自己的法学理论和法学大家。此谓法之"重器"，国之要害也。

在《中国法治报告》出版之际，写了上面一些话，是为序。

国体和政体问题[*]

（2003 年 2—3 月）

当前，关于民主问题的研究，要注重弄清楚国体和政体问题。它是马克思主义政治学和政治哲学研究的一个重大课题，也是新时期我国进行政治体制改革所面临的一个重要理论问题。

弄清楚国体和政体，对于分析国家问题，特别是分析民主政治制度问题，是十分重要和不可缺少的。对于尚未取得政权的革命阶级来说，可以不受统治阶级实行的民主政治制度形式的迷惑，认清其阶级统治和阶级专政的实质，把改变自己被统治的地位及夺取政权当作首要任务。对于取得了政权的革命阶级来说，不致因夺得政权的胜利而忽略了进一步解决好政权形式问题的重要性。

一　国体与政体的辩证统一

所谓国体，亦称国家的类型，是指国家的根本性质，即国家的阶级性质和阶级内容，是指社会各阶级在国家中的地位，亦即国家政权掌握在哪个阶级手中，哪个阶级居于统治地位，它联合哪些阶级去统治哪些阶级。国体体现着国家的阶级本质和内涵。

所谓政体，亦称国家的形式，指一个国家的政权的组织形式和

---

[*] 本文是作者在 2003 年 2 月至 3 月间关于国体和政体问题的谈话摘要，后经修改后发表于《年度学术 2003：人们对世界的想像》（中国人民大学出版社 2004 年版）。

管理形式，即统治阶级采取何种方式组织自己的政权机关，实现自己的统治。

国体和政体作为国家问题的两个方面，是互相关联、互相制约的。一般地说，国体决定政体，但政体有相对的独立性，同样的国体可以有不同的政体形式，好的政体形式可以更充分地体现国体的性质，反之，则会妨碍国体性质的表达，出现以"政"伤"国"的情况。

首先，国体决定着政体。如上所述，国体反映着一个国家的阶级属性，构成国家的阶级内容。国体是政体的本质和归宿，它决定着一个国家的统治阶级选择什么样的政权组织形式为本阶级的利益服务。一般地说，不同的国体要求不同的政体，或者说，不同的统治阶级会选择不同的统治形式。

其次，政体反映国体。从内容和形式的关系讲，政体作为国家政权的组织形式，必须适应国体的要求，服从和服务于统治阶级的意志和利益，体现国体的性质，使国体得以实现。

最后，政体具有相对独立性。适当的健全的政体，对于维护和巩固统治阶级的统治地位，实现统治阶级的意志和利益，有着十分重要的作用。正如毛泽东同志指出的："没有适当形式的政权机关，就不能代表国家。"[①] 这就是说，如果没有适当和健全的政体，也就不可能充分反映和实现统治阶级的意志和利益。国体是国家的性质，政体是国家的形式。一个国家必然要求实现国体和政体的统一，两者相辅相成。我们不可能设想国体和政体是矛盾的、互不相容的。

此外，经济发展水平、阶级力量对比、历史文化传统和国际环境等，也是在不同程度上影响政体的重要因素。因此，国体相同的国家可以采取不同的政体，在同一个国家的不同历史时期，政体也

[①] 毛泽东：《新民主主义论》（1940年1月），《毛泽东选集》第2卷，人民出版社1991年版，第677页。

会有所不同。

例如，美国、英国和法国等资本主义国家的国体相同，但它们的政体即政权组织形式又各不相同。社会主义国家也是如此，它们国体相同，但政体即政权的组织形式又各具特色。我国是工人阶级领导的、以工农联盟为基础的、人民民主专政的社会主义国家，这是我们的国体。我国的政体是以民主集中制为基础的人民代表大会制度。

二　中国共产党人第一次系统地阐述了国体和政体问题

国家学说是马克思主义的一个重要组成部分，它构成马克思主义政治学说的主体。马克思、恩格斯在分析国家问题时，把国家的阶级性质称为国家实质，把国家的政治制度称为国家形式，强调要透过国家和国家政治制度的形式，看到阶级专政和阶级统治的实质。他们在讨论问题的过程中，把国家的政治制度称作政体，但没有把国家的阶级实质称为国体。

列宁领导俄国人民取得了十月革命的胜利，建立了世界上第一个社会主义的国家政权。苏维埃社会主义国家与资产阶级国家以及历史上其他剥削阶级国家的根本区别，自然成为列宁深入思考的问题。1918年，列宁在为批判考茨基从理论上把马克思主义庸俗化的小册子《无产阶级专政》而撰写的《无产阶级革命和叛徒考茨基》一书中，谈到了国家的形式或类型以及国家的管理形式问题。他说："在这里谈什么管理形式更是加倍的愚蠢，因为任何一个小孩都知道君主制与共和制是不同的管理形式。我们倒需要向考茨基先生证明，这两种管理形式也同资本主义制度下其他一切过渡的'管理形式'一样，不过是资产阶级国家即资产阶级专政的不同形态而已。……

谈论管理形式,不仅是愚蠢地而且是拙劣地伪造马克思的意思,因为马克思在这里说的分明是国家的形式或类型,而不是管理形式。"①列宁这里倒是把资产阶级专政与资产阶级专政的不同形态作了区分,他把前者称作国家的形式或类型,把后者称作国家的管理形式。但是,由于繁重的国家建设和政权建设任务,列宁没有来得及就两者的区别与联系作进一步的论述。

第一次从理论上系统阐述这一问题的是中国共产党人。

1940年,毛泽东发表了《新民主主义论》一文。在谈到革命胜利后要建立的国家时,他指出:"无论如何,中国无产阶级、农民、知识分子和其他小资产阶级,乃是决定国家命运的基本势力。这些阶级,或者已经觉悟,或者正在觉悟起来,他们必然要成为中华民主共和国的国家构成和政权构成的基本部分,而无产阶级则是领导的力量。现在所要建立的中华民主共和国,只能是在无产阶级领导下的一切反帝反封建的人们联合专政的民主共和国,这就是新民主主义的共和国,也就是真正革命的三大政策的新三民主义共和国。"

"这种新民主主义共和国,一方面和旧形式的、欧美式的、资产阶级专政的、资本主义的共和国相区别,那是旧民主主义的共和国,那种共和国已经过时了;另一方面,也和苏联式的、无产阶级专政的、社会主义的共和国相区别,那种社会主义的共和国已经在苏联兴盛起来,并且还要在各资本主义国家建立起来,无疑将成为一切工业先进国家的国家构成和政权构成的统治形式;但是那种共和国,在一定的历史时期中,还不适用于殖民地半殖民地国家的革命。因此,一切殖民地半殖民地国家的革命,在一定历史时期中所采取的国家形式,只能是第三种形式,这就是所谓新民主主义共和国。这是一定历史时期的形式,因而是过渡的形式,但是不可移易的必要

---

① 列宁:《无产阶级革命和叛徒考茨基》(1918年),《列宁选集》第3卷,人民出版社1995年版,第595—596页。

的形式。"①

为了说清楚新民主主义共和国的国家性质,毛泽东进一步论述了"国家体制"问题。他说:"因此,全世界多种多样的国家体制中,按其政权的阶级性质来划分,基本地不外乎这三种:(甲)资产阶级专政的共和国;(乙)无产阶级专政的共和国;(丙)几个革命阶级联合专政的共和国。"②

毛泽东接着论述了国体和政体这两个不同的概念。他说:"这里所谈的是'国体'问题。这个国体问题,从前清末年起,闹了几十年还没有闹清楚。其实,它只是指的一个问题,就是社会各阶级在国家中的地位。资产阶级总是隐瞒这种阶级地位,而用'国民'的名词达到其一阶级专政的实际。"③

毛泽东在这里所说的关于"国体"问题的争论,主要发生在清朝末年和民国初年的十几年时间里。在清末,主要是革命党同立宪派的争论。当时,争论的焦点在于,在中国应当争取实现民主共和制度,还是应当争取实现君主立宪制度。这个"民主共和"与"君主立宪",他们就称为国体问题。以孙中山为代表的革命党人认为,必须首先用武力推翻清王朝,打倒满洲皇族的统治,进而建立当时最新的社会制度——民主共和制度。以梁启超为代表的立宪派则认为,民主共和诚然是最新的制度,但在当下中国,由于社会条件和国民程度等因素,难以骤然实行。如勉强实行,则会造成长期动乱。不如用和平手段,实现君主立宪制度,为将来实行更新的社会制度创造条件。

显然,他们争论的所谓"国体",实际上是关于封建和反封建,

---

① 毛泽东:《新民主主义论》(1940年1月),《毛泽东选集》第2卷,人民出版社1991年版,第675页。
② 同上。
③ 同上书,第675—676页。

以及如何建立资产阶级共和国的问题。它涉及国家政权形式的问题，即政体问题，同时在一定程度上涉及社会各阶级在国家中所居地位的问题，即国体问题。毛泽东说他们并没有完全弄清楚"国体"问题是怎么一回事，是指他们没有点出国家的性质和形式的区别。

至民国初年，由于共和制度徒有虚名，军阀争战，政客闹剧，弄得国无宁日，人民生活不得安宁，有时甚至比清末还更感痛苦，所以一些人发出了民国还不如前清的感慨。一些军阀、政客利用人们的这种情绪，极力宣扬共和制不如君主制，主张恢复君主制。由此，中国社会上演了袁世凯复辟帝制（1915—1916）和张勋复辟帝制（1917）的闹剧。这个时期，社会舆论上也就再次发生了共和国体与君主国体的争论。当时梁启超反对袁世凯复辟的著名论文，就冠以《异哉！所谓国体问题者》的标题。蔡锷等起义反袁，也是打着"护国"的旗号，这里所谓"护国"，就是护卫共和国"国体"的意思。这次争论是复辟与反复辟之争，是封建和反封建之争，同样涉及社会各阶级在国家中的地位问题。

关于政体问题，毛泽东指出："至于还有所谓'政体'问题，那是指的政权构成的形式问题，指的一定的社会阶级取何种形式去组织那反对敌人保护自己的政权机关。没有适当形式的政权机关，就不能代表国家。中国现在可以采取全国人民代表大会、省人民代表大会、县人民代表大会、区人民代表大会直到乡人民代表大会的系统，并由各级代表大会选举政府。但必须实行无男女、信仰、财产、教育等差别的真正普遍平等的选举制，才能适合于各革命阶级在国家中的地位，适合于表现民意和指挥革命斗争，适合于新民主主义的精神。这种制度即是民主集中制。只有民主集中制的政府，才能充分地发挥一切革命人民的意志，也才能最有力量地去反对革命的敌人。'非少数人所得而私'的精神，必须表现在政府和军队的组成中，如果没有真正的民主制度，就不能达到这个目的，就叫做政体和国体不相适应。"

毛泽东又用"国体"和"政体"这对概念，对革命胜利后要建立的国家作了分析。他指出："国体——各革命阶级联合专政。政体——民主集中制。这就是新民主主义的政治，这就是新民主主义的共和国，这就是抗日统一战线的共和国，这就是三大政策的新三民主义的共和国，这就是名副其实的中华民国。"[①]

可以看出，毛泽东运用马克思主义理论分析国家问题时，回答了自清朝末年就开始的关于国体问题的争论，阐述了国体和政体的准确含义，勾画出了中国共产党人将要建立的社会主义国家的国体和政体的大致轮廓。

为了掩盖阶级专政的国家实质，资产阶级的民主政治理论只讲政体，不讲国体，用形形色色的政体理论，歪曲国家的阶级本质，把少数人占统治地位的国家美化成"人民主权"的国家，或者实行"民主政治"的国家。毛泽东曾经深刻地揭示了资产阶级国家民主政治的阶级本质。他说，美国也有"民主政治"，可惜只是资产阶级一个阶级的独裁统治的别名。

资产阶级一方面极力掩盖其国家政权阶级专政的实质，另一方面大肆攻击社会主义的国家政权，把无产阶级专政或人民民主专政诬蔑为无产阶级一个阶级的独裁。所谓专政，是指占统治地位的阶级对敌对阶级实行的强力统治，是阶级统治的一种形式。其实，它并不是无产阶级的发明，而是无产阶级向资产阶级学来的，或者说，是资产阶级教授给无产阶级的。自阶级社会产生以来，专政作为国家职能的一个重要方面就一直存在。历史上，有奴隶主阶级的专政，有封建主阶级的专政，有资产阶级的专政，有无产阶级的专政或曰人民民主专政。就专政的系统化、专政形式的多样化和专政的残酷

[①] 毛泽东：《新民主主义论》（1940年1月），《毛泽东选集》第2卷，人民出版社1991年版，第677页。

程度而言，资产阶级的专政可谓登峰造极，只不过现代资产阶级要比它们的先辈们有着更高明的伪装罢了。

毫无疑问，面对国际国内比自己强大得多的敌人，无产阶级在夺取政权以后，也必须实行无产阶级专政，以捍卫和巩固自己的政权，捍卫人民民主。但是，与以往任何剥削阶级的专政相比，无产阶级专政有着本质的不同。它是占人口绝大多数的无产阶级及其他劳动人民对少数敌对分子的依法专政。在这里，专政的主体和专政的对象都发生了根本的变化，而且专政是与法制相统一的。

实际上，任何国家权力都有民主和专政两个方面的职能。在社会主义条件下，作为无产阶级国家职能的一个重要方面，专政本身不是目的，而是维护人民民主的一个重要手段，而且必须以法律和法制的形式进行。也就是说，在社会主义国家，所谓无产阶级专政或人民民主专政，是以对最广大人民的民主和对敌对分子的依法专政相结合为其基本特征的。当然，80多年来，在无产阶级专政问题上，社会主义国家既有很多宝贵的经验，同时也有不少沉痛的教训，都是值得我们认真总结的。

三 政治体制改革是政体层面上的问题

马克思主义民主理论强调国体与政体的辩证统一，认为政体必须适应国体的要求。国体是第一位的。政体作为国体的具体实现形式，必须服从和服务于国体。在我国，国体是工人阶级（通过共产党）领导的人民民主专政。这种国家本质是不能改变和动摇的。否则，就是改变国家的性质。这就不再只是形式上的改变，而是国家性质的改变，这是历史上任何一个统治阶级绝对不可能做和不可能答应的。政体作为人民民主的实现形式，则可以是而且必然是逐步改革和完善的。一切改革的目的在于使政体更好地体现和适应其国体的本质，而绝不是改变或动摇国体。

政治制度属于上层建筑的范畴，必须以服从和服务于经济基础为实践标准。经济的发展必然带来政治制度的发展和变化。政治制度也是要与时俱进的。制度的进步形式就是改革，或者说，改革是制度进步的途径和方法。我们进行改革的目的，是探索适应和有利于经济发展的政治制度。

历史上，封建君主制共和国取代奴隶制国家，资产阶级共和国取代封建君主制共和国，社会主义国家取代资产阶级国家，都是国体的改变，都是通过革命实现的。在中国，1912年中华民国和1949年中华人民共和国的成立，也都是国体的变化。在人类社会发展史上，国体上历史演变的深刻根源在于社会基本矛盾的发展及这种发展所造成的社会经济形态的演变。一个社会的经济发展到一定阶段，当生产力和生产关系之间的矛盾以及阶级间的矛盾达到不可克服和不可调和的程度时，社会革命就到来了，国体就要改变了。国体的改变就是革命，就是政治革命，就是建立一种什么性质的国家的问题。因此，从奴隶社会到封建社会，从封建社会到资本主义社会，从资本主义社会到社会主义社会，不仅是社会形态和社会发展阶段的变化，而且是阶级性和国体的变化。

我们所说的政治体制改革，不是政治革命，而是政体层面上的问题，是在国家性质根本不变的前提下，逐步发展和完善我们的政治制度，否则就不是改革。江泽民同志在中国共产党第十五次全国代表大会上的报告中指出："发展社会主义民主政治，是我们党始终不渝的奋斗目标。没有民主就没有社会主义，就没有社会主义现代化。社会主义民主的本质是人民当家作主。国家一切权力属于人民。我国实行的人民民主专政的国体和人民代表大会制度的政体是人民奋斗的成果和历史的选择，必须坚持和完善这个根本政治制度，不照搬西方政治制度的模式，这对于坚持党的领导和社会主义制度，实现人民民主具有决定意义。"①

所谓坚持我国的根本政治制度，就是要坚持工人阶级的领导地位不变、共产党的执政地位不变、人民当家作主的地位不变，也就是要在坚持这"三个不变"的前提下，对"政权的构成形式"或者说"政治体制"进行改革。改革的目的是更好地实现"三个不变"，更好地体现共产党的领导、人民当家作主和依法治国的统一，提高党的领导和执政的水平和效率，使人民群众依法对领导权力进行更好的监督，防止腐败现象的滋生和蔓延。改革就是在坚持国体的前提下改善政体。一些国家在进行政治体制改革时，没有弄清这个根本问题，而是改变了国家的性质，改变了国体，最后导致国家变质和解体。

发展社会主义民主政治，建设社会主义政治文明，是全面建设小康社会的重要目标。必须在坚持四项基本原则的前提下，继续积极稳妥地推进政治体制改革，扩大社会主义民主，健全社会主义法制，建设社会主义法治国家，巩固和发展民主团结、生动活泼、安定和谐的政治局面。

我们党历来以实现和发展人民民主为己任。改革开放以来，我们坚定不移地推进政治体制改革，有力地促进了社会主义民主政治建设。发展社会主义民主政治，最根本的是要把坚持党的领导、人民当家作主和依法治国有机统一起来。党的领导是人民当家作主和依法治国的根本保证，人民当家作主是社会主义民主政治的本质要求，依法治国是党领导人民治理国家的基本方略。中国共产党是中国特色社会主义事业的领导核心。共产党执政就是领导和支持人民当家作主，最广泛地动员和组织人民群众依法管理国家和社会事务，管理经济和文化事业，维护和实现人民群众的根本利益。宪法和法

---

① 《中国共产党第十五次全国代表大会文件汇编》，人民出版社1997年版，第31页。

律是党的主张和人民意志相统一的体现。必须严格依法办事，任何组织和个人都不允许有超越宪法和法律的特权。

政治体制改革是社会主义政治制度的自我完善和发展。推进政治体制改革要有利于增强党和国家的活力，发挥社会主义制度的特点和优势，充分调动人民群众的积极性和创造性，维护国家统一、民族团结和社会稳定，促进经济发展和社会全面进步。要坚持从我国国情出发，总结自己的实践经验，同时借鉴人类政治文明的有益成果，绝不照搬西方政治制度的模式。要着重加强制度建设，实现社会主义民主政治的制度化、规范化和程序化。

我们的政治体制改革，是为了不断探索、发展和完善人民当家作主的实现形式。如果不维护国体，不维护社会的稳定，导致外国敌对势力的介入和干涉，导致国内矛盾的激化，甚至造成社会动乱，使国家垮台，那是什么政体，是什么政治体制改革？有哪个国家会要这样的政体和政治体制改革？

我们的政治体制改革绝不能照搬西方那一套政治制度模式。但是，我们并不否认，在政体问题上，即在国家的政治组织管理形式上，不同的国家之间完全可以互相借鉴。中国历史上的文官制度、科举制度、庭审制度、法律制度等，都是具体的政体形式，其中有不少内容曾为西方国家所吸取和借鉴。同样，其他国家包括西方资本主义国家在政治组织管理方面的许多经验，也有可以为我们批判地吸收和借鉴的积极因素。

建设中国特色社会主义事业，是理论和实践的双重探索，是一个伟大的历史创造过程。我们今天的政治体制改革，同样是理论和实践的双重探索。现在，社会上一些人盲目崇拜西方那一套政治制度，一个重要原因在于，我们没有从理论上对一些问题做出有说服力的回答。因此，要特别重视对政治体制改革问题的理论研究。这是中国理论界所应当承担的神圣而艰巨的历史任务。

关于劳动价值论的读书笔记[*]

（2003年5月）

一 劳动和劳动价值论问题研究的背景

1. 《资本论》是一部伟大的历史鸿篇。马克思在《资本论》及其手稿等论著中，对劳动和劳动价值理论进行了精辟的阐述。要研究劳动和劳动价值理论，必须认真攻读《资本论》。

《资本论》是马克思用毕生心血考察和研究资本主义生产方式写成的科学巨著。

马克思原计划以《政治经济学批判》为总标题，分六册写作：《资本》、《土地所有制》、《雇佣劳动》、《国家》、《对外贸易》和《世界市场》。[①] 1859年6月，《政治经济学批判》第一分册出版后，他又决定改变他的写作计划，着手写作《资本论》三卷本。1867年9月14日，由马克思撰写并亲自校订的《资本论》第一卷出版。

1883年马克思逝世后，恩格斯对马克思的遗稿进行了整理，先后于1885年和1894年出版了《资本论》第二卷、第三卷。恩格斯逝世后，有关剩余价值学说的其他遗稿，由考茨基以《剩余价值理论》为书名编辑出版，但他对马克思的手稿作了许多删改和变动。

---

[*] 本文写成于2002年8月，2003年5月修改定稿，由社会科学文献出版社出版。
[①] 马克思：《政治经济学批判》，《马克思恩格斯全集》第13卷，人民出版社1962年版，第7页。

1954—1961年，苏共中央编译局按马克思的手稿次序和内容重新编辑出版了《剩余价值理论》。

《资本论》把高度的科学性和革命性统一在一起，是一部系统的、逻辑严密的经济学著作。它既批判地继承了资产阶级古典政治经济学的科学成分，又批判了其阶级偏见、掩饰和谬误；既论证了资本主义产生的历史必然性，肯定了它的历史地位，又揭示了它内部不可克服的矛盾，及其必然被社会主义所取代的客观规律。

《资本论》不仅是一部经济学巨著，而且是一部哲学巨著、一部科学社会主义巨著，是马克思主义的百科全书，"工人阶级的圣经"[①]。

《资本论》问世后，对人类历史的发展进程，产生了深远的影响，成为无产阶级和共产党人的必读书。

中国共产党人历来注重对《资本论》的学习和研究。

2. 新中国成立以来，我国理论界对马克思劳动价值论的讨论大约有五次。

第一次是20世纪50年代中后期关于社会主义制度下商品生产和价值规律问题的讨论。 在生产资料所有制的社会主义改造基本完成后，以孙冶方为代表的经济学家，开始关注社会主义制度下商品生产和价值规律的地位、作用问题。从1958年开始，毛泽东同志和党内部分高级干部、理论家研读了《苏联社会主义经济问题》和《政治经济学教科书》，明确提出"价值法则（即价值规律）是一个伟大的学校"，[②] 推动了对劳动价值理论的研究和社会主义经济规律的探讨。

[①] 恩格斯：《〈资本论〉英文版序言》，《马克思恩格斯全集》第23卷，人民出版社1972年版，第36页。

[②] 毛泽东：《价值法则是一个伟大的学校》（1959年3、4月），《毛泽东文集》第8卷，人民出版社1999年版，第34—37页。同时参阅《毛泽东读社会主义政治经济学批注和谈话》（清样本，上、下），中华人民共和国国史学会编，1998年1月刊印。

第二次是20世纪70年代末关于价值规律问题的讨论。这场讨论涉及价值规律在社会主义经济中的地位和作用、社会主义商品经济、市场经济、计划与市场的关系等问题。

第三次是20世纪80年代初关于"生产劳动"的讨论。在20世纪60年代初关于生产劳动问题的讨论基础上，于光远提出：只要是参与物质产品生产的，包括教育、科研、文艺、服务等行业的劳动，都属于创造价值的生产劳动。① 孙冶方不同意于的观点，指出：创造价值的生产劳动，只能是物质生产劳动。② 由此引发了理论界的讨论和争鸣，并逐步形成了"宽派"、"中派"、"窄派"三种不同观点。

第四次是20世纪90年代初关于"价值创造源泉"的讨论。苏星针对南开大学谷书堂教授关于非劳动生产要素也创造价值的观点，③ 在《中国社会科学》发表《劳动价值一元论》，提出：只有物质生产领域的活劳动，才是价值的唯一源泉。④ 于是，由"谷、苏之争"，引发了"一元论与多元论"的讨论。

第五次是中央提出"在新的历史条件下，要深化对劳动和劳动价值理论的认识和研究"⑤ 后，全国上下展开的新一轮关于劳动价值理论的学习和讨论。这次讨论有两个鲜明特点：一是从深化对当代劳动的认识入手，探讨社会主义社会劳动的新特点；二是结合新的实际，围绕社会主义市场经济条件下价值形成的源泉问题，提出了多种不同观点和见解。

---

① 参见于光远《社会主义制度下的生产劳动与非生产劳动》，《中国经济问题》1981年第1期。
② 参见孙冶方《生产劳动只能是物质生产劳动》，《经济学动态》1981年第8期。
③ 参见谷书堂主编《社会主义经济学通论》，上海人民出版社1989年版，第110—112页。
④ 苏星：《劳动价值一元论》，《中国社会科学》1992年第6期。
⑤ 《中共中央关于制定国民经济和社会发展第十个五年计划的建议》。

二　新时期我国经济理论的若干重大发展

3. 科学的理论，来源于伟大的实践。随着改革开放和社会主义现代化建设实践的不断深入，经济理论方面也取得了一系列重要成果。其中，与劳动和劳动价值论有关的，有如下几个方面：

——提出了社会主义本质论和初级阶段论；

——提出了改革经济体制，解放和发展生产力，最终实现共同富裕的理论；

——确认商品经济的充分发展，是人类社会不可逾越的阶段，并初步形成了社会主义市场经济理论；

——确立了社会主义初级阶段以公有制为主体、多种所有制经济共同发展的基本经济制度理论；

——确立了社会主义初级阶段以按劳分配为主体、多种分配方式并存的分配制度，以及劳动、资本、技术和管理等生产要素参与分配的原则；

——提出了以市场为基础的社会主义经济运行机制的理论；

——提出了一套与市场经济相适应的宏观经济管理理论；

——形成了关于社会主义公有制企业尤其是国有企业制度改革、发展的理论；

——提出了"科学技术是第一生产力"的理论，确立了"科教兴国"战略；

——确立了中国对外开放的理论和对外开放的基本国策。在改革开放20多年的实践中，还有许多新的理论建树，这里就不一一列举了。

4.《资本论》问世一百多年来，科技革命突飞猛进，经济全球化、市场化趋势不断加强，西方资产阶级经济学理论也在变化和发展。当代西方主流经济学派较少从社会基本制度层面研究经济问题，大多是在经济运行层面、发展生产力即提高效率、效益方面做文章。从某种意义上说，是研究如何增加、聚积、拥有财富的理论，是"赚钱的学问"。当然，西方经济学作为一门经济学问，已形成一个比较完整的理论体系，推动了资本主义经济的发展。也就是说，它是有实践基础的，有许多有价值的、科学的成分，我们应予很好的研究和借鉴。

例如，关于商品经济和市场机制的基本理论。

市场失灵理论与有效需求不足理论，论证了政府干预经济生活的必要性。

供求理论和边际效用理论，分析了价格的形成和作用。

人力资本理论、新增长理论和可持续发展理论，强调了技术、知识和教育在经济、社会协调发展中的重要作用。

成本收益分析、投入产出分析、边际分析、计量分析、企业管理等具体分析工具和方法，我们在分析经济问题时，可大胆学习、积极借鉴。关于银行、保险、证券、营销及其他服务业、文化产业等方面的理论，也应认真学习和研究。

但是，由于社会制度不同，国情不同，经济发展水平不同，我们对于当代西方主流派经济学理论，是不能完全照抄照搬的。在借鉴、运用这些理论或方法时，也要结合我国的具体实际。

三 马克思劳动价值论是经受了实践检验的科学理论

5. 经济学研究，特别是社会主义政治经济学研究，其根本目的和出发点，是解放和发展生产力。或者说，**马克思主义经济学就是研究解放和发展生产力的学问**。我们今天研究马克思主义或社会主义政治经济学，就是要科学认识社会主义初级阶段的基本生产方式和基本生产关系，推动社会主义社会生产力的解放和发展。

我们过去较多地讲生产关系和所有制，而对生产力的最终决定性作用重视不够。社会主义的根本任务，在于解放和发展生产力。这一问题，在小平同志论述社会主义的本质后，已经解决了。

马克思主义经济学，核心是如何解放和发展生产力，首先是解放生产力！解放生产力最根本的就是解放劳动、解放劳动者。马克思当时批判资本主义，一个很重要的原因，是资本主义阻碍社会生产力进一步的解放和发展。

6. 在《资本论》中，马克思以商品作为其理论分析的逻辑起点。在《资本论》第一卷第一章，马克思集中分析了商品的二重性（使用价值和价值）和劳动的二重性（具体劳动和抽象劳动），认为**劳动的二重性决定了商品的二重性，劳动是价值的实体，是创造价值的唯一源泉**，从而创立了劳动价值论。在此后各卷、各篇、各章中，马克思以劳动价值理论为基础，通过对资本主义生产、流通、分配和消费的整个过程的分析，创立了剩余价值学说，揭示了资本主义生产方式的基本矛盾，以及由于这一基本矛盾的发展，资本主义必然被社会主义所取代的客观规律。

7. 马克思的劳动价值论，是马克思主义政治经济学的基础。马克思的劳动价值论，是马克思在批判继承古典经济学劳动价值论的基础之上创立的，是一个完整的、科学的理论体系，包括诸多范畴，例如：商品的二重性、劳动的二重性、价值的本质、价值实体、价值量、价值载体、价值形式、价值构成、价值转型、价值规律、国际价值等。如果只把其中的一两个方面视为马克思的劳动价值论，将陷入片面性。深化和发展劳动价值论，必须全面理解马克思的劳动价值论，这是基础。

8. 马克思的以劳动价值论为基础的剩余价值理论，是揭示资本主义生产方式的内在矛盾，揭示资本主义剥削的秘密，揭示资本主义产生、发展、灭亡规律的学说。**按照恩格斯的说法，"唯物主义历史观和通过剩余价值揭开资本主义生产的秘密"，是马克思的两个伟大发现；**[①] 按照列宁的说法，**历史唯物主义和剩余价值学说，是马克思主义的两大理论基石**。[②] 由于这两个伟大发现，社会主义从空想变成了科学。

9. 我们今天讨论劳动价值论的目的是什么？是强调劳动、劳动者，还是强调资本等其他生产要素的地位和作用？对于后者，当然要重视，这是毫无疑问的。没有生产资料，任何财富、使用价值也生产不出来。但是，**首先应当突出的是劳动、劳动者！"劳动是生产的真正灵魂。"**[③]

尊重劳动、尊重劳动者，根本目的在于解放劳动、解放劳动者，在于解放和发展生产力。也就是说，解放和发展生产力，第一位的是不断解放劳动、解放劳动者；发展生产力，第一位的是不断提高劳动者素质和劳动效率（文化、科技）。中国的现代化过程，就是劳动积累的过程，就是劳动、劳动者解放的过程，就是劳动者素质和劳动效率不断提高的过程。

10. 马克思《资本论》发表一百多年来，世界经济领域发生了很大变化，出现了很多新情况、新问题。**主要是三大变化，即科学技术的进步、资本主义的新发展、社会主义制度与社会主义市场经济的出现**。这三大变化，促成了经济全球化趋势，进而使劳动形态和商品形式、财富构成发生了重大变化，资本、科技等生产要素与财富和价值创造的关系，以及在社会主义市场经济条件下，资本、科技等生产要素参与分配等问题，均被尖锐地提到了马克思主义理

---

① 参见《马克思恩格斯选集》第3卷，人民出版社1995年版，第740页。
② 参见《列宁选集》第2卷，人民出版社1995年版，第311—312页。
③ 《马克思恩格斯全集》第42卷，人民出版社1979年版，第100页。

论工作者的面前,都要求我们在深入研究劳动和劳动价值论的基础上,做出科学的回答。

一百多年来的实践证明,马克思劳动价值论的基本观点是科学的!是我们必须坚持的!科学是不能丢的,规律是不能违背的。今天,密切结合当代中国的实践,结合经济全球化的趋势,重读马克思的《资本论》,深入研究新形势下的劳动和劳动价值论问题,是十分必要和有重大意义的。

四 劳动和劳动力问题

11. 今天研究经济问题,有两个基本出发点:劳动和商品。劳动是一个过程。劳动者是劳动过程的主体。劳动的结果用于交换,就形成商品。商品是用于交换的劳动成果,是客体。这两者是经济问题研究的两个角度和两个出发点。

劳动是人区别于一般动物的本质特征,是人类社会生存和发展的根本条件。从一定意义上说,人类历史就是劳动在一定社会形式中不断展开的历史。劳动创造了人,劳动促使人类自身的发展;劳动创造了物质产品和精神产品,劳动创造了社会财富和人类文明;劳动创造了人类社会,并推动人类社会的不断进步与发展。一句话,劳动创造了人,创造了世界,创造了人类社会。人类历史,在一定意义上,可以看作是一部人类劳动史。

12. 人的劳动是具有社会性的。人类劳动是在一定的社会历史形态中进行的,是不断发展的。对于劳动,应从不同的角度进行考察:

从劳动分工和社会技术形态来看,人类经历了采集和渔猎经济、农业经济、工业经济、后工业经济(有人称为知识经济、信息经济、服务经济等,还需要研究)。

从经济运行的基本形式（或简称经济形式）来看，人类经历了自然经济、商品经济，将来还会出现后商品经济（过去称为产品经济，也需要研究）。

从社会基本经济制度（生产资料的占有关系和劳动成果的分配关系）来看，人类经历了原始公社制度、奴隶制度、封建制度、资本主义制度、社会主义制度。与此相适应，人类劳动也经历了原始共同劳动、奴隶强制劳动、封建依附劳动、资本主义雇佣劳动、社会主义商品生产劳动。

对于不同社会基本制度、不同经济运行形式、不同劳动分工和社会技术形态下的劳动，应做具体分析。

13. 创造性是劳动的本质特性。"劳动是积极的、创造性的活动。"[①] 劳动者的创造能力，是人类社会经济发展的根本动力和源泉。一切物质的和精神的产品，都是人类劳动运用自然资源创造出来的。"土地是财富之母，劳动是财富之父。"[②] 科学技术的发展，是劳动创造性不断提高的集中体现。人类劳动所独有的创造性，正是科学技术发展的源泉。

生产力是劳动者和生产资料的结合，科学技术既渗透到生产资料中，也体现在劳动者身上。劳动者的科学技术素质，是劳动能力的基本要素。劳动能力的提高，劳动能力的大小，主要取决于劳动者的科学技术素质。在这个意义上，我们可以更深刻地理解马克思对科学技术的高度评价，[③] 邓小平同志关于"科学技术是第一生产力"的论断，[④] 以及江泽民同志关于"人才资源是第一资源"的思

---

① 《马克思恩格斯全集》第46卷下，人民出版社1980年版，第116页。
② 威廉·配第：《赋税论》，商务印书馆1972年版，第71页。
③ 马克思：《经济学手稿》（1861—1863），《马克思恩格斯全集》第47卷，人民出版社1979年版。
④ 《邓小平文选》第3卷，人民出版社1993年版，第274—275页。

想。[1] 科学技术，正是在人们认识世界、改造世界的创造性的劳动过程中不断发展的。

14. "劳动力的使用就是劳动本身"，劳动是劳动力的实现。劳动力从自然和生理方面看是属于劳动者的，是不能脱离劳动者本身而独立存在的。但从社会关系的角度和历史发展的实际情况看，却存在不同情况：在奴隶制下，奴隶的人身属于奴隶主；在封建制下，农奴的人身依附于封建主。

在资本主义制度下，劳动者的人身依附关系被废除了，劳动者可以自主地出卖自己的劳动力，劳动力变成了一种特殊商品——这是资本主义的本质特征之一。劳动力作为商品一经卖出，其使用权就属于资本家，形成雇佣劳动，劳动异化了。

在社会主义经济中，劳动者的主人翁地位已经确立，在一定程度上改变了人对物的依附关系，即资本—雇佣关系，劳动力在本质上已经不是商品。但在社会主义市场经济条件下，劳动力作为一种生产要素，仍然要进入市场和流通，因而劳动力仍具有商品的形式。

五 劳动所得神圣不可侵犯

15. 劳动所得神圣不可侵犯。社会主义社会，是劳动者当家作主的社会。保护和解放劳动者，就表现为保护和解放劳动本身。劳动所得的财产不可侵犯，是社会主义社会对劳动者的根本保障，体现了劳动的目的和社会主义的本质，实现了劳动和劳动结果的统一。应提出"劳动所得神圣不可侵犯"这个口号，以充分体现劳动者的主人翁地位和人民当家作主的本质。

从这一基本点出发，对下述三条，要在法律上予以充分保障：

---

[1] 江泽民：《在北戴河同国防科技和社会科学专家座谈时的讲话》（2001年8月7日）。

①充分保护劳动权；

②充分保护劳动所得权；

③充分保护劳动者对劳动所得的支配权。

劳动权、劳动所得权以及对劳动所得的支配权，是劳动者最基本的权利，是劳动解放的最基本的含义，是劳动者解放、保护的最基本内容。

改变劳动者与生产资料分离的状态，消除无产者的"无产"状态，是无产阶级及其政党的追求和历史使命，是劳动解放的标志与象征。

劳动者只有在政治解放的基础上，才能通过劳动满足自身的需要和实现发展。劳动和劳动结果相统一，是劳动者的基本权利和劳动解放的标志。

资产阶级的"私有财产神圣不可侵犯"这个口号，不问财产的来源和财产占有的性质，实质上是资产阶级保护资本主义私有制和无偿占有别人劳动的口号，是"资本"的口号！

在社会主义社会，要使所有有劳动能力的人都从事劳动，并获得劳动成果；要制约（而不是立即消灭）不劳而获和无偿占有别人的劳动。当然，社会主义的最终目标是要消灭剥削，但那是生产力高度发达的将来的事情。要实现这一目标，我们还有很长的一段路要走。

16. 在生产力中，劳动者是首要的、起主导作用的因素。生产力的发展过程，在本质上就是劳动的创造性和劳动者的创造能力不断提高的过程。

人类的历史，是劳动解放和劳动发展的历史。马克思主义"在劳动发展史中找到了理解全部社会史的锁钥"①。劳动的解放和发展，是一个有着内在的一般规律的历史过程。"整个所谓世界历史，不外

---

① 《马克思恩格斯选集》第4卷，人民出版社1995年版，第258页。

是通过人的劳动诞生的过程。"① 从一定意义上讲，马克思主义就是揭示这一历史过程中的客观规律的科学。

人类社会，告别剥削社会，走向无剥削社会，告别阶级社会，走向无阶级社会，实质上是一个不断解放劳动、解放劳动者的历史过程。

马克思认为，资本主义私有制中的雇佣劳动，是资本对劳动的统治，是劳动的一种异化。社会主义从本质上讲，就是为了克服资本对劳动的奴役，以实现劳动的解放和发展。

资本主义是奴役劳动者、占有劳动的历史过程，社会主义则是不断解放劳动、解放劳动者的历史过程。解放劳动、解放劳动者，也就是解放和发展生产力。对劳动者的解放，最主要体现为保障其劳动所得神圣不可侵犯。劳动者只有通过劳动，得到自己的劳动成果，才能实现不断解放自己，最终达到共同富裕。社会主义就是劳动和劳动者不断解放的社会制度。

解放劳动，也就是解放劳动者、解放人本身。

社会主义政治经济学、社会主义市场经济理论研究的逻辑起点，是劳动和商品。

17. 当代市场竞争，突出表现为科学技术的竞争。科技劳动在经济活动中的地位和作用日益突出；所有权和经营权的分离，使管理职能独立化、职业化，尤其是劳动分工的细化，使得劳动过程成为一个庞大复杂的系统工程，于是管理劳动的作用显得尤为突出；产业升级导致了大量劳动力向第三产业转移，从而使服务劳动逐渐占据主体地位。科学技术的发展和生产的规模化、社会化，促进了分工和协作在更高的层次上发展，因而产生了大量新的劳动形态。科技劳动、管理劳动、服务劳动等，成为当代突出的劳动形态。

---

① 马克思：《1844年经济学哲学手稿》，人民出版社1985年版，第88页。

生产力越发展，具体劳动的形式越发达，就必然不断产生新的具体的劳动形式。

六　商品生产劳动

18. 讨论商品经济和劳动价值问题，必然要涉及对"生产劳动与非生产劳动"这对范畴的理解。这是理论界长期讨论的问题。由于可以从不同的角度和层次进行界定，所以至今仍存在不同的看法。

马克思主要是从生产劳动一般、商品生产劳动和资本主义生产劳动这三个层次来界定"生产劳动"范畴的。

从有利于社会进步和发展的角度看，人类的社会劳动，即社会化的劳动，都属于生产劳动一般。生产劳动（一般）创造物质产品和精神产品，创造人类自身和人类社会。一切有益于社会、满足社会需要的劳动，是生产劳动一般；劳动结果是商品并进行交换的劳动，是商品生产劳动。

商品生产劳动，是商品经济阶段的基本劳动形式，而且只存在于商品经济阶段。在马克思的劳动和劳动价值论体系内的多数场合下，马克思所说的"生产劳动就是一切加入商品生产的劳动"[①]。在商品经济社会，商品生产劳动是主要的劳动形式。

在商品经济中，要注意区别，是商品生产劳动，还是非商品生产劳动。在我们的讨论中，创造商品价值的"生产劳动"一词可用"商品生产劳动"代替；"生产劳动与非生产劳动"这对范畴，可用"商品生产劳动与非商品生产劳动"代替。这样可以避免一些歧义。

商品生产劳动是商品经济的基本劳动形式。如前所述，凡劳动产品采取商品形式，并进行交换的劳动，都是商品生产劳动，其他

---

① 《马克思恩格斯全集》第26卷第三册，人民出版社1974年版，第476页。

为非商品生产劳动。

资本主义生产劳动，即资本主义商品生产劳动，按马克思所说，是指生产剩余价值的劳动。没有这种生产劳动，就没有资本主义。社会主义社会和资本主义社会劳动性质的区别，不在于是不是商品生产劳动，而在于是不是雇佣劳动，在于劳动成果的占有形式。

19. 流通领域的劳动与价值创造问题。按照马克思《资本论》第2卷第6章的说法，作为生产过程在流通过程中继续的那些劳动是（商品）生产劳动，创造（商品的）价值；而纯粹流通领域的劳动，虽然是促使价值实现的必要劳动，但不是（商品）生产劳动，不直接创造（商品的）价值。

在这个问题上，有以下几点应予注意：

①据前述第"18"点，马克思关于价值源泉的要点是：商品生产劳动创造商品的价值。

②随着现代生产力的发展，分工不断细化、专业化；随着市场化、商品化的不断拓展和深化，纯粹流通领域里的某些劳动环节所提供的服务，如商业经营、金融服务等，日益商品化，成为无形商品，进入市场进行交换；完成这种服务的劳动，或者是生产这种无形商品的劳动，成为商品生产劳动。根据马克思的商品生产劳动创造价值的原理，这些劳动也创造商品的价值。

③商业服务这种商品是一种无形的商品，其使用价值，就是实现商品价值形态的转型，即对生产者来说，通过商业买卖，价值形态实现了由商品形态向货币形态的转化；对于消费者来说，实现了由货币形态向消费品的转化。商业服务所耗费的劳动，是商品生产劳动，创造商业服务这种无形商品的价值。这种服务商品的价值，不是附加进原商品中，而是独立存在于服务商品中。商业领域中服务商品的价值，也正是这种商品经济关系的体现。

服务产业，是一个非常广泛的领域，其中有些问题十分复杂，还须继续深入研究。

20. 在现代社会，随着社会分工与协作的不断深化，生产深化程度的不断提高，劳动领域不断扩展，劳动的具体形态更加丰富多样，商品生产劳动无论在广度还是在深度上，都大大拓展了，复杂了：

从人类整体的需要看，可把劳动归纳为三种具体形态：一是物质生产劳动，创造新的物质产品；二是精神生产劳动，创造精神文化产品；三是社会服务性劳动，既为生产服务，又为生活服务，这类劳动在现代经济中占有越来越重要的、相对独立的地位（科学技术劳动渗透在上述三种劳动形态中，而且存在从这三种劳动形态中独立出来的趋势）。从产业的角度看，可将劳动划分为三个或四个层次。继第一产业、第二产业之后，第三产业得到了巨大发展。产业升级导致了大量劳动力向第三产业转移，从而使服务劳动逐渐占据主体地位。现在包括在第三产业中的以科学研究、精神文化产品、教育培训和信息传播为主要内容的产业，有从第三产业分离出来形成第四产业的趋势。

从劳动职能的角度看，劳动的具体形态可分为直接生产劳动、科技劳动、管理劳动等，而且科技劳动、管理劳动的作用日益突出。

信息产业、信息化带来生产方式、交往方式、生活方式的变化，使经济、政治、社会、文化等领域也发生了深刻的变化，具有更加复杂的情况和特点。它们对当代经济理论和劳动价值论产生了什么影响，必须深入研究。这些产业的劳动是具体形态的劳动，是商品生产劳动，是一般商品生产劳动的具体形态。

一切创造商品并进行交换的劳动，都是商品生产劳动，不同的是商品生产劳动的分工和具体形态。分配给不同劳动者的劳动职能，构成商品生产的总体劳动。政府、公共管理部门、公益事业等，如果它们的劳动不生产商品，劳动结果不进入商品交换，就不是商品，尽管这种劳动非常重要、非常复杂，但也不是商品生产劳动，而是非商品生产劳动。这种劳动不是没有意义、没有贡献，而是不创造商品的价值。这种劳动有着巨大的社会意义和价值，但不是经济学意义上的商品价值。

七　商品价值

21. 作为有形的商品，表面看来是一种物，但在物的背后，却蕴含和体现着丰富的经济关系。商品，是具有多种经济和社会属性、具有多种形式和作用的"魔幻物"，马克思说它具有拜物教性质[1]。商品不仅是人类劳动创造的产品，而且是劳动交换的中介和社会经济关系的载体。商品是人类劳动的创造品。离开了人，离开了人的劳动，就无所谓商品、价值问题。

透过商品的物的表象，揭示其中所蕴含的经济关系，是马克思主义政治经济学的伟大之处。西方经济学理论大多是见物不见人的。在那里，谈论的一般是物，是商品、货币、资本，基本不谈商品、货币、资本背后隐藏的人与人之间的关系，使商品具有独立于人、独立于社会的虚幻形式，因而具有拜物教性质。

列宁曾经说过，"凡是资产阶级经济学家看到物与物之间的关系（商品交换商品）的地方，马克思都揭示了人与人之间的关系"[2]。商品是人类社会的创造物。马克思的经济理论，是既见物又见人，在物与物的关系背后揭示人与人的关系的科学理论，它揭开了商品拜物教的面纱。

22. 商品的二重性和劳动的二重性。所谓商品的二重性，即使用价值和价值。所谓使用价值，是具体劳动的成果，它可以用来满足人们的某种需要。在商品生产条件下，财富的物质内容总是由使用

---

[1] 参见马克思《资本论》，《马克思恩格斯全集》第23卷，人民出版社1972年版，第87页。
[2] 《列宁选集》第2卷，人民出版社1995年版，第312页。

价值构成的。使用价值同时是交换价值和经济关系的载体，是价值的物质承担者。使用价值是商品的自然属性、自然形态。

使用价值，在性质上，可以是商品，也可以不是。

使用价值，一般指具体劳动的结果，既指产品、商品本身，同时又指产品、商品的有用性。

商品的具体形态，有实物形态的、有形的，还有非实物形态的、无形的。

所谓劳动的二重性，即具体劳动和抽象劳动。一切现实的、个别的、具体的商品生产劳动，都是具体劳动；而抽象劳动则是一般社会性的劳动，是人类劳动一般。劳动的二重性，创造商品的二重性，即使用价值和价值。使用价值体现为财富，价值体现商品中凝结的劳动，体现着劳动交换关系。劳动的二重性是理解整个政治经济学的枢纽。

23. 商品生产劳动形成商品的价值。价值，是商品经济理论的基本范畴，是认识和把握商品经济的核心问题。

价值是商品的社会属性。在马克思的劳动价值论中，有一个完整的关于价值的概念体系。价值的实体是劳动的凝结（即抽象劳动的凝结）。价值量是指商品中凝结的劳动量。作为无差别的抽象劳动，无论生产方式怎样变化，它作为人的体力与脑力的耗费这一本质是不会改变的。"劳动是一切价值的创造者。只有劳动才赋予已发现的自然产物以一种经济学意义上的价值。"[①] 当劳动产品进入交换成为商品时，生产这种商品的劳动才能表现为价值，即表现为一种社会关系。这里主要指的是生产关系的性质。价值本身不是物，不是使用价值。价值的本质体现着商品生产者之间的社会关系。

这里所谈的"价值"，不是哲学意义上的价值概念。它仅仅是指

[①] 《马克思恩格斯选集》第3卷，人民出版社1995年版，第544页。

经济学意义上的商品的价值。离开商品，就不是马克思在《资本论》中所论述的价值概念。正如恩格斯所说："经济学所知道的唯一的价值就是商品的价值。"[①] 商品的交换，实质是劳动的交换。这个劳动交换体现为价值，其实质指的是社会关系、生产关系，即商品的社会属性。没有交换，商品卖不出去，就实现不了其价值，也就不具有社会性质。这正是交换价值作为价值形式的意义。

商品的使用价值和价值等范畴，是马克思用来说明商品的自然属性和社会属性的概念，深刻地揭示了商品的本质。正确理解商品价值这个概念，是理解劳动价值论的一个关键。

八　活劳动与物化劳动

24. 讨论商品生产劳动，还有一对范畴：活劳动和物化劳动。这是马克思用来分析价值和剩余价值的一对经济学范畴。马克思用"活劳动"指商品生产劳动过程中人的体力和脑力的支出，用"物化劳动"指凝结在生产资料中的、体现为过去劳动创造的产品中的人的劳动。物化劳动，在今天就是指一切劳动创造的非劳动生产要素，如机器、厂房、原材料等实物形态的资本。马克思用活劳动、物化劳动这两个概念，解释它们在商品价值形成过程中的不同作用。

生产要素就是商品生产劳动的必要条件、必要因素。从一般的意义上看，劳动力与生产资料都是生产过程不可缺少的要素。人的劳动所创造的一切非劳动生产要素，马克思称为物化劳动，作为生产要素，称为非劳动生产要素。

在生产过程中，人的因素与物的因素的作用是不一样的。劳动，或者说劳动力，不是一般的生产要素，而是主导的、起决定性作用

---

① 恩格斯：《反杜林论》，人民出版社1993年版，第313页；《马克思恩格斯选集》第3卷，人民出版社1995年版，第657页；《马克思恩格斯全集》第20卷，人民出版社1971年版，第331页。

的生产要素。没有活劳动，即人的劳动，就没有生产劳动，没有商品生产劳动，人类及人类社会的发展就无从谈起。这是马克思主义经济学与西方经济学在理论前提下的根本区别之一。把劳动或劳动力看作一般的生产要素，把人的作用等同于一般非劳动条件，否定其在生产中的主导的、决定性的作用，这是资产阶级经济学的一个基本特点。

当然，没有非劳动生产要素（包括物化劳动和自然资源），绝不可能进行生产，也不可能创造财富。随着经济的发展，非劳动生产要素在量上不断增加，在种类、形式上不断拓展，出现了许多新的非劳动生产要素，它们成为生产力的重要因素。非劳动生产要素的扩展，正是人的劳动的创造能力不断提高的体现和直接结果。一切忽视非劳动生产要素的观点、做法都是错误的。在这方面，我们有不少深刻的教训。

25. 劳动创造价值，活劳动是商品价值创造的唯一源泉。虽然，物化劳动在价值的形成中起着不可或缺的重要的作用，但商品的新价值是活劳动创造的，物化劳动只是借助活劳动保存、转移原有的商品价值，即保存、转移原有的劳动量。

马克思所说的活劳动——人的劳动本身，人的体力和脑力的耗费——创造商品的价值，是商品价值的唯一源泉。在当代，无论是劳动领域的拓展、劳动形态的变化，还是脑力劳动比重的增加，都没有改变这一实质。从本质上看，商品的价值体现社会生产关系、人与人之间的关系。人类社会的生产关系，是在劳动过程中形成的。商品经济的生产关系，是在商品生产、交换的过程中形成的。商品的价值，正是商品经济中这种关系的体现。因此，价值实体中除了活劳动的凝结以外，仍然不包含其他任何物质的因素。这种意义上的"价值"，不是商品，不能买卖。正如马克思所说，价值不包含任何一个物质原子。① 商品价值，反映的仅仅是商品交换关系，商品、货币交换的社会关系。

物化劳动，不管它是物质形态还是非物质形态，不管它是采取资本形式还是其他形式，都是劳动创造物。物化劳动在生产劳动过程中起着重要的作用，缺少了它们，任何生产劳动都无法进行。它们是劳动、劳动过程的必要条件，是创造使用价值和财富的基本条件之一，是生产力的组成因素。可以说，物化劳动和活劳动，过去的劳动和现在的劳动，构成了整个商品生产劳动的过程，是商品生产劳动的历史链条。

物化劳动是相对于活劳动而言，是过去的劳动，是死劳动；但它不是活的主体，不是主动、能动的因素，不能创造社会关系、人与人之间的关系，只能表现这种关系。物化劳动只把自身被消耗的价值保存、转移到新产品中，不创造商品的新价值。物化劳动是人的创造物。当它是商品时，当然也反映人与人的关系，但它不是价值的源泉。

物化劳动是过去的活劳动的创造物，是活劳动的凝结，是活劳动的物化，是已经完成了的活劳动，是"活劳动的过去形态"。从交换价值角度看，商品的价值是生产资料转移的价值与活劳动新创造的价值之和，即过去劳动和现在劳动凝结之和。

物化劳动是非劳动生产要素，是生产资料。它只有靠活劳动的推动，借助活劳动，并与活劳动结合在一起，才能"复活"，发挥作用。活劳动是商品价值的唯一源泉，是商品价值的创造者；物化劳动是商品价值创造的必要条件，但不是商品价值的创造者。

26. 如果物化劳动创造价值，而不是仅仅保存、转移价值，其结果就是人类劳动的创造物反过来决定人与人的关系，死劳动统治活

---

① 参见《马克思恩格斯全集》第23卷，人民出版社1972年版，第50页。

劳动,"机器统治人",物统治人。

如果物化劳动创造价值,就意味着资本创造价值,也就意味着物质财富统治人、资本统治人是合理的(这正是资产阶级经济学所蕴含的一个内在逻辑),也就没有什么劳动解放、人的解放了。物化劳动创造价值,资本创造价值,是资产阶级经济学的基本观点,这是生产要素价值论的核心。

之所以会有人误认为物化劳动也是价值的源泉,是因为他们混淆了使用价值、财富的源泉与价值的源泉,混淆了具体劳动与抽象劳动,混淆了同一劳动过程中旧价值(原有价值)的转移与新价值的创造,混淆了价值创造理论和分配理论。

资产阶级经济学家确实是有意掩盖和混淆这两个概念,而绝不是无意识的。

九　生产要素论问题

27. 生产要素论强调土地、资本在财富创造中的作用,无疑是对的,是有很大意义的。但这个理论的致命之处在于,它把人等同于物。资产阶级经济学的生产要素价值论,是生产资料私人占有制的价值论;生产要素分配论,是生产资料私人占有制的分配理论。这些理论,是与马克思的劳动价值论相对立的。生产要素价值论已经有近两百年的历史了。从萨伊(1767—1832年)的"三位一体"公式,到西方现代经济学的分配理论,其基本内容是一脉相承的。

这套理论,把劳动要素与非劳动生产要素完全等同;混淆价值和使用价值,将使用价值、财富的源泉说成是价值的源泉;把劳动力等同于一般生产要素,把生产要素参与财富创造的过程,等同于参与价值创造的过程,进而推导出生产要素分配论。这样,就回避了要素所有权的问题,否定了剩余价值的存在,掩盖了剥削和雇佣劳动的本质。

否定马克思的劳动价值论,目的在于否定剩余价值论,这是西方经济学的特点,是由其阶级属性决定的。

28. 由生产力的发展水平所决定,在一定经济发展阶段所产生的所有制形式和所有制结构,是这一阶段经济发展的必然结果。同时,所有制的形式和结构又决定着分配的形式和结构。

我们不能将资本、技术和管理等生产要素参与分配直接等同于以萨伊为代表的生产要素分配论。生产要素分配论,就是把劳动力等同于物,等同于一般生产要素,甚至只作为一般的成本项目计算,而把它排斥于剩余价值的分配之外。我们认为,按劳分配还包括对部分剩余产品的分配。也就是说,劳动力参与的分配不仅包括成本中相当于工资部分的分配,还应包括部分利润的分配。

生产要素参与分配是所有制决定的。商品经济,商品生产,是各种要素共同参与的活动。有要素存在,就有要素的所有制、所有权问题。归根结底,这是由生产力的发展水平最终决定的。即使在生产力高度发展之后,生产要素作为生产的必要条件,不仅仍然存在,而且还要大大发展。那时,改变的只是要素的所有制、所有权的社会属性,消亡的只是其阶级性。

生产要素的存在和发展,是一个自然历史过程,是伴随一切生产过程始终的、必然的、自然的形态。在商品经济条件下,生产要素参与分配是必然的、自然的形态。我们所主张的生产要素参与分配论,是不同于生产要素价值论所说的生产要素分配论的。

按劳分配,按生产要素分配,按劳分配为主、非劳动生产要素参与分配,这三个概念、三种分配制度和分配方式是不同的。

29. 马克思的劳动价值论和收入分配理论,是一种解放劳动、保护劳动的理论。根据马克思的劳动价值论,劳动和劳动结果、劳动和劳动目的相统一,是劳动解放的标志。马克思进而得出结论说:

按劳分配是这一理论的分配理论，是实现这两个统一的分配制度，是消除劳动者与生产资料分离状态的制度。

按劳分配制度，依照我们原来的理解，是一种单一的、纯粹的、排斥非劳动生产要素参与分配的制度。现在，我们应当这样来理解：按劳分配作为一种分配制度，并不排斥非劳动生产要素同时参与分配。按劳分配可以与非劳动生产要素参与分配相结合，构成社会分配制度，即按劳分配原则与非劳动生产要素参与分配原则相结合的制度。实行这样一种分配制度，在社会主义发展的一个相当长的历史时期内，是不可避免的，也是一个不可逾越的历史阶段。

按劳分配和非劳动生产要素参与分配相结合的分配制度，在我国社会主义初级阶段，就是按劳分配为主和非劳动生产要素参与分配相结合的原则。要保护劳动权，同样也要保护非劳动生产要素权：

①依法保护非劳动要素所有权；

②依法保护非劳动要素所有权的所得权；

③依法保护非劳动要素所得的支配权。

非劳动要素是生产过程的必要条件，是财富之母，是人类在任何历史阶段的经济活动都离不开的基本条件，在社会主义社会，要给予其充分保障。问题在于，如何运用这些要素为我们发展生产力、发展经济服务。今天，限制生产要素，破坏生产要素，就是限制生产本身，破坏生产力本身。一定要充分保护和发挥生产要素的作用。

十　剩余价值和净增价值

30. 物质资料的生产，是人类社会存在和发展的基础。不论在什么社会形态下，在物质资料的生产过程中，劳动者为生产自己及其家属的生活必需品而付出的劳动，是必要劳动，除此以外的劳动是剩余劳动。

剩余劳动的物化状态是剩余产品。剩余劳动的出现和发展，是社会生产力发展和劳动生产率提高的结果。从原始社会末期开始，人类社会发展的各个阶段都存在剩余劳动。剩余劳动构成社会进步和发展的最基本的条件。没有剩余，就没有积累，就不能发展。剩余劳动的多寡，正是生产力发展的重要标志。

对剩余劳动的占有状况，所体现的是不同的生产关系。无偿占有别人的劳动和劳动成果，即为剥削。被资本家无偿占有的、由雇佣工人的剩余劳动创造的价值，为剩余价值。它所体现的是资本主义的基本经济关系、社会关系。榨取尽可能多的剩余价值，"是资本主义生产的直接目的和决定性动机"。[①]

31. 剩余价值是揭示资本的剥削秘密，理解资本主义生产方式的钥匙。雇佣劳动、剩余价值，是反映资本主义经济关系的核心范畴。可以说，剩余价值理论所研究的，是资本主义经济的基本生产方式、基本社会矛盾。

搞社会主义，也必须不断追求剩余劳动、剩余产品。剩余劳动、剩余产品"是整个社会发展和全部文化的物质基础"[②]，是人类社会发展、进步的基础。但是，社会主义条件下的剩余劳动、剩余产品，应体现社会主义的生产关系，社会主义商品经济的基本生产方式。剩余价值理论，是马克思揭示资本主义剥削秘密的基本理论；剩余价值，是资本主义雇佣劳动条件下被资本家无偿占有的剩余劳动和剩余产品。无偿占有雇佣劳动创造的剩余价值，是资本主义商品经济的本质特征、基本生产方式。因此，在社会主义经济理论体系中，不宜再沿用"剩余价值"这个范畴来指称社会主义社会的剩余产品的价值或剩余劳动所创造的价值。

在社会主义初级阶段，在私营经济和外资经济中，存在雇佣劳

---

① 《马克思恩格斯全集》第25卷，人民出版社1974年版，第272页。
② 《马克思恩格斯全集》第47卷，人民出版社1979年版，第257页。

动和无偿占有，当然存在剩余价值。在社会主义初级阶段，这一现象是不可避免的，是长期存在的。但这种剩余价值，是与资本主义制度下的剩余价值有一定差别的，要受到社会主义社会的法律制约和调节。只要是合法的非劳动收入，就应该得到保护。

这个问题，是我国在建立社会主义市场经济后出现的新问题，是与我国处于社会主义初级阶段，实行以公有制为主体、多种所有制经济共同发展的基本经济制度，以及实行按劳分配为主体、多种分配方式并存的分配制度相联系的，应深入研究。

32. 对于用什么概念来表示社会主义经济中剩余产品的价值或剩余劳动创造的价值，我国经济学界提出了许多见解。是否可以设想用"净增价值"这个概念来表示。"净增价值"在性质上与资本主义的"剩余价值"有所不同，而且在构成上也不同。在社会主义条件下，劳动者所得的比重增加了，社会公共必要劳动所占的比重增加了，这是社会主义制度决定的，是社会主义商品经济的特点。

净增价值所代表的财富、利润，是在社会主义社会作了必要扣除以后，仅按生产要素所有权分配的部分。这样可以把按劳分配与非劳动生产要素参与分配相结合，形成社会主义初级阶段多种经济成分共存条件下的分配制度。

我们所说的必要扣除包括：

第一，劳动者除工资以外的应得部分，比如利润中用于保险、福利、公积金、公益基金、奖金等的那一部分，这部分也是劳动所得，即劳动者应直接获得的自己的剩余劳动的一部分。

第二，为国家、为社会做出的扣除，包括国防、教育、科研、卫生和环保等。

做出这些扣除，是符合全体劳动者的根本利益的，体现了社会主义初级阶段的基本经济制度。它有利于保障劳动者、投资者、国家三者之间的利益关系，有利于不断解放生产力，发展生产力，有利于调动各方面的积极性，使劳动者尽快富裕起来。在资本主义社会，也存在上述第二项扣除，但不同之处在于：资本主义国家的上述扣除，本质上是为了维护资产阶级的阶级统治。

在作以上扣除之后，剩下的即为净增价值。[1] 净增价值不同于剩余价值，它所代表的利润或财富，是按生产要素（包括劳动要素和资本、知识产权、专利、股权等非劳动生产要素）所有权进行分配的部分，而且国家应当进行调节。这样，就坚持了社会主义初级阶段按劳分配为主体、多种分配方式并存的分配制度。

当然，这是一个重大理论问题和实践问题，学术界提出了多种方案，应继续研究，充分讨论。无论哪种分配制度和分配方式，归根结底要有利于生产力的解放和发展。这是实践的、历史的判据。

33. 在社会主义条件下，劳动者除了获得生活必需品之外，还要不断改善和提高自己及其家庭的物质文化生活水平，并将逐渐拥有财产，摆脱"无产"状态。因此，劳动者还要分得一部分企业利润，即与其他生产要素一道参与企业利润的分配。这一部分也是劳动所得，是社会主义性质的，属于按劳分配的范畴。当然，其大小、多寡是由经济发展水平和国家制度所决定的。在社会主义市场经济条件下，劳动者（劳动力）创造的财富，尤其是他们的剩余劳动创造的财富，归谁占有，如何分配，构成社会主义初级阶段的基本生产关系。无论哪种分配制度和分配方式，都必须有利于生产力的不断解放和发展。在现实经济生活中，要坚持效率优先，兼顾公平。

在资本主义条件下，所谓国家和社会的扣除，是与社会主义有所不同的。在社会主义条件下，这个扣除是完全用于社会的、属于全体人民的，是和全体劳动者的利益一致的。没有这个社会扣除，

---

[1] 在资本主义生产中，一个商品的价值量 $w = c + v + m$。在社会主义条件下，如果我们仍假设商品的价值量为 w，c 和 v 不变，且假设上述第一项扣除为 v_1，第二项扣除为 s，"净增价值"为 n，则商品的价值量为：$w = c + v + [(v_1 + s) + n]$。在价值量上，$(v_1 + s) + n$ 相当于 m，即 $n = m - (v_1 + s)$。

即用于社会发展、公共消费、公益事业的部分,工人阶级和全体劳动者的个人利益,也就没有保障。这是由人民的根本利益决定的。

十一　资本问题

34. 在社会主义市场经济条件下,除剩余价值问题外,"资本"这个范畴的适用性问题,也是一个值得研究的重大理论和实践问题。

"资本"是一个内涵很丰富的经济范畴,可以从不同角度考察和定义。马克思曾经说过:"资本不是物,而是一定的、社会的、属于一定历史社会形态的生产关系,它体现在一个物上,并赋予这个物以特有的社会性质。"① 资本是商品经济的集中代表。资本既有自然属性,也有社会属性,是二者的辩证统一。

资本是商品经济发展到一定历史阶段的产物,是现代商品经济的一个核心范畴。资本主义商品经济有资本,社会主义商品经济也有资本。问题不在于有没有资本,而在于资本的社会属性,在于资本归谁所有,为谁服务。资本将随着商品经济的发展而变化,也将随着商品经济的消亡而消亡。但是,消亡的仅是其社会属性,而不是其自然属性。

从自然属性看,资本是商品生产的产物,是财富,是人类劳动的积累。在这一点上,我们可以说,"资本"是人类剩余劳动、剩余产品的一种特殊形式。它本身不仅无错、无过,而且是发展生产力和市场经济所必需的,是人类社会的生存和发展所必需的,是人类劳动的直接目的。

从社会属性看,可以分为两个层次:

一是从商品经济一般和价值运动一般的层次去分析,资本不是

---

① 《马克思恩格斯全集》第25卷,人民出版社1974年版,第920页。

一般的货币和资金,而是在运动中带来商品价值的价值、不断增值的资金。资本是特殊形式的商品,是生产要素。资本是流动的资金。资本是资本主义的产物,但它首先是商品经济的创造物。

二是作为"带来剩余价值的价值"[①],资本反映的是资本主义的生产关系,具有鲜明的社会制度属性。在资本主义社会中,资本是剩余价值形成的,为资本家所有,是资产阶级统治劳动的力量和工具。可以说,无偿占有由雇佣工人的剩余劳动创造的剩余价值,是资本主义生产的直接目的。

35. 马克思当年所设想的社会主义经济,是没有商品、货币的经济,自然也不会涉及社会主义经济中的资本问题。实践表明,社会主义经济也必然是商品经济。如果抽象掉资本是"带来剩余价值的价值"这个特定的资本主义社会制度属性,从资本的自然属性和商品经济一般的角度去把握和予以规定,在社会主义市场经济条件下,"资本"这个范畴是必不可少的、必须用的。但其内涵有所发展。我们要发扬其有利于生产要素的优化配置,有利于解放和发展生产力的一面,促进社会主义市场经济的发展,促进社会财富的不断增加;同时要限制其消极的、影响解放和发展生产力的一面。

总之,在社会主义市场经济中,"剩余价值"概念不可用,而"资本"概念则是要用的。

36. 在社会主义初级阶段,与公有制为主体、多种所有制经济共同发展的基本经济制度相适应,"资本"有国家资本、集体资本、私人资本和外来资本等。在法律允许的范围内,各种资本的经营活动,都应予以支持和保护,以利其健康发展。同时,由资本所有权决定的剩余索取权,也应依法予以保护。为避免两极分化,在支持非公有制经济发展的同时,要努力探索公有制的实现形式,把国有经济

---

① 《资本论》第 1 卷,人民出版社 1975 年版,第 172 页。

和集体经济搞好，使其不断壮大。对于按生产要素所有权获得的收入，要保护，也要调节，在生产力不断发展的基础上，最终实现共同富裕。

当然，我们对社会主义条件下的资本问题，研究得还很不够；对于资本的运用和配置等问题，还需要深入研究和讨论。我们今天重读马克思的《资本论》，一个重要的目的在于研究社会主义市场经济条件下的资本问题。这是社会主义经济学的一个大课题。

十二　发展社会主义市场经济是实践和理论的双重探索

37. 马克思认为，社会主义代替资本主义，是人类历史发展的必然。根据马克思的设想，未来的社会主义是建立在生产力高度发达、商品经济消亡基础之上的社会主义，是资本主义社会之后的社会形态；社会主义社会的经济，是建立在生产力高度发展基础上的经济，它不是商品经济，不存在商品货币关系。

发展社会主义经济的问题，是社会主义建立以后的事情。研究社会主义经济问题，不是马克思的任务。在这方面，我们不应苛责前贤。

38. 列宁领导俄国人民在经济不发达的资本主义俄国，建立了第一个社会主义国家。对于在这样一个国家如何发展社会主义经济，建立怎样的经济制度，列宁进行了很多探索。他逐步意识到，在社会主义经济中还必然存在商品货币关系，不能简单地否定商品经济。1921年，列宁提出实行新经济政策，指出："应当把商品交换提到首要地位，把它作为新经济政策的主要杠杆。"[①]

我们是在一个半殖民地半封建的中国建立社会主义制度的。同

[①] 《列宁选集》第4卷，人民出版社1995年版，第533页。

马克思关于未来社会的设想相比，中国的经济还很落后，生产力发展水平还非常低。新中国成立后的几十年，我们实行的是计划经济，即用计划经济的办法发展社会主义，取得了巨大的成就。同时，计划经济体制也逐渐暴露出一些弊端。我们在实践中逐渐认识到，发展社会主义经济，不能只靠计划这一手，还必须利用市场这一手，必须改革我们的经济体制。这也是对社会主义发展道路的一次探索。

39. 改革开放以后，我们更深刻地认识到，商品经济是人类社会不可逾越的一个经济形态，是经济发展的一个必然的、长期的历史阶段；它的发展是一个自然历史过程。社会主义经济也必然采取商品经济的形式。商品经济不是被消灭，而是随着生产力的高度发展逐渐消亡的。当然，这还是非常遥远的事情。而且，这种消亡，只是商品形式的消亡。而劳动本身、劳动过程、劳动产品、经济活动，是不会消亡的，只是采取了新的形式，进入更高的阶段。

市场经济是商品经济的发达形态。社会主义经济采取商品经济的形式，就是建立社会主义市场经济。社会主义市场经济这个理论命题的提出，是我国经济理论研究最重大的理论成果，是社会主义经济学理论的一次革命性变革。我国为建立社会主义市场经济体制所进行的探索，以及当前在创建新体制中的大量新问题，都要求我们深入研究价值理论、价值规律的作用形式、现代劳动的新特点、保护和解放劳动等问题，研究社会主义市场经济的基本经济规律问题。

40. 发展社会主义市场经济，是一项前无古人的宏伟事业，是社会主义发展史上的伟大创举。在社会主义商品经济之前，历史上存在的只是自然经济条件下的简单商品经济和资本主义的商品经济。因此，社会主义商品经济—市场经济的发展，是一个实践、理论的探索与创造的历史过程。

资本主义商品经济和社会主义商品经济，是商品经济产生以来两种不同的经济形式，两条不同的经济发展道路。资本主义商品经济是建立在私有制基础之上的。社会主义商品经济则是在社会主义条件下，使商品经济与公有制有机结合，通过商品经济发展社会主义，实现社会主义的现代化。

社会主义市场经济，是新型的社会主义经济，同时又是新型的市场经济。社会主义市场经济，不是从天上掉下来的，它当然要继承资本主义市场经济所创造的一切文明成就，一切有益的东西。也可以说，社会主义市场经济是以市场经济作为资源配置的基础性调节的一种新理论、新模式、新道路。在商品经济理论中，一切适用于中国情况的、有利于中国经济发展的理论和方法，都要大胆地学习、借鉴、利用。问题的实质在于中国化。学习、借鉴、运用，从来都是一个逐步消化和中国化的问题，而不是一个照抄照搬的问题。所谓"化"，就是理论和实际的一个结合。

社会主义市场经济所要解决的，是社会主义发展过程中的基本经济问题，即如何在更大程度上解放和发展生产力的问题。从理论上揭示社会主义商品经济发展的基本规律，推动经济的更大发展，是社会主义经济学面临的一个时代性课题。

我们在社会主义条件下发展商品经济，搞社会主义市场经济，时间不长，确切地说，只有二十几年。实践很不充分，所积累的经验和资料还不够丰富，因而我们今天的理论研究，还很不充分，需要进一步解放思想，实事求是，与时俱进。我们不仅要研究一百多年来资本主义的新变化，而且要研究科技进步、经济全球化带来的新问题，重点是要研究在中国如何进一步完善和发展社会主义市场经济的问题。这是一个历史性大课题。现在所取得的成就还是初步的，我们还有很长的路要走。

马克思主义是科学，随着社会实践的发展而发展。发展、与时俱进是它的基本品格。任何教条主义都是马克思主义的大敌，都是要不得的。作为马克思主义政治经济学基础的劳动价值论,也是随着时代的发展而不断丰富和发展的。

今天,随着科学技术革命的迅猛发展,经济全球化的日益加深,社会主义市场经济的不断推进,大量新情况、新问题涌现出来。我们必须正视这些问题,深入研究这些问题。

建设中国特色的社会主义,是实践和理论的双重探索。人类社会始终是沿着实践探索和理论探索两条轨迹发展的,是实践和理论相伴、相依、相辅相成的历史过程。不断丰富和发展马克思主义的政治经济学,建立和完善社会主义市场经济理论体系,为社会主义市场经济建设提供理论支持,是我国理论界的神圣使命和长期任务。

哲学是一把圣火[*]

(2003年8月)

我们这个时代需要什么样的哲学？换言之，哲学能够向时代说些什么？这是今天每一位哲学家都不得不深而思之的大课题。本文记录了一名哲学爱好者对哲学的点滴思考，肤浅与不当之处，请方家指正。

一　哲学不是宣示绝对真理

哲学是时代的精神家园，是文明的活的灵魂。每个时代最精致、最深刻的思想，都集中在哲学的殿堂。哲学能够为世界，为时代，为我们每一个人，提供一种理性的思维方式，提供某种共同繁荣、和睦友好的思维图景。总之，哲学是人创造的精神宝剑，又是为人的利益服务的智慧之学。

中国古代的先哲说过："君子和而不同。"[①]"夫和实生物，同则不继。"[②] "和" 如五味的调和，八音的和谐，一定要有水、火、酱、醋等各种不同的材料，才能调和滋味；一定要有高下、长短、快慢等各种不同的声调，才能奏出美妙和谐的音乐。

---

[*] 本文是作者向第21届世界哲学大会提交的书面发言，后以"金维"为笔名发表于《哲学研究》2003年第9期。
① 《论语·子路》。
② 《国语·郑语》。

两千多年前的中国哲学家的上述思想，即使在今天，仍然给我们以深刻的启迪。

所谓"和"，即和谐、调和、融合。"和"的前提是承认、赞成、允许事物之间的差异、区别与分歧，然后使这些差异、区别、分歧调整、配置、处理到某种适当的地位、情景、结构中，于是各得其所，而后整体便有"和"——和谐或发展。事物的差异是客观的、普遍的。正是差异表现为矛盾，表现为事物发展的动力、生命力。有差异，才有百花，才有万物。

"同"在中国古代哲学中，既有强调一律、一致、一心的一面，又有强调共同性、统一性、综合性的一面。把前一方面推向极端，主张某种归一化的观念和模式，宣示绝对真理，因而成为绝对，因而成为唯一，排他。其结果，就会窒息事物的发展，窒息思想的火焰。

存在的多样性，发展的多样性，是客观世界的普遍形式。正像在自然界，我们不能用一种色彩来看待无限复杂多样的事物一样，我们也不能用一种模式、一种观念、一种色彩来看待人类社会、文化和思想的发展。

有多样性，才会有自然界，才会有人类社会的发展。这是自然史、人类史、思想史的结论。多样性是发展之母，发展是多样性之果。各民族不同的制度、文明、发展道路、模式相互作用，共同推动着人类社会的发展，这乃是一条规律。多样性是人类社会前进的动力，是生命力，而单一性必然导致死亡。

有多样性，才会有人类文化的繁荣。人类文化，就像一个百花园，是由无数朵花、许多种色彩构成的。每一种文化，都有其独特的存在和价值，都散发出独特的色彩和芳香。正因如此，人类的文化世界，才多姿多彩，才绵延不绝。设想一下：如果人类文明，只有一种模式，只有一种价值，只有一种色彩，那不仅是一种悲哀，而且人类也不会发展到今天。这绝不是人类文明的光明前景，而是一种危险和灾难。

有多样性，才会有自由的思想创造。在人类哲学史上，自从黑格尔以后，那种企图建立绝对观念、绝对真理的时代一去不复返了。绝对观念来自绝对事物，世界上没有绝对事物，也就不会有绝对观念。越来越多的哲学家认识到：任何一种哲学，都是人们智慧的结晶，都在人类的思想谱系中具有自己独特的谱线，表达着一种思维。用一种哲学否定另一种哲学，用一种观念否定另一种观念，不是哲学思维，说到底，是一种思想、文化和话语霸权的表现。思想一定要有自由。思想自由是伟大的哲学精神！话语霸权、教条主义则是哲学的桎梏，是精神的枷锁。

当然，强调多样性，并不否认共同性、统一性。异而求同，同而存异，相辅相成。现在，大家都在谈论所谓"世界公民"、"普世伦理"、"全人类利益"等话题。问题在于：脱离民族国家的"世界公民"是什么？离开民族国家伦理的"普世伦理"是什么？离开民族国家利益的"全人类利益"又是什么？即便有"地球村"，有"普世伦理"，有"人类共同利益"，也绝不是大鱼吃小鱼的弱肉强食，只能是多样并存、和睦相处、共同繁荣和发展。

进入21世纪，哲学应该而且能够大有作为。在哲学上，在对待世界一切文明成果方面，我们的态度是："海纳百川，有容乃大。"①哲学是智慧之学，哲学家是睿智之士。智慧需要撞击，需要讨论、辩论，哲学家更需要多方面汲取营养。

总之，哲学是使人聪明的学问，而不是束缚人的思想和行动的教条。哲学是小溪，翠鸣山谷，余音袅袅；哲学是清茗，沁人心肺，明目醒神。

---

① 林则徐任两广总督查禁鸦片时期，曾在自己的府衙写了一副对联："海纳百川有容乃大，壁立千仞无欲则刚。"

二 对话是世界哲学发展的必由之路

世界哲学大会，为世界各国的哲学家交流学术，进行思想对话，提供了绝佳的舞台。它的成功举办，本身就启发我们，哲学的发展，离不开对话与交流。学术理论的对话、讨论、辩论就是科学试验，是达到真理的科学方法、科学道路。对话，可以增进了解，扩大共识，共同进步；可以使思想的翅膀更加自由地翱翔。对话，是一种态度，更是一种境界；对话是一种艺术，更是一种哲学。对话，是人类伟大的文明。

对话，是达到真理性认识的桥梁。世界是复杂多变的。客观世界的多样性，决定了人们对它的认识也不是单一的、刻板的。对事物的认识，只能是多层次、多侧面地由浅入深、由表及里的过程，不可能一次、一时完成。更何况，人们的社会文化不同、生活阅历不同、思维背景不同，即使是对同一事物，人们的思想、认识，也会呈现多种多样的风格。人类思想史表明，任何终极真理，都是荒谬的。一切追求真理的人们，都必然要重视对话，通过对话来取他人之长，补自己之短，来克服谬误，逐步接近或达到真理。

对话，是催生新思想的助产士。思想不等于独白。一种思想要影响社会，总要通过适当的方式表达和传播。思想也不是情绪化的宣言和口号，而是对事物、对实践的理性辨析和认识。对话，不仅可以使思想得到传播，而且有助于催生新思想。一位哲学家说过，两种物品相交换，结果仍然是两种物品，而两种思想交换，却可以产生第三种思想。这是思想的伟大，更是思想对话、交流的伟大。中国的佛学，最初是从印度传入的，但在中国大地上生根开花后，其发展则呈现出有别于印度佛学的另一种风姿。这是思想的对话、交流催生新思想的范例。简言之，对话、讨论、辩论，是思想、理论的"接生婆"。

对话，是消除误解、实现共同发展的方法。当今世界，各国之间、各国思想家之间的联系日益紧密。对于世界的和平与发展，大家有着共同的向往，也面临着共同的问题。解决这些共同问题，需要各国政府和人民、各国思想家的合作。对话，则是合作的前提。交流、对话，才能相互理解。当代中国有一句流行语说得好：理解万岁！

历史经验证明，霸权主义无助于世界的和平与发展，而只会适得其反。话语霸权是哲学上的僵化、教条主义的表现，是以真理裁判官面貌出现的教条主义，是一种十分有害的思维方式，是一种新的枷锁。

历史上，人类曾经遭受过太多的劫难，而缺乏应有的理解与尊重，缺乏必要的沟通与交流，乃至积怨日久，则是造成这些劫难的一个原因。对话，可以帮助人们消除误解，增进了解，共同繁荣发展。尊重对话，善于对话，是一个民族精神上成熟的重要标志。

对话，是世界哲学发展的必由之路。当今世界各国的哲学、思想、理论，无不带有一定国家、民族的特点，无不带有一定社会阶级的痕迹，无不打上历史文化传统的烙印。文化是一个民族的"护照"，也是该民族对人类的贡献。在文化上，越是民族的，就越是世界的。所谓世界文化，是世界各国的民族文化的总和，而不是以某国、某民族、某地域为核心的单一文化。同样，世界哲学则是世界各国的哲学的总和，是思想的百花园。

人类有着光明的未来，这是毫无疑问的，但也面临着诸多复杂的问题。解决这些问题的最大思想障碍，就是思想僵化、教条主义、话语霸权。当今中国流行着这样一句话：解放思想、实事求是、与时俱进。一言以蔽之，解放思想万岁！

世界各国的哲学，在思维方式、价值观念、概念、话语上有不同的特点，这是好事，可以丰富我们对自然界、人类社会和人本身的认识，防止片面性和简单化。把不同哲学之间的差异，看成是有无哲学的差异，这本身就有悖于哲学精神。哲学是有检验标准的，这就是实践！但哲学界没有裁判官。

进入21世纪，经济全球化趋势的迅猛发展，日益凸显出不同文化、思想、哲学之间对话的价值和必要。我们认为，各国的国情不同、社会制度不同、历史传统不同，因而各国文化、思想、哲学上的多样性是必然的，必需的。这种多样性，既是全球化的前提，又是全球化的资源；既是全球化的基础，又是全球化进一步发展的条件。

所谓一体化的"单质世界"，是危险的陷阱！没有多样性的世界存在吗？人类文明失去多样性，将面临什么样的前景？是光明还是黑暗？只能是黑暗、死亡！全球化是一个繁荣茂盛的植物园，共荣并茂是其特性，不是一种树，更不是独木。

任何现实的、具体存在的东西，总是具有特色的。没有特色，就没有文化，就没有思想，就没有哲学，就没有人类，就没有世界。现在，大家都在谈论自然生态环境的多样性，而人类文化生态的多样性，不是更应该关注吗？保护人类文化生态的多样性，促进世界各民族文化、思想、哲学的共同发展和繁荣，已经成为各国人民、思想家的共同课题，成为人类共同的历史任务。应大声疾呼：保护人类文化的多样性，就是保护人类的未来。

全球化理应成为世界各国、各民族共同繁荣和发展的舞台，而不应成为以大欺小、以强凌弱、以富榨贫的陷阱。国家要民主，世界更要民主。国家不要独裁，世界更不要霸权。在全球化进程中，任何国家、民族，都没有高人一等的特权。不平等是世界的一大公害。

人有人权，国有国权。国权不存，人权无保！既要争人权，更要争国权。国家有主权，人民有自己决定本国的制度、发展道路、生活方式的权力。世界各国，不分大小、贫富、强弱，一律平等，在平等的基础上对话、交流，通过对话达到互信、互利、共赢，是世界稳定、和平与发展的基石，也理应成为21世纪国际政治、经济新秩序的基本价值观念。应大声疾呼：世界要民主化，各国、各民族要平等化！

三　哲学是中华民族全面振兴的灵魂

英国哲学家罗素说过："要了解一个时代或一个民族，我们必须了解它的哲学。"[①] 当代中国的哲学，是当代中国社会存在和发展的理性表达，是研究、解决中国问题的学问，是中国人民利益的声音，是关乎中华民族的前途命运的理论，是中华民族全面振兴的灵魂。

一个民族要兴旺发达，要屹立于世界民族之林，就不能没有创新的理论思维，就不能没有与时俱进的哲学。这既是人类文明发展史给我们的有益启示，也是中华民族五千年奋斗历程的必然结论。

中国哲学的历史，从某种意义上说，就是一部中华民族精神形成和发展的历史，是中国人民思想解放的历史。哲学是推动中国社会变革和发展的理论先导。

哲学的根本功能是解放人们的思想。怀疑、反思、批判、创新，是哲学的基本方式。而哲学要真正解放人们的思想，必须首先实现哲学自身的解放。

哲学自身的解放，实质上就是哲学家的思想解放。谁来解放哲学家的头脑，怎样解放哲学家的思维呢？这成了当代哲学的一大问题。

---

① 《西方哲学史》上卷，商务印书馆1963年版，第12页。

哲学家应有高度的使命感和责任感。要具备悲天悯人的博大情怀，把自己的理论研究与国家民族的前途命运紧密联系起来。中国北宋时期的哲学家张载曾把哲学家的使命概括为："为天地立心，为生民立命，为往圣继绝学，为万世开太平。"① 这四句话的意思是说：哲学家要探索宇宙和自然界的原本道理，把它们贯彻于人心（精神）之中；要启迪民众，反映他们的要求和愿望；要传承文明；要为最终实现人类（天下）的永久和平而奋斗。

哲学家的思想解放，要同国家、民族、人民的前途命运结合起来。离开国家、民族的命运，离开实践的哲学是什么？岂不成了无本之木、无源之水?!

哲学家应有强烈的问题意识。问题是时代的声音。对于哲学的发展来说，提出问题比解决问题更重要。提出好的问题本身就是学问。当代中国的哲学，理所当然地要以研究中国现代化建设和发展中的问题为己任，在研究、解决重大时代问题的过程中，构筑哲学的新的生长点，使哲学更好地为中国的发展服务，为中华民族的全面振兴服务。抓中国的"老鼠"，要靠中国"猫"！

哲学家应有非凡的理论勇气。在哲学的入口处，正像在地狱的入口处一样，任何怯懦和犹豫都是无济于事的。哲学家不仅要有智慧，更要有对智慧的挚爱激情、对真理的不懈追求，虽历经磨难而不改其衷。哲学家应该走在时代的最前列。探求真理、坚持真理是勇敢者的精神。没有足够的勇气，是摘不到真理的圣果的！

哲学家的母亲是实践。空中楼阁式的哲学只能是幻想和梦呓。卡尔·马克思说过："哲学家们只是用不同的方式解释世界，问题在于改变世界。"② 这当然不是说解释世界没有意义，而是强调实践的极端重要性。如果说哲学是解放思想的学问，那么，谁来解放哲学

---

① 《张子全集·张子语录》。
② 《马克思恩格斯选集》第1卷，人民出版社1995年版，第57页。

家的思想？是实践！实践是哲学理论产生和发展的源泉、动力，是哲学的检验标准和价值体现。离开中国人民的实践，要理解当代中国的哲学是不可能的，更遑论要发展这种哲学了。

中国有着悠久、灿烂的哲学传统。早在二千五百多年前的春秋战国时期，就出现了诸子百家、百派竞相登场、争鸣的局面。"百家争鸣"造成了中国哲学的空前繁荣，而这种学术繁荣极大地推动了中国历史的发展、中华文明的进步。中国古代最著名的思想家之一孔子，就是对中华民族的精神产生深远影响的伟大哲学家。

1949年新中国成立后，中国的哲学获得大发展。1978年改革开放后，中国的哲学研究，进入了思想活跃、成果丰硕、社会作用显著的新阶段。在这一时期，中国的哲学家，开始大规模地与世界各国哲学界对话和交流。这在中国几千年文明史上也是空前的。

今天中国的哲学，可以说正处于东西融会、百流竞发的空前繁荣时代。哲学家们摘掉有色眼镜，抛弃教条和僵化，像勤劳的蜜蜂一样，采世界思想之"花粉"，酿造中华文明之"蜜"，滋养着中华民族的精神，振奋着中国人民的心灵！要探索，要创新，要学习，不仅已成为时代的号角，而且正在成为新时代中国人的民族精神、思维方式和生活方式。中华民族只有成为一个善于学习的民族，才有光明的未来。中华民族的救世主，是中国人民自己！坚定不移地沿着自己的道路走下去，这就是中国人民的思想认识和历史结论。

中国政府高度重视和支持哲学事业的发展。中国党和国家的众多领导人，都对哲学抱有浓厚的兴趣，并身体力行地钻研哲学、运用哲学、发展和创新哲学。在中国，从事哲学研究和教学的专业人员，有数万之众；哲学肩负着传承文明、繁荣学术、创新理论、咨政育人、服务社会的崇高职责。

中国的哲学家愿意与世界各国的同行们，加强对话和交流。中国哲学家是世界各国哲学家的真诚朋友，愿同大家共同构筑人类未来的思想"伊甸园"！

　　让哲学的光芒照亮我们的心灵！哲学是一把圣火，你要触摸它，难道还怕被它烧着吗？！

双重探索[*]

（2003年11月19日）

上个世纪70年代末80年代初，中国经济开始改革开放，这是整个20世纪中国最伟大的事件之一。当代中国的一切成就，都与此息息相关。中国人民真心拥护改革，积极参与改革，并从中普遍受益。世界各国也十分关注中国的经济改革。这里，我就中国的经济改革问题，谈几点看法。

一　中国经济改革的基本历程

从1978年开始，中国经济改革迄今已走过25年的探索历程，大体经历了四个发展阶段。

第一阶段（1978年12月至1984年9月），改革的起步阶段。

1978年12月，中国共产党召开了十一届三中全会，拉开了中国经济改革的序幕。随后近6年的时间里，改革的重点在农村。家庭联产承包责任制逐步取代人民公社制，大大调动了农民发展商品生产的积极性，粮食产量大幅度增加。乡镇企业异军突起，亿万农民进城打工，出现了中国特色的"农民工"现象（家在农村，进城打工）。

在城市，主要进行了企业改革试点，扩大企业经营自主权。同

---

[*] 这是作者在突尼斯战略研究所的演讲，后经删节发表于《经济研究》2004年第2期。

时，创建经济特区，开放 14 个沿海港口城市，开始用引进外资的办法，加快开发中国的劳动资源。

第二阶段（1984 年 10 月至 1991 年 12 月），改革的展开阶段。

1984 年 10 月，中共十二届三中全会通过《中共中央关于经济体制改革的决定》，标志着改革的重点转向城市。国有企业是整个改革的中心环节，价格改革是关键，培育和壮大市场是突破口。进行了承包经营、租赁经营、股份制等多种形式的试点，设法使国有企业成为真正的市场主体。个体经济、私营经济和外资企业等非国有经济，在整个国民经济中的比重，越来越高。改革由经济领域扩展到科技、教育等社会各个领域。对外开放进一步扩大，开放了珠江三角洲、长江三角洲和闽南三角地带。

但是，中国的经济改革毕竟是在探索中前进的。新的经济体制，从摸索到试点、调整、完善，不可能一帆风顺。上个世纪 80 年代末，国民经济的高速增长引发了通货膨胀和经济秩序混乱。1989 年后，国内市场疲软，经济增长速度放慢；国际上一些国家对中国制裁，不少社会主义国家发生动荡，这在一定程度上增加了我们的困难。中国领导层沉着应对，一方面，对宏观经济进行治理整顿；另一方面，继续对经济改革进行大胆探索和尝试。

第三阶段（1992 年初至 2002 年 10 月），初步建立社会主义市场经济体制阶段。

在这一阶段，改革向纵深发展，重点是制度创新。1992 年初，邓小平同志视察南方并发表重要谈话，深刻回答了长期困扰和束缚人们思想的许多重大理论和实践问题，推动了全党和全国人民的思想解放。1992 年 10 月，中共十四大明确提出，中国经济体制改革的目标是建立社会主义市场经济体制。1993 年 11 月，中共十四届三中全会做出相关决定。随后短短数年间，中国按照建立社会主义市场经济体制的目标，大幅度地改革了财政体制、金融体制、外汇管理体制等宏观经济体制。1997年9月，中共十五大提出，公有制为主体、多种所有制经济共同发展，是中国社会主义初级阶段的基本经济制度。调整和完善所有制结构，成为经济改革的首要任务。

经过改革，中国的所有制结构，逐渐呈现出新的格局：以多种形式的公有制为主体，各种所有制经济成分平等竞争、共同发展。股份制、股份合作制等现代企业制度，在国有经济中广泛推行。非公有制经济迅速发展。社会保障制度逐步建立。2001年，中国正式加入WTO。

第四阶段（2002年11月至今），逐步完善社会主义市场经济体制阶段。

21世纪初，中国进入全面建设小康社会、加快推进社会主义现代化的新的发展阶段。2002年11月，中共十六大提出：21世纪头20年，对中国来说，是一个必须紧紧抓住，并且可以大有作为的重要战略机遇期。这一时期的战略目标是：全面建设惠及十几亿人口的更高水平的小康社会，使经济更加发展、民主更加健全、科教更加进步、文化更加繁荣、社会更加和谐、人民生活更加殷实。

为适应经济全球化和科技进步加快的国际环境，适应全面建设小康社会的新形势，中国共产党和中国人民确信：必须加快推进改革，建成完善的社会主义市场经济体制，建成更具活力、更加开放的经济体系，进一步解放和发展生产力，为经济发展和社会全面进步注入强大动力。

经过25年的不懈探索，中国经济改革取得重大进展。传统的计划经济体制，逐步被社会主义市场经济体制所代替；公有制为主体、多种所有制经济共同发展的基本经济制度已经确立；全方位、宽领域、多层次的对外开放格局基本形成。

改革的不断深化，极大地解放和发展了中国社会生产力，提高了综合国力，改善了人民生活，使中国经受住了一系列严峻考验，如国际金融动荡，国内严重自然灾害、重大疫情等。

1978—2002年，中国GDP年均增长9.4%，比同期世界经济年均增长速度高6.1个百分点，人均GDP由190美元增长到接近1000美元。1990年，中国GDP在世界上居第10位。从2000年开始，中国GDP已连续三年居世界第6位。

2002年，中国GDP达到10.4万亿元人民币，增长8%。进出口贸易额为6207.7亿美元，增长21.2%。

人民生活水平总体上步入小康。从1979年到2002年，城镇居民家庭人均可支配收入年均增长6.4%，农村居民家庭人均纯收入年均增长7.3%。2002年，城镇居民家庭人均可支配收入7703元，农村居民家庭人均纯收入2476元。

二 中国经济改革的理论成果

如同人类历史上一切重大进步一样，中国经济改革也是实践与理论的双重探索。实践探索推动理论探索，推动人们不断解放思想。理论探索总结实践探索的经验，使之升华为思想、理论、学说，进而指导实践探索的深化。两种探索相辅相成，交相辉映，共同演奏出中国经济改革的动人乐章。

中国经济改革，能取得重大成就，一方面得益于我们大胆试，大胆闯，不拘泥于书本，不拘泥于条条框框，不墨守成规；另一方面，也得益于我们不断解放思想，实事求是，总结经验，根据实践的要求，进行理论创新，用创新的理论指导改革实践的进一步发展。

这里，我只能粗线条地勾勒一下这些理论创新的具体成果。

——社会主义本质论。社会主义的本质，是解放生产力，发展生产力，消灭剥削，消除两极分化，最终达到共同富裕。社会主义的本质是具体的，不是抽象的。不能从书本、概念和原则出发，来判断是否是社会主义。社会主义没有一成不变的模式。现实的社会主义，总是具有特色的，是共同性与多样性的统一。中国特色的社会主义，就是能够实现国家强盛、人民富裕、中华民族全面振兴的社会主义。僵化封闭不能发展社会主义，改革开放是社会主义发展、完善的必由之路。在整个改革开放和社会主义现代化建设时期，必须始终注意处理好改革、发展、稳定三者之间的关系。改革是方法，是动力；发展是目的，是硬道理；稳定是前提，是必备条件。要把改革的力度、发展的速度和社会的承受程度协调统一起来，使改革、发展、稳定三者相辅相成、相得益彰。

——社会主义初级阶段论。总结多年的经验教训，我们认识到，搞社会主义，不能犯"急性病"。从中国的国情出发，我们确认：中国目前处于并将长期处于社会主义初级阶段，一切工作，都要从这个实际出发。社会主义初级阶段，也就是不发达的社会主义阶段，是由落后的农业国，逐步转变为工业化国家的历史阶段；是逐步实现全体人民共同富裕的历史阶段；是实现中华民族伟大复兴的历史阶段。一句话，是中国人民在社会主义基础上，实现工业化、现代化的历史阶段。这样的历史进程，至少需要一百年。

——社会主义市场经济理论。确认商品经济是人类社会不可逾越的历史阶段。计划经济不等于社会主义，资本主义也有计划；市场经济不等于资本主义，社会主义也有市场。要充分发挥市场在资源配置中的基础性作用。社会主义市场经济理论的确立，主要有两方面的创新意义：一是打破了将市场经济看作资本主义"专利"的传统观念，市场经济作为人类的文明成果，资本主义可以用，社会主义也可以用。二是强调社会主义制度与市场经济相结合，这在人类历史上是从未有过的。西方市场经济符合社会化大生产、符合市场一般规律的东西，我们要积极学习和借鉴。但西方市场经济是在资本主义制度下搞的，中国的市场经济是在社会主义制度下搞的，我们的创造性也就体现在这里。

——所有制理论。创新集中表现在两个方面：一是从单一的公有制理论，向以公有制为主体、多种所有制经济共同发展的理论转变，强调毫不动摇地巩固和发展公有制经济，毫不动摇地鼓励、支持和引导非公有制经济发展。二是把所有制与所有制的实现形式区分开来，提出公有制实现形式可以而且应当多样化。从战略上调整国有经济布局。大力发展国有资本、集体资本和非公有资本等参股的混合所有制经济，使股份制成为公有制的主要实现形式。

——分配理论。允许一部分地区、一部分人先富起来，鼓励先富帮后富，最终实现共同富裕。实行效率优先、兼顾公平的政策。坚持和完善按劳分配为主体的多种分配方式，把按劳分配和按生产要素分配结合起来，确立劳动、资本、技术和管理等生产要素按贡献参与分配的原则。建立和完善多层次、社会化的社会保障体系，创建社会统筹和个人账户相结合的制度。注意解决不同地区、不同人群的收入差距问题。

——市场体系理论。强调建立统一开放、竞争有序的市场体系。消除地区壁垒，打破行业垄断，建立全国统一市场。实施"走出去"战略，充分利用国内和国际两种资源和两个市场。承认生产资料、生产要素都是商品，都有价格，大力发展资本市场、劳动力市场等生产要素市场，积极推进资本市场的改革开放和稳定发展。形成以道德为支撑、产权为基础、法律为保障的社会信用制度，建设企业和个人信用服务体系，增强全社会的信用意识。

——宏观管理体制改革理论。改革政府管理模式，从行政性的直接管理，转向以经济和法律手段为主的间接管理。深化行政审批制度改革，切实把政府经济管理职能，转到主要为市场主体服务和创造良好发展环境上来，不直接干预微观经济活动。深化计划、财政、税收、金融等体制改革，建立健全协调统一的宏观调控体系。

辩证处理宏观调控和市场机制的关系,"看不见的手"与"看得见的手"两手并用。

——企业制度改革理论。确认国有企业改革是经济体制改革的中心环节。改变企业是行政附属物的观念,确立企业的市场主体和法人资格。实行政企分开,所有权和经营权、所有者职能和经营者职能分离。按照"产权清晰、权责明确、政企分开、管理科学"的要求,建立现代企业制度。按照"归属清晰、权责明确、保护严格、流转顺畅"的原则,建立现代产权制度,从整体上搞活国有企业。支持非公有制企业的发展,非公有制企业在投融资、税收、土地使用和对外贸易等方面,与其他企业享有同等待遇。

——农村改革理论。废除人民公社体制,形成以家庭承包经营为基础的体制。完善农村土地制度,实行最严格的耕地保护制度。健全农业社会化服务体系、农产品市场体系和国家对农业的支持保护体系。根据中国国情,大力发展乡镇企业,发展小城镇,走中国特色的农村工业化、城镇化道路,促进农村富余劳动力转移就业。推动农业产业化,逐步实现农业现代化。

——对外开放理论。改变封闭半封闭发展观念和模式,确立对外开放基本国策,建立开放型经济体制。抛弃"有色眼镜",大胆吸收人类社会——包括资本主义社会所创造的一切文明成果。创建经济特区,发展外向型经济。适应加入WTO的新形势,形成稳定、透明的涉外经济管理体制和相关法律法规,全面提高对外开放水平,以开放促改革、促发展。处理好对外开放和自力更生的关系。对外开放是以自力更生为基础的对外开放。中国解决所有问题的关键,是靠自己的发展。

——法制建设理论。确立依法治国、建设社会主义法治国家的基本方略。强调社会主义市场经济是法治经济。着眼于确立制度、规范权责、保障权益,加强经济立法,建立和完善社会主义市场经济法律制度。完善市场主体和中介组织法律制度，产权法律制度，市场交易法律制度；完善预算、税收、金融和投资等法律法规，劳动、就业和社会保障等方面的法律法规，社会领域和可持续发展等方面的法律法规，涉外经济法律法规。加强执法和监督，为社会主义市场经济的发展，提供完备的法制保证。

此外，还有一些其他理论成果，限于时间和篇幅，这里就不一一列举了。必须指出，所有这些理论成果，都在邓小平理论和"三个代表"重要思想中，得到了集中体现和阐发。

三　中国经济改革的展望

当前，中国经济发展势头强劲，运行良好。今年上半年，尽管受到伊拉克战争和SARS疫情的不利影响，中国GDP仍增长8.2%。1—8月，全国规模以上工业完成增加值25271亿元人民币，同比增长16.5%；固定资产投资22365亿元，同比增长32.4%；社会消费品零售总额28727亿元，同比增长8.5%；财政收入14351亿元，同比增长23.1%；进出口总额5227亿美元，同比增长36.3%。中国经济的快速稳定发展，获得了世界的广泛赞誉。

但是，我们清醒地认识到，中国是世界上最大的发展中国家，有近13亿人口，经济文化还不发达，地区之间发展不平衡，将长期处在社会主义初级阶段，要实现现代化，有很长的路要走，需要进行不懈的艰苦努力。中国共产党和中国人民，始终抱有强烈的忧患意识。我们认为，对一个国家和民族来说，具有忧患意识，是成熟的表现，有忧患则生，无忧患则亡。

现在，中国经济也面临一些亟待解决的突出问题，如经济体制不完善，产业结构不合理，分配关系尚未理顺，农民收入增长缓慢，就业和社会保障压力加大，生态环境保护需要加强，经济整体竞争力不强,等等。对这些问题,我们正采取一系列措施加以解决。前不久,2003年10月,中共十六届三中全会通过了《中共中央关于完善社会主义市场经济体制若干问题的决定》,根据十六大提出的建成完善的社会主义市场经济体制和更具活力、更加开放的经济体系的战略部署,明确了完善社会主义市场经济体制的目标、任务、指导思想和原则,就深化经济体制改革制订了总体方案。

这里,我简要介绍一下这个新的总体方案的主要思想。从中,朋友们大致可以了解中国经济改革的趋势。

新世纪初期中国经济改革的基本目标是:统筹城乡发展、统筹区域发展、统筹经济社会发展、统筹人与自然和谐发展、统筹国内发展和对外开放,更大程度地发挥市场在资源配置中的基础性作用,增强企业活力和竞争力,健全国家宏观调控,完善政府社会管理和公共服务职能,为全面建设小康社会提供强有力的体制保障。

主要任务是:完善公有制为主体、多种所有制经济共同发展的基本经济制度;建立有利于改变城乡二元经济结构的体制;形成促进区域经济协调发展的机制;建设统一开放、竞争有序的现代市场体系;完善宏观调控体系、行政管理体制和经济法律制度;健全就业、收入分配和社会保障制度;建立促进经济社会可持续发展的机制。

为实现上述目标,完成经济改革的历史任务,我们强调要坚持五个原则:坚持社会主义市场经济的改革方向,注重制度建设和体制创新;坚持尊重人民群众的首创精神,充分发挥各方面的积极性;坚持正确处理改革发展稳定的关系,有重点、有步骤地推进改革;坚持统筹兼顾,协调好改革进程中的各种利益关系;坚持以人为本,树立全面、协调、可持续的发展观,促进经济社会和人的全面发展。

近来,国际社会关注人民币汇率问题。我愿借此机会,谈谈我的看法。一个国家的货币制度和政策,不能脱离这个国家的经济发展实际。根据当前中国经济的发展阶段、金融监管水平和企业承受能力,中国实行浮动汇率制度,其特点是:以市场供求关系为基础,单一和有管理。在这一制度基础上,保持人民币汇率基本稳定,有利于中国经济的正常运行,也有利于世界经济的稳步发展。

1997年亚洲金融危机爆发时,在周边许多国家货币大幅度贬值的情况下,中国保持人民币不贬值,保持汇率稳定,为维护亚洲乃至全球金融和经济稳定做出了贡献。一些国家和人士出于种种目的,在国际上散布"中国威胁论",威逼利诱,企图迫使中国放弃现行的货币制度和政策,让人民币升值。这是我们所不能接受的。因为它不符合中国的实际,对全球经济也没有什么好处。中国是负责任的发展中国家。我们将保持人民币汇率在合理、均衡水平上的基本稳定,同时进一步深化金融改革,探索和完善人民币汇率形成机制。

经过25年的艰苦努力,中国经济改革在实践和理论的双重探索方面,取得了重大成果,积累了一些经验。对一个国家和民族来说,什么是最宝贵的?自己的经验是最宝贵的!但我们并不自满。我们深知,探索永无止境,更大的挑战还在后头。中国人民将坚定不移地继续推进双重探索。我们对中国经济改革的前景充满信心。

哲学的解放与解放的哲学[*]

——在"中国哲学大会"上的发言

（2004年8月9日）

一个国家、民族，要兴旺发达，拥有光明的未来，就必须拥有创新的理论思维，拥有自己的哲学。哲学是思想的花朵，文明的灵魂，精神的王冠；哲学是推动社会变革和发展的理论先导，是激发人、塑造人、引导人的精神力量。哲学锻造我们的思维，净化我们的心灵，照亮我们前进的道路。

一　哲学是什么

哲学的解放，从根本上说，首先在于哲学观的解放，在于对哲学是什么等问题的再思考、再认识。

哲学是什么？这既是一个古老的问题，又是当代哲学的前沿问题，也可以说是哲学永恒的话题。从哲学诞生的那一天起，哲学家们就在不停地追问，给出了一个又一个的答案。可以说，每个时代对此都有自己的回答。

哲学是一种思维？苏格拉底说过，"未经考查（深思熟虑）的生活是毫无意义的生活"。可见，思维对人的重要性。但属于人的思

---

[*] 本文原载《哲学研究》2005年第1期。

维都是哲学吗？人们在日常生活中的思维就是哲学吗？人们在科学研究中的思维就是哲学吗？如果说是，岂不是将思维等同于哲学了吗？如果说不是，那哲学思维与日常思维、科学思维的区别究竟在哪里？哲学是一种追根究底的思维，它不仅是问"是什么"，而且主要是追问"为什么"，特别是追问"为什么的为什么"。哲学所思考的问题，是一切具体科学回答之后的下一个"为什么"。哲学把思维本身作为自己的研究对象，是一种反思性的思维。

哲学是一种知识？哲学给人以知识，给人以力量，但哲学不是包罗万象、可以为我们生活中的一切问题提供现成答案的知识体系，也不是专门科学知识、哲学家需要广博的知识，但仅有知识还不能成为哲学家。哲学所提供的知识，是关于如何获得知识的知识，是关于如何探索未知世界的知识，是推动人们对已有知识进行深入反思的知识；哲学所提供的知识，是为人们的信仰提供理性根据的知识，只有建立在这种知识基础上的信仰才是坚定的信仰。马克思说过，对于哲学而言，重要的不是提供某种现成的答案，而是不断地向人们提出一个又一个的问题，以推动人类的思想、文明向前发展。哲学并不要求人们信仰它的结论，而是帮助人们探解疑团。

哲学是一种真理？哲学是对真理的追求和探索，但不是宣示绝对真理。自从黑格尔以后，那种企图建立绝对观念、终极真理的时代就一去不复返了。绝对观念、绝对真理来自对事物的绝对理解，来自哲学知识的绝对化。任何一种哲学，都是人们的一种认识，是人们在一定历史阶段、一定时空和社会条件下的认识、思考或看法，其真理性都要通过社会实践来检验。真理是具体的，人们对真理的认识是随着实践的发展而不断深化的。只有教条才宣示绝对真理，但那已不是真正的哲学。

哲学是一种方法？人类认识世界、改造世界的方法很多，哲学不是具体的方法。有人说哲学是最高层次的方法论，是方法的方法。

哲学是揭示规律、探索真理、改造客观世界的根本方法，是发展人的理论思维能力、确立价值观念、改造人的主观世界的根本方法。

哲学是科学？如果哲学不是科学，那么，非科学的哲学是什么？非科学的哲学和科学是什么关系？如果哲学是一门科学，那么它与具体科学和横断科学的区别又在哪里？哲学要回答的，是各门具体科学和横断科学难以回答的问题。它不仅要解决科学认识问题，还要解决价值判断问题。当然，哲学也不是"科学的科学"，它不可能代替各门具体科学去回答一切问题。

哲学是一种艺术？哲学不等于艺术，但哲学同样给人以美的享受。哲学不是情绪化的宣泄，而是高度理性化、思辨性的思维活动，但哲学家又不能没有激情。哲学不仅研究真和善的问题，还研究美的问题，美学就是艺术的哲学。我接触过不少画家，他们常常告诉我，他们画的画，也是哲学。

哲学是一种话语？画家最痛苦的是没有自己的风格，作家最苦恼的是找不到自己的语言，哲学家最困难的是创建自己的概念和理论。而概念和理论总是要通过一定的话语来表达的。从这个意义上说，话语就是编织概念、理论的花环。孔子说，"名不正则言不顺"[1]。我看，应该说，"言不顺则名不正"。如果一个学者，说的都是别人的语言，那只能是复制、临摹别人的作品，只是别人思想和话语的"传声筒"。这样，能"名"副其实么？

哲学是一种境界？哲学要达到的境界，是人类智慧的最高目标，是人生价值的高度自觉，是世界观、价值观和人生观的集中表现，是真、善、美的统一。"格物致知"是一种哲学境界，"改变世界"更是一种哲学境界。人在实践活动中，通过怀疑、反思、批判和创造，永不满足当下的状况，不断提出新的实践目的，确立新的价值

---

[1] 《论语·子路》。

追求。哲学不断地激发人的探索和创造精神，使人在认识和改造世界的过程中，达到新的更高的境界，达到人的不断发展和完善，实现从必然王国到自由王国的飞跃。

存在的多样性、发展的多样性，是客观世界的普遍性质，理应成为当代哲学关注的基本问题。正像在自然界，我们不能用一种色彩、一种形式来看待复杂多样的事物一样，我们也不能用一种模式、一种观念来看待人类社会、文化和思想的发展。只讲"一"而不讲"多"，就否定了世界的丰富性和多样性；只讲"多"而不讲"一"，就否定了世界的普遍性和统一性。任何现实存在的事物，都是具体的、特色的，是"一"与"多"的辩证统一。

自然科学的发展，向我们昭示了人类认识自然界的无限可能性，同时也不断展现出大自然的无穷复杂性。每一次重大的科学发现，都宣告了先前所谓绝对真理的终结，都为人类认识和改造自然，开辟了新的道路。从牛顿力学，到爱因斯坦的相对论和玻尔等人的量子力学，再到量子宇宙学的深入发展，充分说明了这一点。

社会科学的发展，为人类揭示社会历史发展规律提供了理论和方法，马克思主义就是近代社会科学不断发展的产物。马克思主义以前，在人类对社会和自身的认识中，有许多所谓的"绝对真理"，在很大程度上束缚了人们的思想，阻碍了社会的变革和发展。马克思主义的杰出贡献，在于结束了"绝对真理"，打破了教条主义、神秘主义的精神枷锁，实现了人类文明史上空前的思想大解放。人类历史既不是一团乱麻，也不是观念的演绎，而是有其客观发展规律的。人们对自身的历史发展的认识，打破了长时期受唯心主义历史观束缚的局面，由此踏上了科学的大道。

但是，马克思主义并没有结束真理。从诞生之日起，它就是一个与时俱进的理论体系。马克思主义是发展的，而不是静止的；是开放的，而不是封闭的；是科学的世界观和方法论，而不是教条。

把马克思主义当成"绝对真理",恰恰是违背马克思主义哲学精神的。

人类社会历史发展表明,每一民族的文化都有其独特的、不可取代的价值,都对人类文明做出了贡献。文化的多样性是前进动力,是生命力。各民族不同的文化、文明的相互作用,共同推动着人类社会的发展,这乃是一条规律。从这个意义上说,所谓的"欧洲中心论",是不符合人类发展史的。

近代以来,西方走在世界的前列,这是事实。但这不意味着其他国家、民族的文明,只是可有可无的点缀。恰恰相反,它们都是人类文化百花园中的花朵,各有其风姿、香韵。就东西方的文化交流而言,"西学东渐"和"东学西渐"都具有深远的历史影响,是相辅相成的。

哲学实质上是自然史、社会史和人类思维史的总结和概括。而自然史、社会史和人类思维史的发展证明:自然界是多样的,社会是多样的,人类思维是多样的。对象的多样性、复杂性,决定了哲学的多样性;即使对同一事物,人们往往也会产生不同的哲学认识,形成不同的哲学派别。

哲学的多样性是什么?就是哲学观点、思潮、流派及其表现形式上的区别,这种区别来自哲学的时代性、地域性和民族性的差异。哲学的多样性,应当是哲学的常态,是哲学进步、发展和繁荣的标志。从单一性到多样性,从简单性到复杂性,是哲学思维的一大变革。当年,黑格尔认为真正的哲学是自西方开始的,在古代中国人的意识中尚找不到哲学的知识。事实证明,这是一种哲学思想和话语上的偏见。中国有数千年的思想文化传统,我认为,中国的思想发展史,其核心内容是中国的哲学发展史。中国哲学,同世界上其他国家、民族的哲学一样,都是人类哲学的重要一脉,都为人类哲学思维的发展,做出了重大贡献,都是不可磨灭的。我们不应当用一种哲学话语和方法否定另一种哲学话语和方法，正如不能用西医否定中医一样。

强调多样性并不否定共同性、统一性、普遍性。求同存异，是一种哲学思维；存异求同，也是一种哲学思维。求同存异是在追求"同"的过程中承认差异，承认多样性；而存异求同是在承认多样性的前提下，寻找共同点。把"一"推向极端，主张某种归一化的观念和模式，宣示绝对真理，就会阻碍事物的发展，窒息思想的火焰。

哲学不是在是与非的两极做非此即彼的判断，不是在对与错的两岸跳跃，不是镜面思维，设定某种绝对的亘古不变的标准，以此来裁定是非。客观世界的复杂性、多样性，造成了哲学对象的模糊性。正是由于哲学对象的模糊性、不确定性、不具体性，哲学才能不断提出问题，不断得到发展；也正是由于这种模糊性、不确定性、不具体性，我们很难给哲学一个确定性、清晰的定义。这是哲学的一大特点，也是哲学不断发展的条件。

总之，哲学不是鱼肉，让人脑满肠肥；哲学不是黄金屋，让人腰缠万贯；哲学不是花瓶，点缀你的客厅。哲学是利剑，披荆斩棘，势不可当；哲学是大海，波涛汹涌，奔腾不息；哲学是小溪，翠鸣山谷，余音袅袅；哲学是清茶，沁人心肺，明智醒神。哲学是一把圣火，始终燃烧着人们的精神！

二　哲学为谁服务

谈到哲学的解放，还必须进一步思考：哲学是为谁服务的？

"哲学为谁服务"这一问题，实质上是哲学的实践性、社会性和价值性问题。哲学是为实践服务的，是为社会服务的，是为人的利益服务的。

实践是哲学的母亲。实践是哲学思维最深厚的基础，是哲学发展的不竭动力。人们认识世界、探索规律的根本目的是改造世界。因此，哲学问题的提出、回答及判定，都离不开实践。实践是哲学的源泉、动力、检验标准和价值体现。正如马克思所说："全部社会生活在本质上是实践的。凡是把理论引向神秘主义的神秘东西，都能在人的实践中以及对这个实践的理解中得到合理的解决。"①

当然，哲学回到实践，指导实践，要通过很多中间环节。哲学不是简单地跟在实践后面，成为当下实践的奴仆，而是以特有的方式关注着实践的发展，不断提升人的实践水平。从直接的、急功近利的要求出发，来理解和从事哲学，无异于向哲学提出它本身不可能完成的任务。其结果，既无助于实践，也会最终损害哲学。哲学是深沉的反思，厚重的智慧，是思考的再思考，它有别于那些不断制造"轰动效应"的行当。

人类的实践是多方面的，具有多样性、复杂性、发展性，但大体上可以分为改造自然界的实践，改造人类社会的实践，改造人本身特别是人的思想、精神的实践。这些不同的实践对象，形成了不同的哲学领域。

实践的社会性，决定了哲学的社会性。哲学不是超社会的，不是脱离社会现实生活的某种遐想，而是社会现实生活的观念表现，是文明进步的重要标志，是人的发展水平的重要维度。哲学的发展状况，反映着一个社会的理性成熟程度。

哲学总是特定时代的精神，总是一定历史条件下人的思考。在不同的时代，哲学具有不同的内容和形式，因此发挥着不同的社会功能和历史作用。黑格尔说："就个人来说，每个人都是他那个时代的产儿。哲学也是这样，它是被把握在思想中的它的时代。妄想一种哲学可以超出它那个时代，这与妄想个人可以跳出他的时代，跳

---

① 《马克思恩格斯选集》第1卷，人民出版社1995年版，第56页。

出罗陀斯岛，是同样愚蠢的。"①

哲学具有一定的民族性。由于地域和历史条件的不同，文化传统和民族性格的差异，不同的民族会有不同风格的哲学。近代哲学家鲍桑葵说："哲学与语言、艺术、诗歌一样，是整个人（或人格）的产物，如果失掉了它的民族性格就会失掉它的某些本质。"② 例如，在人类的哲学百花园里，中国哲学、西方哲学、印度哲学、阿拉伯哲学就具有不同的风格；即使同为西方近代哲学，英国哲学、法国哲学、德国哲学也具有不同的形式和内容。哲学的民族性，使不同的哲学谱系之间，存在着明显的差异，而这恰恰是人类哲学繁荣发展的动力和标志。哲学是人类思维的七彩光谱，试想，如果人类只有一种哲学，哲学的天空岂不是星光暗淡、一片静寂了吗？

在阶级社会，哲学也必然带有阶级性。不同的社会集团有不同的价值观，有不同的思维方式，从而就有不同的哲学。"老爷"的哲学同奴隶的哲学，压迫者与被压迫者的哲学，饱汉与饿汉的哲学，不是同一种哲学。当然，承认哲学的阶级性，并不否定哲学的一般社会性。

哲学不但要关注真理，还要关注价值。哲学是真理观和价值观的统一。真理观要回答是非，是什么，为什么；价值观要回答利弊，对谁有利，为谁服务。是非之中有利害，利害之中也有是非。道亘天地，理释万物。

价值的基础是利益，是人基于生存和发展的需要，对事物的利弊权衡。哲学要解放人，提高人，就要回答人的利益是什么，如何实现人的利益的问题。从这个意义上讲，哲学归根到底是一种为人的利益服务的特殊学问。

人民群众是历史的主体和创造者。讲为人的利益服务，就必须

---

① 《法哲学原理》序言，商务印书馆1961年版，第12页。
② 转引自贺麟《现代西方哲学讲演集》，上海人民出版社1984年版，第370页。

维护广大人民群众的根本利益。社会主义是以解放劳动，维护、实现全体劳动者的利益为目标的。社会主义的口号，是解放劳动，解放生产力。只有不断解放劳动，解放生产力，才能实现人的不断解放和全面发展，才能实现社会主义现代化，并最终实现共产主义。

今天中国社会的价值观，既承认和维护社会、国家、集体的共同利益，也承认和保护个人利益。每个人都有自己的利益，但作为社会共同体又有共同的利益。共同利益产生共同价值。我们的国家、民族、社会就是一个利益共同体，因为我们有共同的前途命运，有共同的历史任务。在强调共同利益的同时也要重视个人利益，在保护个人利益的同时必须首先保护共同利益。否定个人利益，共同利益就是虚幻的；否定共同利益，个人利益是不会受到社会承认和保护的。只有国家、集体、社会和每个人的利益辩证统一，才能实现社会的和谐、繁荣和不断发展。

我们过去一段时间内对个人利益保护不够，往往在强调共同利益的时候忽视了个人利益。总结历史经验，要正确处理个人利益和共同利益的关系，必须实行统筹兼顾的原则。统筹的基础是兼顾，只有兼顾才会有统筹。如何实现个人利益和共同利益的统筹兼顾？要以"三个代表"重要思想为指导，贯彻全面、协调和可持续的科学发展观。而且，统筹兼顾还必须制度化、法律化。通过法律和制度，规范人的行为，保护各类社会主体的权利和利益。保护是前提，规范是为了保护。对合法与非法的界定，对行为的规范，必须以保护人民的权利和利益为基础。法律只有成为人民的"护身符"，人民才能成为自觉的守法者，社会才能成为真正的法治社会。为了适应建设法治社会的需要，我们应该重视法哲学和政治哲学的研究。

有人把唯利是图作为价值的唯一判断标准，认为人的本质是自私的，提出所谓"经济人"假设，据此解释人类的经济活动，解释市场经济。有人甚至提出，只有私有制才能发展中国，中国必须私有化才能发展。这些观点不单纯是经济学观点，也是政治学观点，是关于人性、人的本质、人类社会发展史的哲学观点。它们不是什么新观点，而是剥削阶级讲了几千年、资产阶级讲了几百年的话语。一切被压迫、被剥削阶级，是不能靠私有制获得解放的。

存在不同，利益不同，价值不同，必然会有不同的哲学。现在，国际上一些人热衷谈论所谓"地球村"、"世界公民"、"普世价值"、"全人类利益"等话题。问题在于：脱离民族国家的"地球村"是什么，是谁的"地球村"？脱离民族国家的"世界公民"是什么，是哪个世界的"世界公民"？离开民族国家价值的"普世价值"是什么，是谁的"普世价值"？离开民族国家利益的"全人类利益"是什么，是谁的利益？即使有"地球村"、"普世价值"和"人类共同利益"，也绝不应该是大鱼吃小鱼的弱肉强食，只能是世界各民族国家的多样共存、和睦相处、相互学习、共同繁荣和共同发展。这些属于政治哲学的范畴。关于民主、人权、主权、全球化、文明多样性等问题，都是哲学思考的对象，是哲学应该关注、研究的问题。

当代中国的哲学，是为中华民族振兴和中国人民的利益服务的哲学。世界上的好东西，多得很！我们当然要学习、借鉴，为什么要拒绝好的、成功的东西呢？但是否都适合我们，都是我们所需要的？不一定！世界上的理论也多得很，是否都能为我所用，都要拿来在中国试一试？不可能！别人那里可行的，我们这里都可行？不一定！条件不同嘛。只有有利于中国发展的，适合中国的，才是我们需要的，才是好的！即使这些好的东西，也要吸收、消化，也要中国化，才能成为中国自己的。总之，一切都要同中国实际相结合，都要中国化。

三 今天中国需要什么样的哲学

哲学是时代的火焰，是一个时代最精致、最深刻的思想。社会越是向前发展，人们的实践越是复杂，社会生活越是丰富多彩，时代的变革越是深刻剧烈，就越是需要哲学，越是需要我们重视哲学，学好哲学，用好哲学，发展并创新哲学。

从社会变革的意义上看，任何一次巨大的社会变革，总是以理论变革为先导，理论变革总是以思想观念的空前解放为前提，而吹响人类思想解放的第一声号角的，往往就是代表时代精神的哲学。

今天中国人所面临的历史时代，是史无前例的。13亿人齐步迈向工业化、现代化，这是怎样的一幅历史画卷，是何等壮丽、威武和令人震撼！不仅中国历史上亘古未有，而且在世界历史上也从未有过。这就需要我们不断探索，不断创造，推动中华民族理论思维的发展。伟大的时代呼唤哲学的解放、哲学的创造、哲学的繁荣，呼唤伟大哲学家的诞生。因此，哲学不会"边缘化"，不会过时。"边缘化"的是我们对哲学的不恰当认识和观念，是无所作为的哲学家；过时的是那些教条和精神枷锁。

今天中国人民正在进行的伟大实践，是实现社会主义工业化、现代化，实现国强民富，实现民族振兴。哲学要无愧于时代，就必须同中华民族的历史任务、前途命运相结合，着眼于当代中国人民的社会实践，在对重大时代课题的敏锐反映、深刻解答中，建构哲学新的生长点。

今天中国人需要的哲学，就是能够服务并指导这一伟大实践和历史任务的哲学，就是为中华民族的全面振兴提供精神力量的哲学，就是解放中国人民的思想、凝聚中国人民的精神、激励中国人民走向未来的哲学。一言以蔽之，今天中国人需要的是解放的哲学，是解放中国人精神的哲学。要让哲学成为中国人民思想解放的锐利武器，使他们释放和迸发出无穷的创造力。

今天中国人需要的哲学，不是从天上掉下来的，也不是凭空杜撰的。因此，学习、继承、吸收、借鉴，是必需的。不能继承中华优秀传统，不能吸收、融会人类文明的一切成果，中华民族的全面振兴就是一种空想。在继承、吸收、借鉴的基础上，创造性地回答今天中国人的问题，创建今天中国人所需要的哲学，这正是中国哲学家的历史使命。

创建今天中国人需要的哲学，首要的任务是实现哲学的解放和哲学家的解放。哲学是解放思想的利剑。哲学靠什么来为中华民族的全面振兴服务？那就是哲学强大的思想解放力量，是哲学不断解除那些妨碍中国人民前进步伐的思想束缚的能力。哲学要能够承担起思想解放的历史责任，必须首先实现哲学自身的解放和哲学家的解放，不断清除那些束缚当代中国人的哲学观点和哲学思想。

实现哲学自身的解放和哲学家的解放，就要克服教条主义的思想束缚。现在仍然有种种思想束缚我们，最大的束缚还是教条主义。教条主义也有多种表现形式，既有"东"教条，也有"西"教条。"东"教条即把马克思主义教条化，靠背诵经典作家的词句、本本来剪裁我们今天复杂多变的现实生活。"西"教条即照抄照搬西方的理论、概念、话语和模式，成为别人理论的附庸。

一切教条主义在哲学思维上有一个共同的特点，那就是宣示绝对真理，把理论、认识绝对化。教条主义认识不到事物的多样性，不懂得中间状态，不理解发展过程，不懂得理论来源于实践。时代要前进，就必须不断批判教条、僵化，批判静止、绝对的思维方式。只有克服教条主义，才能真正坚持和发展马克思主义。历史证明，马克思主义是科学，它没有过时，但是它必须随着实践的发展而与时俱进。

中国改革开放已经走过25年的历程。25年来，中国社会的变化，一日千里，深刻无比。但是，如何从哲学上对此加以总结、概括，仍然是一大课题。一些过时的不适合中国国情的思想、观念和话语，还在束缚着我们的头脑。因此，我们必须大声疾呼：解放我们的思想！解放我们的哲学！创建具有当今时代特征、适应中华民族全面振兴需要的哲学！

今天中国人需要研究回答中国问题的哲学。问题是时代的声音。哲学要发展，要创新，就必须深入研究今天中国的政治、经济、社会、文化发展中的问题。我们不可能靠外国人的哲学来解决中国的问题。抓中国的"老鼠"要靠中国"猫"，作为宠物的"洋猫"，可能连中国的"老鼠洞"在哪里都不清楚。即使马克思主义哲学也要中国化，才能在中国大地上生根。今天中国人需要的哲学，是同中华民族的前途命运、历史任务紧密联系在一起的，就是回答、解决中国问题的世界观、历史观、价值观和方法论。

今天中国人需要探索的哲学。建设中国特色社会主义，是理论和实践的双重探索。我们所从事的是全新的事业，前人没有说过，也没有做过，没有现成的经验、道路和模式可以借鉴。例如，马克思没有说过，社会主义要搞市场经济，用市场经济发展社会主义；马克思没有说过，社会主义要同国际垄断资本主义长期共处、激烈竞争；马克思也没有说过，共产党要在以公有制为主体、多种所有制共同发展、改革开放和市场经济条件下长期执政；等等。但是，马克思限制我们探索了吗？马克思设置篱笆了吗？没有。正是马克思主义解放了人类的思想，指出了人类光明的未来。推动马克思主义的新发展，是我们这个时代的必然要求，也是当代中国哲学界的重大责任。马克思主义的生命力就在于回答解决新问题，并在这一过程中发展自己。

今天中国人需要总结和概括新的时代精神的哲学。改革开放是一种新的时代精神。改革是社会主义制度的自我完善。不改革，社会主义就没有活力，就是死路一条。开放就是吸收人类文明的优秀成果，与世界各国和平共处、对话交流、友好合作。不开放，社会主义就不能发展，也是死路一条。社会主义社会是一个改革开放的社会。民主法治也是一种新的时代精神。民主是一种国家制度和人民权利，是一种国家政治设施，也是一种观念；是人类为之奋斗的理想，也是国家组织管理的具体实践。有什么样的社会经济形态，就需要什么样的民主政治制度。民主是社会主义的内在要求，没有民主，就没有社会主义。社会主义民主是更高类型的民主，是人民真正当家作主的形式。民主和法治是统一的。社会主义应当成为高度文明的法治社会。哲学如何提炼新的时代精神，为发展社会主义民主，依法治国，建设社会主义法治国家，提供哲学基础？

物质文明、政治文明、精神文明协调发展，科学发展观，走自己的路，和平发展等等，同样是新的时代精神，是我们这个时代的哲学。从当代社会实践和科学技术发展中概括出体现时代精神的哲学思想，从新的历史任务中提炼出哲学课题，总结人类哲学思维发展的规律和成果，译介世界哲学典籍，荟萃世界哲学精华，发展我们的哲学，是当代中国哲学家的重要任务。

今天中国人需要创造的哲学。创新是哲学发展的必由之路。任何创新都不是天马行空。创新是艰苦的科学研究过程，是理论和实践相结合的过程，是回答、解决现实问题的过程。今天中国所需要的创新，就是一切从中国的社会现实出发，站在时代、实践和科学的前沿，研究解决中国的实际问题。

为此，就要提倡"坐得住，进得去，出得来"，力戒浮躁。现在有一种浮躁之风，浸染到社会生活的各个方面，学风、文风都受到侵害。这是一股歪风，应引起我们的高度警觉。浮躁是学界和学者的大敌。浮躁的学者，只会胡编乱造，只是把学问、理论当成商品叫卖。

今天中国人需要学习的哲学。学习是一种态度，是一种方法，更是一种境界。建设学习型民族、学习型社会，哲学和哲学家担负着特殊的历史使命，要把学习本身作为哲学研究的对象。重视学习的人是不断进步的人，重视学习的民族是伟大的民族。停止了学习，人的思想就老了；停止了学习，民族和国家就会落后。我们既要学习马克思主义哲学，学习中国古代和近现代哲学，学习西方哲学，还要学习历史、文学，学习社会科学知识，特别是当代自然科学知识，学习人类文明的一切优秀成果，采"万花粉"，酿"中华蜜"，滋养我们的民族精神。学而不老，学而永生。

今天中国人需要中国特色、中国风格、中国气派的哲学。近代以来，中国的思想家们，从孙中山到毛泽东，再到邓小平，都以不同方式、从不同角度回答着中华民族振兴的问题。他们不仅梳理、总结中国数千年的哲学思想，吸收、借鉴外国哲学，而且从毛泽东开始就以马克思主义哲学为主体，形成了中国特色、中国风格、中国气派的哲学体系。毛泽东思想、邓小平理论、"三个代表"重要思想，就是我们自己的哲学，是中国化的马克思主义。今天中国哲学的使命，就是在此基础上继续前进、发展，回答中华民族全面振兴进程中面临的问题。

让哲学在中华民族的伟大振兴中，实现新的解放，实现新的繁荣，为中国人民走向更加光明美好的未来，提供强大的精神力量！

反法西斯战争胜利 60 周年[*]

（2005 年 7 月）

第二次世界大战的隆隆炮声，已经沉寂了 60 年。但人们对这场人类历史上旷古未有的全球性大战，对这场战争的惨烈、痛苦、破坏、胜利与辉煌至今仍不能忘怀。

作为 20 世纪最重大的历史事件之一，第二次世界大战在历史长河中所激起的层层波涛，一直深刻地影响着战后历史的进程。半个多世纪以来，人类社会在政治、经济、军事、科技、文化等各个方面已经发生和正在发生的种种巨大变化，无不与它有着直接或间接的关联。

第二次世界大战是一场伟大的反法西斯战争

战争的历史在人类社会的历史上十分久远。但是，真正的世界大战，即具有影响整个人类社会生活的总体性和牵动全球的世界性战争，是 20 世纪的产物，是世界形成一个息息相关的整体的产物。当 20 世纪初资本主义社会生产力和资本的规模已经遍布全球，列强之间的竞争与争夺，就必然会影响到整个世界，而最终为争夺霸权、争夺利益、瓜分世界资源和市场所引发的战争，也极易发展为世界大战。

---

[*] 本文是作者为中国社会科学出版社再版的《第二次世界大战史》所作的序言。

20世纪发生的两次世界大战,虽然其规模和效果并不相同,但是其根源都在于资本主义发展到垄断阶段,即帝国主义。不过值得注意的是,第一次世界大战是由欧洲帝国主义列强共同发动的,是它们之间的一场世界霸权争夺战;而第二次世界大战是法西斯国家发动的。代表垄断资本利益的希特勒以争夺无限"生存空间"为依托的扩张野心,墨索里尼对所谓人类"最高统治权"的追求,以及日本要征服中国继而控制亚洲最终争霸世界的目标,都是要用战争的手段对其他民族进行掠夺并重新瓜分世界。

但是德意日走上发动战争的道路还有其特殊原因。第一,第一次世界大战后,由于帝国主义经济发展的不平衡,德意日等国急欲打破一战后由英法美等战胜国所建立的凡尔赛—华盛顿体系下形成的世界格局,重新瓜分世界。第二,这个体系使德意日等国久已存在的民族主义和军国主义恶性膨胀,形成了一种集体的、社会的向外扩张的狂热,这种狂热成了法西斯上台执政的社会基础,而法西斯社会政策的主要内容,就是要扩充军备和进行战争。第三,1929年爆发的世界经济大危机是引发第二次世界大战的又一个重要原因。为了摆脱危机,英法美等国继续维护资产阶级民主制,实行政治经济改革以挽救资本主义的发展道路;而缺乏深厚的议会民主传统的德意日等国则通过对内实行法西斯统治、对外发动侵略战争的手段解决危机。

还必须指出的是,30年代以英国为首的西方资产阶级国家所实行的绥靖政策,是促使第二次世界大战提前爆发的一个重要因素:从1931年日本侵略中国东北而英法等国坐视不管的"九一八事变",到1935年意大利发动侵略埃塞俄比亚的战争并在英法美的实际纵容下最终得手;从1936年英法以"不干涉"政策为名而最终使德意法西斯支持的西班牙佛朗哥叛乱集团上台执政,到1937年日本发动全面侵华战争的卢沟桥事变;从1938年英法对纳粹德国吞并奥地利的默认，到英法进一步与德意签订出卖捷克斯洛伐克领土的臭名昭彰的《慕尼黑协定》；从1939年3月捷克斯洛伐克最终被纳粹德国占领，到9月希特勒进攻波兰而引发的欧洲战争。在我们一一细数了20世纪30年代法西斯国家挑起的一系列侵略事端与局部战火的同时，我们不仅依次看到英、法（有时也包括美国）等国一而再、再而三地以妥协退让甚至出卖其他国家领土主权利益来对付侵略者的窘相，更看到贯穿其中的一条绥靖主义外交路线的萌芽、形成、发展、演变及至达于顶峰的历史过程。这一过程与法西斯国家不断扩大侵略相辅而行，终于使大战提前爆发。无论人们对绥靖政策形成的原因进行了怎样深入的探讨与分析，都不能否认这样一个基本事实，那就是：绥靖政策是日益衰落的英、法帝国主义，面临德、意、日法西斯国家的挑战，为了保存自己的既得利益，采取的一种以牺牲其他国家利益的手段，换取与对手妥协的政策。[①] 历史已经证明，绥靖政策助长了法西斯国家扩大侵略的嚣张气焰。绥靖政策的一个重要原因，就是苏联社会主义国家的迅速发展。西方列强想方设法把法西斯主义这股祸水引向东方，企图借此黑手绞杀新生的社会主义苏联，镇压正在觉醒的各国人民的解放斗争。德国入侵法国，日本偷袭珍珠港，彻底打破了他们的美梦。

但是，由于法西斯主义既反对社会主义和共产主义，也反对自由主义和民主主义，因此，第二次世界大战爆发后，中英苏美等不同社会制度的国家为了反法西斯的共同事业，暂时搁置了意识形态的分歧，结成了大同盟，直到把法西斯国家打得无条件投降。因为对这些国家来说，法西斯主义是他们的共同敌人，无论是对资本主义的美、英来说，还是对社会主义的苏联和抵抗日本侵略的中国来说，这都是一场民族与国家的生死存亡之战。所以，对世界人民来

[①] 齐世荣主编：《绥靖政策研究》，首都师范大学出版社1998年版，第1—2页。

说，第二次世界大战是一场伟大的反法西斯战争。

第二次世界大战的胜利是世界反法西斯力量的共同胜利

第二次世界大战是由战前一系列接踵发生的局部战争演化升级而成。法西斯的第一场侵略战火，是1931年日本在中国东北点燃的。而中国第一个举起了反法西斯的旗帜，成为第二次世界大战中参战时间最早、作战时间最长的国家；中国作为在东方反对日本法西斯侵略和奴役的主战场，是全世界反法西斯战争的一个不可分割的有机组成部分，具有举足轻重的地位。

在中国共产党倡导和建立的抗日民族统一战线下，国民党战场方面进行了一系列重大战役，在淞沪抗战、台儿庄战役、武汉和广州战役、第一次长沙战役、桂南战役、枣宜战役、豫南战役、中条山战役、第二次长沙战役中，中国军队顽强作战，抵抗了日军的疯狂进攻。在中国共产党的领导下，八路军取得了辉煌的平型关大捷，发动了著名的百团大战，给日军以重创；人民武装力量挺进敌后，建立抗日根据地，发动广大群众开展了持续不断的游击战争。在整个抗战期间，解放区军民牵制了大部分侵华日军、抗击了绝大多数的伪军，[1] 成为中国抗日战争的另一个主要战场。1944年，解放区战场发动了对日军的局部反攻，到1945年3月，中国共产党所领导的军队已发展到了91万人，乡村中不脱离生产的民兵发展到了220万人以上，已经成了中国抗日战争的主力军。与此同时，中国共产党在北起内蒙古、南至海南岛的辽阔区域内建立了19个大的解放区，[2] 成为打败日本法西斯的有力保证。

---

[1] 《毛泽东选集》第3卷，人民出版社1991年版，第1045页。
[2] 同上书，第1044页。

从七七事变到1937年底，日本已向中国战场（不包括中国东北）投入了16个师团约60万人，占当时日本陆军总数95万人的2/3。到1938年，日本投入中国战场的兵力已达24个师团100万人以上，其国内本土只剩1个师团。太平洋战争爆发时，日本陆军的大部分兵力仍然被束缚在中国战场上，约占当时师团总数51个师团的78%。[1] 到1945年日本战败时，向中国战区（包括中国台湾和越南北纬16°线以北地区）投降的日军共128.3万人，这个数目大约相当全部海外日军274.6万人（不包括关东军）的46.7%。[2] 据不完全统计，在整个抗战期间，中国的死伤人数达3500万，其中死亡人数达2100万，仅南京大屠杀就死亡30万人以上。按1937年的比价计算，日本侵略者给中国造成的直接经济损失1000亿美元，间接经济损失5000亿美元。由此可见，正是中国人民以自己艰苦卓绝的战斗和巨大的民族牺牲，粉碎了日本要在三个月内征服中国的侵略计划，迫使日本陷入中国战场的泥潭而不能自拔，使其长期难以与德、意协调军事行动，制止了日军的北进，削弱了日军南进的实力，有效地支援了苏联的抗德战争，有力地鼓舞和促进了国际反法西斯同盟的形成和壮大，并大大有助于美英法等国家实施"先欧后亚"的战略。中国的抗战为最终打败纳粹德国和日本法西斯起到了奠基作用。毛泽东同志指出："中国是全世界参加反法西斯战争的五个最大的国家之一，是在亚洲大陆上反对日本侵略者的主要国家。……中国在八年抗日战争中，为了自己的解放，为了帮助各同盟国，曾经作了伟大的努力。这种努力，主要地是属于中国人

---

[1] 参见服部卓四郎《大东亚战争全史》（中译本）第一册，商务印书馆1984年版，第336—337页第六表和第八表；信夫清三郎《日本外交史》（中译本）下册，商务印书馆1980年版，第620页。

[2] 秦孝仪主编：《中华民国重要史料初编——对日抗战时期第二编作战经过（三）》，台北"中央"文物供应社1981年版，第707页；服部卓四郎：《大东亚战争全史》（中译本）第四册，商务印书馆1984年版，第1782页。

民方面的。"① 这是对中华民族的抗战在世界反法西斯战争中的地位和作用所做出的正确概括。中国的抗战在世界反法西斯战争中的作用也得到了战时盟国领袖的肯定。斯大林赞扬"中国人民及其解放军的斗争,大大地便利了击溃日本侵略力量的事业"②。美国总统罗斯福也指出,不断加强的"中国的壮丽的防御战"是阻止希特勒征服世界的计划接近完成的重要因素之一,并认为中国人民对日本侵略者的"坚决抗击所表现出来的顽强,乃是对其他联合国家军队和全体人民的鼓舞"。他还表示,美国"忘不了中国人民在七年多的长时间里怎样顶住了日本人的野蛮进攻和在亚洲大陆广大地区牵制住大量的敌军"③。曾经对中国的抗战表示轻视的丘吉尔,也不得不承认:"我必须指出,中国一崩溃,至少会使日军15个师团,也许会有20个师团腾出手来。其后,大举进犯印度,就确实可能了。"④

第二次世界大战的另一个主要战场是苏德战场。苏联是抗击德国法西斯的中坚力量。为了反对侵略、收复自己的领土,并把欧洲人民从德国法西斯的铁蹄下解救出来,苏联几乎是独自承担着最沉重的战争重担,与德军进行着殊死搏斗并承受着最大的民族牺牲。苏联在东线抗击着近201个师的敌军,而当时德国用于对付美英军队的不超过21个师;即使是西方国家在西欧开辟第二战场之后,150万盟军对付的也只是56万德军,而在苏德战场上,650万苏军正在与450万德军展开殊死搏斗。正是在与苏联红军的作战中,纳粹德国的军队损失了70%的有生力量和75%的武器装备。与此同

---

① 《毛泽东选集》第3卷,人民出版社1991年版,第1033页。
② 参见《人民日报》1951年9月3日。
③ 参见美国国务院编《和平与战争》[The Department of State (ed.), *Peace and War*],华盛顿特区,1943年,第666页;《罗斯福选集》,商务印书馆1982年版,第345、480页。
④ 温斯顿·丘吉尔:《第二次世界大战回忆录》(中译本)第四卷上部第一分册,商务印书馆1975年版,第266页。

时，苏联的损失也相当惨重。根据俄罗斯公布的材料，苏联在1941—1945年卫国战争期间，因战争死亡2700万人，其中苏联红军牺牲866.84万人。按照1941年的价格计算，这场战争给苏联造成的物质损失达6790亿卢布。苏联的损失是第二次世界大战参战各国蒙受的全部损失的41%。[①] 不能设想，如果没有1941年苏联红军有效地阻止德国进一步向东方推进，如果没有苏联红军赢得1943年斯大林格勒战役和库尔斯克战役的胜利，如何能有1944年诺曼底登陆的成功？反法西斯盟国又如何能够最终彻底打败德国？另外，苏联出兵中国东北，也加速了日本的失败。斯大林指出："获得胜利的是苏维埃的武装力量，是我们的红军，它以英雄的气概经受了战争的一切艰难困苦，彻底粉碎了敌人的军队，赢得了战争的胜利。"[②] 罗斯福在战争即将胜利之时也曾表示："我们忘不了莫斯科、列宁格勒和斯大林格勒的英雄保卫战，也忘不了1943年和1944年惊人强大的俄国反攻，这些反攻消灭了许多令人生畏的德国集团军。"丘吉尔也在德国向所有盟国的投降日给斯大林发去电报，祝贺苏联"取得了把侵略者赶出国土之外并击溃纳粹暴君的辉煌胜利"[③]。这正是苏联为世界反法西斯战争做出的不可磨灭的伟大贡献。

英国和美国是世界反法西斯同盟的核心成员。英国在相当一段时间内，几乎是独力抵抗着德、意法西斯的进攻。美国在参战之前就已同英国确立了最终取得这场战争胜利的"先欧后亚"的战略总原则，并通过"租借法案"向英国、苏联、中国等30多个国家提供了大量的战略物资援助。在整个战争期间，美国先后为实施"租借法案"拨款500多亿美元，以自己强大的经济实力支持着抗击法西

---

① 俄新社2005年5月8日发表的俄罗斯联邦驻华大使罗高寿撰写的文章，参见 http://www.china.org.cn/Chinese/zhuanti/slzn/857266.htm，《参考消息》2005年5月5日。

② 《斯大林选集》，人民出版社1979年版，第492—493页。

③ 《罗斯福选集》，第480页；温斯顿·丘吉尔：《第二次世界大战回忆录》（中译本）第六卷下部第三分册，商务印书馆1975年版，第800页。

斯的斗争。以戴高乐将军为首的"自由法国"（1942年夏改为"战斗法国"）同样举起了坚决抵抗的斗争旗帜。美国参战之后，英美法军队是北非地中海战场打败德意法西斯的主要力量，美国和英国是大西洋战场和太平洋战场对德日法西斯进行坚决打击并取得胜利的关键力量，也是成功实施史无前例的诺曼底登陆在欧洲开辟第二战场并把西欧各国人民从法西斯的统治下解放出来的关键力量。据统计，在这场大战中，英国有27万军人死亡，美国死伤约40万人，法国和"自由法国"武装力量的死亡人数是21万人。他们为第二次世界大战的胜利同样做出了重大的贡献。①

第二次世界大战是一场全球性的反法西斯战争。参战国有61个，除了中国、英国、苏联、美国、法国、加拿大、澳大利亚等国同大量的法西斯军队作战之外，朝鲜、越南、印度、缅甸、菲律宾、马来西亚、印度尼西亚、南斯拉夫、阿尔巴尼亚、捷克斯洛伐克、波兰、罗马尼亚、埃塞俄比亚等国的反对法西斯侵略者的战争和抵抗运动同样英勇卓绝，异常顽强。从亚洲到欧洲，从非洲到大洋洲，到处都举起了武装抵抗的大旗，开辟了反法西斯战争的新战线。

不仅如此，后方人民的贡献同样可歌可泣。中国人民为抗战的胜利做出了巨大的牺牲：工人、农民、知识界、产业界在后方努力工作，海外华侨也输财助战。苏联人民的忘我劳动使苏军装备不断改善，后勤供应源源不断；美国人民生产了大量武器装备和战略物资，使美国成为反法西斯盟国的重要兵工厂；印度等国为英军提供了相当数量的军队和大量后勤保障；非洲是"自由法国"的大后方和盟国的人力资源与战略物资的供应地；拉丁美洲也是盟军的军需供应地；而大洋洲的澳大利亚不仅直接派军队参加了太平洋战争，还是美英进行太平洋战争的重要基地。

---

① 数字来源参见《参考消息》2005年5月5日。

因此，正是全世界人民依靠自己的理智、智慧和力量，把社会制度和意识形态的分歧暂时置于次要地位，以伟大的反法西斯同盟的全面合作与战略协同，战胜了邪恶的法西斯集团，赢得了战争，赢得了和平，也赢得了进步。

第二次世界大战改变了世界

毛泽东同志指出："凡属正义的革命的战争，其力量是很大的，它能改造很多事物，或为改造事物开辟道路。"[1] 今天，当我们站在21世纪的高度，以一定的时间和空间的距离来审视60年前的这场伟大而惊心动魄的战争时，不禁深深感到，这场大战的确改变了世界。

欧洲作为资本主义文明的发源地，曾在几个世纪中处于世界的中心地位。第一次世界大战已经使这一地位受到严重动摇，第二次世界大战则使整个欧洲遭受了几乎是致命的打击。欧洲在地理上、政治制度上和意识形态方面都被一分为二，并分别处于美国和苏联的影响之下。19世纪建立的以欧洲为中心的世界格局如落花流水，一去不复返了。

在西欧列强的实力受到极大削弱的同时，美国和苏联的力量在战后空前强大。美国成为资本主义世界之首的经济、军事和政治大国，它渴望领导世界的欲望难以按捺；苏联虽然在经济上逊于美国，但在军事和政治上亦十分强大，再加上它在战争中做出的重大贡献与显示出的巨大能量，使它赢得了很高的国际威望。于是国际关系的大格局就从以欧洲为中心并支配世界的时代逐渐过渡到美苏对峙的时代。这个新的两极格局的基石，就是第二次世界大战中后期由同盟国确立的雅尔塔体系；两极格局的外在表现，就是战后形成了

---

[1] 《毛泽东选集》第2卷，人民出版社1991年版，第447页。

以美国为首的资本主义阵营和以苏联为首的社会主义阵营。

雅尔塔体系是第二次世界大战留给人类的至今仍有影响的重要遗产。

作为反法西斯同盟国对战后世界做出的安排，雅尔塔体系建立在美英和苏联战时军事实力均势的基础之上，主要是它们出于对各自利益的现实考虑和对战后世界安排的长远打算，在进行了长期的讨价还价之后相互妥协的产物。因此它同样具有大国强权政治的深深烙印。但是作为反法西斯正义战争的产物，雅尔塔体系主要是由资本主义世界首屈一指的美国和成为世界强国的社会主义苏联共同达成的，而不是像过去那样完全由资本主义列强来安排（这一特点无疑是雅尔塔体系与凡尔赛—华盛顿体系的本质区别），因此，实际上它将苏联和美英两种不同社会制度国家之间的和平共处原则纳入了国际关系体系。这个体系的一个重要思想，就是承认东、西方两大阵营和平共处，防止战争。它反映了第二次世界大战以后的世界现实，对战后的世界产生了重要的影响。

诞生于反法西斯战争取得伟大胜利之时的联合国，是战时盟国共同规划战后和平的另一项重大成就。针对两次世界大战特别是第二次世界大战对人类造成的大浩劫，为了回答如何避免使"后世再遭今代人类两度身历惨不堪言之战祸"这一严峻问题，反法西斯盟国一起筹建了联合国。它们将维持世界和平，尊重基本人权和自决原则，加强国际友好合作，促进全球经济、社会、文化和福利发展确定为联合国组织的根本宗旨并写进《联合国宪章》当中，体现了第二次世界大战结束之时已经开始显现的人类呼唤世界和平与要求共同发展的时代特征和应当完成的历史任务。不仅如此，《联合国宪章》第一次把维护和平与解决社会和经济发展问题紧密地联系在一起，更是反映了联合国创始者们的深刻的战略思考。因此，联合国的诞生，"适应了时代进步的客观需要，体现了各国人民要求消除战争劫难的强烈愿望，反映了人类要求建立一个和平、平等、合作与繁荣的新世界的美好理想"。① 今天联合国的普遍性和广泛性自不必说，而且 60 年来，尽管它遭遇了种种曲折和失败，但是，随着广大发展中国家进入联合国，联合国在解决地区冲突，消除殖民主义，推动裁减军备，促进世界的和平、合作与社会发展等方面，做了许多有益的工作和积极的贡献。今天，在维护世界和平与促进共同发展方面，联合国的作用应当得到进一步加强。

为了彻底打败法西斯主义，大同盟的成员国在战争进程中就通过《大西洋宪章》、《联合国家宣言》和《联合国宪章》，宣布尊重并在战后恢复各民族的主权和自决权。这给了殖民地半殖民地人民的斗争以极大的鼓舞。鉴于中国的抗战在第二次世界大战中的作用，1943 年，美英率先与中国签订"新约"，宣布放弃在华治外法权及有关特权；在它们的影响下，其他在华享有特权的国家相继宣布放弃在华特权，与中国签订新约。尽管中美、中英新约尚有缺陷，但是总的来说，这些新约的签订，标志着在法理上结束了西方列强在中国享有的百年特权，雪洗了中国人民的百年耻辱。中国人民以对日本法西斯的坚决抗争，给世界殖民体系以沉重打击，并成为第二次世界大战后在世界范围内涌起的波澜壮阔的民族解放运动的先声。

第二次世界大战后，随着亚非拉地区经济的发展和民族独立意识更为广泛地传播，殖民地半殖民地的人民纷纷奋起斗争，使以争取主权平等、政治独立、种族平等、经济公正和文化解放这五大主题为基本内容的非殖民化进程，终于以殖民主义者始料不及且最终无法控制的速度席卷了所有殖民地。② 这一进程是如此的不可逆转，

---

① 江泽民：《让我们共同缔造一个更美好的世界——在联合国成立五十周年特别纪念会议上的讲话》（1995 年 10 月 24 日），《人民日报》1995 年 10 月 25 日第 1 版。
② 关于这五大主题，可参见赫德利·布尔和亚当·沃森编《国际社会的扩展》（Hedley Bull and Adam Watsoned, *The Expansion of International Society*），牛津大学出版社 1984 年版，第 220—223 页。

其结果是形成了20世纪最为壮观的民族解放运动的浪潮。在这次浪潮中,一些国家的政治家们动员了不同语言、不同宗教、不同社区的人民,发动了共同抵御外来势力、改变共同的被奴役命运、创立多民族的现代民族国家的斗争。于是,在第二次世界大战后30年左右的时间里,就使当年那些幅员辽阔的殖民帝国全部消失,数十亿人民挣脱了殖民主义枷锁,一百多个民族独立国家在这些帝国的废墟上拔地而起,以惊人的速度结束了欧洲自15世纪就开始构筑的世界殖民体系。二战后独立的国家有埃及、印度、巴基斯坦、孟加拉国等。今天,191面庄严绚丽的国旗在联合国的广场上飘扬,其中有三分之二是二战后产生的新兴国家的旗帜。这不仅是20世纪的最伟大的变化,是"我们时代最为重要的革命",[①] 也是人类历史的极其巨大的进步。

经过两次世界大战的洗劫,世界人民深感和平的弥足珍贵,制约世界大战的能力也得到了极大的提高。

首先,第二次世界大战使世界人民空前觉醒,爱好和平的力量空前壮大,和平成为不可阻挡的潮流。在这股潮流的推动下,同盟国领导人把"致力于全人类的和平、安全、自由与普遍的福利"写进了《关于被解放的欧洲的宣言》当中,[②] 并在《联合国宪章》中规定,要"发展国际间以尊重人民平等权利及自决原则为基础的友好关系",这些都不是说说而已的空洞口号。它们体现在对德意日等战败国的处置并使之非法西斯化方面,以及对战犯的审判方面,也体现在给予被压迫民族的民族自决权和国家独立的支持方面,以及被托管地区的自治与独立方面。

其次,第二次世界大战取得胜利之时建立的布雷顿森林体系,

---

① 巴勒克拉夫:《当代史导论》(中译本),上海社会科学院出版社1996年版,第195页。
② 这一宣言是雅尔塔会议公报的第五部分,全文见《国际条约集(1945—1947)》,世界知识出版社1959年版,第108页。

加深了各国的经济联系，为日后的经济全球化创造了条件。今天，在经济全球化的进程中，各国的经济生活已经形成了你中有我、我中有你、息息相关、不可分割的局面。正是这种相互依存的国际经济关系，形成了抑制新的世界大战爆发的重要因素。

最后，在战争中发展起来的先进的军事科学技术，不仅把全面常规战争推到了登峰造极的地步，而且由于核武器的出现使人类第一次面临核战争的毁灭性前景。因此无论是自觉还是不自觉，维护和平已成为所有国家关心的首要问题，这就成为制约爆发大战特别是核战争的基本因素。正是在全世界人民的努力下，终于形成了60年无大战的局面。尽管战争并未从地平线上永远消失，局部常规战争有时还相当激烈，但和平需要以全人类的力量加以维护已逐渐成为共识。

中国是维护世界和平和促进共同发展的重要力量

在这场正义与邪恶、光明与黑暗、进步与反动之间的大搏斗中，中国作为最主要的参战国之一，在重建战后的世界和平中发挥了重要作用。这种作用，特别体现在联合国的建立方面。1944年8月中国代表团参加了首次筹建联合国的四大国会议——敦巴顿橡树园会议，并积极参与了联合国章程的制定工作。1945年4月，联合国在旧金山召开制宪会议，中国是这次会议的发起国之一，也是会议的四主席之一。尤其要指出的是，中国共产党派出自己的代表，与国民政府的代表共同组成中国代表团出席会议，特别体现了代表全中国人民的意志。会议期间中国代表团反对强权政治，强调国家和种族平等，国家主权和民族独立，积极为弱小国家伸张正义，成为中国在创建联合国的外交活动中的一大特色和独特贡献。中国的国际地位也得到与会国的一致肯定，中国成为联合国安理会的五大常任理事国之一。

中国成为联合国创始会员国和安理会常任理事国,这就在国际法上确认了中国的大国地位,使中华民族重新自立于世界民族之林。这是一百多年以来中国的志士仁人前赴后继孜孜以求的努力结果,也是中国人民浴血奋战而赢得的国家和民族的尊严。正因为如此,中国也必将为维护和保障战后的世界和平而做出努力。正如毛泽东同志所指出的:"中国人民不但在抗日战争中起了极大的作用,而且在保障战后世界和平上将起极大的作用,在保障东方和平上则将起决定的作用。"[①]

正是中国人民的抗日战争,为中国共产党领导下的民族解放事业奠定了坚实的基础。正是中国抗日战争和世界反法西斯战争造就了战后维护东亚和世界和平的现实力量,其标志就是中华人民共和国的成立。新中国既是社会主义国家,也是从帝国主义、殖民主义压榨下获得独立解放的最大发展中国家。中国共产党有着长期与外敌抗争的丰富斗争经验,同时也继承和发展着中华民族的优秀文明传统。在为国家独立民族解放与世界和平的奋斗中,中国共产党将中华民族的发展前途与争取世界和平的长远目标紧密地结合起来,同其他亚非国家一起,以高超的胆略和智慧,创造性地提出了举世闻名的互相尊重主权和领土完整、互不侵犯、互不干涉内政、平等互利、和平共处五项原则。战后的世界并不太平,某些大国自恃强大,干涉别国内政,破坏别国的民族团结,竭力把自己的价值观念、社会制度强加别国,企图控制别国,操纵国际事务,谋取私利,这种帝国主义的霸权行径必然遭到各国人民的强烈反对。当今,主张在和平共处五项基本原则的基础上,建立一个国际政治经济新秩序,已成为国际社会的共同愿望。中国在积极参与建设国际政治经济新

[①] 《毛泽东选集》第3卷,人民出版社1991年版,第1033页。

秩序的过程中,将尽到它责无旁贷的义务和责任。中国是一个和平的国家,坚定地走和平发展的道路,愿成为世界各国的好朋友、好伙伴,与各国一道,共同推动世界的长期和平,长期繁荣发展。

今天,在隆重纪念中国抗日战争和世界反法西斯战争胜利60周年的时候,各国人民对近年来某些国家出现的为法西斯、为侵略罪行翻案以及新法西斯主义日渐抬头的趋向,感到尤为关切。曾经遭受日本军国主义侵略达半个世纪(1894—1945年)之久的中国人民,对一些日本政要否定发动侵华战争和太平洋战争并公然否定远东国际军事法庭对日本甲级战犯的审判结果的逆流,更加不能坐视。众所周知,第二次世界大战结束后进行的纽伦堡国际军事法庭对纳粹战犯的审判,以及远东国际军事法庭和中国审判战犯军事法庭对日本各类战犯的审判,宣告了国际正义与和平的不容破坏,为战后国际秩序的重建奠定了基础。否认这个基础,不仅严重伤害了所有遭受日本法西斯侵略的受害国人民的感情,也危及东亚和整个亚太区域和平、合作和发展的美好前景。实际上,日本当年进行的侵略战争不仅给中国人民带来了深重的灾难,也使日本人民深受其害。我们相信,在分清了战争的历史缘由和战争的主要责任者之后,广大日本国民也会从中获得历史教训。胡锦涛同志说:"我们纪念世界反法西斯战争的胜利,就是要更好地珍惜和维护来之不易的和平,使战争悲剧不再重演,让各国人民永享太平。"① 和平与发展是人类进步的需要,是时代的两大主题。中国人民热爱和平,并致力于和谐社会的建设,中国人民希望与各国人民平等相待,求同存异,友好合作,和平相处。

岁月悠悠,沧桑巨变。60年过去了,世界形势和国际格局发生了巨大变化。然而,伟大的反法西斯战争并没有随着岁月的流逝而

---

① 参见《人民日报》2005年5月9日第1版。

为人们所淡忘，它像一部厚重的最富哲理的历史教科书，留给人类无尽的思考和深刻的启迪，留给人类无比丰富而深邃的遗产。中国有一句古话，"前事不忘，后事之师"。我国已出版了一些有关第二次世界大战的历史著作，但对第二次世界大战历史的研究还很不够，还需要不断深入，需要一大批经得起历史检验、为广大读者喜闻乐见的历史巨作。毋庸讳言，至今在国际上，因立场观点不同，对第二次世界大战史的某些问题还有争论，少数人还颠倒黑白，以非为是，因此我们还必须进一步广泛收集和占有第二次世界大战历史的资料，进一步加强第二次世界大战历史的研究，要让历史事实来说明第二次世界大战的真相，让世界各国人民从历史事实中明辨是非，记取教训，为促进人类的和平与发展这一崇高的事业而不懈努力。摆在读者面前的《第二次世界大战史》就是这样一部史书。作者搜集了大量的历史文献，进行了深入的研究，并广泛地征求了学术界专家们的意见，提出了一些自己独立的见解。相信它的修订再版，一定会引起各方面人士的浓厚兴趣。

　　世界是人类共同的世界。不管经历多少艰难曲折，人类必将走向解放、进步、繁荣，任何倒行逆施都是行不通的！和平与发展，是世界各国人民的共同愿望，也是时代的主流。人类历史的车轮，必将冲破一切阻力，驶向光明的未来。中国人民酷爱和平，将永远和世界各国人民一道，为创造更加美丽、和平、繁荣的人类世界而努力奋斗！

长征精神光照千秋[*]

——在纪念长征胜利70周年座谈会上的讲话

(2006年10月19日)

70年前,中国共产党领导中国工农红军,经过万里长征,在陕甘地区胜利会师。长征,是中国共产党领导工农红军创造的人间奇迹,是中国革命史上巍峨耸立的不朽丰碑,是中华民族惊天地、创世纪的英雄史诗,是人类历史上前所未有的伟大壮举!

一 长征是伟大的英雄史诗

长征,作为一个永载史册的历史事件,它的发生,不是偶然的。

1931年九一八事变后,日本帝国主义强占我国东北三省后,不断向关内入侵,中华民族到了生死存亡的危急关头。民族矛盾逐渐上升为主要矛盾,抗日救国形势不断发展。

中国共产党以民族大义为重,向全国发出了武装反抗日本侵略者的号召,广泛动员和组织抗日救亡运动。然而,国民党蒋介石集团却置民族危亡于不顾,顽固坚持"攘外必先安内"的反动政策,调集数十万大军,连续不断地向中央苏区和其他苏区发动"围剿"。

---

[*] 这是作者在中国延安精神研究会举行的纪念长征胜利70周年座谈会上的讲话,后经删节公开发表于《人民日报》2006年10月28日第7版。

特别是从1933年9月起，他们调集上百万军队，对中央苏区及其他苏区发动第五次大规模军事"围剿"，企图彻底消灭红军，摧毁苏区。当时，由于"左"倾错误领导，第五次反"围剿"失败。为了保存革命力量，肩负起领导抗日民族战争的历史任务，中央红军被迫进行战略大转移，即长征。随后，红二十五军，红四方面军，红二、六军团先后长征。

中央红军的长征。1934年7月，为减轻中央苏区反"围剿"的压力，中革军委先是命令红七军团以"北上抗日先遣队"名义，向闽浙赣皖边开进；接着又命令红六军团从湘赣苏区突围西征，为中央红军战略转移探路。红七军团的北上和红六军团的西征拉开了长征的序幕。1934年10月10日，中共中央、中革军委率中央红军主力86000余人，撤离"红都"瑞金等地，踏上了艰苦卓绝的长征之路。英雄的中央红军以非凡的智慧和勇气，一路斩关夺隘，连续突破敌军设置的四道封锁线，渡过湘江；黎平转兵后，突破乌江；遵义会议后，四渡赤水，巧渡金沙江，通过彝民区，强渡大渡河，飞夺泸定桥，翻越大雪山；与四方面军会师后，穿越荒无人烟的水草地，夺占腊子口，翻越六盘山，1935年10月19日到达陕北吴起镇，胜利结束长征。接着，与红十五军团会师，取得直罗镇战役的胜利，为党中央把中国革命大本营放在西北举行了奠基礼。

红二十五军的长征。根据中央指示，1934年11月，红二十五军2900余人在程子华、吴焕先、徐海东率领下，由河南罗山出发长征。途中曾创建鄂豫陕苏区，部队发展到4000余人。1935年7月，为策应红一、红四方面军北上，主动西征北上，控制西（安）兰（州）大道达半月之久，后因敌重兵逼近，不得不北上陕甘苏区。9月15日到达陕西延川永坪，部队还保留3400余人，是最先到达陕北的长征部队。第二天，与刘志丹率领的陕甘红军会师，两部合编为红十五军团，增强了陕甘苏区的红军力量，为红一方面军的到来奠定了坚实的物质基础。红二十五军是长征中人数最少的部队，孤军长征，为红一方面军安家陕北起到了战略先导的作用。

红四方面军的长征。红四方面军于1935年3月发起嘉陵江战役后，在张国焘、徐向前、陈昌浩率领下，连同机关约10万人，撤离川陕苏区长征。6月中旬，与中央红军在四川懋功会师。8月，两个方面军混编为左、右两路军共同北上。但是，张国焘反对中央的北上战略方针，于9月率红四方面军和随其行动的中央红军两个军团南下。11月，在四川名山县百丈地区遭受惨重损失，折兵近万人，被迫退向川西北。1936年7月初，与红二方面军在甘孜会师。经党中央耐心工作和红二方面军推动，以及南下红军广大指战员强烈要求，张国焘不得不同意北上。10月9日，在甘肃会宁与红一方面军会师。由于张国焘的分裂主义错误，红四方面军长征期间三过草地，多次翻越大雪山，极其艰辛。尽管如此，长征结束时，包括中央红军第五军团在内，部队仍保存下来33000余人。

红二方面军的长征。1935年11月，红二、六军团共17000余人在任弼时、贺龙、关向应等率领下，退出湘鄂川黔苏区，开始长征。在云贵交界的乌蒙山区，回旋转战上千里，摆脱了国民党军十几万重兵的围追堵截，于1936年7月1日在甘孜同红四方面军会师。会师后，红二、六军团与红三十二军合编为红二方面军，贺龙任总指挥，任弼时任政治委员，关向应任副政治委员。随后，与红四方面军共同北上。10月22日在静宁以北的将台堡同红一方面军会师，部队仍保存13000多人，是三大主力红军中损失最少的部队，得到了毛泽东的高度赞扬。

在主力红军长征后，留在南方八省的红军游击队，以艰苦的斗争牵制了大量国民党军，从战略上配合了主力红军行动；陕甘红军英勇奋战创建的根据地，为红军长征提供了落脚点；在国民党统治区进行地下斗争的党组织和党领导的各方面力量，为长征胜利做出了贡献；转战于白山黑水之间的东北抗日联军，鼓舞了长征的红军将士。

中央红军长征历时1年，行程25000里；红二十五军长征历时10个月，行程近万里；红四方面军长征历时1年零5个月，行程万里；红二方面军长征历时近1年，行程约2万里。四路红军长征出发时，总人数合计约206000人，共经过14个省，10多个少数民族聚居和杂居区，渡过的主要大江大河有24条，翻越的主要雪山有20多座，还穿越了15200平方公里荒无人烟的水草地，走遍了大半个中国，总行程约65000里；途中进行重要战役战斗近600次，其中师以上规模的120多次，歼灭与击溃敌军数百个团，毙伤敌军数万人，俘敌少将以下官兵24000余人，缴获各种枪数万支、骡马2000多匹。红军也牺牲营以上干部432人；沿途补充兵力数万人，长征结束时，共保留下来57000余人。长征途中，几乎每天都有一场遭遇战，平均每行进一里就有一两名指战员献出宝贵生命。他们的英名将永远铭记在中国人民心中。

"红军不怕远征难，万水千山只等闲。"① 长征是一首气壮山河的英雄史诗。毛泽东曾豪迈地宣告："长征是历史记录上的第一次，长征是宣言书，长征是宣传队，长征是播种机。""十二个月光阴中间，天上每日几十架飞机侦察轰炸，地下几十万大军围追堵截，路上遇着了说不尽的艰难险阻，我们却开动了每人的两只脚，长驱二万余里，横跨十一个省。请问历史上曾有过我们这样的长征吗？没有，从来没有的。"②

万里长征，沿途自然环境之恶劣，敌我兵力对比之悬殊，历时之久，规模之大，行程之远，影响之广泛，在人类战争史上都是绝无仅有的。埃德加·斯诺在《西行漫记》中称长征是"现代史上无

---

① 语出毛泽东诗《七律·长征》。
② 《毛泽东选集》第1卷，人民出版社1991年版，第149—150页。

与伦比的一次远征的历史"。索尔兹伯里在《长征——前所未闻的故事》中说，在20世纪中，"没有什么比长征更令人神往和更为深远地影响世界前途的事件了"。这是中国共产党人的骄傲，是中国人民军队的骄傲，是中华民族的骄傲。

二　长征胜利的历史意义

长征是中国革命由挫折走向胜利的伟大转折点。

——长征的胜利，充分证明我们党及其领导下的人民军队，是不可战胜的。红军长征是在极其不利的战略态势下开始的。中央苏区第五次反"围剿"失败后，国内外舆论曾认为：国共胜负"已成定局，红军已是死路一条"；蒋介石狂妄地断言：红军"流徙千里，四面受制，下山猛虎，不难就擒"。但各路红军以英勇顽强的战斗意志和机动灵活的战略战术，先后战胜敌人重兵的围追堵截，最终胜利会师陕甘。正如毛泽东在总结长征时讲到的："敌人总想消灭我们，我们并没有被消灭。现在，长征是以我们的胜利和敌人的失败而告结束。"[1]

经过长征，红军在极端艰苦的万里征途中得到磨炼，成为一支拖不垮、打不烂的部队，成为不可战胜的威武之师。长征中保留下来的同志，革命意志更加坚定，战争经验更加丰富，成为党和军队的栋梁之材。他们是革命的火种，在抗战开始后撒向长城内外、大江南北，很快就燃遍敌后战场。到1945年抗战胜利结束时，我军已发展到127万人，党员发展到121万人。

——长征的胜利，使中国革命转危为安。长征初期，由于"左"倾错误指挥，中央红军几乎陷入绝境，湘江之战，红军损失过半。

---

[1] 《毛泽东选集》第1卷，人民出版社1991年版，第150页。

关键时刻，毛泽东力主转兵贵州，从而避免了红军更大损失。1935年1月的遵义会议，是中国革命史上的重要里程碑。这次会议结束了"左"倾军事路线在党内的统治，确立了毛泽东在党中央和红军中的领导地位，中国革命从此转危为安。

遵义会议后，红军获得了新的生命，迅速取得了战略转移的主动权。长征途中，毛泽东多次挽救了红军，挽救了党，因而他被全党全军所拥戴，成为党的领袖和红军的统帅，这是历史的必然选择。

——长征的胜利，推动了抗日民族统一战线的形成。长征的胜利，与党中央北上抗日的方针是分不开的。早在1934年7月，红七军团作为抗日先遣队北上时，毛泽东、朱德等就联名发表了《为中国工农红军北上抗日宣言》。中央红军同红四方面军会师后，张国焘坚持南下，党中央则坚决主张北上。事实证明，南下是没有出路的。中央红军胜利到达陕甘革命根据地后，党中央随即发表了《抗日救国宣言》，提出组织抗日联军和国防政府以及抗日救国十大纲领。1935年12月，中共中央在陕北瓦窑堡召开政治局扩大会议，确定了建立抗日民族统一战线的总方针。随后，一方面军又进行了东征、西征战役，并在团结抗日的基础上与张学良的东北军和国民党第十七路军建立了统战关系。

1936年10月，红军三大主力会师后取得了山城堡战役的胜利。在我党抗日主张和全国人民抗日爱国情绪的影响下，张学良、杨虎城发动"西安事变"，迫使蒋介石同意停止内战、合作抗日。历史证明，中共中央和毛泽东在长征途中坚持北上抗日方针，并将革命大本营奠基西北，使红军主力靠近抗日前线，有力地推动了抗日民族统一战线的形成，中国革命迎来了崭新的局面。

——长征的胜利，为革命发展奠定了广泛的群众基础。在万里征途中，红军穿越了苗、彝、藏、羌、回等十多个少数民族地区，足迹遍布十多个省，使沿途约两亿群众第一次知道了红军，看到红军是完全不同于任何旧军队的，是新型的人民军队。正如毛泽东所指出的："不因此一举，那么广大的民众怎会如此迅速地知道世界上还有红军这样一篇大道理呢？"①

长征在国内外产生了广泛的影响。美国记者斯诺、史沫特莱等奔赴陕北，通过他们的报道，红军长征名扬世界。国际共产主义战士白求恩读过斯诺的《西行漫记》后，对毛泽东和红军充满了敬意，毅然决定来华支援中国革命。受长征的感召，大批进步青年来到革命圣地延安。长征的巨大影响力，为以后我们党和军队在抗日战争中的大发展，奠定了广泛的群众基础。

——长征的胜利，铸就了伟大的长征精神。长征精神，就是把全国人民和中华民族的根本利益看得高于一切，坚定革命的理想和信念，坚信正义事业必然胜利的精神；就是为了救国救民，不怕任何艰难险阻，不惜付出一切牺牲的精神；就是坚持独立自主、实事求是、一切从实际出发的精神；就是顾全大局、严守纪律、紧密团结的精神；就是紧紧依靠人民群众，同人民群众生死相依、患难与共、艰苦奋斗的精神。

长征精神，是我们党和军队优良传统和作风的高度凝结，是中华民族百折不挠、自强不息的民族精神的集中体现，是中国人民对人类文明的重要贡献。

三　用长征精神书写新的辉煌

今天，党领导人民正在全面建设小康社会，加快推进社会主义现代化建设，为实现中华民族的伟大复兴而奋斗。这是在中国特色社会主义道路上新的、更伟大、更艰巨的长征。虽然我们今天所处

---

① 《毛泽东选集》第1卷，人民出版社1991年版，第150页。

的历史条件与70年前相比，已大不一样，但长征精神并没有过时，而且永远不会过时。在新的征途上，长征精神将始终是推进我们事业前进的强大动力。

——始终坚持中国共产党的领导。毛泽东指出："谁使长征胜利的呢？是共产党。没有共产党，这样的长征是不可能设想的。"[①] 今天，我们进行新的长征，同样必须坚持党的领导。

我国正处在改革发展的关键时期。一方面，我们自己的发展任务还很艰巨，困难和问题不少；另一方面，"虎狼在门"，有人总是不愿意我们发展。对于我们这样一个世界上人口最多的大国、党员人数最多的大党来说，在机遇与挑战并存的国内外形势下，要避免分散主义、防止重大失误、统一全党意志、畅通政令军令，最重要的，就是要始终坚持党的领导。

苏联解体，苏共垮台，是自己倒下去的，是自己投降的。这其中的历史教训极其深刻。坚持党的领导，是中国革命和建设事业取得成功的根本保证。这一点，在任何时候、任何情况下都绝不能动摇。

——始终坚定崇高理想和信念。"革命理想高于天。"长征途中，有十多万红军牺牲。漫漫征途洒遍了红军将士的鲜血，万水千山掩埋着中华优秀儿女的忠骨。很多烈士临终前深情地说："为革命而死，死而无憾。"李先念从祁连山回到延安被连降六职，李聚奎逃荒要饭，行乞千里，但他们"凭着对党的忠诚"，"凭着对共产主义的理想"，把"跟党走"的信念坚持到底。

在新的历史时期，我们进行新的长征，更加需要坚定崇高的理想和信念。当前，马克思主义和社会主义面临着严峻的挑战；我国改革发展正处在关键时期，各种利益关系的调整使社会矛盾更加复

[①]《毛泽东选集》第1卷，人民出版社1991年版，第150页。

杂，不同思想文化相互激荡，给人们的理想信念带来巨大冲击与影响；西方敌对势力对我国实施"西化"、"分化"图谋，企图以西方的政治模式和价值观念来影响和改造我们。面对复杂的国际国内形势、艰巨的历史任务，我们要像当年红军那样，对党和人民无比忠诚，坚定共产主义理想和中国特色社会主义信念，为实现中华民族的伟大复兴贡献自己的一切。

——始终坚持靠自己，走自己的路。"从来没有救世主，也不靠神仙和皇帝"，一切全靠我们自己，走自己的路。坚持实事求是，把马克思主义基本原理同中国具体实际相结合，一切从实际出发，独立自主地研究解决中国革命问题，坚定不移地走中国特色的革命道路，是长征最宝贵的历史经验，是长征精神的精髓。

今天，我们进行新的长征，与当年红军长征时一样，也是一条前人没有走过的道路，充满未知、困难和风险。要取得这场新长征的胜利，必须解放思想、实事求是、与时俱进，一切从中国的实际情况出发，不断推进理论和实践的双重探索，着力研究解决中国的问题，不断推进马克思主义中国化的历史进程。

——始终保持与人民群众的血肉联系。历史唯物主义认为，历史活动归根到底是群众性的事业，随着这个事业的不断深入，必将是群众队伍的不断扩大。历史是人民创造的，红军长征的英雄诗篇，是千千万万的群众用生命和鲜血书写的。

办好中国的事情，关键在党。人民群众是我们党的立党之本、执政之基、力量之源。共产党的最大优势是来自人民、依靠人民、服务人民，最大危险是脱离人民群众。

在新的长征中，我们要保持党和人民群众的血肉联系，就必须始终代表最广大人民群众的根本利益，坚持立党为公、执政为民，真正做到"权为民所用、情为民所系、利为民所谋"。要加强党的先进性建设，从严治党，不断保持党的生机与活力，提高领导水平和执政水平，提高拒腐防变和抵御风险的能力。

——始终保持艰苦奋斗的作风。长征胜利的历史表明：一个政党、军队、国家和民族，要兴旺发达，不断战胜前进道路上的艰难险阻，永远立于不败之地，就必须有正确的理论和路线，就必须有艰苦奋斗、一往无前的精神。有了自己的理论和精神，也就掌握了自己的前途和命运。什么是最宝贵的？自己的经验，自己的理论，自己的精神，是最可宝贵的！

当前，我国综合国力位居世界前列，人民生活总体上达到小康水平，但是，必须清楚地认识到，我国人均国内生产总值仅1700美元左右，居世界第134位（2005年），还有几千万人生活在贫困线以下。同时，我们仍然面临着世界发达国家在政治、经济、科技和军事等多方面的压力，经受着国际国内复杂环境的严峻考验。

今天，在历史的机遇和挑战面前，我们更加需要弘扬长征精神，永远保持艰苦奋斗的作风。机遇是什么？机遇从来都是对挑战的胜利。战胜挑战，就是机遇；被挑战所压倒，就是失败。我们要战胜各种挑战，在世界范围内综合国力的激烈竞争中，不掉队，并迎头赶上，需要我们继续艰苦奋斗，绝不可骄奢淫逸。

艰苦奋斗和忧患意识是相辅相成的。缺乏忧患意识，就没有远见卓识，在困难和挫折面前就会惊慌失措、陷入全面被动，甚至导致事业的失败。对于一个政党、国家和民族来说，忧患意识是成熟的表现。生于忧患，死于安逸，这是被历史反复证明的真理。

刚刚闭幕的党的十六届六中全会，通过了《中共中央关于构建社会主义和谐社会若干重大问题的决定》。《决定》科学地阐明了社会主义和谐社会的性质和定位，强调社会和谐是中国特色社会主义的本质属性，是国家富强、民族振兴、人民幸福的重要保证。指明了构建社会主义和谐社会的指导思想、目标任务、工作原则和重大部署。《决定》继承、丰富和发展了科学社会主义理论，反映了中国特色社会主义事业的内在要求，体现了全党全国各族人民的共同愿望。我们要认真学习、深刻领会六中全会精神，并在实践中全面贯彻。

构建社会主义和谐社会，是一项重大战略任务。使命光荣而任务繁重，前景广阔而充满挑战，迫切需要大力弘扬长征精神。延安精神是长征精神的延续和发展，弘扬长征精神是延安精神研究会义不容辞的重要职责。

中国延安精神研究会，一定要高高举起长征精神与延安精神的大旗，一定要把长征精神与时代精神结合起来，让长征精神凝聚人心、鼓舞人民。我们相信，与时代精神相融合的长征精神，必将成为构建社会主义和谐社会的强大精神动力！

让我们在以胡锦涛同志为总书记的党中央领导下，用长征精神书写社会主义和谐社会建设的历史新篇章，使长征精神在实现中华民族伟大复兴的历史进程中，不断放射出新的时代光芒！

长征精神光照千秋，与日月同辉！

法是地平线[*]

（2006年12月13日）

中国是统一的单一制国家，立法权由中央统一行使并适用于全国。但是，各地情况千差万别的基本国情，要求我们确立一个统一而又分层次的立法体制。

所谓统一，就是由全国人大及其常委会行使国家立法权，制定宪法和法律，其他任何法规、规章都不得与其抵触。

所谓分层次，就是国务院可以根据宪法和法律制定行政法规，省（区、市）、较大的市的人大及其常委会可以制定地方性法规，经济特区所在地的人大及其常委会可以制定经济特区法规，民族自治地方的人大及其常委会可以制定民族自治条例和单行条例，国务院各部门、省（区、市）、较大的市的人民政府可以制定规章。

实践证明，这样做既符合中国的基本国情，又可以解决中国法制的统一性和灵活适用问题。

改革开放以来，中国的立法工作取得很大进展。从1979年到2006年10月底，全国人大及其常委会通过法律、法律解释、有关法律问题的决定共523件。其中，法律337件，现行有效的215件（含宪法及宪法修正案）；法律解释14件；有关法律问题的决定172件，现行有效的72件。加上1978年底通过的仍然有效的法律和有关法律问题决定，我国现行有效的法律共223件，有关法律问题的

---

[*] 这是作者在中国政法大学主办的中美法学教育研讨会开幕式上的讲话，收入本书时有删节。

决定79件。全国人大常委会还批准或批准加入条约、协定和公约258件。

此外，国务院现行有效行政法规690件，各省（区、市）、较大的市的现行有效地方性法规7015件，经济特区现行有效法规255件，民族自治地方现行有效自治条例和单行条例508件。国务院各部门和地方政府还制定了24097件规章（截至2006年11月29日）。

这些立法实践，反映了中国现代化建设的进程，总结了改革开放的成果，有力地保障和推动了经济发展和社会全面进步。目前，中国已经初步形成以宪法为核心的中国特色社会主义法律体系，宪法及宪法相关法、民商法、行政法、经济法、社会法、刑法、诉讼法与非诉讼程序法等法律门类已经齐全，相关法律规范也基本建立。一句话，国家政治、经济和社会生活的主要方面，基本上做到了有法可依。

中国正在实施依法治国的基本方略，努力建设社会主义法治国家。我们的目标是到2010年形成中国特色社会主义法律体系。十届全国人大常委会提出，在本届人大任期内要基本形成中国特色社会主义法律体系。

实现上述立法目标的历史进程，不仅是立法实践的不断探索，而且是法学理论的不断探索，是实践和理论的双重探索。实践探索为理论探索提供源泉、动力和检验标准，理论探索总结实践探索的经验，升华为理论，明确下一步实践的方向，促进实践探索的深化。两种探索相辅相成，共同推动人类社会的发展和文明进步。

无论是立法，还是法学理论、法学教育，首先要研究立法的指导思想问题。要搞清楚法是谁定的，反映谁的利益，为谁服务的？一部法律的根据在哪里，要解决的根本问题是什么，怎样才能成为全社会共同遵守的行为规范？研究这些问题，属于法哲学范畴，是从法制走向法治的理论基础和精神源泉。下面我谈几点看法，同各位交流。

——法是地平线。法是什么？这是一个古老的问题，在不同时代、不同社会、不同的人群那里，有不同的回答。

法不是少数人的奢侈品，而是人民的"护身符"，是保护大多数人的制度。只有代表了大多数人的利益，保护了大多数人的共同利益，大多数人自觉、自愿、能够接受和做到的法，才能得到拥护和执行，才能成为大众的行为规范。因此，一切法都是地平线，是法与非法、罪与非罪的基准线。线下的是违法、犯罪；线上的，就是合法、守法。

立法就是要划出这条线。线划在哪儿，是值得我们研究的大学问。法律的规范标准、制度设计要面向大多数人，代表最广大人民群众的利益，维护公共秩序，维护经济基础，维护社会稳定。如果我们制定的法，多数人做不到，违法现象势必屡屡出现，而法律赖以存在的基础就会丧失，法学的基准就必然存在偏颇。法律既然是面向大多数人的，那么法律语言就要明白、准确、朴实、严谨。

法的地平线一旦划定，那么任何人任何时候任何情况下，都要一体遵循，法律面前人人平等。每个人都有受保护的权利，都有要承担的义务。无义务的权利，那是特权；无权利的义务，那是奴役。权利义务同时产生、同时存在，相互依存、相互作用、相互转化，是辩证统一的。

——法是为一定利益服务的。任何社会的法都是调整利益关系的。如果没有利益关系，法律就无存在的必要。鲁滨逊一个人在荒岛上，要法律何用？世界上有没有超利益的法？没有。马克思说，思想一旦离开利益，就会使自己"出丑"。法一旦离开利益，就是一纸空文。

法通过调整利益关系来解放生产力，促进生产力发展，创造和维护生产力发展所需要的社会秩序。在市场经济体制下，法律要反映先进生产力的发展要求,通过规范市场主体行为,保障市场经济稳步发展。发展要求,就是生产力解放的要求,就是改变不适应的生产关系的要求。而解放生产力,从根本上说,就是解放劳动,解放劳动者。

在当代中国,法学应该研究如何从法律上体现保护劳动和劳动者,解放劳动和劳动者。建立和完善市场经济法律制度,就是为劳动的解放,为劳动者创造更多的财富提供法律支持。从这一角度讲,法应该特别注意保护劳动者和劳动所得。"劳动所得神圣不可侵犯"是劳动解放的基本含义。这是一个重大的法律观念问题。

——法的历史性、社会性和实践性。不同国家的法反映了不同国家民族的历史文化传统、经济社会发展状况。法的演进是与经济社会发展变迁同步的,是习惯成为法律,法律成为习惯的历史过程。习惯是人们在长期的社会生活实践中约定俗成的潜规则,是人与人的关系准则,是不成文的行为标准。昨日的习惯可以上升为今日的法律,今日的法律可以影响将来的习惯。

随着经济的发展,人的素质的提高,社会文明的进步,法必然是不断发展的。所以,一定时代的法,应该以当时的生产力发展水平为依据,适应社会进步要求,采纳多数人都能够做到的行为规范,保护绝大多数人的根本利益。

法具有一般社会性,也有特殊的社会历史性。一方面,法治是人类文明进步的重要标志。法治是不可逾越的,就像商品经济不可逾越一样。任何一个国家、民族都要经历法治阶段,而且还要随着经济、社会的发展,随着文明的进步,不断地完善法治。另一方面,任何现实的法律制度、法治国家都是各有特色的,各国走向法治的道路、方式和思想理念是各不相同、丰富多彩的。

迄今为止的西方法治,是西方国家在三四百年的发展历程中,继承了欧洲的哲学、历史、文化传统,逐渐发展完善起来的,反映了西方国家工业化、现代化的历史实践，是人类法治文明的重要成果，我们应很好地学习、研究、借鉴。

中国的法治，是中国近代以来历史发展的必然结果，是中国现代化的必由之路。我们要建设的是立足于中国的实践、回答解决中国的问题、中国特色的社会主义法治。我们的历史使命，就是要构筑能够实现中华民族的全面振兴，实现中国工业化、现代化的法律制度、法律保障。

——国内法与国际法的关系问题。随着中国的进一步改革开放，中国签署、批准、加入、接受、核准的国际条约越来越多，十届全国人大常委会成立以来，审议了63件国际条约，其中，2003年11件，2004年15件，2005年16件，2006年21件，逐年上升。各种形式的国际法从不同方面、不同角度，越来越多地影响着国家、组织和个人的利益，国内法与国际法的关系问题也日渐突出。

但是，各国在国内法与国际法的关系问题上，历来存在不同的认识和做法。从国际法的形成和实施的情况看，包括条约在内的各种形式的国际法，都是由主权国家共同协商、制定，并由主权国家立法机构批准，在其主权领域内适用和实施的。例如，世界贸易组织规则，经济、社会及文化权利公约等，都必须得到主权国家的批准才能生效。只有得到主权国家的批准，或者通过国内法的转化，国际法才享有与主权国家国内法同等的法律效力和地位。

在中国，任何国际条约和国际法规则的适用，都必须经全国人大和国务院批准和同意，由中国国内法承认、转化、决定和规定。这是国际法在我国生效和实施的基本原则，也是联合国宪章不干涉主权国家内政的基本原则的体现。因此，不存在所谓国际法高于国内法的问题，国际法规则的"优先适用"并不意味着直接适用，国际法不可能无条件地在中国自动生效或直接适用。

世界上没有超国家主权的法，也没有超国家利益的法。中国的法律制度维护的是中国的国家主权和国家利益，是通过立法行为把中国接受的国际法规则转化为国内法，由中国司法机构依据国内法实施。如果国际法规则与国内法冲突，我们可以对国际法的某些规则提出保留，也可以修改国内法加以协调。这与我们同意加入国际条约、愿意承担国际义务并不矛盾。

——努力构建中华法系。改革开放以来，中国的法学理论，对于推动中国的现代化建设特别是社会主义民主法制建设，发挥了不可替代的重要作用。

当然，与时代的要求相比，我们的法学理论还很不适应，迫切需要有一个大的发展。市场经济、依法治国的实践，向法学界提出了一系列重大课题，为法学研究和法学教育提供了异常丰富的思想素材和无比广阔的发展空间。

依法治国、法治国家、政治文明、制度文明等，这些概念在中国的历史文化典籍里是没有的。但今天，它们已经进入中国民众的社会生活，深入人民的思想观念中，这就需要我们从法哲学上予以界定和说明。

世界上没有所谓的"普世法"，一切法律都是具体的。别人的法律和法学是反映别人的社会存在，为别人的利益服务的。没有自己的理论，就会成为别人理论的俘虏。在法学理论和法律实践中，我们注重学习、借鉴世界各国的有益经验，但绝不照抄照搬。历史经验证明，一切照抄照搬都不是科学，都不可能成功。

我们不可能照抄照搬外国的理论、概念和话语体系，来构筑中国的法律体系。例如，设定一个条件，用同样的 X、Y，代入同样的公式，必然是同样的结果。完全用别人的话语体系，用别人设定的条件和方程式，回答的只能是别人的问题，得不到符合中国国情的答案和结论。所以，必须建立中国特色的法学理论、概念和话语体系。所谓特色，就是同实际相符合。

中国建设社会主义法治国家，就是确立、完善和保障社会主义市场经济体制，解放生产力，发展生产力；就是要通过依法执政、依法治国，加强民主法制建设，实现人民当家作主、社会和谐、国家的长期稳定和长期发展。

当代中国的法律体系和法学理论，既强调中国特色、中国风格和中国气派，又强调世界眼光；既重视弘扬中华文化的优良传统，又注重吸收和借鉴世界各国的文明成果。中国不仅有自己的法治实践，还要有自己的法律体系、法学理论、法学教育体系，要有自己的法学大家。

——不断扩大中外法学界的对话。思想，是人类智慧的花朵，是文明的活的灵魂。一个民族要兴旺发达，要屹立于世界民族之林，就不能没有与时俱进的思想，不能没有创新的理论。而思想、理论的发展，离不开对话和交流。

对话，是达到真理的桥梁，是催生新思想的"助产婆"。世界是丰富多彩的。客观事物的多样性，决定了人们对它们的认识也不是单一的、刻板的。一位哲人说过，两种物品相交换，结果仍然是两种物品，而两种思想交换，却可以产生第三种思想。这是思想的伟大，更是思想对话、交流的伟大。

对话，是消除隔膜、建设和谐世界的方法。当今世界，各国之间、各国思想家之间的联系愈益紧密。对于世界的和平与发展，对于建设持久和平、共同繁荣的和谐世界，大家有着共同的向往，也面临着共同的问题。解决这些共同问题，需要各国政府、议会和人民、各国思想家的合作。对话，则是合作的前提。对话，可以帮助人们消除误解，增进了解，共同发展。尊重对话，善于对话，是全球化时代的一种哲学和文明。

对话，是世界文明发展的必由之路。当今世界的各种思想、理论包括法学思想、法学理论，无不带有一定国家、民族的特点，无不打上历史文化传统的烙印。文化是一个民族的"身份证""护照",也是该民族对人类的贡献。人类的文化,像一个百花园,是由许多种色彩、许多种文化构成的,这才有生命力,才能发展。思想、理论是文化的升华,是文化的灵魂。文化多样性失去了,思想、理论的发展也就无从谈起。文化的多样性,决定了不同文化之间对话的必要性,决定了对话、交流对世界文化发展的重要性。

在21世纪,全球化的不断发展,愈益凸显出不同思想文化之间对话的价值和必要。我们认为,各国的国情不同、社会制度不同、历史传统不同,因而各国文化上的多样性,包括法律文化的多样性,是必然的,必需的。这种多样性,既是全球化的前提,也是全球化进一步发展的条件。任何现实的、具体存在的东西,总是特色的。没有特色,就没有文化,就没有思想,就没有人类,就没有世界。现在,大家都在谈论自然生态的多样性,而人类文化生态的多样性,不是更应该关注吗?保护人类文化生态的多样性,促进世界各民族文化的共同发展,已经成为各国人民、各国思想家的共同课题,成为人类共同的历史任务。

发展必须节约　节约才能发展[*]

——对节约节能问题的几点思考

(2007年1月2日)

胡锦涛同志最近指出："全党全社会都必须按照科学发展观的要求，充分认识建设资源节约型、环境友好型社会的重要性和紧迫性，下最大决心、花最大气力抓好节约能源资源工作。""我们必须以对国家和人民高度负责、对子孙后代高度负责的精神，把节约能源资源工作放在更加突出的战略位置，切实做到节约发展、清洁发展、安全发展、可持续发展，坚定不移地走生产发展、生活富裕、生态良好的文明发展道路。"[①] 中央经济工作会议明确要求，经济工作要以节约能源资源和保护生态环境为切入点，积极促进产业结构优化升级，努力实现节能降耗和污染减排的约束性目标。

2006年上半年，全国人大常委会执法检查组对《中华人民共和国节约能源法》的实施情况进行了检查。在参加执法检查的过程中，我了解了一些情况，形成了一些看法。本文就学习贯彻胡锦涛同志重要讲话和中央经济工作会议精神，结合这次执法检查，对节约节能谈几点体会和认识。

节约节能，不仅是世界性的重大课题，更是我国面临的重大课

---

[*] 本文发表于《求是》2007年第4期。
[①] 胡锦涛2006年12月25日在主持中央政治局集体学习时的讲话。参见《人民日报》2006年12月26日第1版。

题，关系我国的经济安全和可持续发展，关系中华民族的前途命运和子孙万代的幸福发展。可以说，对节约节能理论和实践的双重探索，就是探索我国未来发展的可能性问题，就是破解能源资源约束的世纪性难题。

一 节约节能是新的经济发展理论

纵观人类历史，在相当长的时间里，世界经济的发展，是靠大量消耗资源能源来推动的。已经实现了工业化、现代化的西方发达国家，也普遍经历了高消耗、高污染、高浪费的历史发展阶段。但这一过程的代价是巨大的，教训是深刻的。以占世界15%的人口，消耗了全球60%的能源和50%的矿产资源，并造成了严重的环境污染和生态危机。世界上所谓的"八大公害事件"[①] 都发生在这些国家。

这样一种增长模式、发展道路、发展理论，在现当代遭到了普遍的质疑和反思。1972年，罗马俱乐部提出了著名的"增长的极限"理论，认为在传统的工业化道路下，人类粗放的经济增长方式和人口激增，已经导致严重资源短缺、环境污染、生态破坏和气候恶化，人类社会必将遭受自然的报复，人类文明发展将无可避免地陷入困境。

从我国的情况看，在实现工业化、现代化的历史进程中，资源能源约束也使我们面临前所未有的挑战，已经成为最大的硬约束。"竭泽而渔而明年无鱼，焚薮而畋而明年无兽。"[②] 目前这种高耗能、高污染、高浪费、低效益的发展模式，这种"竭泽而渔"的发展已

[①] 比利时马斯河谷事件、美国洛杉矶光化学烟雾事件、美国多诺拉事件、英国伦敦烟雾事件、日本水俣病事件、日本四日市废气事件、日本爱知县米糠油事件、日本富山痛痛病事件。

[②] 语出《吕氏春秋》。

难以为继，根本不可能实现我国的工业化、现代化，历史教训和现实边界条件已经证明，这是一条死路，必须尽快实现向节约节能型的发展转变。

从大量消耗能源资源到节约节能，不仅是经济增长方式、发展模式、发展道路的深刻变革，而且是经济发展理论的深刻变革。反思工业化道路，重新认识能源资源的有限性、稀缺性，以最小成本实现能源资源有效配置，探讨以能源资源的最小消耗和最小污染，获取最大效益，成为当代经济发展理论的重要方向。

科学发展，从根本上说就是要实现经济社会的全面协调可持续发展。节约节能是科学发展的本质要求，是一种新的追求效益最大化的经济发展理论。发展不应是能源资源的高消耗和高浪费，不应是环境的巨大污染和破坏，不应是吃子孙的饭、断子孙的路。发展应该而且必须是可持续的，应该而且必须是节约节能环保的，应该而且必须是人与自然和谐的。

节约节能的经济发展理论，反映了人类对经济规律的新认识。人类迄今为止所创造的一切财富，都是自然资源经过人的劳动转化而成的。在这个过程中，能源至关重要。没有能源，任何转化都难以完成。而地球上的能源，都是有限的，不仅不可再生能源是有限的，即使可再生能源也是有限的，这就决定了人的一切经济活动和社会行为，不能无效率、低效益地使用能源资源。无效率、低效益就意味着浪费，意味着经济活动的不可持续，意味着人类发展可能性的丧失。一切生产生活过程都必须遵守节约原则，这是经济活动的客观规律，是"铁律"。

客观规律可以为人类所认识和利用，但不可创造，更不能违背。蔑视规律是注定要受到惩罚的！违背经济规律，就要遭受巨大的经济损失；违背自然规律，就要遭到自然的严厉报复！罗马俱乐部的结论是悲观的，但我们是乐观主义者。正视挑战，不断创新，是人类社会发展的动力。人类社会正是在不断应对各种挑战的历史过程中，实现进步和发展的。

人们注意到，不可再生能源消费零增长的经济发展，在一些国家已经成为现实。德国在1990年至2005年的15年间，经济总量增长了25%，能源总消耗却下降了5%。丹麦从1980年以来，25年间经济总量增长了50%，不可再生能源消耗（不含交通业）实现零增长，单位GDP能耗每年降低1.9%；在整个能源构成中，风力发电已经占到21%。这些国家的实践，为我们研究节约节能的经济发展理论，提供了有益的借鉴。

节约节能的经济发展理论，已经成为当代宏观经济理论研究中新的增长点和亮点。如何实现在能源资源约束条件下的经济持续快速发展，是经济学理论面临的一个新课题，也是经济学界的历史责任。

二 节约节能是一种新的经济增长方式

增长必须节约，节约才能增长。增长与节约不是对立的，节约本身就是一种增长。同时，节约是增长基础上的节约，不是要停止经济增长搞节约。我们追求的是"节约型的增长，增长型的节约"，是增长与节约相统一的经济增长方式。

"加法"是增长，"减法"也是一种增长。如果我国在"十一五"期间实现单位GDP能耗下降20%的节能目标，按年经济增长率7.5%测算，2010年当年就可以节约6.2亿吨标准煤，这些节约量可以多创造6.3万亿元的GDP（按2005年价格计算）。同时，节约减少了环境污染，节省了治理污染的成本，这又是一笔双倍的财富。这是多么巨大的经济效益！

目前，我国经济增长方式粗放、经济结构不合理的问题还比较突出，节能降耗的任务相当艰巨。首先，在三次产业结构中，第二产业比重偏高，第三产业比重偏低。在工业内部结构中，高耗能行业所占比重过高。我国工业能耗占全国一次能源消费的70%左右，其中钢铁、建材、化工、石油加工及炼焦、有色金属等高耗能行业占到了工业总能耗的69%。同时，高耗能的一般加工工业生产能力过剩，产业集中度低，小企业多，技术水平不高，增加了能源消耗。2005年，我国具有炼铁、炼钢生产能力的钢铁企业有871家，平均每家企业粗钢产量约40万吨，18家产能500万吨以上的企业，产量仅占全国粗钢产量的46%。而2004年，日本4家钢铁企业的产量就占其粗钢产量的73%，俄罗斯5家企业产量占79%，韩国2家企业产量占82%。其次，我国的能源结构以煤炭、石油、天然气等不可再生能源为主，不可再生能源在生产和消费总量中分别占92.1%和92.7%，新能源和可再生能源的开发和使用比例偏低。我国可再生能源的开发潜力很大，风能可供利用的装机容量约10亿千瓦（目前只开发了0.13%）；2/3的国土面积年日照时间在2200小时以上；每年可用于能源使用的农作物秸秆资源量约1.5亿吨标准煤；林业剩余物资源量约2亿吨标准煤；油料植物和能源作物潜在种植面积可满足年产5000万吨生物液体燃料的原料需求。

节约节能是转变经济增长方式、调整经济结构的主攻方向，是推动技术进步的重要力量。反过来说，只有大力调整经济结构，实现经济增长方式的根本转变，提高我国的自主创新能力，才能从根本上保证节能目标的实现。节约节能与调整经济结构、转变经济增长方式、推动技术进步是有机统一的。据有关部门测算，如果我国第三产业比重提高一个百分点，第二产业比重降低一个百分点，万元国内生产总值能耗可以相应降低一个百分点；如果高技术产业比重提高一个百分点，高耗能行业比重下降一个百分点，万元国内生产总值能耗就可以降低1.3个百分点。

三　节约节能是一种新的社会文明

　　节约节能是一种新的生产方式，也是一种新的社会生活方式；是一种新的价值观念，也是一种新的哲学。从"三高一低"（高消耗、高污染、高浪费、低效益）走向"三低一高"（低投入、低消耗、低污染、高效益）的发展道路，进入节约节能的发展阶段，是文明进步的重要标志。

　　中华民族自古就有崇尚节俭的优良传统。"强本而节用，则天不能贫。"[①] "一粥一饭，当思来之不易；半丝半缕，恒念物力维艰。"[②] 这些先哲古训，千百年来为人们所信守和称道。但是，我们今天所说的节约节能，具有新的时代内涵。

　　节约节能作为一种新的社会文明，不是要人们安贫乐道，节衣缩食，固守自然经济条件下的生活方式，而是要使最广大的人民群众享受更加富裕、幸福、美好的新生活。这样的新生活，当然不是上天恩赐的，也不是别人赠送的，而是在逐步实现中国特色的工业化、现代化的历史进程中，由中国人民自己创造的。

　　节约节能是文明的社会生活方式。节约是一种态度，也是一种习惯，是社会的共同行为规范。许多浪费都是由于习惯，在不经意间发生的。如果我们有意识地改变生产生活习惯，将节约大量的能源资源。我们大家都有这样的体会：许多建筑在大白天也是门窗紧闭，密不透光，灯火通明，空气污浊。全国有多少这样的建筑，在浪费着我们宝贵的能源资源，计算下来肯定是一个惊人的数字！有资料反映，改变生活习惯，如用盆接水洗菜，一次就可节省近百升水；如果夏季将室内空调温度保持在26摄氏度，仅北京市就可节省

[①]《荀子·天论》。
[②]《朱子家训》。

至少 4 亿千瓦时电量,削减 50 万千瓦以上电力装机规模,节省 1.8 亿元电费。

节约节能是一种文明的价值观念。以节约节能为荣,以浪费能源资源为耻,"俭则智荣,奢则愚耻",理应成为新时代的价值观念,成为一种普遍的社会品德和高尚的社会价值。有限的能源资源是全人类共同的财富,事关人类的生存,事关国家的可持续发展,事关子孙万代的幸福生活,不是某个个人、某个团体、某个地方所独享的私有财富。不能因为有钱,就可以任意挥霍浪费资源能源。放任浪费,就是侵害别人和大家的利益。节约节能是社会公德,是法律强制的共同利益,也是关乎国家民族生死存亡之大道。

节约节能是一种新的哲学。这种哲学告诉我们,节约节能是一种思维方式,也是一种活动方式;是一种社会意识,也是一种社会存在。这种哲学改变了自近代以来普遍形成的人与自然、人与社会、人与世界、人与自身关系的观念和认识。在这种新哲学看来,世界是无限的,也是有限的;人对外部世界的认识和改造是无限的,也是有限的;人的需要是无限的,也是有限的;人的主体性不是无限度的,而是有限度的。

这种哲学强调人与自然之间不是征服与被征服的关系,而应是和谐相处的关系,要求人类必须科学、理性地认识和满足自身的需要,倡导一种文明、节用、适度、合理的生存方式和发展状态。它主张,对自然的掠夺和破坏,同时也是对人自身的否定和戕害;今天对能源资源的浪费,就是对明天发展可能性的剥夺,就是对明天人类生存条件的剥夺。

在经济全球化深入发展的今天,任何国家、任何企业,乃至某个个体的生产、生活行为,都会对他人、对环境、对社会产生直接或间接的影响。生产的全球化、生活的社会化是现代世界发展的现实和趋势,相互合作、互利依存是必然的。生产生活不再是单纯的个人行为，不再是小节私利，而是大德大义。

发达国家积聚了巨大的物质财富，也过多地消耗了全球的能源资源，并且仍是全球能源资源的主要消耗国，理应承担起与此相适应的责任，减少能源资源消耗，促进人类的生存和共同发展。我国的发展不仅必须走自己的路，而且要汲取历史的经验教训，避免重蹈发达国家的覆辙。

四　节约节能是一种国家发展战略

改革开放 28 年来，我国经济取得了很大成就，GDP 年均增长率达 9.6%，人均 GDP 年均增长 11%。到 2005 年，GDP 为 2.2 万亿美元，居世界第四位；进出口总额超过 1.4 万亿美元，居世界第三位；人均 GDP 为 1714 美元，居世界第 110 位。与此同时，一次能源消费年均增长 5.16%，能源自给率保持在 90% 以上，比经合组织国家平均高 20 个百分点以上，比美国高 30 个百分点左右。

总的来说，我国主要依靠自己的力量，解决了经济发展中的能源问题，这在世界经济发展史上是少有的。今后也将主要依靠自己的力量，依靠科学技术，依靠全社会的节约节能来实现工业化和现代化，化解能源硬约束的挑战。

我国的经济发展，是在能源资源严重紧缺的条件下取得的。能源资源人均拥有量大大低于世界平均水平。如水资源人均只有 2151 立方米（2005 年），相当于世界平均水平的 1/4，石油、天然气人均剩余可采储量仅有世界平均水平的 7.7% 和 7.1%，储量比较丰富的煤炭也只有世界平均水平的 58.6%。近年来能源消费急剧增长，供需矛盾日益突出。2005 年煤炭产量达 21.9 亿吨，比 2000 年翻了一番，仍不能满足需要。

与此同时，我国能源利用效率只有 33%，比国际先进水平低 10

个百分点左右；2003年单位国内生产总值能耗是世界平均水平的3.1倍；2004年我国国内生产总值约占全世界的4.4%，而煤炭消费占35%以上，原油消费占7.8%（按当年汇率计算）。近年来单位国内生产总值能耗不降反升，按2000年价格计算，2002年至2004年分别为1.30、1.36、1.43吨标准煤/万元，2005年与2004年持平，2006年上半年同比上升0.8%。"十五"期间，能源消费弹性系数（能源消费增长速度与经济增长速度之比）年均为1.04，是改革开放以来的最高值。

历史上，一些发达国家在工业化进程中都出现过人均消耗4吨标准煤的发展阶段。但是，我国有13亿人口，人均能源资源远低于世界平均水平，根本不可能以每年消耗50多亿吨标准煤的代价来推进工业化，实现现代化，不仅能源资源条件无法承受，而且所造成的环境恶化和生态危机也是我们无法承受的。这是一条走不通的死路！

历史和现实要求我们，必须从我国的基本国情出发，走出一条低投入、低消耗、低污染、高效益（"三低一高"）的新型工业化道路。这就需要从根本上转变经济增长方式，调整经济结构，推进技术进步，深化体制改革，实现节约发展。舍此，没有别的出路！

《"十一五"规划纲要》确定，2010年单位国内生产总值能耗比2005年降低20%，这是新中国成立以来第一次以法律文件的形式，将节能确立为必须完成的约束性目标。这是具有远见卓识的重大决策，体现了我们党和政府的坚定信念和坚强决心。

但是，也要清醒地看到完成这一目标的艰巨性。五年内单位国内生产总值能耗下降20%，意味着万元国内生产总值能耗由"十五"末的1.22吨标准煤下降到"十一五"末的0.98吨标准煤（按2005年价格和统计口径）；按照"十一五"每年经济增长7.5%的预期目标测算，年均能源消费弹性系数为0.37；即使经济增长实际达到10%，年均能源消费弹性系数也要保持在0.5左右。而"十五"期间，我国的能源消费弹性系数年均为1.04。

因此，完成"十一五"规划节能目标，必须下最大决心，花最大气力，采取强有力的措施。必须把节约节能提升到国家发展战略的高度，贯穿于生产、流通、消费各个环节和经济社会发展各个领域，通过经济政策、法律制度、技术创新和必要的行政手段坚决保证目标任务的完成。

五　节约节能是政府义不容辞的职责

市场经济强调市场在配置资源方面的基础性作用，但宏观调控也是一种资源配置方式。经济发展的实践反复证明，宏观调控和市场配置的结合，是经济持续发展的有效方式。

政府的职责就是解决市场不能解决的问题，按照经济规律进行宏观调控。在能源资源的合理配置、在公共产品提供和环境保护等方面，完全靠市场是行不通的。市场很难全面反映节约节能的真正价值，很难反映经济社会发展的长远目标，在世界上能源资源也从来不是完全靠市场配置的。节约节能、环保是一种社会共同利益、公共要求，也可以说是一种特殊的公共产品、公共事业。据世界银行以及美国、加拿大、俄罗斯等国的研究，市场力量对实现节能潜力的直接贡献率仅20%左右。发达国家的实践也表明，节能节约与环境保护一样，要由政府来主导和解决。

节约型社会不是由市场自然形成的，而是在经济社会发展过程中，由政府主导、法律强制和社会参与共同形成的。节约节能不单纯是经济问题，而是一个国家、社会的全局性、战略性、长远性的问题，是宏观经济的任务，是政府义不容辞的职责和法定义务。在市场经济条件下，大力推进节能工作，政府就要运用经济、法律和必要的行政手段来激励节约节能，逐步提高高耗能、高污染、高浪费行为的成本，支持节能产品技术的研发和推广，这些都是政府的节能管理职责。

同时，政府机构要带头节能。政府机构本身就是耗能大户。有资料反映，2003年，全国各级政府机构能源消费量达6335万吨标准煤，其中电力911亿千瓦时，超过全国8亿农民全年881亿千瓦时的生活用电量；政府机构能源费用开支高达1240亿元。据北京市有关机构调查，目前政府机构和公共设施的单位建筑面积能耗是普通住宅的10—20倍。

政府机构作为节约节能工作的领导者、倡议者，更应该成为先行者，成为全国的节约典范和节能榜样。政府机构要大力加强自身的节约节能工作，定期向社会公布其能耗情况和节能措施，从办公楼设计、建设改造、管理制度、日常运行、每个政府工作人员的行为方式和习惯等方面入手，建设节约型政府。一个不节能的政府是不可能领导建成节约型社会的。

目前，国务院提出，逐步对政府机构和大型公共设施，实行用能定额管理制度，在"十一五"期间，实现政府机构和大型公共设施的能源消费总量下降20%的目标。应以法律的形式将这一目标规定下来。榜样的力量是无穷的，政府机构带头节能的榜样作用，无可限量。

六 节约节能是一场改革

发展节能型经济，建设节约型社会，本身就是一场深刻的改革，必然要求经济管理体制、行政管理体制、法律制度和社会生活等各个方面的变革。28年前，改革开放开启了中国经济和社会主义事业的新纪元。现在我们又面临着新的形势，要实现经济增长方式的转变和经济结构的调整，必须进一步深化改革。这场改革的广度、深度、难度和复杂性是前所未有的，但我们别无选择。

体制是由社会存在决定的，生产关系是由生产力决定的，上层建筑是由经济基础决定的。现实存在变了，生产力发展要求变了，体制改革就是必需的、必然的。

我国现行的行政管理体制、经济管理体制和社会管理体制，主要集中在调动经济增长的积极因素方面，对节约节能发展的关注支持是不够的。在新的形势下要从根本上转变经济增长方式，调整经济结构，必须进一步深化改革，实现法律制度、行政体制、经济政策和社会生活等各个方面的改革。

节约要从节能抓起，建设节约型社会要以发展节能型经济为突破口。没有严格的制度措施，没有适应建设节约型社会的体制，无法保证节约节能目标的实现。同时，节约节能发展必然涉及现行利益关系的调整。不仅涉及国家全局的利益，也涉及企业和个人的利益；不仅涉及宏观管理，也涉及微观运行；不仅涉及经济生活，也涉及社会生活，牵一发而动全身。例如，我国供热体制改革进展比较缓慢，从局部看，供热按面积收费，用户没有节能的积极性，同时，改革又会影响一些方面的既得利益；从全局看，供热体制改革的徘徊不前，直接制约我国节能目标的实现。

七 节约节能是一场技术革命

实现节能降耗，技术进步是关键。西方国家经历了1973年和1980年两次石油危机，纷纷开始大力开发节能技术和新能源技术，取得明显成效。

目前我国的节能技术组织、研究、推广工作比较薄弱，明显落后于发达国家平均水平，更不适应我国节能形势的需要。例如，产品用能标准制定工作滞后，国家对节能技术的研发推广缺乏有效组织，企业自主创新能力不足，具有自主知识产权的技术和产品很少。

从结果看，我国主要产品的用能水平与国际先进水平相比，存在明显差距。2004年火电供电煤耗每千瓦时为379克标准煤，比国际先进水平高67克；大中型企业吨钢可比能耗为705千克标准煤，比国际先进水平高95千克；电解铝交流电耗为每吨15080千瓦时，比国际先进水平高980千瓦时；单位建筑面积采暖能耗相当于气候相近发达国家的2—3倍；载货汽车每吨百公里油耗比国际先进水平高出1倍以上；我国现有各类电动机总功率约4.2亿千瓦，运行效率比国际先进水平低10个百分点以上，相当于每年多消耗电能约1500亿千瓦时。

我国的节能技术进步，要首先依靠国家积极组织，带动企业和用户共同参与。节能技术在很大程度上具有公共产品的性质，投入主体与收益主体不一致。就像公共照明这样的产品和服务，投资建设和运行保障要靠政府等公共主体，因为受益的是过路人，是不确定的主体。因此，这种公共产品要由国家和政府来组织实施，所需资金应当通过税收手段收取。在节能技术推广领域，可以利用征收能源税、消费税的收入，组织实施节能产品研发、节能技术进步和节能信息宣传，降低节能产品技术与用能单位信息沟通的成本。

国家还应重点支持一批量大面广的用能设备技术攻关和推广。我国锅炉、风机、水泵等产品，在降低能耗和提高效率上有很大空间。如我国有1.4亿台电机，其中70%是小电机，动力输出低于国外同类产品的15%—30%。这些产品要达到发达国家的效率水平，技术难度并不高，关键在推广。国家和政府应当承担起这个责任。例如，实行用能产品市场准入的强制性标准制度，这个标准不仅要包括高耗能产品，还要覆盖大多数一般性用能产品，让那些不符合标准的高能耗、低效率产品逐步从市场上退出。

同时，制定用能标准要适当超前，保持一定的时间提前量，并实行不同用户的差别政策，让生产者和使用者有时间和能力跟上，尤其对老百姓不能抬高其生活成本，影响其实际生活水平。当年日本提出公布较高的汽车尾气排放标准时，企业普遍反映做不到，阻力很大；但不到一年时间，本田公司就推出了符合标准的低排放汽车，其他厂商也都按期达标。可见，适当超前的标准对引导生产和消费行为的作用是巨大的。

八 节约节能需要强有力的法律保障

节约节能必须依法进行，走法治化之路。一部法律的生命力、进步性就在于它是否反映国家经济社会发展阶段的客观需要，是否为全社会所接受，是否具有强制力和可操作性。

1997年全国人大常委会颁布的节约能源法，是指导和规范我国节能工作的基础性法律。这部法律实施8年多来，我国的能源形势、管理体制和社会环境发生了很大变化，现行法律已不能适应实践的需要。主要是：调整范围比较窄，条文设计主要针对工业领域，对建筑、交通、民用等领域涉及较少或没有规定；一些制度已不适应市场经济体制要求；许多规定过于原则，倡导性条款多，惩戒性条款少，缺乏强制力和可操作性。

全国人大常委会启动节能法修订工作，就是要通过对法律的修订，贯彻科学发展观，落实节约资源的基本国策，实施国家节能战略，为实现"十一五"节能目标，发展节能型经济，建设节约型社会，提供强有力的法律保障。

节能法是一部涉及整个经济社会生活，具有广泛性、普遍性和长期性的法律。但是，想通过一部法律解决所有问题是不可能的，因此要集中力量解决目前面临的、紧迫的、重大的问题，特别是对当前以及今后 10—15 年不可回避的、必须要做的、能够做到的目标、任务、制度和措施，用法律的形式规定下来，成为政府、企业、个人和全社会共同遵守的法律准则。一句话，要修订出一部为全社会所接受，并且能够得到实际执行的法律。

——节能应当包括所有能源的节约。节能应当包括所有能源利用与节约。节能是不可再生能源消耗增长的下降，而不是不消耗能源。即使实现不可再生能源消耗的零增长，实际上仍然在消耗着能源。我国目前的主要任务是大力开发可再生能源，以提高能源供给，替代和节约不可再生能源。

——节能就是追求能源的最大效益。世界能源委员会对节能有个定义：采取技术上可行、经济上合理、环境和社会可以接受的一切措施，来提高能源资源的利用效率。就是说在能源开采、加工、转换、储运、分配到使用的全过程，利用经济、技术、法律、行政、宣传、教育等一切手段，消除不必要的能源浪费，提高能源利用效率和效益。我们要的节能，是通过提高能源利用效率效益，实现经济社会的可持续发展。一句话，尽一切可能提高效益，减少消耗。

——把握近期节能的重点。一部法律不可能普世、永恒，再修订是必然的。当前和今后一段时间应该抓若干个可能实现的节能重点和目标，我认为有"四个重点"：重点行业、重点企业、重点设施、重点城市。

重点行业，如建筑、交通、有色、钢铁等，占到了全国用能总量的一半以上。重点企业指那些高耗能的企业，如年耗能 1 万吨标准煤以上的企业。重点城市，主要是 50 万人口以上的城市。重点设施，如政府机构办公楼、商场、宾馆、写字楼等大型公共建筑。这些重点要达到的节能目标是今后 5—10 年必须做的、可以做到的。如果他们能够做到节约节能发展，那么"十一五"规划节能目标就完全有可能完成，也可以为今后的发展提供有益经验。

以重点城市为例。这些城市可以每年向全社会公布其能源报告，包括能耗情况以及为降低能耗采取的措施，接受社会监督，同时也向全社会宣传依法节能。如果北京、上海、天津、重庆等直辖市率先突破节能难点，成为节能榜样，其他城市就会跟上来。

再如重点设施。现在政府机构办公楼、宾馆、会展中心、商场、影剧院等大型公共设施的能耗惊人。法律可以明确对其设计、建设和运行提出强制性节能要求。新建建筑必须符合节能强制性要求，既有建筑要逐步改造达到节能标准。

——节能需要有力的制度措施。制度措施涉及两方面：一是能源和节能管理体制和机制；二是法律制度和规章。世界上不少国家在这两方面都有较为完善的制度。而符合我国基本国情、适应社会主义市场经济体制的节能管理体制机制，还没有建立起来，配套法律制度和规章也很不完善。这就需要我们真正建立起一套有力的制度，也必然涉及体制改革、机构改革问题。

制度措施能不能达到激励节能、抑制"三高一低"的政策效果，关键在于它是否符合我们的实际，是否得到有效实施，是否为全社会所接受。

——节能需要相应的经济政策和财税政策。节能主要还是运用经济的手段来推动和支持。没有财政税收政策、信贷手段和市场导向调节，节能就失去了硬手段。目前，我国的节能财税和价格政策体系很不完备，各方面都希望加大财税政策对节能的调控力度，尽快形成以节能为导向的财税价格政策体系，明确国家鼓励节能的经济政策和具体措施，建立"谁节能、谁受益，多耗能、多付费"的节能新机制。

对节能投资给予税收优惠，这是各国普遍采用的做法。对不可再生能源可以规定征收能源税、消费费，税率可以由低到高，逐年递增，超额累进，小台阶、逐步上。税收杠杆的作用是很大的。美国燃油税是英国的1/10（2003年），人均日油耗是英国的2.6倍。欧洲的成品油近50%是国家征收的价外税，产品本身的价格不到0.7欧元。正是通过税收政策的硬手段，引导用能单位和个人自觉节能，抑制了能源过度消费，促进节能技术产品的发展，带动了新能源和可再生能源的开发利用。

对节能产品的推广要有切实有效的办法，消除节能新产品进入市场的成本障碍。如照明节能，如果把现有的普通白炽灯全部更换成节能灯，全国一年可节电600多亿度。但由于缺乏激励政策，我国节能灯的应用率还不高。另外，对那些不节能的产品，要采取收费和贴标签的做法，设置进入市场的成本障碍、技术障碍和社会舆论障碍。

——必须明确政府的节能职责。要建立一套适应能源和节能工作需要的管理体制。加强能源基础工作是政府职责。能源统计是经济政策和法律制度安排的基础和依据，是政府决策的基础。只有知底才能量化，政策措施才可操作。

法律还要鼓励各级政府、机构、企业和用户积极开展和参与法制宣传教育和节能知识普及，让政府、企业、百姓知法、懂法、守法。法律就是要让人知、让人懂、让人会、让人利。只要在制度保障下坚持不懈，数年必见成效。

总之，修订后的节能法，要成为推进节能工作的强势法，推动经济增长方式转变和结构调整的促进法，惩治高耗能、高污染、高浪费行为的约束法。

我国的节能，既是我国的国家战略，也是世界能源安全和世界经济发展的重要组成部分。我们有信心、有智慧通过自己的力量，破解能源资源约束的世纪性难题，走出一条节约增长、节能发展的中国特色工业化新路，建设一个文明优美、繁荣富强的和谐家园！

伏羲祭[*]

（2007 年 6 月 22 日）

歲在丁亥，爻呈九五①，神州宇內，恭祭羲皇②，奉制辭曰：

羲皇吾祖　龍脈綿延　海陸神州　瑞象萬千
黃河西來　長江東鑒　北國壯偉　南疆麗娟
崑崙橫空　洞庭妝瀲　嶺南凝翠　江淮沃田
五嶽毓秀　四海織瀾　長城逶迤　珠峯柱天
嗟我中華　厚德淵源　念我先祖　功耀宸寰

羲皇吾祖　世傳蹟存　文明初萌　垂裕後昆③
太極日月　八卦剖混④　肇分陰陽　始判乾坤⑤

---

* 2007 年 6 月 22 日初稿，2013 年 2 月修改。原作為繁體，此處未做繁簡轉換。
① 農曆夏至，公曆 6 月 21 日或 22 日。《周易》載："夏至"正為"乾"卦"九五"之爻，就伏羲先天八卦而言，乾為天，位正南，與夏至相對應。
② 羲皇：伏羲氏尊稱，又稱太昊。《荀子·正論》："自太皞（昊）、燧人莫不有也。"
③ 垂裕後昆：裕：富庶；後昆：子孫、后嗣。《書·仲虺之誥》："以义制事，以礼制心，垂裕後昆。"
④ 太極日月，八卦剖混：《論衡·談天》"說易者曰：元气未分，渾沌為一。"《易傳·繫辭》"古者包羲氏之王天下也……始作八卦。"
⑤ 肇分陰陽，始判乾坤：《說文》"惟初太極，道立於一。造分天地，化成萬物。"

仰觀宙宇　俯察獸痕①　儷皮作禮　正姓婚姻②
結繩為罟　畋漁滋民③　發蒙畜養　初莫耕耘④
取火化腥　聰啓天門⑤　心慧《駕辯》世諧八音⑥

羲皇吾祖　華胄泱泱　承往開新　豈容彷徨
雲譎波詭　歧路多殃　捧誘棒嚇　時囂塵荒
盛不謎憂　困無遺傷　弘毅道遠　轘飆競颷
唯法以度　惟民至上　諧和億衆　睿智興邦
華夏輝耀　鳳儀龍翔　太牢祭獻⑦　伏惟尚饗

---

① 仰觀宙宇，俯察獸痕：《周易·繫辭下》：伏羲氏"仰則觀象於天，俯則觀法於地，觀鳥獸之文與地之宜。近取諸身，遠取諸物，……以通神明之德，以類萬物之情，作結繩而為網罟，以田以漁。"

② 儷（lí）皮作禮，正姓婚姻：《三皇本紀》：太昊"於是始制嫁娶，以儷皮為禮。"漢·譙周《古史考》：上古男女無别，太昊正姓氏，同媒妁，以重人倫之本，而民始不瀆。

③ 結繩為罟（gǔ），畋（tián）漁滋民：《抱樸子·對俗篇》："太昊師蜘蛛而結網。"《潛夫論·五德志》："結繩為網以漁"。

④ 發蒙畜養，初莫耕耘：《三皇本紀》"養牺牲以供庖廚"。唐·司馬貞：太昊"結網罟以教佃漁，故曰宓犧氏，養牺牲以庖廚，故曰庖牺。"

⑤ 取火化腥，聰啓天門：《繹史》卷三引《河圖挺輔佐》"伏羲禪於伯牛，鑽木作火。"

⑥ 心慧《駕辯》：《駕辯》，曲名。《楚辭·大招》：伏義《駕辯》，王逸注：伏戲（義）氏作瑟，造《駕辯》之曲。

⑦ 太牢祭獻：《大戴禮記·第五十八·曾子天圓》：諸侯之祭，牲牛，曰太牢。

青年企业家的使命*

（2007年8月25日）

国家民族的未来和希望在于青年。青年强则国家强，青年智则国家智，青年富则国家富，青年兴则国家兴，青年雄于地球则国家雄于地球。忽视青年、放弃青年，则意味着无视国家前途、放弃民族未来。中国特色社会主义道路，是世界上前所未有的、中国人民大无畏的历史性探索。在这条道路上探索前进的中国企业和企业家，要成为领跑未来的世界级企业和企业家，必须具备全新的头脑、观念、管理和文化。

企业管理，就是企业的经营理念、管理经验、企业文化和物质财富的创造积累过程。青年人管理下的企业，应该是朝气蓬勃、充满活力、饱含改革精神、适应新情况、不断走向未来的新型企业。管理企业的青年人，不仅是企业经营管理者，还要具有深厚文化修养、敏锐宏大的世界眼光和丰富的政治经济历史知识，并且勇于承担社会责任。一句话，青年企业家要懂政治。

我们青年企业家面临的历史任务就是要全面走向世界，与世界各国的企业家竞争与合作，共同推动世界经济社会发展，创造双赢、多赢的局面。中国的社会主义国家性质，决定了我们不可能走殖民掠夺的经济发展道路，中国的未来和发展，必然是与世界各国实现

---

* 这是作者在中国青年企业家发展论坛上的讲话，后经删节公开发表于《理论前沿》2007年第21期，收入本书时标题和文字有改动。

双赢、共赢的历史过程。企业在任何一个国家落户，就是这个国家的经济社会责任的承担者，不懂政治做不到这一点，不了解该国社会、历史、文化也做不到这一点。打仗需要将军，企业需要带头人，经济全球化需要大批优秀的企业家，带领中国企业走向国际，走向未来，成为世界经济发展的领跑者。我寄希望于你们这些年轻人，因为未来属于你们，世界也是你们的！

——企业家要精通"气象学"。什么是未来企业家？未来企业家不是"窝里斗"专家，而是具有世界眼光、善于依托两个市场、利用世界一切文明成就来创造财富和辉煌的企业家。人意可揣，天意难违。离开了"气候"变化，企业很难找到适合的发展环境。这就需要企业家们懂得"气象学"。审堂下之阴，而知日月之行、阴阳之变；见瓶水之冰，而知天下之寒、鱼鳖之藏。第一重"气候"，就是市场环境。市场需要什么样的产品，有什么发展前景，当地的资源、劳动力、市场状况、社会、文化、历史、风俗等。第二重"气候"，就是国家的政治经济政策和法律制度。例如，宏观经济能否保持快速稳定增长局面，百姓收入水平提高和消费结构升级，房地产价格高企可能会采取的措施，等等。第三重"气候"，就是国际经济政治环境。当今中国的经济已不是封闭的经济，世界经济必然对中国经济产生重大影响。例如，最近美国次级债危机就造成了中国金融机构的损失。因此，不了解国际气候，走向世界是不可能的；不了解中国气候，想取得大发展也很困难。

——企业最大的财富是人。一家企业的最大财富、力量和优势是什么？不是有形资产，也不是无形资产，而是人。现代经济是激烈的竞争经济，企业发展的根本推动力和核心竞争力来源于人。一切物质的和精神的产品，都是人类劳动运用自然资源创造出来的。"土地是财富之母，劳动是财富之父。"生产力是劳动者和生产资料的结合，科技和管理既渗透到生产资料中，也体现在劳动者身上。

"科学技术是第一生产力","人才资源是第一资源",都是关于人的活劳动的论断。这就是说人的体力和脑力的支出,才是主导的、起决定性作用的生产要素。

一家好的企业,不仅企业家是最优秀的,企业职工也要成为最优秀的。企业没有锻造出一支披坚执锐的团队,也不可能走向未来。只有英明的将军,没有勇敢的战士和严明的纪律,这样的军队打不了胜仗。因此,只有拥有人、团结人、激发人、充满创造力的企业,才可能在世界博弈中获得机会和发展。

——企业的生命在于创新。今天的世界是一个创新的世界。商标、专利、技术、标准、产品、概念等,都是人的创造物。跟在人家后面模仿、照抄,只能被动挨打,或者缴纳巨额的知识产权费用,结果是人家拿走了国际分工中的大头,你只挣到一点劳动费用。只会模仿、复制的企业,仅是一个加工车间,根本不是真正意义上的"世界工厂"。作为一个未来企业家,必须要洞悉提高人的创造能力的企业环境和制度。谁具有了更高的创新能力,谁就会得到发展,赢得未来;谁只能模仿复制,谁就将被竞争无情淘汰。

人类迄今为止的所有财富都是人劳动创造和转化的产物。简单劳动创造少量的剩余财富,创造性的复杂劳动创造更多的剩余财富,构成人类更多的财富积累。在所有生产要素中,我称为生产条件,劳动者是第一位的。只有劳动和各种生产条件的结合,才能出产品。只有这种结合,才能使科技和管理通过人的劳动,渗透到生产过程当中。管理是人的劳动创造,科技也是人的劳动创造,离开了人这个主体,整个生产过程,就失去了中心环节和活力。物质本身不可能变成财富,而是通过人的劳动。所以无论是"科学技术是第一生产力",还是"人才资源是第一资源",都是讲人的劳动和人的创造能力。我们今天讲以人为本,就是说人是一切事物中的首要因素,是首要服务对象。在企业生产经营中,必须始终提高人的素质,提高团队创造性劳动的能力，这是决定性的生产要素。

——企业竞争已经成为文化竞争。现代企业间的竞争，不仅仅是产品竞争、成本竞争、市场竞争，而且要看企业的管理和文化内涵，谁的产品包含更多的文化因素，谁就可能在竞争中占先。当今的世界竞争，已经不同于原始积累时期的市场竞争，需要更多的产品内涵。现代的企业管理，也不再是靠简单奖惩所能够解决的，没有人文环保文化理念，很有可能陷于被动。目前美欧甚至一些发展中国家，对中国产品、中国制造发起了新一轮丑化和歪曲，其本质是贸易战，但是也给中国企业、中国政府敲了警钟：我们的产品不能再按订货标准简单生产，而是要有自己的文化和理念，例如环保、人本、绿色、安全、健康、节能等，否则不可能在世界上取得长远发展，赢得竞争优势。

今天的世界经济发展，文化是其重要的内涵，甚至是生存之道。文化就是一种资源，是一种特殊的生产要素。今天的文化就是明天的经济，文化的经济化和经济的文化化，是当代社会的一道亮丽风景线。企业的生产、管理到产品都能体现出企业文化。企业管理主要是对人的组织管理，对人的管理就是文化。许多国际企业愿意去合作企业参观考察，其重要内容就是去考察你的企业文化。

企业文化是一个企业的灵魂，是企业不断发展的精神支柱，也是企业凝聚人心、锻造队伍的核心价值观。没有精神的企业，是做不大也做不久的，没有精神的国家民族亦然。企业文化不仅是企业内部的东西，也是社会文化的重要组成部分，今天企业创造的文化不仅是企业自身的，它还将深刻地、广泛地影响当代中国乃至未来国际的价值观念。

——企业家要有雄心壮志。没有精神的企业做不大，没有雄心壮志的经营管理者也不可能成为真正的企业家。一切有为者首先要目光远大，立意高远。

要不断学习创新。企业家首先要是一个善学者,做一个善于学习、勇于学习、坚持学习的人。学习是一种态度,一种境界,也是一种方法,一种文化。世界上不可能真正有不学而智的人,仅凭拍脑袋也不可能是成功者。善学者善为,要想走向未来,要想做大做强,必须把自己定位为一个学生,孜孜不倦地终身坚持学习和探索。创新、创造不是凭空捏造,不是奇思怪想,而是在学习基础上的一种创造性思维和探索。创新是人生的态度和精神,只有本身具备这样素质的企业家,才可能领军造就一支善于学习创新的团队。只有具备激发创新的制度环境,企业才可能不断创新发展。中国要实现工业化、现代化,也必须善于学习。中华民族在历史上就是善学者,善学者天长地久,海阔天空。改革开放30年的实践表明,中国是一个善于学习的国家,像海绵一样吸收世界上一切优秀的东西。采世界百家花,酿中华万年蜜。

要承担社会责任。企业要以人为本,就要体现企业的社会责任。企业依靠社会而生,就要回报社会,承担社会责任。企业是社会的经济组织,是社会企业,离开社会的企业是不能生存的,也是不存在的。最近,我看到一个德国企业家对中国企业家提出忠告,说中国企业发展到今天,存在一个很大的缺陷,就是很多企业家不懂得自己的社会责任。有的企业家将社会责任简单理解为,捐一点钱,做一点善事,给企业增加一点名声。这些做法是对的,也是必要的,但这不是企业社会责任的全部。要领会企业的社会责任,要成为人民信任的企业,要取得长期发展,就必须以社会的可接受性作为企业可持续发展的前提。企业的行为既要符合法律规定,也要符合社会伦理和道德规范。追求经济效益最大化必须保证社会效益最优化,两者是相辅相成、共同发展的关系。因此,这种社会责任,不是与生俱来的,而是在长期的与社会的共荣中逐步形成的。早在两千五百多年前,孔子就讲过,"君子爱财,取之有道",道亘天地,理释万物。企业家是谋利的，但是要符合社会伦理和道德规范，这就是"道"。企业与其社会形象、社会责任，就如同鱼和水的关系一样，离开了它的社会责任，失去了良好的社会形象，企业家就成了无水之鱼、无本之木。

要懂得公平竞争。现代经济是有序竞争的经济，是讲求市场规则、信用规则的经济。企业家在市场竞争中，应该具有公平、平等的竞争精神。市场就是以公平、平等为前提，竞争是无情的，但竞争必须是公平、平等、合法的。竞争既有合作，也有斗争。市场经济经过数百年的发展，已经摸索出来一套维护市场健康发展的规律，建立了一套在法律规范下，实行平等竞争、有序竞争的市场规则。无论是法律法规，还是伦理道德、市场交易规则、人际关系，都要求企业有良好的社会形象、业内同行间良好的交易信誉。很难想象哪个企业家愿意把自己搞成孤家寡人。什么是政治？毛主席曾经说过，政治就是把自己的朋友搞得多多的，把敌人搞得少少的。企业家如果把同行们都变成自己的对手，变成敌人，把自己搞成孤家寡人，最终只能是"四面楚歌、霸王别姬"了。因此，企业竞争中还是朋友越多越好，这就是市场竞争规则的另一面——竞争博弈的多回合性。企业如果违反市场竞争规律和规则，无异于饮鸩止渴，只有平等竞争、讲求信誉、遵守法律、互利合作，企业才能长久持续。

要有高尚的英雄精神。一个时代、一个国家和民族，都应该有自己的英雄。优秀的企业家就是我们这个时代的英雄。青年企业家更应该有高尚的、远大的志向和抱负，更应该创造和丰富我们这个时代的英雄精神。各行各业都有模范，都有英雄。企业界的英雄就是能为中国企业闯出一片天地，创造一份财富，争取一种荣誉。中国运动员拼搏夺取的是中国的世界金牌，中国企业家拼搏打造的是世界的中国金牌。这不是单个人可以做到的，需要企业家的通力合作，互相支持，不断交流，达到共荣。中国和世界要实现双赢共赢，我们自己的企业之间、企业家之间，难道就不要双赢共赢吗？论坛这种形式，就是一个很好的相互交流、合作共赢的平台，就是一个共同打造中国企业、中国制造金牌的平台！实现中国的工业化、现代化，实现中华民族的伟大复兴，让全国人民过上幸福生活，这既是中国人民的信念和愿望，也是包括青年企业家在内的所有中华儿女的历史使命。要完成这个历史使命，没有敢于担责任、勇于冲出去的英雄精神是不行的！

要有强烈的忧患意识。资源是有限的，市场是有限的，竞争是残酷的，世界不是平的，前途是充满着未知和波澜起伏的。想取得企业的大发展，与欧美企业平起平坐，甚至更胜一筹，没有长年艰苦的跋涉，没有远大的志向和抱负，没有强烈的危机感，是不可能的。今天的世界，资源均"名花有主"，市场已"他人有制"，想分一杯羹谈何容易！所以，忧患意识始终伴随着企业家成长的一生。我们不是幻想家，不能靠幻想来生存。"忧劳可以兴国，逸豫可以亡身。"小富即安，不成大事。

青年企业家的政治眼光、历史眼光、知识境界，这些都不是与生俱来的，而是在书本中学习，在实践中学习，在交流中学习，融会贯通逐步形成的，最重要的是实践。今天是知识爆炸的时代，各种书籍、信息、知识、理论，成千上万，不胜枚举，但其中于我有益、能为我所用的有多少？我们吃的东西可能有垃圾食品，我看精神的"垃圾食品"也多得很。很多时候，我们可能被误导，掉入人家的话语陷阱，失去了自己的话语权。什么是最宝贵的？自己的实践、自己的经验是最宝贵的。一切学说理论都要拿来和自己的实践对照检验。

中国的改革开放，中国特色的社会主义道路，为青年人翱翔世界提供了何其广阔的发展空间。我为你们感到庆幸！你们生逢盛世，生逢其时。这样一个挥洒回旋的新天地，为你们报效国家和民族，为你们实现个人抱负和远大理想，提供了难得的历史机遇！这既是机遇，也是挑战，任何机遇都是和挑战并存的，只有战胜挑战，才能赢得历史机遇。机遇并非对所有人都是公平的，只有那些能够无惧挑战、战胜危机的人，才能真正把握住机遇。

时势催生英雄。我相信，中国的企业界，一定会推出一大批世界级名牌，一定会在世界经济舞台上赢得这次大规模博弈，一定会产生一批有中国特色、中国风格、中国气派、中国文化精神的世界级大企业，一定会为实现中国的工业化、现代化，实现中华民族的伟大复兴做出更大贡献！

我相信，在13亿中国人民昂首迈向未来的壮丽乐章中，你们，青年人，将成为其中最响亮、最活跃、最激动人心的音符！

改革开放无止境[*]

（2008年1月）

1978年，中国开始了改革开放，开始了中国特色社会主义道路的探索。三十年疾风兼程，八万里物华民丰。改革开放取得了举世瞩目的伟大成就，经济社会发生了前所未有的深刻变化。中国人民以自己的智慧、力量和探索，创造了人类文明史上的奇迹。什么是最宝贵的？自己的经验是最可宝贵的！自己的经验是什么？就是邓小平理论，就是中国特色社会主义理论。总结改革开放30年来的经验，既是对我们创造的中国特色社会主义理论的一次总结，也是适应工业化、现代化、城市化、市场化和国际化进程，不断将改革推向前进的历史要求。

——改革是社会制度演进的基本方法。在人类改造自然、不断发展生产力的过程中，生产关系、上层建筑也在不断地改造和发展。生产关系、上层建筑，以及各种制度的存在和价值，归根结底是由生产力决定的，是生产力发展所要求的。要发展就需要改革，改革是制度的发展，是制度发展的基本方式。

人类创造了很多制度，用制度来满足自己的需要，保障自己的权利。制度是为人的生产生活、生存发展、自身利益服务的人造的设施，它不是天上掉下来的，也不是一成不变的，更不是人的桎梏。

---

* 本文为作者《改革　开放　探索》一书（中国人民大学出版社2008年版）的卷首语，收入本书时有改动。

人类社会的进步，就是不断创造、改革和完善制度的过程。制度有经济制度、政治制度、社会制度、文化制度等，构成了经济基础和上层建筑。制度本身最终是由生产力发展水平决定的，不是主观臆断、凭空想象的。任何现实存在的制度都是具体的，只能与国家、民族的实际相结合、相适应，只能是特色的。

制度发展无非是两个基本方式：当制度不能自我调整、自我发展的时候，就会发生革命，以激烈、暴力、流血的方式，改变国体，改变政权、制度的性质；当制度能够自我调整、自我发展的时候，就会以改革的办法，以和平、渐进、不流血的方式，变革制度，巩固政权，解放和发展生产力。历史上这两种变革方式，都曾经存在并发挥了重大作用。

一种制度是否有生命力，就要看它是否有自我调整、自我发展的能力。社会主义改革就是社会主义制度的发展和进步，如果社会主义制度不具有这样的能力，不能自我完善、自我发展，那将和一切死去的制度一样被送进博物馆。邓小平同志说，不改革就是死路一条；改革也是一种革命，是"第二次革命"，只不过这种革命的方法不同于暴力的、流血的革命，其目的还是解放和发展生产力。

——改革是理论和实践的双重探索。一切存在的、现实的社会主义，都是特色的。中国的前途命运，就是靠自己，走自己的路。中国的社会主义道路，就是从中国实际出发，与中国国情相适应，中国特色的，由中国人民自己探索的改革开放之路。

改革是一场伟大的探索，是理论和实践的双重探索，两者相辅相成，共同演奏出中国改革的华彩乐章。实践探索是理论探索的源泉、动力、真理标准和价值体现。理论探索总结实践探索的经验，升华为理论，进一步指导实践探索的发展。

任何改革都离不开经验的总结和理论的思考。脱离实践的理论是空洞的，脱离理论的实践是盲目的。正如没有革命的理论，就没有革命的胜利一样，没有邓小平理论，没有中国特色社会主义理论，改革就不会成功！古今中外，改革失败的例子还少吗？

改革是有目的、有方向的。符合中国实际，符合中国人民利益，与中国的发展相适应，能够解决中国发展问题，能保障中国人民的根本利益，就是我们的目标。基本判断标准就是邓小平同志讲的"三个有利于"，一切要有利于发展生产力，有利于增强国家的综合国力，有利于提高人民的生活水平。一句话，能保障中国长期发展、长期稳定的就是好的，就是我们所需要的！

在中国实现工业化和现代化的历史过程中，各种制度都将处于不断变革中。环境、条件、形势的不断变化，促使制度要适应这些变化。西方理论无法解释中国的发展道路、模式、经验，更不可能解决中国发展中的问题，照抄照搬是行不通的。今天中国正处在大发展、大变化、大进步的时代，13亿中国人民齐步迈向工业化、现代化，这是何等壮观的历史画面！不仅中国历史上前所未有，在世界历史上也是前所未有的。没有任何既成的模式和经验，只有中国人民自己通过理论和实践上的双重探索，自己一步一步地走出来。

——改革是中国的新时代精神。改革开放，是中国共产党领导全国人民的伟大历史性创造，是今天中国的时代精神。解放思想，实事求是，与时俱进，大胆探索，锐意进取，敢于竞争，构成了我们的改革精神和时代精神。

这种精神就是以博大的胸怀，面向世界，面向未来，面向现代化，吸收一切有益于我们的营养，创造性地推动中国发展的精神，就是敢于挑战一切困难的精神。30年来，我们在世界大洋中，沿着中国航线，操控着不断变大的"中国号"巨舰，乘风破浪，勇往直前！

中国需要长期稳定、长期发展。只有长期发展，才能保持长期稳定；只要长期稳定，必然长期发展。要实现长期稳定、长期发展，最终还是要靠改革开放！改革是有风险的，在一定程度上会造成波动，但改革本身就是积极稳定的方法。要长期稳定就必须改革，不改革不可能长期稳定。实现长期发展、长期稳定、长治久安，是我们的历史任务。

改革是方法，不是目的！改革是有方向、有目的、有对象的，脱离了本国国情、历史和发展阶段的改革，就会使国家民族"翻了船，失了魂"。中国的改革有其特定内涵，就是在国体不变的前提下，由中国共产党领导的经济、政治、社会、文化体制改革，绝不是改变国体和政权的性质，否则就根本不是改革了！

——改革是中国今后发展的唯一出路。社会主义是不断改革、发展和完善的社会。社会主义必须是一个具有自我改革、自我完善、自我发展能力的制度，否则就站不住。

30年前，我们党领导人民开启了改革开放的新征程，一个深层次的背景是对社会主义的重新思考和认识。中国特色的社会主义，就是能够实现中国的工业化、现代化，实现中华民族伟大复兴，实现中国人民富裕和幸福的制度、道路和模式。

改革开放是一个长期的历史过程，我们今天取得的成绩，仅仅是万里长征的第一步，更艰苦的挑战还在后头。发展越快，制度进步就越快，改革也就越快。这是一个极其复杂、多变、不成熟、不稳定的历史阶段。现在的情况比30年前更为复杂，存在着更多的风险和变数。

改革开放之路还长得很！史无尽，改无限！发展有多长，改革开放就会有多长，历史没有终结，发展没有终结，改革开放也没有终结。发展和改革就是相伴相随、相辅相成的。

改革是一个非常复杂的社会历史进程。改革的快慢、大小、深浅，都不是目的，只是一种方法。改革最重要的是要考虑到政治、经济、社会的各个方面，要考虑发展，尤其是长期发展；要考虑稳定，尤其是长期稳定。实现长期发展、长期稳定，这就是科学发展观与和谐社会要求的改革。改革要经得起社会实践的检验。改革有个度，有个过程，就是要与当时的社会经济情况相适应。

历史和未来不是我们主观想象能够回答的。我们的历史使命就是在实践中、理论上的跋涉和探索。中国的未来发展具有特别的复杂性、特殊的艰巨性、特有的长期性，来不得半点虚幻浪漫！唯有脚踏实地、耐心谨慎地不断实践，总结经验，才能取得一个又一个的改革新成果，才能实现人民富裕、国家富强。舍此，别无他途！

改革无止境，发展无止境！时势不容我们逡巡止步。盛不迷忧，困不遗伤！中国改革开放的伟大事业，需要我们每个人的智慧、胸怀和力量。

天难凝铸中国精神[*]

——汶川地震感怀

（2008年5月16日）

　　五月十二日十四时二十八分，这个永远要记住的时刻，它见证了中国共产党、中国政府、中国人民的勇气、坚强、信心和智慧，它再次锻铸了中国人民全新的时代精神。

　　汶川在流血，中国在流泪。这是一场天难，举国哀悼！

　　伤痛未定，中国政府和中国人民随即开展了一次世纪大救援。生命是最宝贵的，人是最重要的！一切，都为了抢救生命。有人，就有希望；有人，就有一切；有人，就有未来。

　　山崩地裂，江河翻腾，人神共泣，天地齐悲。每个中国人都在流泪，都在哽咽，都在心痛。这痛是伤、是悲。哀痛中迸发的怒号，是不屈不挠的精神气概，是擎天立地的壮怀极情，还有万众一心的大无畏与大爱！

　　什么是坚强？请看那汶川百姓，请看那十万官兵，请看那万千志愿者，请看那在废墟上传递伤者的身影，请看那些丧妻失子仍在抢救生命的人们，请看那不断创造生命奇迹的幸存者。

　　什么是力量？请看那源源不断送往灾区的物资，请看那献血长

---

[*] 本文写于汶川大地震发生4天后，公开发表于《中华魂》2009年第2期。《人民日报·海外版》2009年5月14日第1版、《四川日报》2009年5月12日要闻版、《人民文学》2009年第5期等转载。

龙中凝重焦急的面庞，请看那天安门广场挥动的国旗和拳头、那十三亿中华儿女霄汉雷霆般"中国不哭，汶川挺住"的吼声。

多难兴邦。中国人民承受了太多的"天难人非"，但中国从来没有倒下，人民从来没有屈服。磨难无可回避。每一次磨难都是对"中华魂"的再锻造，对"中国剑"的再磨砺。中国人是打不倒、压不垮的，中国人民是不可战胜的，中国必将更加兴旺发达。

在这场世纪大救援中，在与死神争夺生命的赛跑中，在重建家园追求更美好生活的奋斗中，我们在世界人民面前，在人类历史上扬起了一面大旗，那就是："中国精神"，是更坚韧、更团结、更自信的中华民族的精神力量。

中国精神，已经成为支撑中华复兴、中国必胜的强大动力。中国精神，这面伟大旗帜正飘扬在世界上空、飘扬在天地之间、飘扬在人类史册！她向世界昭示，中国将更加坚定、更加自信地走向工业化、现代化，中华民族的伟大复兴必将实现！

中国精神与中国人民、中华民族同在！

超越自我,孜孜于学[*]

(2008年9月27日)

  任何国家和民族的未来,都在于青年。青年强则国家强,青年进步则国家进步!只要有充满朝气、博学多智的青年,国家和民族就有希望,就有光明的未来。

  2008年,是中国历史上一个非常特殊的年份,是值得每个中国人牢牢记住的年份。从年初开始,"上帝"对我们进行了几场大考试,从南方冰雪灾害到"汶川大地震",是大自然对中国、对中国人民的考试;北京的奥运会和残奥会,是"世界"对中国的考试,我们迎来了全世界的"裁判",其间发生了无数的"故事",但我们考出了优异成绩!任何人、任何力量,都无法阻挡中国、中国人民追求富强幸福的脚步。今年是改革开放30周年。百年的追寻,中国人民悟出了一个道理,中国的未来要靠自己,走自己的路。改革开放的历程,更加深刻而真实地说明了这个道理。

  在过去30年,我国取得了举世瞩目的伟大成就,在未来30年,我国将沿着这条道路继续走向新的辉煌。而你们,青年朋友们,在未来30年,应以自己的功业前程,为中国、为世界、为人类历史增添上光彩的一笔!这是中华振兴的新的历史阶段,这个阶段中国将更加自信、更加开放!

---

  [*] 这是作者出席中国欧美同学会"留学报国之路"在武汉大学演讲会时的讲话,后公开发表于《武汉大学学报》2009年第1期,收入本书时个别文字有改动。

留学生既是人类文明传播和交流的受益者，也是人类文明在交流中融合、在传播中创新的推动者。从1847年容闳赴美开始，近代中国留学有160多年的历史了，大致可分四个阶段。第一个阶段从1847年到民国初，不过数百人。第二个阶段是民国时期，不过数千人。新中国成立以后，中国的留学事业有了大发展，可以说是第三个阶段。从1950年开始，国家派遣了一批又一批年轻人出国学习，他们怀着对新中国的美好向往，抱着强国富民、振兴中华的决心，奔向苏联、东欧和其他国家，他们是新中国的第一批留学生。这一批人现在多已年届古稀，在座的就有几位同志。到改革开放之初，新中国共派出留学生1.19万人。这是中国向世界学习、向世界开放的重要一步。

改革开放以后，中国以更广阔的胸襟和更大的气魄向世界开放，向世界学习。30年来，国家派遣和出国学习的留学生达到120多万人，他们中有1/3已经学成回国，在各条战线上贡献着自己的聪明才智。今天，在全世界的每一个角落，都有中国学生孜孜不倦地学习，汲取各种营养。他们向世界展现出了中华民族奋进求索、百折不挠的伟大精神，他们已经并将继续成为实现中华民族伟大复兴的重要力量。

今后30年会怎么样呢？相信会有数百万甚至更多的中国人，到世界各国去学习。世界需要中国，中国需要世界。只有站在世界的"肩膀"上，中国才能更快地实现工业化、现代化。中国向世界学习，派出更多的留学人员，是我国一项长期的战略举措。中国人走出去，现在不是太多了，而是还不够，应该鼓励更多的青年人到世界各地去学习，把人类一切文明成果都吸收过来。只有通过和世界开展全面的、多种形式的交流与合作，我们才能加快实现现代化。

政治就是把自己的朋友搞得多多的。你们青年人的志向，就是要使"我们的朋友遍天下"。无论是在校园，还是将来走向社会，走向世界，都要广交朋友。中国人要成为世界各国人民最喜欢的人。同学们，你们在学习期间结下的深厚友谊，将会成为你们人生的宝贵财富，终生受用。朋友越多越自信。一个人可能有这样或那样的小毛病，但这并不妨碍我们成为好朋友。人的最大对手是谁？是自己。是谁在书写你的故事？是你自己。即使你有优越的禀赋和高远的理想，如果不能战胜自己，也不可能写出动人的故事。要战胜自己，超越自我，走向彼岸。同学们，你们现在正在书写自己的故事。我相信，你们的故事一定更加精彩！

我是 20 世纪 50 年代新中国留学生中的一个，1955 年留学捷克斯洛伐克，1961 年回国。回首往事，我当了 20 年学生，做了 20 年技术员，参加了第一块集成电路、第一块高速集成电路、第一个微处理器和微型计算机的研制工作。偶然因素，又做了 20 年公务员。今后，我还想做 20 年的研究员。我评价自己，不过是一个"书虫"吧，唯愿天天读书。如果说每个人都有一个梦，我也有一个梦，就是希望继续读书。

我向武汉大学捐赠了我个人的部分著作，其中有一部是我在捷克斯洛伐克查理士大学留学时的课堂笔记，一共 4000 页，分为 16 卷。这并非我精心保存的，而是一次清理书房，才发现它尘封在书架最底层已经 50 年了。这些笔记历经磨难能幸存下来，可以说是奇迹。"文化大革命"时我被批斗了 5 年，多次抄家，没有被抄走；工作地点从北京到河北、到四川、到辽宁，再回到北京，行程万里，搬迁 9 次，幸运地保存下来。既然它"命大"，那就索性整理一下。这些笔记是捷文记录的，还有少量的俄文，别人难以看懂，我只好自己重新核对，坐在地上整整对了一个多月，才恢复原顺序。有一位教育部负责同志看到了复印件，提出来要让高等教育出版社出版。我想，笔记内容已经没有多大意义，但作为那个时代的缩影、一段历史记录、一种精神、一件艺术品，还是值得与大家分享的。你们从这部笔记中可以看到，新中国派出的那1万多名留学生是如何在国外学习和研究的。你们了解了这段历史，就会理解这些留学生为了报效祖国、建设新中国孜孜求学的那么一种精神，那么一股劲头。

中国人有自己独特的聪明才智，有坚忍不拔、顽强奋斗的精神，有振兴中华的强烈愿望，一定能够自立世界民族之林！今天的中国，任何外力都奈何不了我们，关键在我们自己。要靠自己，走自己的路。只要我们永远勤奋好学、思想解放，永远开拓创新、兼容并蓄，中国的工业化、现代化一定能够实现，中华民族的兴旺发达一定能够实现！

中国的改革[*]

（2008年10月15日）

中国的改革，已经走过了波澜壮阔的30年。这是伟大的30年，是改变中国的30年，是震惊世界的30年。

从上世纪70年代末开始，中国共产党领导全国人民，通过改革开放，创造性地探索和发展社会主义条件下的市场经济体制，这是一场实现中华民族伟大复兴的新长征，也是中国的社会主义制度自我发展、不断探索的伟大革命。一句话，中国的改革深刻改变了中国，也改变了世界。

2008年，中国迎来了两场"考试"。一场是"上帝"对我们的考试——四川汶川大地震；一场是"世界"对我们的考试——北京奥运会和残奥会。事实证明，我们通过了这两场考试，让全世界的"裁判"收起了挑剔的目光，增强了中国的自信，赢得了世界的尊重。这折射出中国改革开放的伟大成就，折射出中国共产党、中国政府和中国人民奋斗不息的伟大成就，是"中国精神"凝聚的伟大成就。

一

新中国是在半殖民地半封建的废墟上建立起来的。在新中国成

---

[*] 本文系作者为纪念改革开放30周年而作，发表于《人民日报》2008年11月7日第7版，收入本书时个别文字有改动。

立初期物质匮乏、工业基础薄弱的历史条件下，计划经济体制曾发挥过不容否认的积极作用，使我国建立起一个独立的、比较完整的工业体系和国民经济体系，人民生活有所提高。但是，计划经济体制本身的局限性及其作用被过分夸大，成为束缚生产力发展的重要因素。一场"文化大革命"，整个国民经济遭受巨大损失。1978年，中国人均国民生产总值只有230美元。就是在第三世界，中国也属于比较落后的。如何使世界近四分之一的人口在一穷二白的情况下摆脱贫困，如何在不发达的经济条件下，在高度集中的计划经济和单一公有制基础上，在封闭半封闭的环境中走上中国的工业化、现代化道路，这是改革之初我们面临的严峻考验和现实出发点。

（一）三十年改革历程

中国的改革是20世纪后半叶人类历史上最伟大的社会试验。30年来的改革大体可以分为两个阶段。

第一个阶段：在实践中重新认识计划经济、商品经济和市场经济，探索改革开放的方向和目标（从1978年党的十一届三中全会至1992年党的十四大）。

中国的改革反映了历史的必然性。改革从起步面临的是政治、经济诸方面艰难危困的局面。30年前关于真理标准大讨论的那场思想解放运动，使我们党彻底摒弃了以阶级斗争为纲的错误路线。党的十一届三中全会做出了把党和国家中心工作转移到经济建设上来的历史决策。改革就是为了解放生产力，为了强国富民，就是要解决10亿人民的温饱问题。从1978年到上世纪80年代中期是改革开放的起步阶段，改革重点在农村。历史是人民创造的。安徽、四川农民发明的"大包干"是改革的发端，并很快星火燎原，在全国形成破竹之势。废除了人民公社制度，实行了家庭联产承包责任制，至今已稳定运行了30年。农民的积极性被真正调动起来，成为自主经营的市场主体。同时，在城市也进行了扩大企业自主权的改革试点，逐步减少国家指令性计划。传统计划经济体制的缺口被打开了。从上世纪80年代中期到90年代初为改革开放的展开阶段，改革重点从农村转移到城市。这一阶段，中央先后制定了关于经济体制改革和教育、科技体制改革的决定，明确指出"社会主义经济是公有制基础上的有计划的商品经济。商品经济的充分发展，是社会经济发展不可逾越的阶段，是实现我国经济现代化的必要条件"。改革主管部门制定了中期改革的规划方案。以国企改革为中心，先后推行了"松绑"、"放权"、"承包"等扩大企业经营自主权的改革措施。以价格改革为关键环节，逐步放开了一系列重要产品的价格。各类改革试点如火如荼，对外开放的试验区从经济特区向沿海沿江推进。随着改革开放的全面推开，以公有制为主体、多种所有制经济共同发展的所有制结构逐步建立，为市场经济奠定了坚实基础。

邓小平理论的创立，是这一时期改革实践最重要的理论成果。小平同志作为中国改革开放的总设计师，坚持高举建设中国特色社会主义的伟大旗帜，科学地提出了关于社会主义本质、"三个有利于"的标准，关于计划经济、社会主义商品经济、社会主义市场经济等一系列精辟论述。特别是1992年小平同志视察南方时发表的重要谈话，明确回答了在社会主义条件下发展市场经济的必然性和可行性，再一次吹响了思想解放的号角，是中国改革在理论上的又一次重大飞跃。

第二个阶段：确立社会主义市场经济体制（从1992年党的十四大至今）。

经过十多年的实践—认识—再实践—再认识的改革开放探索，党的十四大明确把社会主义市场经济体制确立为改革目标。但是，具体地回答什么是和怎样建立社会主义市场经济体制，依然处于探索阶段。十四大以后，改革主要围绕构建社会主义市场经济体制的基本框架展开：继续深化国企改革，抓大放小，从整体上搞活国有经济，积极推进国有经济战略性调整；取消生产资料价格"双轨制"，推进生产要素的市场化改革，进一步完善市场体系；实现了从指令性计划向指导性计划的转变，启动了与市场经济相适应的财税、金融、外汇及涉外经济体制改革，初步构建了新的宏观调控体系；开放了一批沿江、沿边及省会城市，并成功加入世界贸易组织。到新世纪、千年之交，我国公有制为主体、多种所有制经济共同发展的基本经济制度初步确立，市场机制开始在资源配置中发挥基础性作用，全方位、宽领域、多层次的对外开放格局基本形成。

十六大以后，进入不断发展社会主义市场经济阶段。针对片面追求增长速度、增长方式粗放、社会矛盾凸显等问题，党中央提出了贯彻落实科学发展观和构建社会主义和谐社会的战略思想，将以经济体制改革为主的中国改革推进到经济、政治、文化、社会体制"四位一体"的协同改革，促进国民经济和社会又好又快发展。

（二）三十年改革在体制上的突破和创新

经过30年的改革，我国经济体制和发展模式都发生了深刻的变化，社会主义市场经济体制已初步形成。当前，我国经济领域的市场化程度不断提高，市场在资源配置中的基础性作用明显增强。90%以上的商品价格完全由市场决定，85%以上的投资由企业和社会自主确定，五分之四的就业岗位由非公有制经济提供。

——从"高度集中的计划经济"到"社会主义市场经济"。对经济体制改革目标的探索过程可以概括为"计划经济为主、市场调节为辅"、"有计划的商品经济"、"社会主义市场经济"三个阶段。党的十二届三中全会确立的社会主义商品经济理论，是社会主义经济理论的重大创新和发展。社会主义经济是公有制基础上的有计划的商品经济，这是我们党对社会主义经济做出的科学概括，是对马克思主义的重大发展，是我国经济体制改革的基本依据。正是社会主义商品经济理论的突破和发展，使社会主义市场经济理论的提出，和社会主义市场经济体制的建立成为历史的必然。社会主义市场经济理论不但突破了传统的计划经济，而且突破了传统的市场经济，把基本经济制度和资源配置方式区分开来，既强调充分发挥市场机制在资源配置中的基础性作用，又强调加强和改善宏观调控。把社会主义制度与市场经济体制结合起来，认为计划和市场都是手段，解决了计划和市场的所谓姓"社"姓"资"的问题。回答怎样建设社会主义的问题，在社会主义条件下发展市场经济，用市场经济的办法建设社会主义，这是我们最伟大的创举！我们搞的市场经济，是在社会主义条件下，是在中国国情的基础上，为了发展中国，实现中国的工业化、现代化的方法。

——从"单一公有制"到"公有制经济为主体、多种所有制经济共同发展"。转换机制、制度创新，最关键的是解决姓"公"姓"私"问题。对所有制理论的突破可以归纳为两个方面：一是从单一的公有制向以公有制经济为主体、多种所有制经济共同发展转变，大力引导和发展非公有制经济；二是把所有制和所有制实现形式相区别。所有制可以有多种实现形式，一种形式可以为多种所有制所用，怎么有利就怎么用，这是我们的一大发现。十六届三中全会明确提出发展现代产权制度，确认"股份制是公有制的主要实现形式"，为社会主义市场经济条件下公有制多种实现形式的健康发展，开辟了广阔的道路。

——从"一大二公的人民公社"到"以家庭联产承包、双层经营为基础的农村基本经济制度"。我国农村改革的许多经验都是由基层首先创造出来的，30年来农村改革在理论上的建树有：一是突破人民公社体制，形成了以家庭承包经营为基础、统分结合的双层经营理论；二是推动了农产品流通体制改革和形成农产品市场体系的理论；三是突破传统做法，走中国特色的农村工业化、城镇化道路；四是提出走中国特色农业现代化道路，建设社会主义新农村，推动形成城乡经济社会发展一体化的新格局。实现农村的现代化是中国现代化最特殊、最艰难的一步，唯有从实际出发、从中国国情出发，才能实现。

——从"国有国营体制"到"现代企业制度"。国企改革的关键在于构筑真正的法人实体和市场竞争主体，使国有经济在社会主义市场经济条件下健康发展。30年企业制度改革的实践和理论创新可以概括为四个方面：一是提出企业是市场主体；二是提出政企分开、所有权与经营权分离；三是建立现代企业制度；四是深化国有企业治理结构和国有资产管理体制改革，优化国有经济布局，增强活力、控制力和影响力。目前国企改革正处于关键时刻，不能因为暂时市场效益好，就认为改革已经完成。国有企业改革、对国有经济的探索，与社会主义条件下对市场经济体制的探索是始终相伴随的，这也是中国特色社会主义市场经济体制不断发展的重要课题。

——从"国家定价、集中管理的价格体制"到"建立统一开放、竞争有序的现代市场体系"。我们在市场体系理论方面的突破可以分为三个阶段：一是承认生产资料、生产要素都是商品，都有价格；二是逐步培育市场化价格体系；三是发展生产要素市场，形成统一开放、竞争有序的现代市场体系。1994年以来，我们在价格改革方面迈出了较大的步伐，但有些问题还没有彻底解决，特别是资源要素价格形成机制改革的相对滞后，直接影响了经济结构的调整和发展方式的转变。

——从"指令性计划"到"以预期性和约束性指标为基础的国家宏观调控"。在传统计划经济体制下，国民经济高度计划统一，计划经济理论及其体制替代了宏观经济理论和宏观调控体制。30年来，政府从行政性直接计划管理转向以经济、法律手段为主的间接管理，初步建立了协调统一的宏观调控体系。宏观经济理论和宏观调控体制的不断发展，是社会主义市场经济体制最大的特色和理论创新。

——从"平均主义分配方式"到"按劳分配为主体，多种分配方式并存、生产要素按贡献参与分配的收入分配制度"。我们对收入分配理论的突破，主要分为四步：一是允许一部分地区、一部分人先富起来，鼓励先富带动后富，最终实现共同富裕；二是效率优先、兼顾公平；三是把按劳分配与按生产要素分配结合起来；四是建立多层次、社会化的社会保障体系，强调初次分配和再分配都要处理好效率和公平的关系。有什么样的生产力发展水平，就有什么样的所有制；有什么样的所有制，就有什么样的社会分配制度。收入分配理论涉及激励和动力机制问题，影响社会公平，是体制改革与和谐社会建设中的一个核心问题。

——从"封闭半封闭"到"全方位开放"。30年来，我们摒弃了封闭半封闭的发展模式，确立了对外开放基本国策，建立了开放型的经济体制；抛弃"闭关锁国"政策，大胆吸收借鉴包括资本主义国家在内的一切人类社会文明成果，充分利用国际国内两种资源、两个市场；适应加入WTO的新形势，初步建立了稳定、透明的涉外经济管理体制和法律法规。

总之，中国的改革开放，始终处于理论与实践的双重探索之中，两者相辅相成，交相辉映，共同奏出波澜壮阔的改革乐章。

（三）三十年改革的伟大成就

经济体制的重大变革带来了生产力的极大解放和发展，实现了中国经济与社会前所未有的大繁荣。主要表现在：第一，改革开放快速发展了社会主义生产力。1978—2007年，我国GDP年均增长9.75%，人均GDP达到了2461美元，跨入中等收入国家的行列。

第二，改革开放极大地增强了综合国力。1978—2007年，我国GDP总量由世界第10位跃居第4位，国家财政收入年均增长14.1%，达到5.13万亿元。进出口贸易总额由世界第27位上升为第3位，年均增长17.4%。第三，改革开放迅速提高了广大人民的生活水平。改革开放30年来，我国解决了13亿人口的温饱问题，城乡居民人均收入增长五倍以上，农村贫困人口从2.5亿人减少到1479万人。1978年，我国人均预期寿命为68岁，2005年提高到72.4岁。十几亿中国人民摆脱了贫困，整体上达到小康水平，稳定地走上了现代化道路，中国改革开放取得的伟大成就令全世界瞩目。

二

改革是理论和实践的双重探索。中国的改革是对马克思主义的新贡献，是对社会主义实践的新贡献。当今世界各国，不论何种社会制度，都在通过改革完善自己的体制和机制。改革是体制演进的方式。一切制度要存在，都必须改革。可以说，改革是制度生存发展的重要方法。在经济全球化的历史洪流中，国家之间的竞争，一定意义上是制度的竞争。社会主义的本质是解放生产力、发展生产力，途径是改革开放。中国的改革开放是社会主义制度的自我发展和完善，是实现中华民族伟大复兴的新长征。

（一）十月革命和中国改革是20世纪人类的伟大探索

十月革命是人类历史上一个伟大的转折点，它把马克思主义从理论变成了实践，宣告了一种新的社会制度由理想变成了现实，开辟了被压迫民族革命的新时代。但如何建设社会主义是各国共产党共同面对的严峻挑战。在上世纪最后四分之一的时间内，世界上发生了两个重大历史事件：一个是中国的改革开放，一个是苏东的剧变。这两个事件分别有着正反两个方面的意义：苏东的剧变在一定意义上是对僵化的、未能不断改革发展的社会主义模式的否定；而中国的情况恰恰相反——中国的改革开放是对社会主义的新认识、新探索、新发展。党的十一届三中全会之所以伟大，就是因为全党全国人民深刻总结了通过"文化大革命"这种方式搞社会主义带来的巨大痛苦和灾难。在对"文化大革命"进行否定的同时，我们也对计划经济的17年进行了反思。反思之后我们并没有重新回到计划经济，而是决定搞改革开放，进行新的探索，开始了中国又一次伟大的长征。中国特色社会主义道路，既不同于改革开放以前传统的社会主义模式，也不同于西方发达国家的社会发展模式，是人类对社会发展规律和道路的新探索、新试验。中国改革开放的理论与实践是对当代马克思主义政治经济学的重大贡献。

(二) 中国的改革开放是社会主义制度的探索和发展

第二次世界大战以后，东西方两大阵营对立共存。无论是社会主义制度，还是资本主义制度，都想赢得这场竞争。实际上，这场竞争不但深刻改变了社会主义制度，也深刻改变了资本主义制度。资本主义国家改革的参考面是社会主义制度，是计划经济；而我们改革的参考面是资本主义制度，是市场经济。纵观近代经济史，计划手段和市场手段，是相互融合、交替使用的。1933年美国"罗斯福新政"实践了凯恩斯主义宏观调控理论，实际上是借鉴了计划经济的一些合理元素。小平同志讲"社会主义没有固定的模式，也不可能有"。社会主义制度不仅要用市场经济，而且要发展市场经济，不断解放和发展生产力，不断积累和扩大我们的物质财富。市场经济体制与社会主义基本制度相结合，体现了更高层级的制度探索，社会主义社会的生命力正是体现在不断适应生产力发展要求，不断改革、不断探索和不断发展的能力上。不改革，制度就要僵化，就要束缚生产力发展,社会主义就没有活力,就是死路一条!不开放,社会主义就不能吸收人类文明成果,不能参与国际竞争求得更好、更快的发展,也是死路一条。不改革,就不可能开放;不开放,也谈不上什么改革!开放本身就是伟大的改革。封闭的国家、封闭的民族,是不能发展的,也不可能搞社会主义。一句话,不改革开放,就不是社会主义,就不是马克思主义!

(三)中国改革的根本任务是解放和发展生产力

改革开放是社会主义发展的必由之路,说到底,是发展生产力的必由之路。离开生产力的发展谈生产关系的适应性,与离开一定的经济基础谈上层建筑的先进性一样,都是空中楼阁。上层建筑与生产关系是否有利于生产力解放和发展,是其是否适合、是否合理的判据,否则就会被生产力发展所抛弃。只要有发展,就要有改革。改革是上层建筑不断适应经济基础,生产关系不断适应生产力发展要求的历史过程。

社会主义初级阶段是不可跨越的,这是生产力发展水平决定的。集中精力尽快把生产力搞上去,是我党在社会主义初级阶段的中心任务。中国特色社会主义的本质,就是不断解放和发展生产力,就是实现中国的工业化、现代化,就是实现中国的长期发展、长期稳定,就是实现中华民族的伟大复兴。中国的改革开放不是人的主观愿望,而是历史发展的必然要求,是历史规律。没有一个长时间的稳定发展,问题就会越来越多,越来越复杂。小平同志反复强调"三个有利于"、"发展是硬道理"、"一百年不动摇",这就是中国的实际,这就是"中国特色"的深意之所在。解放和发展生产力的最后落脚点是解放劳动和劳动者。如果离开了人的解放和人的全面发展来谈所有权和分配制度,那么就偏离了生产要素中最活跃、最根本的问题,而这恰恰是中国政治经济学的核心问题。发展就是财富的创造和积累的历史过程，中国的财富、中国的现代化是中国人民用双手积累和创造的。只有在改革发展中始终如一地坚持以人为本，不断地解放、保护劳动和劳动者，才能发挥社会主义优越性，才能实现解放生产力、发展生产力的历史任务。

（四）发展没有止境，改革也没有止境

社会主义制度本身就是在不断改革中、探索中发展和前进的制度。改革是历史进步的基本道路，不是一两代甚至几代人的任务，是一个长期的事业。只要有发展，就会有新情况、新问题，就需要不断地解放思想，调整上层建筑和生产关系以适应这些新情况、新问题，适应经济基础和生产力。只要有发展，就必须有改革，发展与改革是相生、相伴、相依、相存的。生产力的发展是无止境的历史过程，改革也必将是无止境的历史过程。社会主义一诞生就面临着与资本主义的斗争和竞争，其生命力和前途就在于不断发展，不断改革，不断地释放制度活力，以适应和促进生产力的快速发展。中国的改革开放还只是万里长征第一步，要解决当前诸多深层次矛盾和问题，根本出路仍在改革。历史没有终结，发展没有终结，改革开放也就没有终结。改革开放是对社会主义发展的探索，是制度进步的基本方法，是历史进步的必由之路。不发展就是死亡，要发展就必须改革，就必须不断解放生产力，发展生产力。

三

改革是一场伟大的探索，既是实践的探索，又是理论的探索。实践探索是理论探索的动力和源泉，伟大的理论来源于伟大的实践。30年改革开放的宝贵经验，概括起来，就是从基本国情出发，不断地解放思想，坚持市场经济方向，坚持对外开放，走中国特色社会

主义道路。

（一）坚持解放思想、实事求是

解放思想是发展中国特色社会主义的一大法宝。只有解放思想，才能做到实事求是。要解放思想，必须实事求是。解放思想和实事求是是同义语。改革开放要迈开步子，必须冲破传统观念和传统理论的框框。党的十一届三中全会打破了个人迷信和教条主义的束缚，从根本上恢复了马克思主义的思想路线，为我们在改革开放实践中发展马克思主义开辟了广阔天地。解放思想是我们党在历次重大历史关头和重大历史抉择中能够不断与时俱进、开拓创新的根本原因。回顾我国改革开放的实践，最大的思想解放，就是坚持从中国国情出发，把坚持马克思主义基本原理同推进马克思主义中国化结合起来，赋予当代中国马克思主义勃勃生机。过去的成绩归功于解放思想，未来的改革发展还得依靠解放思想。改革发展无止境，解放思想无止境！理论的真理性价值在于回答和解决问题。任何历史的重大变化、发展都伴随着理论的重大发展和思想的重大解放。中国的未来，始终伴随着思想解放的历史过程，前途就在于实事求是、解放思想。

（二）坚持生产力标准

历史就是发展史！历史是由发展写出来的。发展生产力是我们坚持历史唯物主义的出发点和落脚点。中国的前途在社会主义，社会主义的前途在于经济持续、快速、健康地发展，在于创造出比资本主义社会更高的生产力，这是社会主义存在的历史必然要求。做不到这一点，就谈不上社会主义。要发展生产力，一个重要的任务就是探寻能够解放和发展生产力的经济体制，就是探索、建立适应和服务于生产力发展要求的经济制度和上层建筑。制度是人造的设施,不是天上掉下来的。它的存在,唯一的前提条件就是服从和服务于生产力发展的要求。判断经济体制是否具有优越性和生命力,关键是看能否解放和发展生产力。必须从生产力决定生产关系、生产关系反作用于生产力这一历史唯物论出发,来思考改革的方向和动力。

(三) 坚持市场经济方向

长期以来,无论是西方经济学,还是马克思主义经典作家,都把市场经济看成是与社会主义不相容的。小平同志依据经济发展的实践,揭示了"计划"和"市场"作为资源配置方式,在性质上都属于"手段"和"方法",与社会基本制度并没有必然联系,从根本上破除了传统观念,为在社会主义条件下搞市场取向的改革指明了出路。计划和市场都是发展经济的方法,好比是餐桌上的筷子和刀叉,什么工具和方法有利,就用什么。无论采用计划体制还是市场体制,目的只有一个,就是发展社会生产力,就是要看哪一种体制更有利于发展社会主义生产力。中国建立社会主义市场经济体制,不是迫于外来的压力或教条,而是出于对计划和市场两种体制的再认识,出于解放和发展生产力的内在需要。社会主义市场经济理论把社会主义制度的优越性和市场对资源配置的有效性有机地结合起来,开拓了人类社会发展的新道路、新认识,这是我们宝贵的思想财富。

(四) 坚持适应生产力发展的"渐进式"改革

任何改革都是为了使生产关系和上层建筑不断适应生产力发展的历史过程。生产力发展是永恒的,生产关系的变革也是永恒的。"渐进式改革"不是我们的主观愿望,而是由生产力发展和中国国情决定的,是生产力发展历史过程的必然体现。中国的改革深深地扎根于群众之中，改革前进的每一步，都是人民群众的实践探索和制度创新。生产力发展的渐进性，决定了中国采取"摸着石头过河"的渐进改革方式。中国的改革立足于社会主义初级阶段这一基本国情，借鉴世界各国发展市场经济的经验，先农村后城市，先局部探索再全面推开，先引入市场机制、计划与市场机制并存，再到探索和发展社会主义市场经济体制，不断地摸索实践，"渐进"地推进改革。制度的进步、发展、变革，不是自身决定的。没有所谓超越生产力发展的先进制度，制度可以解放生产力而不是拉动生产力。制度的发展速度、改革的快慢是由生产力发展水平决定的，并服务于生产力发展的要求。一句话，渐进式改革的方法是由发展决定的！对涉及面广、触及利益层次较深的改革事项，先选择一些具有代表性的地方、行业、企业进行相关改革开放试验，抓住一些关键环节进行重点突破，取得经验，然后再逐步推开，循序渐进地推进整体改革，开创了一条具有中国特色的渐进式的改革开放道路。实践证明，这是一条震动小、成本低、成效大的改革之路。

（五）坚持对外开放

我们的开放始终坚持以我为主，强调要依据自身的能力和承受力。改革开放以来，我们坚持打开国门，全面开放，认真研究和汲取其他先行市场经济国家正反两方面的经验，充分利用国际国内两个市场、两种资源，在互利共赢的基础上同世界各国开展经济技术合作，既认真遵守又积极参与完善国际经济秩序，在发展自己的同时，也为维护世界的和平与发展做出了贡献。中国的发展离不开世界，只有在对外开放中才有机会吸收和借鉴人类社会创造的一切优秀文明成果，使中国的现代化站在世界文明的肩上；中华民族的复兴也离不开与西方文明的碰撞与交融、竞争与合作。对外开放在改革的初期对国内改革产生过巨大的也是正面的推动力；在完善社会主义市场经济体制的过程中，对外开放仍将是推动我们跟上时代潮流、锐意改革的重要动力。

（六）坚持走中国特色社会主义道路

任何现存的社会主义，都是特色的。没有一种道路、模式和方法，可供我们照搬照抄，中国的改革只能靠自己，走自己的路。改革开放以来，我们立足于坚持社会主义基本制度，坚持市场化改革取向，自觉调整生产关系和上层建筑中不适应生产力发展的环节和方面，创新体制和机制，强调发挥市场在资源配置中的基础性作用，创造性地探索出了一条全新的中国式的改革道路，推动社会主义制度在除弊立新中自我完善和发展。中国特色社会主义理论，特别是小平同志首创的社会主义市场经济理论，是对马克思主义的重大贡献，是当代政治经济学的最新成果。中国改革开放走的是一条符合自己国情的道路，这条路将来要永远走下去。

四

经过30年改革开放，尽管我国体制环境较之以前发生了翻天覆地的变化，但现实地看，生产力发展仍面临着诸多体制性障碍，旧的问题解决了，新的问题又在不断涌现。我国经济已经进入"大块头、高速度、多变化"的历史时期，所遇到的问题，不仅在中国历史上，即使在世界历史上，也是从未遇到过的。每一个新的发展变化，都要求有新的改革。

改革开放是一个长期的历史过程，今后的改革将在经济全球化、中国加入WTO、全面开放的条件下进行，将更加复杂而艰巨，这是一次世界性的体制竞争和较量。

（一）解决中国问题的根本出路在于进一步深化改革

我国现代化建设正处于关键时期，改革的艰巨性、复杂性、系统性和风险性显著增强，体制改革已经进入一个新的阶段。一方面，随着工业化、现代化和城镇化进程的加快，我国面临着资源能源短缺、生态环境恶化、经济与社会发展不协调等矛盾和问题；另一方面，政府职能转变、要素市场建设、垄断行业改革、城乡统筹发展、收入分配关系调整等领域的改革仍处于攻坚阶段。其中有些改革不仅涉及经济关系，而且涉及社会上层建筑领域；不仅涉及众多的利益主体，而且涉及深层次的权力和利益关系的调整。例如，财税体制改革直接影响到中央与地方的关系；垄断行业改革和资源要素价格改革直接影响到政府和市场之间的关系；金融体制改革不仅关系到宏观调控的体制基础，而且直接影响到国际收支平衡和经济安全问题；农村改革在改革初期曾经势如破竹，目前已经到了破解城乡"二元"结构、实现城市农村全面发展的重要阶段；行政管理体制改革涉及经济、政治、文化、社会诸方面改革，是当前改革的一个重要切入点，也是重点和难点。在新的历史条件下，如何按照市场经济的要求，通过制度建设，进一步转变政府职能，保证市场对资源配置的基础性作用；如何按照科学发展观的要求，建立促进经济发展方式转变的宏观调控体制；如何按照构建社会主义和谐社会的要求，建立保障社会公平正义的体制机制；如何按照统筹城乡发展的要求，建立有利于逐步改变城乡二元结构的体制；如何按照完善基本经济制度和保障公平竞争的要求，进一步加快垄断行业的改革，促进非公有制经济发展；如何加快上层建筑领域的改革，实现经济体制、政治体制、文化体制和社会体制改革相协调；等等，这些都是摆在我们面前迫切需要解决的重大改革任务。发展必须是科学的，科学发展就是符合客观规律的发展，就是长期的、可持续的发展，低速的、大波动的、不安全的发展不是科学发展。面对新的形势，我们必须坚持走中国特色社会主义道路，以科学发展观统领经济社会发展全局，深刻把握我国发展面临的新矛盾新问题，不断提高决策的科学性和措施的协调性，坚定不移地推进各项改革。

（二）在进一步解放思想中坚定地走中国特色社会主义道路

当前，我国正处于大变革、大发展的时代，既是战略机遇期，也是新矛盾、新问题的凸显期。面对新情况，只有不断解放思想，才能形成新思路，拿出新办法，解决新问题。首先，实事求是与解放思想是完全一致的，不实事求是就不能解放思想。这要求我们一切从实际出发，既要反对"东"教条又要反对"西"教条；要求我们始终保持清醒头脑，认清社会主义初级阶段的基本国情。要看到，社会主义市场经济体制的完善还有很长的路要走。

过去相当长一段时期里，我们把社会主义看"易"了，看"近"了；把资本主义看"短"了，看"轻"了。而上个世纪90年代苏东剧变之后，又有很多人对社会主义的前途失去信心。在对社会主义市场经济体制的改革探索中，既不能妄自菲薄，又不能盲目乐观，要充分考虑形势的复杂性和艰巨性，防止和克服急躁情绪。中国特色的社会主义道路要始终坚持"一个中心、两个基本点"的基本路线，坚持四项基本原则，否则就是"西化"，也必然是死路一条！其次，一切从人民利益出发是解放思想的价值判断标准。社会主义的本质是解放生产力，发展生产力，最终实现共同富裕。制度的设计离不开人的实际利益。当代中国人民最大的利益就是实现工业化和现代化，不断提高人民的生活水平，实现中华民族的伟大复兴。中国特色社会主义制度就是为了实现这一目的的制度，改革开放就是为了实现这一目的的制度创新探索。我们要在推动改革、促进经济增长的同时，始终坚持社会主义的原则和方向，尊重人民主体地位，保障人民各项权益，不断解放劳动和劳动者，走共同富裕道路。就目前来讲，思想解放还是僵化，解放的程度如何，最终要看是否有利于贯彻落实科学发展观、构建社会主义和谐社会，是否有利于发展生产力、增强综合国力、提高人民生活水平。改革开放发端于解放思想，它的继续推进和深入同样需要不断地解放思想。

（三）在进一步改革中建立保障中国经济安全的体制

改革开放是为了解放和发展生产力，而维护经济安全是改革开放的重要内容和任务。体制要有利于生产力的发展，就要保障安全，安全是发展的前提和基础。科学发展就是要实现经济长期可持续发展，没有安全、不能持续的发展不能叫作科学发展。我们的改革开放，就是探索出适合中国国情的体制、制度和道路，实现中国的工业化、现代化，而这种体制、制度和道路，必须是充满活力的，并且是安全的。

当前，中国改革开放的国际环境发生了新的变化。在经济全球化背景下，一方面，限制中国经济发展的资源、能源、环境等"硬约束"长期存在，而来自国际市场的技术、标准、规则等"软约束"也与日俱增。另一方面，过去我们是相对封闭的经济体，是"内河经济"，即使有问题，"肉烂在锅里"，财富是在国内不同所有者之间重新分配。而新世纪以来，中国经济对外依存度从2001年（加入WTO）的38%，达到2007年的67%，快速成为世界排名前列的开放经济体，已经是外向发展的"海洋经济"。在这种情况下，如果经济安全出了问题，财富将会在国际间重新分配，我们长期积累的财富可能一夜之间被卷走，一去不回头，经济也可能很长时间无法恢复元气。

中国的快速发展，是一些人不愿意看到的。他们对华政策转向保守，有些人甚至故意将经济问题政治化，贸易保护主义抬头。与此同时，国际经济环境对国内经济的影响越来越明显。世界经济的波动、资源能源价格的变化、主要经济体政策的调整、汇率利率变动趋势以及地缘政治等因素，如2007年以来的资源能源价格暴涨，如缘起于美国次贷危机的世界金融危机，都不同程度地对国内经济产生了影响。目前，国家经济安全问题日益凸显，其中最为突出的问题是经济全球化背景下资本自由流动所引发的金融危机。在利益驱动下，国际金融资本无虚不乘、无孔不入，其流动之迅速、能量之巨大、形式之隐蔽、手段之复杂超出了人们的想象。一个不安全的经济不可能发展，稍有不慎，中国改革开放积累起来的巨大财富就会被国际资本席卷而去，其危害不亚于大洪水。在市场化、国际化、信息化加快发展的今天，我们必须花大气力研究和建立制度性经济安全保障，防止一些国家利用金融优势转嫁风险、攫取利益，积极应对可能出现的金融危机和其他经济安全问题，保障国内经济平稳较快发展和国家经济安全。

今年是《共产党宣言》发表160周年，十月革命爆发81周年，新中国成立59周年，也是中国改革开放30周年。经过30年改革开放，13亿人民在中国共产党的领导下，在探索中国特色社会主义发展的道路上，越来越成熟，越来越自信，越来越理性，积累了丰富的实践经验和理论成果，集中地体现在邓小平理论、"三个代表"重要思想和科学发展观等理论成果上。什么是最宝贵的？自己的经验、自己的理论是最宝贵的。没有自己的理论，就无法掌握自己的前途命运，就会做别人理论的俘虏，成为附庸。能够实现中国的工业化和现代化，能够实现国家繁荣富强、人民生活富裕和幸福的制度，就是中国特色社会主义制度；这样的理论，就是中国特色社会主义理论；这样的道路，就是中国特色社会主义道路。改革呼唤着理论的发展。没有罗盘，就会迷失前进的方向。只有不断在实践中探索，在理论上突破，才能推动改革的进一步深化。只有始终坚持历史唯物主义基本原理，加强对中国改革理论和方法的研究，进一步深化改革和扩大开放，才能争取更大胜利。

20世纪是中国人民寻求民族解放的历史，前仆后继，荡气回肠；21世纪将是中国实现繁荣富强的新纪元，生机勃勃，蒸蒸日上。中国特色社会主义道路是中国实现工业化、现代化的必由之路，是中华民族实现伟大复兴的阳光大道，是历史唯物主义的辉煌胜利！想想看，13亿中国人民大步迈向现代化，是何等壮丽的历史画面！历史必将证明，中国特色社会主义制度将在与资本主义制度的激烈竞争和斗争中焕发出勃勃生机；中国特色社会主义理论将在人类探索社会发展规律的征程上光彩夺目；中国特色社会主义道路将拓宽民族国家走向工业化、现代化的途径，在促进全球化时代人类文明多样性发展的同时，实现中华民族的伟大复兴。